Friedrich Schmidt/Arnd Götzelmann (Hg.)

Der evangelische Kindergarten als Nachbarschaftszentrum in der Gemeinde

Diakoniewissenschaftliche Studien (DWS)

Band 9

herausgegeben von Theodor Strohm

| BAND 9 | **Diakoniewissenschaftliche Studien**

Friedrich Schmidt/Arnd Götzelmann (Hg.)

Der evangelische Kindergarten als Nachbarschaftszentrum in der Gemeinde

Dokumentation zum Modellprojekt des Diakonischen Werkes Pfalz

Diakonie

Diakoniewissenschaftliches Institut an der Universität Heidelberg

Die Deutsche Bibliothek – CIP-Einheitstitelaufnahme

Der **evangelische Kindergarten als Nachbarschaftszentrum in der Gemeinde** : Dokumentation zum Modellprojekt des Diakonischen Werkes Pfalz / Diakoniewissenschaftliches Institut an der Universität Heidelberg. Friedrich Schmidt/Arnd Götzelmann (Hg.). – Heidelberg : DWI-Verl., 1997
(Diakoniewissenschaftliche Studien ; Bd. 9)
ISBN 3-929919-09-5

© 1997 DWI-Verlag, Heidelberg
Selbstverlag des Diakoniewissenschaftlichen Insituts
der Universität Heidelberg
Karlstr. 16, 69117 Heidelberg
Umschlag: Gisela Koch, Kaiserslautern
Computersatz: Andreas Klaffke/Annette Leis, Heidelberg-Bergheim
Druck und Bindearbeiten: Strauss Offsetdruck GmbH, 69509 Mörlenbach

Alle Rechte vorbehalten

Printed in Germany

ISBN 3-929919-09-5

INHALT

Geleitwort des pfälzischen Landespfarrers für Diakonie 1
Geleitwort der rheinland-pfälzischen Ministerin für Kultur, Jugend,
    Familie und Frauen 3
Vorwort der Herausgeber 5

ERSTER TEIL: VORAUSSETZUNGEN, ZIELE UND METHODEN

Arnd Götzelmann

1.	**Kindertagesstätte im Wandel der 1990er Jahre. Neuere Entwicklungen der Kinder- und Jugendhilfe im Tagesstättenbereich**	11
1.1	Die religionspädagogische Krise und die Notwendigkeit religiöser Sozialisation	11
1.2	Die diakonischen Wurzeln und die Bildungsorientierung der Kindertagesstättenarbeit	13
1.3	Die evangelische Neuentdeckung der Kindertagesstätte und der Kinder	14
1.4	Quantitative und qualitative Weiterentwicklung der Kindertagesstättenarbeit nach der deutschen Einigung: Konzepte, Modelle und Projekte	16
1.4.1	Zehn allgemeine Entwicklungstrends	16
1.4.2	„Haus für Kinder", Kinder-Enquete und „Aktionsprogramm 'Kinderfreundliches Rheinland-Pfalz'"	18
1.4.3	Andere Formen von „Kinderhaus" und „Evangelischem Kinderhaus"	22
1.4.4	„Orte für Kinder"	25
1.4.5	„Weiterführende Konzepte für evangelische Kindertagesstätten und Gemeinden"	29
1.4.6	„Katholische Tageseinrichtungen für Kinder entwickeln sich weiter: Von Kindergärten zu vielfältigen Angebotsformen"	33
1.4.7	„Interkulturelle Arbeit in Tageseinrichtungen für Kinder" und „Kinderleben in der Großstadt – Lebensraum Kita"	35
1.5	Zusammenfassende Bemerkungen zu den Konzeptionen, Zielperspektiven und Ergebnissen der neueren Projekte und Modelle	37

Friedrich Schmidt
2.	**Konzeption und Zielsetzung des Modellversuches**	40
2.1	Entstehung und Ziele	40
2.1.1	Auswahl der Projektorte	41
2.1.2	Eine „protestantische Erfindung"	42
2.2	Veränderte familiale Lebenslagen	44
2.2.1	Familie in der Krise?	44
2.2.2	Finanzielle Belastungen und neue Anforderungen an Familien	45
2.2.3	„Neue Männer" und die Vereinbarkeit von Beruf und Familie	47
2.2.4	Wandlungen von Kindheit	48
2.2.5	Familien und soziale Netzwerke	49
2.3	Situation in den Kirchengemeinden	50
2.4	Situation in den Kindergärten	51
2.5	Wissenschaftliche Begleitung als Handlungsforschung	52
2.6	Ein Modell ohne Modellbedingungen	54
2.7	Weiterführende Konzepte für evangelische Kindertagesstätten	55
2.7.1	Der bundesweite Modellversuch	55
2.7.2	Die Entwicklung an den Modellorten außerhalb der Pfalz	56

Wolfgang Schmitt
3.	**Kurze Einführung in statistische Erhebungen**	59
3.1	Allgemeines	59
3.2	Datenerhebungsinstrumente	59
3.2.1	Sekundäranalyse	59
3.2.2	Befragung	60
3.2.3	Beobachtung	61
3.2.4	Inhaltsanalyse	61
3.3	Datenerfassung	61
3.4	Auswertung der erhobenen Daten	62
3.5	Imageuntersuchung	62

Ulrike Bouquet
4.	**Die Interessen des Diakonischen Werkes Pfalz am Modellversuch**	63
4.1	Geschichtlich gewachsene Verantwortung für Erziehung und Bildung	63
4.2	Gesellschaftspolitische Verantwortung für die Familie	63
4.3	Auftrag zur Fachberatung und Fortbildung	63
4.4.	Entwicklung und Stärkung diakonischer Perspektiven in den Gemeinden ...	64

ZWEITER TEIL: DER VERLAUF DES MODELLVERSUCHS

Friedrich Schmidt u.a.
1.	**Vom Alleinerziehendentreff zum Familienbüro – die Entwicklung in Bobenheim-Roxheim**	69
1.1	Portrait des Dorfes, der Kirchengemeinde und des Kindergartens	69
1.2	Ergebnisse der Elternbefragung	71
1.3	Grundlinien der Entwicklung	72
1.3.1	Familien- und generationenübergreifende Kontakte fördern	73

1.3.2	Entlastung von Familien und Unterstützung von Selbsthilfe	74
1.3.3	Vernetzung im Gemeinwesen	74
1.3.4	Aktivierung der Gemeinde und Kooperation zwischen Kindergarten und Kirchengemeinde	75
1.3.5	(Weiter-)Entwicklung eines Konzeptes zur Arbeit mit Kindern und Familien in Kindergarten und Kirchengemeinde	76
1.4	Überblick über die neuen Initiativen und Fazit	77
1.5	„Familienbüro Kunterbunt" *(Traudel Burkart/Stephanie Roscher)*	79

Friedrich Schmidt u.a.

2.	**Bolzplatz und Brunch – die Entwicklung in Ludwigshafen**	81
2.1	Portrait des Gemeinwesens, der Kirchengemeinde und des Kindergartens . . .	81
2.2	Ergebnisse der Elternbefragung	82
2.3	Grundlinien der Entwicklung	84
2.3.1	Familien- und generationenübergreifende Kontakte fördern	84
2.3.2	Entlastung von Familien und Unterstützung von Selbsthilfe	85
2.3.3	Vernetzung im Gemeinwesen und Integration	86
2.3.4	Aktivierung der Gemeinde und Kooperation zwischen Kindergarten und Kirchengemeinde	86
2.3.5	(Weiter-)Entwicklung eines Konzeptes zur Arbeit mit Kindern und Familien in Kindergarten und Kirchengemeinde	87
2.4	Überblick über die neuen Initiativen und Fazit	88
2.5	„TreffPunkt" *(Ingrid Paesler)*	90

Friedrich Schmidt u.a.

3.	**Von der Krabbelgruppe zum Kinderkomitee – die Entwicklung in Zweibrücken**	92
3.1	Portrait des Stadtteils, der Kirchengemeinde und des Kindergartens	92
3.2	Ergebnisse der Elternbefragung	94
3.3	Grundlinien der Entwicklung	95
3.3.1	Familien- und generationenübergreifende Kontakte fördern	95
3.3.2	Entlastung von Familien und Unterstützung von Selbsthilfe	96
3.3.3	Vernetzung im Gemeinwesen und Integration	97
3.3.4	Kooperation zwischen Kindergarten und Kirchengemeinde	97
3.3.5	(Weiter-)Entwicklung eines Konzeptes zur Arbeit mit Kindern und Familien in Kindergarten und Kirchengemeinde	98
3.4	Überblick über die neuen Initiativen und Fazit	99
3.5	„Kinderkomitee" *(Barbara Brennemann)*	100
3.6	Eine Küchengeschichte *(Eckart Emrich)*	102

Friedrich Schmidt

4.	**Ergebnisse der Befragung von Eltern, Erzieherinnen und Trägervertreter/innen zu den Auswirkungen des Modellprojektes**	104
4.1	Bekanntheit und Teilnahme am Modellversuch	104
4.2	Durch den Modellversuch aus der Sicht von Eltern und Erzieherinnen bewirkte Veränderungen	105
4.3	Auswirkungen des Modellversuches auf die Kirchengemeinden aus Sicht der Erzieherinnen und Trägervertreter/innen	109

4.4	Veränderungen der beruflichen Rolle aus der Sicht der Erzieherinnen	111
4.5	Abschließende Beurteilung des Modellversuches	112
4.5.1	Eltern	112
4.5.2	Erzieherinnen	114
4.5.3	Trägervertreter/innen	115

Dritter Teil: Durchblicke und Querschnitte

Friedrich Schmidt u.a.

1.	**Nicht nur für Kinder – Kindergarten als Nachbarschaftszentrum für Familien**	121
1.1	Bedarf und Beteiligung von Familien	121
1.1.1	Kirchencafé und Friseur *(Karin Emde)*	122
1.1.2	„Elterntreff" *(Monika Regin)*	123
1.1.3	„Jeder hört zu und versucht ernsthaft zu helfen" *(Regina Dahl)*	124
1.1.4	Integration neuer Eltern und Öffnung des Kindergartens *(Gabriele Krück)*	125
1.2	Kindergarten als Nachbarschaftszentrum	125
1.2.1	„Neue Möglichkeiten der Zusammenarbeit" *(Roza Groh/Angela Demary)*	126
1.2.2	Wie können Erzieherinnen Elterninitiativen begünstigen? *(Karin Emde)*	127

Friedrich Schmidt u.a.

2.	**Aktivierung der Gemeinde für Kinder und Familien**	130
2.1	Modellversuch und Kirchengemeinde	130
2.2	Auf dem Weg zur kinder- und familienfreundlichen Gemeinde – Erfahrungen aus der Praxis	132
2.2.1	„Kinder- und familienfreundliche Gemeinde" – Erfahrungen mit einer Presbytersitzung *(Volker Janke)*	133
2.2.2	„Kinder erfahren ein positives Bild von Kirche" *(Dagmar Fottner)*	134
2.2.3	„Die Verwirklichung des Projektes war in keiner Phase einfach gewesen" *(Uwe Weinerth)*	135
2.2.4	Der Kindergarten entwickelt sich – und die Gemeinde? *(Eckart Emrich)*	136
2.2.5	Offene Gemeinde *(Markus Diringer)*	137
2.3	„Das Leben in der Kirchengemeinde ist bunter geworden" – Modellversuch und Gemeindeentwicklung	138

Volker Janke

3.	**Perspektivenwechsel praktisch**	142
3.1	„Alles nur Kinderkram …?" – Von der Schwierigkeit als Erwachsener mit Kinderaugen zu sehen	142
3.2	Wie Kinder Gott malen – religiöse Weltsichten von Kindern	145

Friedrich Schmidt u.a.

4.	**„Horizonte öffnen" – Weiterqualifikation im Modellversuch**	150
4.1	Formen der Fortbildung und Begleitung	150
4.2	Weiterqualifikation von Mitarbeitern und Mitarbeiterinnen	152
4.2.1	„In die Kinderwelten hineinzudenken" *(Gabriele Balbach)*	152

4.2.2	„Lebenswelten aus einer anderen Perspektive zu sehen"	
	(Stephanie Roscher/Elke Schweizer-Fornoff)	152
4.2.3	„Meine Art zu predigen hat sich verändert" *(Uwe Weinerth)*	153
4.3	Perspektiven	154

Alida Zaanen/Friedrich Schmidt
5.	An den Bedürfnissen stärker orientieren – Eine kritische Bilanz des Handlungsforschungsprojektes	157
5.1	Kindertagesstätte als erweiterter Lebensraum für Eltern und Kinder – Auswirkungen des Modellversuches auf Familien	157
5.2	Qualifikation durch Konzentration und Projektplanung – Auswirkungen auf Erzieherinnen und Kindergarten	159
5.3	Kindergarten wird stärker als kirchliche Arbeit identifiziert – Auswirkungen auf Trägervertreter/innen und Kirchengemeinde	161
5.4	Auswirkungen auf die Fachberatung	162

VIERTER TEIL: PERSPEKTIVEN FÜR DIE ZUKUNFT

Ekkehard Börsch
1.	Der Evangelische Kindergarten als Nachbarschaftszentrum und die Vernetzung im Gemeinwesen	167
1.1	Nicht nur die Funktion, sondern auch den Horizont des Kindergartens sehen!	167
1.2	Erweiterte Leistung des Kindergartens	167
1.3	Kinder bringen die familiäre Soziallage mit in den Kindergarten	168
1.4	Der Kindergarten ist ein erster Hinweis auf das Gemeinwesen	168
1.5	Der Kindergarten hat als Sozialisationsinstanz im sozialen Feld neue Themen	170
1.6	Ein Nachbarschaftszentrum erweitert die Kompetenz der Erzieherinnen	171
1.7	Der kirchliche Kindergarten ist Diakonie, nicht Instrument!	171

Ernst Fuchs
2.	Der sozialpolitische Rahmen von innovativen Modellversuchen	173

Brigitte Schaupp
3.	Ein Projekt zieht Kreise	175

Jürgen Link
4.	„Learning by Doing" oder Fortbildung in „Reality"-Qualität – Konsequenzen für die Fortbildung von Erzieherinnen	179
4.1	Das Projekt als Fort- bzw. Weiterbildung	179
4.2.	Perspektiven- und Rollenwechsel für Erzieherinnen	180
4.3	Qualitätssicherung und Weiterentwicklung durch Fortbildung	181
4.4	Wirkungen und Aufforderungen für den Ausbildungsbereich	182

Günter Geisthardt
5. Konsequenzen für die Ausbildung von Pfarrerinnen und Pfarrern 184

Gerald Kuwatsch
6. Biblische Impulse für eine kinder- und familienfreundliche Gemeinde .. 187
6.1. Einleitung 187
6.2 Bibel – Kind – Familie 188
6.2.1 Allgemeines 188
6.2.2 Kind und Familie in der Antike 188
6.2.3 Kind und Familie im Alten Testament 188
6.2.4 Kind und Familie im Neuen Testament 189
6.2.5 Zusammenfassung 190
6.3 Biblische Impulse und Prüffragen für eine kinder- und familienfreundliche Gemeinde 190
6.4 Schlußteil 192

Eckart Emrich
7. Chancen von Kirchengemeinden als Träger von Kindertagesstätten 194

Arnd Götzelmann
8. Diakonische Gemeindeerneuerung als Kirchenreform „von unten". Der evangelische Kindergarten als Nachbarschafts- und Gemeindezentrum 197
8.1 Die soziale Strukturschwäche des Luthertums und die historische Auseinanderentwicklung von Diakonie und Kirche/Gemeinde 197
8.2 Die Bedeutung der Kindertagesstätte für die evangelische Gemeinde heute .. 199
8.2.1 Gemeindeaufbau von „von unten" 199
8.2.2 Der Kindergarten als wiederzuentdeckende Institution der evangelischen Gemeinde/Kirche und Diakonie 200
8.2.3 Der Kindergarten in einem hessischen Modell diakonischer Gemeindeentwicklung 201
8.3 Traditionelles Gemeindezentrum und neues Nachbarschaftszentrum 204
8.4 Das diakonische Kirchenbild der Ökumene (Weltkirchenrat) 206
8.5 Diakonische Gemeindeerneuerung als projektorientierter Gemeindeaufbau . 208
8.6 Tendenzen diakonischer Gemeindeerneuerung im Projekt 209
8.6.1 Förderung der Selbst- und Mitbestimmung von Kindern 209
8.6.2 Erhebung der Bedürfnislagen von Kindern und Familien 209
8.6.3 Pluralisierung des Kindertagesstättenangebots 209
8.6.4 Reintegration von Diakonie und Kirchengemeinde 210
8.6.5 Diakonische Gemeinde- und Kirchenreform „von unten" 210
8.6.6 Entstehung eines neuen Gemeindezentrums 210
8.6.7 Gemeinwesenverantwortung der Kirchengemeinde 211
8.7 Schluß 211

THESEN ZUM MODELLPROJEKT

Arnd Götzelmann/Friedrich Schmidt
    Thesen zum Modellprojekt „Der Evangelische Kindergarten als Nachbarschaftszentrum in der Gemeinde" 215
1.   Zum sozialen und gesellschaftlichen Wandel 215
2   Zum Projektverlauf, den Modellbedingungen, den Beteiligten 216
3.   Zur Qualifizierung evangelischer Kindertagesstättenarbeit 217
4.   Zur diakonischen Gemeindeentwicklung 219
5.   Zukunftsaufgaben an der Schwelle des Übergangs vom Modellprojekt zur Regelkonzeption 220

VERZEICHNIS DER AUTORINNEN UND AUTOREN 225

Geleitwort des pfälzischen Landespfarrers für Diakonie

Gewollt haben wir ihn – den evangelischen Kindergarten. Und wir wollten ihn flächendeckend und als Angebot für alle. Wir wollten den Rechtsanspruch genauso wie das evangelische Profil einer Einrichtung.

Nun aber sind Zweifel aufgekommen, ob es Sache einer Kirchengemeinde oder eines evangelischen Vereines sein kann, ein Angebot zu machen, das sogar staatlich garantiert ist. Sind nicht die Kosten mittlerweile höher als der Nutzen, den Kirche und Gemeinde davon haben können? Und sind im Zug der Professionalisierung der Erziehungsarbeit nicht die Angebote der verschiedensten Träger auf hohem Niveau austauschbar geworden? Ist es nicht gar egal, wer den Kindergarten betreibt? Ein konfessioneller Träger, die Kommune oder sonst irgendwer – Gruppe oder Verein?

Dem Diakonischen Werk der Pfalz war es nicht egal. Wir wollten dem Kindergarten neues Interesse und ein zeitgemäßes Konzept geben. So kam es zu dem Modellversuch „Der Evangelische Kindergarten als Nachbarschaftszentrum in der Gemeinde". Gewissermaßen aus dem finanziellen Stand heraus – also ohne nennenswerte staatliche Unterstützung – entwickelte sich eine neue Konzeption mit vielen neuen Ideen an drei verschiedenen Standorten unseres Kirchengebietes. Wir suchten Antwort auf die Frage, wie ein evangelischer Kindergarten aussehen muß angesichts veränderter Lebenslagen von Familien, des sichtlichen Wandels von Kindheit und des deutlichen sozialen Auflösungsprozesses, der Familie und Kindheit begleitet. Anders noch als vor wenigen Jahren ging es nicht mehr um „Häuser für Kinder". Diese werden so oder so ihren Sinn behalten und können nicht bald genug zum Regelangebot erhoben werden. Aber wenn es sie gäbe, sollten sie keine Inseln sein in kinderfeindlicher Umwelt, keine Ghettos, die sich eine unaufmerksame und gleichgültige Erwachsenenwelt für Kinder leistet.

Nachbarschaft ist mehr. Nachbarschaft versucht aus der Einrichtung ein Zentrum zu machen, wohin vieles sich zuordnet und ausrichtet, und aus einem Wohngebiet eine Beziehungsgröße im Für- und Miteinander von Erwachsenen und Kindern. Evangelischer Kindergarten als Nachbarschaftszentrum – ist das nicht die Vision einer wirklich besseren, kindgerechten und kinderfreundlichen Welt? Der Kindergarten als Treffpunkt und Begegnungsstätten zwischen den Generationen, den Vereinen und Gruppen einer überschaubaren Region – deuten sich nicht darin Lösungen an für viele soziale Probleme in unseren Städten, Vorstädten und Neubürgeransiedlungen der Dörfer?

Um diese Vision konkret werden zu lassen galt es, viele zusammenzuführen. Köpfe, Interessen und Meinungen von Trägern, Funktionären, Eltern, Erziehungspersonal und Kindern. Es galt nutzbar zu machen, daß viele vieles denken und einbringen können in ein gemeinsames Konzept. Die den Weg am leichtesten gingen, waren die Kinder. Auch die Eltern waren bald gewonnen. Die Erzieherteams aber hatten schon manche Distanz zu überwinden und sich auf aktive und kooperative Eltern einzustellen. Besonders schwer taten sich die Träger – Kirchengemeinden, Presbyterien und Trägervereine. Obwohl alle ausdrücklich das Projekt für sich gewünscht hatten, zeigten sich viele überrascht und manche überfordert. Letztlich aber gelang es auf unterschiedliche Weise, einen Modellversuch mit großer Farbigkeit und Vielfalt durchzuführen und zu dokumentieren. So liegt er Ihnen nun vor.

Er mag anregen und ermutigen und beitragen zu einer neuen Begeisterung und Liebe zum evangelischen Kindergarten. Evangelisch wird sein Profil sein, wenn er nah bei den Menschen ist, wenn er offen und entwicklungsfähig, wenn er aktionshaft und kompromißbereit zum Ort wird, wo Kinder und Eltern, behinderte und nichtbehinderte Menschen, Deutsche und Ausländer miteinander das Leben feiern, das Gott ihnen schenkt, und verstehen, daß alle zusammen die Gemeinde sind.

Es lohnt sich an diesem Modell weiterzuarbeiten. Wir wünschen dazu viel Freude und gutes Gelingen.

Frieder Theysohn

Geleitwort der rheinland-pfälzischen Ministerin für Kultur, Jugend, Familie und Frauen

„Nichts sieht hinterher so einfach aus, wie eine verwirklichte Utopie." Mit diesem Ausspruch könnte die Dokumentation des Projektes „Der Evangelische Kindergarten als Nachbarschaftszentrum in der Gemeinde" überschrieben sein.
Auf den ersten Blick erscheint es bestechend und selbstverständlich,
... daß Kindergärten zu Nachbarschaftszentren ausgebaut werden,
... daß der Kindergarten Treffpunkt der ganzen Familie ist,
... daß Kinder ihren Kindergartenalltag mitbestimmen,
... daß Mütter und Väter sich durch den Kindergarten als Nachbarschaftszentrum ein soziales Netz aufbauen können,
... daß Erzieher/innen sich noch stärker als Erziehungsberater/innen engagieren und
... daß Eltern ihre Sach- und Fachkenntnisse dem Kindergarten zur Verfügung stellen.

Welche Hindernisse, Hürden, Überzeugungsgespräche vor Ort in den drei Gemeinden der Evangelischen Kirche der Pfalz notwendig waren, um ein solches Projekt auf die Beine zu stellen, wissen allerdings die Beteiligten. Ihnen spreche ich meine Hochachtung für Ihren Ideenreichtum, ihre Hartnäckigkeit und ihre Flexibilität aus.

In einer Zeit, in der der Kindergartenbereich in der Öffentlichkeit vor allem als Investitionsproblem dargestellt wird, rückt auch das Projekt des Diakonischen Werkes wieder inhaltliche Aspekte in den Vordergrund.

Unumstritten ist, daß das Land Rheinland-Pfalz auch in quantitativer Hinsicht stolz auf den Kindertagesstättenbereich sein kann. Rund 28.000 neue Plätze konnten zwischen 1991 und 1996 gemeinsam mit den Kommunen, Kirchen und anderen Kindergartenträgern geschaffen werden. Die Landesregierung hat hierfür mehr als 170 Mio. DM freiwilliger Investitionskostenzuschüsse bereitgestellt und beteiligt sich auch weiter. Bei allem quantitativen Verbessern der Kindergartensituation ist es aber ebenso wichtig, die qualitative Weiterentwicklung nicht zu vergessen. Für Ideen, Konzepte und Visionen muß ebenso Raum sein.

Im Aktionsprogramm der Landesregierung „Kinderfreundliches Rheinland-Pfalz – Politik für Kinder mit Kindern" sind Grundsätze zur Weiterentwicklung der Kindertagesstätten festgeschrieben.

Großes Gewicht liegt auf der Forderung, zunehmend Kindertagesstätten zu Orten auszubauen, die mehr als bisher der Kommunikation dienen. Beispielsweise durch Erfahrungsaustausch, Elternbildung und Elternberatung sollen die Kindertagesstätten als Kommunikationsorte Mütter und Väter unterstützen.

Um dieses Ziel zu erreichen, ist eine Zusammenarbeit der Kindertagesstätten mit anderen Institutionen erforderlich, z.B. mit Familienbildungsstätten und sozialen Beratungsstellen. Auch in der Aus- und Fortbildung der Erziehungsfachkräfte muß diese Netzwerk-Kommunikationsarbeit integriert werden.

- Die Kindertagesstätten zu Kommunikationsorten auszubauen, ist ein Akt der Kinderfreundlichkeit, aber vor allem auch ein Akt des gesellschaftlichen Eigennutzes. Welche Ansatzpunkte gibt es sonst noch zur Vernetzung des Gemeinwesens? Wo sonst können familienübergreifende Erfahrungsräume geschaffen werden? Wo sonst kommen Menschen verschiedener Generationen oder verschiedener Staatszugehörigkeit zusammen? Wo sonst können wir Beratungs- und Entlastungsangebote direkt an die Frau und an den Mann bringen? Wo sonst können effektive Hilfestellungen zur Vereinbarkeit von Beruf und Familie angeboten werden?

Wir müssen die Gelegenheit allerdings nutzen. Deshalb unterstützt das Land Rheinland-Pfalz die Übertragung des Projektansatzes „Der Kindergarten als Nachbarschaftszentrum" auf weitere Kindertagesstätten.

Dr. Rose Götte

Vorwort der Herausgeber

Evangelische Kindergärten gehören in zahlreichen Kirchengemeinden zum Grundbestand pädagogisch-diakonischer Instanzen. Mit fast 9.000 Kindertagesstätten in der Trägerschaft von Gemeinden und Vereinen beteiligen sich die evangelischen Kirchen in Deutschland mit ihren Diakonischen Werken an der Verantwortung für die Erziehung von Kindern und die Entlastung von Familien. Trotz der Bedeutung dieses Arbeitsfeldes ist der Kindergarten in kirchlicher Trägerschaft nicht unumstritten. Evangelische Kindertagesstätten stehen vor zahlreichen Herausforderungen, deren Lösung ihren künftigen Fortbestand mitbestimmen wird.

Im Hinblick auf gesellschaftliche Veränderungsprozesse stehen Kindertagesstätten in kirchlicher Trägerschaft vor der Frage, ob ihre Angebote und Öffnungszeiten den gewandelten Lebenssituationen von Familien und Kindern noch entsprechen. Die Verantwortlichen müssen überlegen, wie die Einrichtungen weiterentwickelt werden können, um den veränderten familialen Bedürfnissen gerechter zu werden als bisher. Vonseiten der Gemeindeleitung wird das mangelnde christliche Profil von kirchlichen Kindergärten kritisiert und die hohe finanzielle und zeitliche Belastung, die durch die Trägerschaft entsteht, beklagt. Vor dem Hintergrund abnehmender Gemeindezahlen und finanzieller Möglichkeiten wird mancherorts überlegt, die Trägerverantwortung für den Kindergarten abzugeben. Umgekehrt stehen viele Kirchengemeinden vor der Frage nach ihrer Aktivierung und Erneuerung, nach dem sog. „Gemeindeaufbau". Wir meinen, der Kindergarten soll zu einem Zentrum der Gemeindeentwicklung werden, das sich besonders an den Bedürfnissen und Lebenssituationen von Kindern und Eltern orientiert.

Die Herausforderungen evangelischer Kindergärten und Gemeinden bildeten den Hintergrund zur Durchführung des Modellversuches „Der Evangelische Kindergarten als Nachbarschaftszentrum in der Gemeinde". In dem Handlungsforschungsprojekt des Diakonischen Werkes der Evangelischen Kirche der Pfalz wurde von 1994 bis 1996 unter wissenschaftlicher Begleitung in der Praxis dreier Kindergärten und Kirchengemeinden untersucht, wie sich Kindergärten weiterentwickeln können, um den veränderten familialen Lebenssituationen gerechter zu werden und sich gleichzeitig deutlicher als Teil der Gemeinde zu profilieren. Das pfälzer Projekt war Teil des ersten gesamtdeutschen Modellversuches im Elementarbereich, das unter dem Namen „Weiterführende Konzepte für evangelische Kindertagesstätten und Gemeinden" im gleichen Zeitraum durchgeführt wurde.

Die während des Modellversuches gemachten Erfahrungen und Ergebnisse stießen nicht nur in der Pfalz sondern bundesweit auf große Beachtung und Resonanz. Dies gab den Anstoß, den Abschlußbericht des Projektes durch einige Beiträge zu erweitern und als Band 9 der von Theodor Strohm herausgegebenen Reihe Diakoniewissenschaftliche Studien zu veröffentlichen. Bei ihm, unserem theologischen Lehrer, bedanken wir uns für die Aufnahme dieses Bandes in die Reihe. Das vorliegende Ergebnis umfaßt ein weites Spektrum an Erfahrungen, Einschätzungen und Überlegungen zum Modellversuch, das – so hoffen wir – auf gelungene Weise die Buntheit und Mannigfaltigkeit des Projektprozesses widerspiegelt. Uns war es wichtig, daß der Projektverlauf aus unterschiedlichen Perspektiven – aus der Sicht von Erzieherinnen, Eltern,

Pfarrern, Projektbeiratsmitgliedern, FachberaterInnen, Theologen und Kindern – in den Blick kommt. Als Herausgeber sind wir froh um diese Vielgestaltigkeit der Beiträge und haben weitgehend darauf verzichtet, sie zu vereinheitlichen. So ist aus der Veröffentlichung ein Lesebuch für Menschen entstanden, die Interesse am Kindergarten und an Gemeindeentwicklung haben.

Der ERSTE TEIL will in die historischen, gesellschaftlichen und theologischen Voraussetzung, die Ziele und Methoden sowie die Konzeption des Modellprojekts einführen. Im ZWEITEN TEIL wird der Verlauf des Modellprojektes in Bobenheim-Roxheim, Ludwigshafen und Zweibrücken dokumentiert. Der DRITTE TEIL beinhaltet thematische Querschnitte und zusammenfassende Durchblicke zu einzelnen, im Verlauf des Projektes relevant gewordenen Fragestellungen. Im VIERTEN TEIL werden Zukunftsperspektiven aus verschiedenen Positionen heraus erläutert, damit das Mosaik der Dokumentation facettenreicher wird. In unseren THESEN schließlich bündeln wir den Ertrag des Modellprojektes und geben Impulse für die weitere Diskussion um die evangelische Kindertagesstätte und eine diakonische Gemeindeerneuerung. Das Buch läßt sich von den Thesen aus wohl am schnellsten erschließen. Dieser Band will ein Plädoyer sein für die evangelische Kindertagesstätte und für die Integration von Kindern und Familien in die Kirchengemeinde.

Wir bedanken uns bei den Mitautorinnen und Mitautoren für die aktive Unterstützung, bei Volker Herrmann aus Heidelberg für die verlegerische Betreuung, bei Andreas Klaffke und Annette Leis aus Heidelberg für die technische Bearbeitung, bei Claudia Enders-Götzelmann aus Speyer und Karin Weiser aus Darmstadt für die Korrekturen und Anregungen, bei Sr. Christel Karwelcke aus Speyer für die Schreibarbeiten und bei Gisela Koch aus Kaiserslautern für die graphische Umschlaggestaltung. Nicht zuletzt geht unser Dank an Brigitte Schaupp und viele andere Mitarbeiterinnen und Mitarbeiter des Diakonischen Werkes Pfalz für vielerlei Unterstützungen und Inspirationen.

Im April 1997
Friedrich Schmidt und Arnd Götzelmann

ERSTER TEIL
VORAUSSETZUNGEN, ZIELE UND METHODEN

Arnd Götzelmann

1. Kindertagesstätte im Wandel der 1990er Jahre. Neuere Entwicklungen der Kinder- und Jugendhilfe im Tagesstättenbereich

Die christlichen Kirchen mit ihrer Diakonie und Caritas engagieren sich in der Elementarpädagogik in besonderem Maße. Für ihre Kindertagesstätten, die immerhin zwei Drittel aller Kindertagesstätten in Deutschland ausmachen, investieren sie im Vergleich zu anderen kirchlichen und sozialen Arbeitsfeldern überdurchschnittlich, und zwar sowohl in finanzieller als auch in ideeller Hinsicht. Das Konzept kirchlicher Kindergärten ruhte stets zugleich auf diakonischen und religionspädagogischen, auf bildungsorientierten und familienfürsorgerischen Säulen mit historisch sich jeweils verändernden Schwerpunkten. Nach grundlegenden elementarpädagogischen Reformen nach dem zweiten Weltkrieg bis insbesondere zum Ende der 1970er Jahre stand in den letzten Jahren der Ausbau der Einrichtungsplätze im Zentrum öffentlichen Interesses. Parallel dazu hat sich mit dem Ende der 1980er Jahre und in den 1990er Jahren allerorten eine qualitative und konzeptionelle Neuorientierung entfaltet. Dies geschah zunächst in verschiedenen Modellversuchen, Projekten und Konzeptionen, die im folgenden näher dargestellt werden. Die Darstellung wird zeigen, in welchem elementarpädagogischen Reformkontext das in diesem Band dokumentierte Kindertagesstättenprojekt des Diakonischen Werks der Evangelischen Kirche der Pfalz (Protestantische Landeskirche) stand.

1.1 Die religionspädagogische Krise und die Notwendigkeit religiöser Sozialisation

Das Engagement der christlichen Kirchen im Kindertagesstättenbereich liegt zum einen begründet in der Ergänzungsbedürftigkeit der Kindertaufe durch ein nachgeholtes Katechumenat (Taufunterricht), das zur Selbstaneignung der stellvertretend durch Eltern und Paten bei der Kindertaufe gegebenen Zusage in der Konfirmation führt. Aus dem Kontext der Taufe stammen die religionspädagogischen Aufgaben an den Kindern und Jugendlichen, die in vielerlei Formen kirchlicher Arbeit, wie etwa in Kindergottesdienst, Konfirmandenarbeit, Religionsunterricht, Seelsorge an Familien und Paten umgesetzt werden. In diesen katechetischen Bildungsauftrag der Kirchen gehört auch die Kindertagesstättenarbeit.

In einer Situation, in der sich der Prozeß des christlichen Traditionsabbruches im Endstadium befindet und sich christliche Erziehung in kaum einem Elternhaus mehr erwarten läßt, kommt der religionspädagogisch-katechetischen Aufgabenstellung eine größere Bedeutung zu als je. Bezüglich der religiösen Erziehung in der Familie muß man geradezu von einer „Ausdrucks- und Sprachlosigkeit vieler Menschen" sprechen, deren Grundlage die „Zerstörung traditioneller sozialer Zusammenhänge, in denen sich auch eine weithin selbstverständliche religiöse und kirchliche Sozialisation vollzog", ist.[1] Der religionssoziologische Befund im Blick auf die Möglichkeiten religiös-

---

[1] Christian Grethlein, Religionspädagogik – vor einem neuen Aufbruch?, in: Theologische Literaturzeitung 121 (1996), 905-918. 908f.

christlicher Sozialisation lautete bereits vor fast zwanzig Jahren: „Wir müssen davon ausgehen, daß alles Bedenken der Probleme der Glaubensvermittlung heute im Horizont einer Situation ihrer manifesten Erfolglosigkeit geschieht."[2] Mehr und mehr wird Kirchlichkeit „zunehmend zum Merkmal einer Alterskultur, scharf getrennt von einer weitgehend kirchenfernen Jugendkultur"[3]. Ähnliches gilt wohl für die kirchlich-christliche Distanziertheit der Kinder- und Familienkultur. Neuere Werke der Religionspädagogik konzedieren die Erfolglosigkeit religionspädagogischer Bemühungen und gehen davon aus, daß die „Chancen von Kindern und Jugendlichen gelebte Religiosität zu erfahren"[4] stark gesunken sind. Man spricht vom „Zusammenbruch der Voraussetzungen religiöser Sozialisation"[5]. Die Gelegenheiten und Orte, an denen man gelebte christliche Religiosität erfahren und selbst leben kann, scheinen zu verschwinden. Interessanterweise will man Ansätze dazu u.a. in der lateinamerikanischen Befreiungspädagogik entdecken, die den Begriff der „Konvivenz", einem integrativen und ganzheitlichen pädagogischen Prozeß des Miteinanderlebens, geprägt hat.[6] Genau einen solchen ganzheitlichen Miterlebensprozeß kann wohl kaum eine kirchliche Institution besser bieten als die weiterentwickelte Kindertagesstätte.

In diesen Problemkomplex gehört auch die Diskussion um die Prägung und Vermittlung von moralischen Werten und Grundüberzeugungen, wie sie insbesondere in der Grundwertedebatte der 1980er Jahre auf politischer Ebene geführt wurde. Die Gesellschaft für Markt- und Sozialforschung INRA in Mölln hat nun 1996 im Auftrag der Hans-Seidel-Stiftung eine Jugendumfrage unter 16- bis 20- sowie 21- bis 34jährigen zur Wertevermittlung in unserer Gesellschaft durchgeführt. Die hohe Bedeutung des Kindergartens und die marginale Relevanz der Kirchen in diesem Bereich der Sozialisation faßt der INRA-Geschäftsführer Helmut Jung als ein wichtiges Ergebnis der Studie folgendermaßen zusammen:

> „Wenn es um die Frage geht, wer im bisherigen Leben für die Befragten bei der Vermittlung von Werten und Grundüberzeugungen eine Rolle gespielt hat, so dominierten ganz eindeutig das private Umfeld, Eltern, Kindergarten und Schule, Freunde und Bekannte, Großeltern und andere Verwandte, das berufliche Umfeld, die eigene Lebenserfahrung und in relativ geringem Umfang auch noch die Kirche als die wesentlichen Wertevermittler. Für die Jugend spielen Elternhaus, Kindergarten und Schule, sonstige Verwandte, Freunde und Bekannte erwartungsgemäß eine überdurchschnittliche Rolle."[7]

Als wertsetzende Instanze stößt die Kirche neben der Politik und den Medien bei den 16- bis 20jährigen Jugendlichen zunehmend auf Ablehnung.

---

[2] Franz-Xaver Kaufmann, Kirche begreifen, Freiburg u.a. 1979, 156, zitiert nach C. Grethlein, 908.

[3] R. Köcher, Tradierungsprobleme in der modernen Gesellschaft, in: E. Feifel/W. Kasper (Hg.), Tradierungskrise des Glaubens, München 1987, 169, zitiert nach C. Grethlein, 908.

[4] Norbert Mette, Religionspädagogik, Düsseldorf 1994, 18.

[5] Karl Ernst Nipkow, Bildung als Lebensbegleitung und Erneuerung. Kirchliche Bildungsverantwortung in Gemeinde, Schule und Gesellschaft, Gütersloh 1990, 69.

[6] Vgl. N. Mette, 153f.

[7] Kirche, Politik und Medien vermitteln heute keine Werte mehr. Helmut Jung erläutert Ergebnisse einer von der Hanns-Seidel-Stiftung in Auftrag gegebenen Jugendstudie. Dokumentation der Frankfurter Rundschau Nr. 275 vom 25.11.1996, 9.

Der beschriebene religionspädagogische und sozialisationstheoretische Begründungszusammenhang, in dessen Kontext auch die Wertediskussion gehört, würde schon allein zur Legitimation kirchlicher Kindertagesstättenarbeit vollauf genügen.

1.2 Die diakonischen Wurzeln und die Bildungsorientierung der Kindertagesstättenarbeit

Nun haben die Kirchen im System des subsidiär organisierten deutschen Sozialstaats eine bedeutsame Rolle in der Wohlfahrtspflege übernommen. Sie leben darin ihren diakonischen Auftrag zeitgemäß aus. In diesem Zusammenhang waren die Kirchen bereit, auch in den letzten durch kirchliche Mittelverknappung überschatteten Jahren, den quantitativen Standard an Kindertagesstättenarbeit zu halten oder sogar noch zu steigern. Eine Kirche, die in der Nachfolge des Diakons Jesus (Lk. 22,17) lebt, entspricht ihrem Auftrag, wenn sie die sozialpädagogische und diakonische Aufgabe des Kindergartens ernst nimmt.

So wundert es nicht, daß die Ursprünge der Kindergartenarbeit evangelisch und diakonisch sind. Sara Banzet und Louise Scheppler, engagierte evangelische Frauen in der Kirchengemeinde Johann Friedrich Oberlins, hatten bereits in den 70er Jahren des 18. Jahrhunderts im Steintal der Vogesen die Idee der 'poele à tricoter' oder 'école à tricoter' (übers. Strickstuben oder Strickschulen) als erste Formen von evangelischer Kleinkinderbetreuung entwickelt, bevor Friedrich Fröbel (1782-1852), der Namensgeber des „Kindergartens" erst geboren war. Und ebenso vor Fröbel begründete der evangelische Pastor Theodor Fliedner (1800-1864) im Jahre 1835 in Kaiserswerth bei Düsseldorf eine erste „Kleinkinderschule", ebenfalls zunächst aus diakonischer Motivation. Der familienfürsorgerische Charakter der evangelischen Kindereinrichtungen bildete den Ausgangspunkt und den Hauptstrom protestantischer Arbeit für diese Zielgruppe.

Es macht allerdings durchaus Sinn, den Kindergarten nicht allein als Teil der Wohlfahrtspflege zu verstehen, sondern ebenso als Teil des Bildungs- und Schulwesens. Die Zuordnung des Kindergartens zu einem dieser Bereiche hat vor der Verabschiedung des Jugendwohlfahrtsgesetzes zu heftigen Debatten in den einschlägigen Kreisen geführt. Schon vorher hatte der Freiherr Adolf von Bissing-Beerberg (1800-1880) diesen allgemein-pädagogischen Aspekt der Kindergartenarbeit auf evangelischer Seite stark zu machen versucht, indem er den Ausbau der evangelischen Kleinkinderschulen zur „Grundlage der ganzen Volkserziehung" forderte.[8]

Die sog. „Reichsschulkonferenz" des Jahres 1920 diskutierte im Rahmen der Aufgabe einer Neuorganisation des deutschen Schulwesens nach dem Ersten Weltkrieg auch die pädagogische Bedeutung des Kindergartens und seine Zuordnung zum Schul- oder Sozialwesen. Eine radikale Gruppe forderte dort die Einheit der Bildung vom Kindergarten bis zur Hochschule und wollte damit den Kindergartenbereich klar dem Bildungswesen zugeordnet haben. Diese Position setzte sich mit Entwicklungen in den 1970er Jahren durch und wurde mit der Verabschiedung des Bildungsgesamtplans im Jahr 1973 staatlich anerkannt. So wird bis heute die elementarpädagogische Bildungs-

---

[8] Zitiert nach Günter Erning, Karl Neumann, Jürgen Reyer (Hg.): Geschichte des Kindergartens Bd. I, Freiburg 1987, 48.

aufgabe des Kindergartens allgemein akzeptiert und auch auf evangelischer Seite in neueren Ansätzen, etwa von Karl Ernst Nipkow[9], theologisch begründet. Auch wenn man von einer überzogenen Verschulung im Sinne der Vorschulbestrebungen der 1970er Jahre wieder weggekommen ist, so steht doch an erster Stelle bis heute die pädagogische und sozialisationsbegleitende Aufgabe. Die Kinderladenbewegung hat diese Bildungsaufgabe im Sinne einer befreienden Emanzipation und Selbstbestimmung der Kinder sowie der Elternselbsthilfe politisch gedeutet und sozial legitimiert. Das religionspädagogische Förderprogramm, wie es vom Comenius-Institut der EKD entwickelt wurde, hat die evangelische Bildungsaufgabe der Kindergärten konkretisiert und damit die evangelische Kindertagesstättenarbeit konzeptionell weiterentwickelt.

1.3 Die evangelische Neuentdeckung der Kindertagesstätte und der Kinder

Die Bundesvereinigung Evangelischer Kindertagesstätten e.V. war an weiteren Elementen des qualitativen Ausbaus evangelischer Kindertagesstättenarbeit beteiligt. So setzte sie sich zugunsten der Betreuung von Kindern unter drei Jahren ein, was 1989/90 zur Veröffentlichung eines entsprechenden Papiers führte, und zielte auch auf bessere Betreuungsangebote für Schulkinder in evangelischen Kinderhorten. Danach folgte eine auf die Erzieher/innen bezogene Ausarbeitung zum Thema „Beruf – Erziehen" und eine die sich der Verbesserung der Fachberatung zuwandte. Auch die Forderung, behinderte Kinder nicht in Sonderinstitutionen auszusondern, sondern alle behinderten Kinder in Regeleinrichtungen aufzunehmen, wie man es in Bremen schon vor Jahren versuchte,[10] sorgte für Diskussionen in der Trägerlandschaft.

Die Evangelische Kirche in Deutschland setzte sich immer wieder mit der Situation von Kindern in unserer Gesellschaft auch im Blick auf die Kindergartenarbeit auseinander. Der Bildungsausschuß der EKD hatte bereits 1978 zur Berücksichtigung des gesellschaftlichen Strukturwandels in der Kindergartenarbeit und zur Orientierung der Arbeit an den Bedürfnissen der Bevölkerung sowie zur Integration von Kindergärten in das Gemeinwesen durch Laienmitarbeit und Selbsthilfe aufgerufen. Die 7. Synode der EKD befaßte sich in ihrer Tagung vom 9. November 1990 mit dem Erziehungs- und Bildungsauftrag der Kirche. Die Synodalen votierten für den dezidiert kirchlichen Einsatz bei der pädagogischen Verantwortung und für die menschliche Qualität von Erziehung und Bildung sowie bei der religionspädagogischen Verantwortung für die Erschließung und Weitergabe der christlichen Glaubenstradition. Die Kammer der EKD für Bildung und Erziehung nahm in „EKD-Texte Nr. 37" Stellung zur Bedeutung von Bildung als gemeinsamem Prozeß von Arbeit, Glauben und Leben sowie als Integrationsprozeß und wies auch speziell auf die Chancen der Kindertagesstätten in dieser Hinsicht hin.

---

[9] Karl Ernst Nipkow, Bildung als Lebensbegleitung und Erneuerung. Kirchliche Bildungsverantwortung in Gemeinde, Schule und Gesellschaft, Gütersloh 1990.

[10] Zur Integration behinderter Kinder in Bremen vgl. TPS-extra 11: Dokumentation des Fachtages der Bremischen Evangelischen Kirche, Landesverband für Evangelische Kindertagesstätten am 9. August 1992: „Zehn Jahre gemeinsame Erziehung behinderter und nichtbehinderter Kinder im Bereich der Bremischen Evangelischen Kirche", zusammengestellt von Anne Kebbe, Bielefeld 1992.

Die 8. Synode der EKD, die im November 1994 in Halle an der Saale ihre fünfte Tagung unter der Themenstellung „Aufwachsen in schwieriger Zeit" abhielt, hat sich noch eindeutiger der Frage nach der Situation und den Bedürfnissen der Kinder in Gesellschaft, Gemeinde und Kindertagesstätte zugewandt.

Insbesondere die Prüfsteine für eine kinderfreundliche Gemeinde sollen hier, nicht zuletzt ihrer praktischen Einsetzbarkeit bei der Prüfung der Kinderfreundlichkeit von Gemeinden vor Ort wegen, genannt werden:

„• Wieviele Kinder, in welchem Alter, leben im Bereich der Kirchengemeinde?
   In welchen sozialen, familiären und kulturellen Zusammenhängen leben die Kinder?
   Wie leben die Kinder (Tagesablauf, Freizeitgestaltung ...)?
   Welche Kinder nehmen Teil an den kirchlichen Angeboten, welche nicht?
   Welche Bedürfnisse oder Fähigkeiten haben Mädchen und Jungen?
   Wissen wir etwas darüber, wie die Kinder unsere Kirchengemeinde erleben?
   Kennen wir die Erwartungen und Wünsche der Kinder?
   Gibt es Orte und Gelegenheiten, wo die Kinder ihre Wünsche, ihre Kritik, ihre Erwartungen und Fragen zum Ausdruck bringen können?
- Wird die Arbeit mit Kindern als ein eigenständiger Arbeitsbereich der Kirchengemeinde angesehen, in die kirchlichen Ordnungen einbezogen und von den entsprechenden Gremien berücksichtigt?
- Wie drückt sich der Stellenwert der Arbeit mit Kindern im Haushaltsetat der Kirchengemeinde aus?
- Wie sieht die finanzielle, personelle und materielle Ausstattung der kirchlichen Angebote für Kinder in der Kirchengemeinde aus? Sind Verbesserungen nötig?
- Bestehen für die haupt- und ehrenamtlichen Mitarbeiterinnen und Mitarbeiter in diesem eigenständigen Arbeitsbereich der Kirche kontinuierliche Fort- und Weiterbildungsangebote?
- Welche Anerkennung, Unterstützung und Förderung erfahren die haupt- und ehrenamtlichen Mitarbeiterinnen und Mitarbeiter in der Kirchengemeinde?
- Wie werden besonders die ehrenamtlichen begleitet, beraten und bewertet?
- Werden Vernetzungsstrukturen und Kooperationsmöglichkeiten für Mitarbeiterinnen und Mitarbeiter in der Arbeit mit Kindern geschaffen, gestützt und gefördert?
- Sind die Arbeitszeiten der Mitarbeiterinnen und Mitarbeiter so gestaltet und strukturiert, daß sie selbst und ihre eignen Familien nicht darunter leiden?
- Werden die kirchlichen Angebote für Kinder ihren Bedürfnissen und den immer komplexer werdenden Lebenszusammenhängen gerecht?
- Entsprechen die religionspädagogischen Zielsetzungen der Arbeit mit Kindern der unterschiedlichen sozialen, familiären und kulturellen Herkunft der Mädchen und Jungen?
- Welche Räume und Plätze stehen für die Arbeit mit Kindern zur Verfügung?
  Sind die Räume offen für Kinder und eingerichtet nach den Bedürfnissen der Kinder?
  Sind Frei- und Grünflächen für Kinder vorhanden und dürfen sie auch von ihnen mitgestaltet werden?
- Welche Entscheidungsgremien befassen sich regelmäßig mit der Arbeit mit Kindern?
- Gibt es in unserer Kirchengemeinde Personen, die als Anwälte für Kinder deren Interessen in der Gemeinde vertreten?
- Sind haupt- und ehrenamtliche Mitarbeiterinnen und Mitarbeiter in der Kinderarbeit in den Leitungs- und Entscheidungsgremien der Kirchengemeinde vertreten?
- Gibt es ein eigenständiges Gremium von Kindern zur unmittelbaren Mitbestimmung und Interessenvertretung in der Gemeinde?"[11]

---

[11] Aufwachsen in schwieriger Zeit – Kinder in Gemeinde und Gesellschaft, Synode der Evangelischen Kirche in Deutschland, i.A. des Rates der EKD hg. v. Kirchenamt der EKD, Gütersloh 1995, 72f.

Die Synode fragte auch über diesen Prüfkatalog hinaus allgemeiner, „Welche Kirche braucht das Kind?", und faßte einen Beschluß zur „Kinderfreundlichen Gemeinde und Gesellschaft"[12], der einen Perspektivenwechsel sowie die gesellschaftliche Partizipation und Aufwertung von Kindern anmahnt und dazu konkrete Forderungen stellt an den Rat der EKD, die Gemeinden, Kirchenkreise, Landeskirchen und Diakonischen Werke, an das Comenius-Institut, an die LeiterInnen der Pädagogischen Institute und Katechetischen Ämter sowie an die Theologischen Fakultäten, pastoralen und religionspädagogischen Ausbildungsstätten.

Diese Forderungen und Einsichten evangelischer Gremien harren allerdings noch einer konkreten und flächendeckenden Umsetzung in die kirchliche Praxis vor Ort.

1.4 Quantitative und qualitative Weiterentwicklung der Kindertagesstättenarbeit nach der deutschen Einigung: Konzepte, Modelle und Projekte

Die neuesten Entwicklungen der 1990er Jahre im Kindertagesstättenbereich greifen bestimmte Aspekte früherer Kindergartenkonzepte modifiziert und in neuer Zuordnung wieder auf. Innovative Aufbrüche prägen diese Zeit.

1.4.1 Zehn allgemeine Entwicklungstrends

Folgende Neuerungen und Entwicklungstendenzen lassen sich für diesen Zeitraum beschreiben.

Da ist zunächst der diakonische, sozialpädagogische und familienfürsorgerische Aspekt. Kindertagesstätten verstehen ihr Angebot mehr und mehr im Kontext der sozialen Problemlagen von Familien in den durch Sozialabbau, Entsolidarisierung und Sinnkrisen geprägten Jahren nach der deutschen Einigung. Dies bedeutet eine Veränderung der Kindertagesstättenarbeit zugunsten einer erheblich ausgeweiteten Serviceleistung von Einrichtungen.

1. Eine erweiterte Altersspanne der betreuten Kinder ermöglicht eine größere Entlastung von Familien insbesondere Einelternfamilien. Waren es bislang die drei- bis sechsjährigen, so werden es zukünftig tendenziell die ein- bis zwölfjährigen Kinder sein. Hinzu kommt die Integration bislang nebeneinander bestehender Formen von Kinderkrippen, -gärten und -horten zugunsten einer Arbeit in *Gruppen mit erweiterter Altersmischung*.

2. *Verlängerte Öffnungszeiten* ermöglichen eine Reaktion auf die flexibilisierten Arbeitszeiten und Lebensgewohnheiten von Eltern. Waren es bislang meist um die sechs Stunden Tagesöffnungszeit, so werden es zukünftig Öffnungszeiten von etwa 10 und mehr Stunden am Tag sein.

3. In der Tradition der Kinderläden wird in letzter Zeit die Rolle und Bedeutung der Eltern, Erziehungsberechtigten und Angehörigen sowie der Kinder selbst für die Arbeit der Kindertagesstätten neu entdeckt. *Eltern, Erziehungsberechtigte und Angehörige* werden überhaupt als Zielgruppe erkannt und in einer Mischung aus Selbsthilfe, Mitbestimmung und Kundenorientierung zugleich intensiver in die Kindertagesstättenarbeit *einbezogen*. So kommt auch ein generationenübergreifendes Lernen in den Blick.

---

[12] Aufwachsen in schwieriger Zeit, 112-114.

4. *Kinder* werden nicht mehr lediglich als Objekte der Erziehung und Betreuung gesehen sondern *als eigenständige Subjekte*, die im Prozeß des Mündigwerdens in Formen von Mitbestimmung, Eigeninitiative und Selbstverantwortung eingeführt werden. Die Erwachsenenwelt beginnt einen „Perspektivenwechsel" zu vollziehen, infolge dessen die Welt aus der Sicht der Kinder wahrzunehmen versucht wird.

5. Auch die Erziehungsaufgaben und Inhalte verschieben sich zugunsten eines lebensweltorientierten Ansatzes. Pädagogisch versucht man sich im Sinne eines *umfassend angewandten Situationsansatzes* deutlicher auf die gemeinsame Verantwortung für den Lebensalltag und auf das alltägliche Zusammenleben zu beziehen.

6. Dazu gehört auch die *Integration von behinderten, ausländischen und ausgegrenzten Kindern* in den pädagogischen Lebens- und Lernalltag der Kindertagesstätte.

7. Mit der Pluralisierung des Angebots und der stärkeren Einbeziehung der Kinder und Eltern in die Willensbildung und Programmgestaltung der Kindertagesstätte kommt es zunehmend auch zu neuen Formen der Kooperation vor Ort. Die *Vernetzung der Einrichtung* mit pädagogischen, sozialen, beratenden, kulturellen und auch sportlichen Institutionen in Kirchen-/Kommunalgemeinde bzw. Stadtteil resultiert aus pragmatischen und konzeptionellen Überlegungen und nimmt zugunsten einer Gemeinwesenorientierung zu.[13]

8. Es besteht in Ansätzen ein Trend, im Sinne einer grundlegenden lokalen Kinder- und Jugendhilfeplanung *gemeinwesenorientierte Gesamtkonzepte* für Kinder zu entwickeln und eine *Lobby für Kinder* vor Ort und in der Region aufzubauen.

9. All das bedeutet für die verantwortlichen hauptamtlichen Kräfte der Kindertagesstätte einen erheblichen professionellen Umbruch. Die *Aufgaben der Erzieher/innen* verändern sich und dehnen sich auf neue Felder aus. So fordert ein erweitertes Öffnungszeiten-, Alters- und Zielgruppenangebot, die Mitbestimmung der Eltern und Kinder, die Förderung und Einbeziehung von Selbsthilfe und Ehrenamtlichkeit, die Zunahme auch von pflegerischen und Haushaltsaufgaben durch den erweiterten Betrieb, die Vernetzung im Gemeinwesen u.a. den beruflichen Fertigkeiten und Tätigkeiten der Erzieher/innen heute deutlich mehr ab als früher. Die Zeichen stehen auf Reform der Erzieher/innenausbildung.

10. Für die kirchlichen Gemeinden, die meist Träger konfessioneller Kindertagesstätten sind, geht mit der Neuerung im Kindertagesstättenbereich so manche Veränderung einher. Ähnliches gilt für Kommunen und Stadtteile. Das Gesamtgefüge einer Kirchen- bzw. Pfarrgemeinde wird durch eine konzeptionell weiter gefaßte Kindertagesstättenarbeit beeinflußt. Eine Debatte um Gemeinde- und Kirchenverständnisse entsteht und eine neue *Gesamtkonzeption der Kirchen- bzw. Pfarrgemeinde* wird nötig.

All diese Veränderungen tauchen in neueren Projekten und Modellen von Tageseinrichtungen für Kinder immer wieder auf, so daß es interessant erscheint, das pfälzische Modellprojekt in den größeren Kontext der projekthaften Entwicklungen im Kindertagesstättenbereich zu stellen.

---

[13] Vgl. Walther Specht, Die Kindertagesstätte im Netzwerk der Gemeinde, in: TPS-extra 14: Europa – Konsequenzen für Kinder und Erzieher/innen. Dokumentation des Kongresses: Auf dem Weg zur europäischen Einigung vom 22. bis 24. März 1993 in Konstanz. Veranstalter: Diakonisches Werk der EKD und Evang. Bundesarbeitsgemeinschaft für Sozialpädagogik im Kindesalter (EBASKA), Bielefeld 1993, 15f.

Damit zusammen hängt, daß dem quantitativen Ausbau des Kindergartens auf der Basis der flankierenden Maßnahmen zur §218-Gesetzgebung in Form der Umsetzung des Rechtsanspruchs auf einen Kindergartenplatz für Kinder ab dem vollendeten dritten Lebensjahr die qualitative Erneuerung folgen muß, wie sie an vielen Orten und in vielen Modellversuchen auch in neuerer Zeit angebahnt wurde.

So steht das Modellprojekt des Diakonischen Werkes Pfalz in einem größeren Kontext konzeptioneller Neuorientierung der Kindertagesstättenarbeit.

1.4.2 „Haus für Kinder", Kinder-Enquete und „Aktionsprogramm 'Kinderfreundliches Rheinland-Pfalz'"

In *Rheinland-Pfalz* stand das Projekt des Diakonischen Werkes Pfalz nicht allein. Im Gegenteil: Der Landtag Rheinland-Pfalz, die Landesregierung und das Ministerium für Soziales und Familie (heute: Ministerium für Kultur, Jugend, Familie und Frauen) bemühten sich in vielen Bereichen, die Situation von Kindern und Familien zu erörtern und weiterführende Konzepte der Kinderbetreuung, -föderung und -mitbestimmung zu erarbeiten mit dem Ziel, Rheinland-Pfalz zum kinderfreundlichsten Land der Republik zu machen.

Bereits in den Jahren 1990 bis 1992 wurde der rheinland-pfälzische Modellversuch *„Haus für Kinder"* durchgeführt.[14] Dazu waren schon im Jahre 1989 die Spitzenträger von Kindergärten über die Möglichkeit einer Teilnahme an dem Projekt informiert worden. Im März 1990 wurde eine Diplompädagogin eingestellt mit dem Auftrag, „mit den beteiligten Einrichtungen Arbeitsbesprechungen und Fortbildungsveranstaltungen durchzuführen, mit den beteiligten Spitzenverbänden, Jugendämtern und Bezirksregierungen zusammenzuarbeiten und die Ergebnisse des Modellversuchs anschließend zu dokumentieren"[15]. Die Auswertung wurde Anfang 1993 vorgelegt.[16] Die ursprünglich geplante vorbereitende Fortbildung für die Erzieher/innen entfiel. Nach der Auswahl von zehn Projekteinrichtungen – davon vier in katholischer, zwei in evangelischer[17] und vier in kommunaler Trägerschaft – begann auf gestaffelte Weise zwischen April 1990 und März 1991 die Arbeit in den Kindergartengruppen mit erweiterter Altersmischung. Bis Herbst 1992 wurden die Projekteinrichtungen von der Begleitkraft betreut. Wie bei anderen Projekten, so ging man auch bei „Haus für Kinder" in Rheinland-Pfalz von den Problemen des gesellschaftlichen Wandels, veränderten Familienstrukturen, eingeengten Wohnverhältnissen, der schwierigen Vereinbarkeit von Familie und Beruf besonders für Frauen, der Auflösung tragender Beziehungen in Familie und Nachbarschaft aus und empfand die „Notwendigkeit einer qualitativen und quantitativen Weiterentwicklung des Angebots von Tageseinrichtungen für Kinder"[18]. Die Erweiterung des Kinderbetreuungsangebots besonders für Kinder

---

[14] Vgl. „Haus für Kinder" Abschlußbericht, hg.v. Ministerium für Kultur, Jugend, Familie und Frauen des Landes Rheinland-Pfalz, Mainz Dezember 1994.

[15] „Haus für Kinder", 7.

[16] Vgl. Abschlußbericht der Landesregierung „Haus für Kinder", Vorlage EK 12/3 - 56.

[17] Im Bereich der Evangelischen Kirche der Pfalz war der Protestantische Kindergarten Hochdorf-Assenheim beteiligt.

[18] „Haus für Kinder", 9.

unter drei Jahren und im Schulalter sowie zugunsten der Einrichtung von Ganztagesplätzen wurde als dringend empfunden, gab es im Lande doch nur Krippenplätze für ca. 0,5% der unter Dreijährigen und Hortplätze lediglich für 2 bis 3 % der Schulkinder. Außer diesen familien- und sozialpolitischen Aspekten bildete der Widerspruch von Theorie und Praxis der Elementarpädagogik einen pädagogikinternen Ausgangspunkt des Projekts. Hatte man doch festgestellt, daß auf seiten der Praxis „stark bildungsorientierte Rahmenpläne" zum Einsatz kamen, die zu einer verschulten und auf sichtbare (Bastel-)Produkte fixierten pädagogischen Arbeit unter starker Anleitung der Erzieher/innen führte. Dem entgegen stand vonseiten der Theorie der situationsorientierte Ansatz, welcher im Zug der Bildungsreform der 1970er Jahre als Gegenbewegung zur Vorschulerziehung entstanden war und sich im Curriculum „Soziales Lernen" sowie im „Erprobungsprogramm" bis hinein in die „Empfehlungen für die Bildungs- und Erziehungsarbeit im Kindergarten" von 1977 umsetzte. Dieser Theorie-Praxis-Widerspruch wurde im Projekt weitgehend in Richtung Situationsansatz aufgelöst. Neben der erweiterten Altersmischung war in der Ursprungskonzeption des Projekts auch eine Öffnung zum Gemeinwesen angestrebt, die dann leider nur implizit zum Tragen kam: Über die Arbeit in Gruppen mit erweiterter Altersmischung hinaus „sollten die 'Häuser für Kinder' offene, gemeinwesenorientierte Arbeit leisten mit dem Ziel, Ansprechpartner für Familien mit Kindern zu werden, ihnen Anregungen für gemeinsame Aktionen zu geben; sie sollten ein belebendes Element in einer Gemeinde oder in einem Stadtteil werden."[19] Die Beschränkung auf das erste Projektziel einer erweiterten Altersmischung entsprang dem Umstand, daß die Fachkräfte vollauf mit den damit einhergehenden Veränderungen beschäftigt waren. Man erkannte jedoch, daß es weitere Bedarfslagen von Familien gab, die den Einbezug der Nachbarschaft und weiterer Generationen sowie die Vernetzung mit anderen sozialen Diensten, Kultur-, Bildungs- und Hilfsangeboten des Gemeinwesens erfordert hätten. Die erweiterte Altersmischung und die ausgedehnten Öffnungszeiten trafen den Bedarf, stießen auf große Nachfrage und erfreuten sich bei Kindern, Eltern und Erzieher/innen weitgehendster Zustimmung. Als Vorteile der erweiterten Altersmischung und der erweiterten Öffnungszeiten der „Häuser für Kinder" wurden im Verlauf des Projektes deutlich: die Kontinuität in der institutionellen Fremdbetreuung über viele Jahre hinweg, das gegenseitige günstige Beeinflussen von kleineren und größeren Kindern, das Ermöglichen früher Erfahrung mit anderen Menschen außerhalb der Familie, die Erziehung zu sozialer Verantwortung und Selbständigkeit/Selbstbewußtsein, die Begünstigung einer Integration von Außenseitern, die erhöhte Zufriedenheit trotz verstärkter Anforderungen bei den pädagogischen Fachkräften, eine günstigere Umsetzung des Situationsansatzes. Man war sich jedoch auch darüber im Klaren, daß eine noch weitere Öffnung zu älteren Jugendlichen, zu männlichen Erwachsenen, zur Großelterngeneration und zu Nachbarschaften nötig wäre. Gewisse Rahmenbedingungen waren für die Kinderhäuser zu treffen. Architektonisch mußte auf den stärkeren Wohncharakter in der Einrichtung eingegangen werden. Die Fachkräfte brauchten mehr Zeit für Teamabsprachen, sie benötigten mehr Fortbildung, sie mußten mit der Situation der Kooperation von drei Kolleginnen pro Gruppe umgehen lernen und eine umfassendere Dienstplangestaltung wurde nötig. Auch die Zusammenarbeit mit den

---

[19] „Haus für Kinder", 13.

Eltern gestaltete sich im Projekt intensiver und partnerschaftlicher. Die Kinder wurden in ihren Selbstorganisationstendenzen und in ihrer Eigenverantwortung gestärkt und ernster genommen. Über die Nutzung der erweiterten Öffnungszeiten wurden genaue Daten erhoben. So zeigte sich für Kinder unter drei Jahren die höchsten täglichen Verweilzeiten. 40% aller Kinder blieben täglich länger als 7 Stunden. Rechnet man die schulischen Fremdbetreuungszeiten der Schulkinder hinzu, so kommt man auf über 55%. Wenn rund 20% der Kinder noch eine Drittbetreuung neben Familie und Kinderhaus benötigten, so zeigt dies, daß auch die 10stündige Öffnungszeit der Kinderhäuser noch nicht voll ausreicht. Das hängt mit flexibilisierten Arbeitszeiten der Eltern und Alleinerziehenden im Schichtdienst, im Dienstleistungsbereich, im Montagesektor und bei Militärangehörigen, mit langen Anfahrtszeiten zur Arbeit u.a. Gründen zusammen. Der Abschußbericht des rheinland-pfälzischen Modellversuchs „Haus für Kinder" weist auch auf andere, ihm vorausgehende Initiativen zu Kinderhäusern oder Kindergemeinschaftshäusern in Deutschland hin.[20]

Weit umfassender noch als im Modellversuch „Haus für Kinder" hat sich Rheinland-Pfalz versucht, der Kinder anzunehmen, indem der Landtag im Februar 1994 die *Enquete-Kommission „Situation der Kinder in Rheinland-Pfalz – Rechte der Kinder in einer sich wandelnden Welt"* einsetzte, die sich im April 1994 konstituierte und in zweiundzwanzig Sitzungen in den Jahren 1994 und 1995 die zum Thema gehörenden Gegenstände beriet. Der Bericht der Enquete-Kommission vom 27. Dezember 1995 hält viele interessante Details bereit über die Lebenssituation von Kindern und Familien im Lande und zur Kinderbetreuung sowie zur Gesundheitsversorgung von Kindern, zum Freizeitverhalten und dem Einfluß der Medien auf Kinder, zur Bedeutung des Bildungssystems für Kinder, zur Kinderkultur, zur Gewalt gegen und durch Kinder, zu Rechten der Kinder und zum Thema der Rolle von Vätern für die Entwicklung von Kindern. In der Bewertung des gegenwärtigen Betreuungsangebots für Kinder kommt man landesweit zu sehr ähnlichen Ergebnissen und daraus resultierenden Forderungen, wie das Kindertagesstättenprojekt des Diakonischen Werkes Pfalz. So wird im Enquete-Bericht festgestellt,

- „daß die bisherigen Öffnungszeiten den Bedürfnissen erwerbstätiger Eltern kaum gerecht werden" (44), was insbesondere für die ländlichen Regionen gelte. Erweiterte und „flexiblere Öffnungszeiten" (48) werden ausdrücklich gewünscht;
- daß „ein Ungleichgewicht im Betreuungsangebot für die Kinder der verschiedenen Altersstufen" (45) bestehe. Das Angebot für Kinder bis zu drei Jahren und für Schulkinder sei nicht ausreichend und müsse ausgebaut werden (49);
- daß von der Kommission und den Sachverständigen „die Betreuung von Kindern in Gruppen mit erweiterter Altersmischung gegenüber dem Modell der altershomogenen Betreuung bevorzugt" (47) werde;

---

[20] Die evangelische Fachzeitschrift Theorie und Praxis der Sozialpädagogik hat mit ihrem Sonderheft TPS-extra 4 von Anne Kebbe „Das Haus für Kinder – der Kindergarten der Zukunft?", Bielefeld, bereits im Jahre 1991 eine Skizze der Entwicklungen vorgelegt und sechs Kinderhäuser unterschiedlicher Konzeptionen und Trägerschaften exemplarisch dokumentiert. Die Erfahrungen und Konsequenzen aus der Perspektive von beteiligten Eltern, Erzieher/innen, eines Fachberaters, eines Jugendamtleiters wurden dort ebenso zugänglich gemacht wie Aspekte der Modellversuche „Haus für Kinder" Rheinland-Pfalz und „Orte für Kinder" des Deutschen Jugendinstituts.

- daß es „kein ausreichendes Konzept für die Betreuung in der Tagespflege gebe" (47) und kaum genügend Tagespflegepersonen für die Vermittlung gewonnen werden können. „Ein Ausbau der Tagespflege" (52) wird gefordert;
- daß von der Kommission und den Sachverständigen „die Integration behinderter Kinder in Regeleinrichtungen gegenüber der Betreuung in Sondereinrichtungen bevorzugt" (48) werde. „Maßnahmen zur Integration von behinderten Kindern" seien zu treffen (53);
- daß von der Kommission und den Sachverständigen „die Integration ausländischer Kinder und Aussiedlerkinder unterstützt" (48) und eine multikulturelle Erziehung angestrebt werde. „Maßnahmen zur Integration von Ausländer- und Aussiedlerkindern" (53) seien zu treffen;
- daß „Erfahrungsräume für Kinder zurückzugewinnen <seien>, die die Kinder durch mangelnde Kontakte mit Gleichaltrigen in Familie und Nachbarschaft sowie durch eine zunehmend kinderfeindliche Wohnumgebung verloren haben" (51);
- daß „Angebote der Einrichtungen verstärkt auch die Eltern einbeziehen" (51) sollten, um „der Isolation von Familien entgegenzuwirken ... und die Nachbarschaft neu zu beleben" (51). Dazu gehöre auch eine „engere Zusammenarbeit zwischen Eltern und Erzieher/innen" (51) und „eine stärkere Mitbestimmung der Eltern" in der Kindertagesstätte (51). Eine Zusatzforderung lautet: „Elterninitiativen weiterhin unterstützen" (164);
- daß „die Kindertageseinrichtungen über ihre enge Zweckbestimmung hinaus verstärkt zum Gemeinwesen hin zu öffnen" (52) seien. Insbesondere eine „verstärkte Vernetzung der Angebote der Einrichtungen mit anderen Angeboten in der Gemeinde" (52) wurde gefordert, wie z.B. die Öffnung der Kindertagesstätten außerhalb ihrer eigentlichen Arbeitszeiten für Beratungsstellen, Jugendverbände und selbstorganisierte Gruppen sowie für Freizeitangebote von Schulkindern. Mehr Kooperation in der Jugendhilfe, mit den Schulen, Vereinen und Kinderkulturanbietern sei nötig;
- daß ein „Ausbau der arbeitsplatznahen Kinderbetreuungsangebote ... begrüßt" (164) werde und Arbeitgeber bei der Einrichtung von Betriebskindertagesstätten beratend und motivierend zu unterstützen seien;
- daß eine „Reform der Ausbildung der Erzieherinnen und Erzieher" (54) gefordert wird, da sich die Anforderungen an die Berufsgruppe erheblich verändert haben. Bezüglich der Ausprägung dieser Reform wurde man sich jedoch nicht einig. Einige plädierten für einen Fachhochschulstudiengang für Erzieher/innen, andere präferierten eine stärkere Praxisanbindung während der Ausbildung und die Einbeziehung der Fachschulen in Modellversuche des elementarpädagogischen Bereichs. Wieder andere wollten eine reformierte Grundausbildung mit erweiterten Fort- und Weiterbildungsangeboten. Gemeinsam empfahl die Kommission jedoch für die Ausbildungsreform einen stärkeren Praxisbezug, die bessere Verknüpfung von theoretischer und praktischer Ausbildung, die Einbeziehung sonder- und medienpädagogischer Lehrinhalte, eine Kenntnisvermittlung in bezug auf Integration und erweiterte Altersmischung, eine Verstärkung des kommunikativen Elements zwischen Erzieher/innen und Familien bzw. anderen gesellschaftlichen Gruppen, den Abbau von Vorurteilen über die Kinderbetreuung als reiner Frauenaufgabe und die Öffnung der Ausbildung für Männer (164).

Hand in Hand mit der Arbeit der Enquete-Kommission geht das *Aktionsprogramm „Kinderfreundliches Rheinland-Pfalz"*, das 1995 vom Ministerium für Kultur, Jugend, Familie und Frauen erarbeitet wurde und seitdem von verschiedenen Ressorts versucht wird umzusetzen. Vieles darin geht in eine ganz ähnliche Richtung wie in den zehn Entwicklungstrends zusammengefaßt. So will man „die Kindertagesstätten weiterentwickeln" im Sinne der „Häuser für Kinder", will sie zu gemeinwesenorientierten Zentren der Kommunikation machen, will „die Kinder mitwirken lassen", will „behinderte Kinder fördern" und „Ausländer- und Aussiedlerkinder besser eingliedern", will „den elterlichen Erziehungsauftrag fördern" und „Senioren und Kinder zusammenführen", will „die Kinderrechte stärken" und „die Kinderschutzdienste fördern".[21]

So hat Rheinland-Pfalz mit den drei beschriebenen Initiativen der Kindertagesstättenarbeit und der Elementarpädagogik wesentliche Impulse gegeben.

1.4.3 Andere Formen von „Kinderhaus" und „Evangelischem Kinderhaus"

Konzepte für ein „Haus für Kinder", auch Kinderhaus oder Kindergemeinschaftshaus genannt, haben sich an ganz verschiedenen Orten in den vergangenen Jahren entwickelt. Das Land Rheinland-Pfalz hat zwar ein erstes großes Modellprojekt auf diesem Feld durchgeführt. Dem voraus lagen jedoch vielfältige Initiativen.[22]

Bereits Ende der 1960er Jahre entwickelte man in *Nordrhein-Westfalen* eine Form der gemeinsamen Tagesbetreuung für Säuglinge, Kleinstkinder und Drei- bis Sechsjährige, die 1973 in die Richtlinien für Tageseinrichtungen für Kinder des Landes Nordrhein-Westfalen aufgenommen wurde.[23] Die Isolation von Krippenkindern in separaten Gruppen und Einrichtungen sollte damit überwunden werden. Damit war zugleich ein erster Schritt zum Kinderhaus getan.

Schon 1976 wurde in *München-Schwabing* ein Haus für Kinder gegründet, das seit seinem Umzug 1978 als *Kinderhaus der Elterninitiative in Oberföhring* geführt wird.[24] Auch hier ging es bei dem altersübergreifenden Gruppenkonzept um ein Aufwachsen in einer modifizierten Großfamiliensituation, um Formen der Selbstorganisation der Spielkonstellation und anderer Dinge durch die Kinder, um das Erlernen von Solidarität und Konfliktfähigkeit. Grundlegend ist die Bedeutung der Eltern für Konzeption,

---

[21] Die Zitate entstammen dem Aktionsprogramm Kinderfreundliches Rheinland-Pfalz, Politik für Kinder mit Kindern, hg.v. Ministerium für Kultur, Jugend, Familie und Frauen, Mainz <o.J.>; vgl. dazu auch den Zwischenbericht über die Umsetzung des Aktionsprogramms „Kinderfreundliches Rheinland-Pfalz – Politik für und mit Kindern" hg.v. Ministerium für Kultur, Jugend, Familie und Frauen Rheinland-Pfalz, Mainz Februar 1996.

[22] Vgl. z.B. TPS-extra 19 von Anne Kebbe (Hg.), Kinderhaus konkret, Altersmischung: 0 bis 12 Jahre. Analysen, Erfahrungen, Berichte, Bielefeld 1995, sowie TPS-extra 7: Familien von heute – Kindergärten von gestern. Dokumentation des Kongresses des Diakonischen Werkes der Evang. Landeskirche in Baden e.V. am 24. April [1991] mit dem Thema „Familie heute – Vorstellungen und Realität. Anregungen zur Neuorientierung der Tageseinrichtungen für Kinder", Bielefeld 1991, bes. 17-22; vgl. auch TPS-extra 4 von Anne Kebbe, Das Haus für Kinder – der Kindergarten der Zukunft?, Bielefeld 1991.

[23] Vgl. Peter Erath, Abschied von der Kinderkrippe. Plädoyer für altersgemischte Gruppen in Tageseinrichtungen für Kinder, Freiburg 1992, 167-174.

[24] Vgl. TPS-extra 4, 8-11.

Verantwortung und Durchführung der Kinderhausarbeit, was sich durch die Form der Trägerschaft als Elterninitiative von selbst versteht.

Bei Hanau begann man in der 1975 gegründeten „Kinderburg Großauheim" im Jahre 1984 eine „Familiengruppe" zu konzeptionieren, die eine altersgemischte Gruppe aus fünf Krippenalter-, fünf Kindergartenalter- und sechs Hortalterkindern umfaßte.[25] Die Kinderburg, die vorher nebeneinander drei Kindergarten- und zwei Hortgruppen unterhielt, hatte eine ganztägig Öffnungszeit von 7 bis 17 Uhr. Bezüglich der Familiengruppe griff man auf Erfahrungen aus Skandinavien, besonders Dänemark,[26] zurück und erzielte große pädagogische Erfolge.

Zwischen September 1989 und Juli 1991 lief das Modellprojekt „Kinder in altersgemischten Gruppen (0-6 Jahre) im Kinderhaus Sebastianstraße in Ingolstadt" unter der Leitung des Pädagogikprofessors Peter Erath an der Katholischen Universität Eichstätt.[27] Das Projekt ließ sich inspirieren von den Erfahrungen der Arbeit in Gruppen mit erweiterter Altersmischung aus Nordrhein-Westfalen. Im Gesamtgefüge von vier Krippengruppen und einer Kindergartengruppe der Kindertagesstätte in Ingolstadt wurde begonnen, eine Projektgruppe in Form einer Pilotstudie mit erweiterter Altersmischung und Ganztagsöffnung zu betreiben. Die Erfahrungen mit der Altersmischung von null bis sechs Jahren, mit der Gruppengröße und -zusammensetzung sowie mit der für die soziale Entwicklung der Kinder günstigen Raumausstattung zeitigte an Ergebnissen eine erleichterte Eingewöhnung neuer Kinder, eine erhöhte Betreuungskontinuität, einen reduzierten Pflegeaufwand, eine stärkere Freistellung von Erzieher/innen, eine bessere Förderung aller Altersstufen, eine günstige Entwicklung der Kinder, eine größere Zufriedenheit der und intensivere Zusammenarbeit mit den Eltern, neue Formen von Kooperation etwa mit der Grundschule sowie eine positive Resonanz im Team des Kinderhauses.

An den genannten, wie an anderen Orten entwickelten sich erste Initiativen für Kinderhäuser, die stets mindestens zwei Grundkonstitutiva implizierten: Arbeit in alterserweiterten Gruppen und erweiterte ganztägige Öffnungszeiten. Hinzu kamen meist ein besseres Einbeziehen der Eltern, ein größeres Mitbestimmungsrecht der Kinder und eine multiple Vernetzung im Gemeinwesen.

Ein weiteres Konzept wurde im Bereich des Diakonischen Werks Hannover in Trägerschaft der Evangelischen Ausbildungsstätten für soziale Berufe Birkenhof (Hannover) unter dem Titel „Evangelisches Kinderhaus" erarbeitet.[28] Dessen Grundgedanke findet sich auch in anderen Diakonischen Werken und Landeskirchen, wie z.B. in Württemberg oder im Rheinland wieder. Unter der Leitung des Schulleiters Werner

---

[25] Vgl. Peter Erath, 174-185.

[26] Zu altersgemischten und offenen Konzepten in Dänemark und Schweden, sowie zu denen anderer europäischer Länder vgl. TPS-extra 13 von Pamela Oberhuber, Blick auf Europa: Tageseinrichtungen für Kinder, Bielefeld 1993. Zu weiteren europäischen Fragen der Kindertagesstättenarbeit vgl. TPS-extra 14, Dokumentation des Kongresses: Auf dem Weg zur europäischen Eingung vom 22. bis 24. März 1993 im Konzil Konstanz. Veranstalter: Diakonisches Werk der EKD, Ev. Bundesarbeitsgemeinschaft für Sozialpädagogik im Kindesalter, Bielefeld 1993.

[27] Vgl. Peter Erath, 155-167.

[28] Vgl. Werner Hagenah, Doris Wegner (Hg.), Evangelisches Kinderhaus – Ein Versuch, das Leben zu lernen. Pädagogische Grundlegung und Konzept für ein Evangelisches Kinderhaus, Düsseldorf 1995.

Hagenah und der Dozentin Doris Wegner wurde das Konzept in der Kindertagesstätte der Evangelischen St.-Johannis-Gemeinde Hannover entwickelt und erprobt. Finanziell gefördert wurde es durch die Hanns-Lilje-Stiftung, wissenschaftlich begleitet durch Professor Ulrich Becker von der Universität Hannover und Christoph Th. Scheilke vom Comenius-Institut in Münster. Einbezogen wurden auch Experten des Deutschen Jugendinstituts, der Universitäten Bern und Mainz, der Evangelischen Fachhochschule Bochum, des Pastoral-soziologischen Instituts der Landeskirche Hannovers, des Staatsinstituts für Frühpädagogik und Familienforschung in München, der Fachschule für Sozialpädagogik in Bethel, des Diakonischen Werkes Hannover und der Verbraucherzentrale Düsseldorf. An der Erarbeitung der Konzeption waren im Rahmen der „Konzeptionsgruppe" DozentInnen der Schulen des Birkenhofs, die Leiterin des Projektkinderhauses und eine Fachberaterin des Diakonischen Werkes Hannover beteiligt. Unterstützt wurden sie durch einen „Beirat" aus Experten und Laien im Raum Hannover.

Die pädagogisch-diakonische Konzeption impliziert nun vom Projektbegriff „Evangelisches Kinderhaus" her verstanden bezüglich des „Evangelischen" zunächst keine konfessionelle Verengung, sondern den Versuch, „die Wertfrage bewußt aufzunehmen" und „zu den pädagogischen Wurzeln zurückzukehren",[29] denn die traditionelle Pädagogik habe noch die Antworten auf die menschlichen Grundfragen vonseiten der Theologie bzw. der religiösen Tradition erhalten. Im zweiten Begriffsteil „Kinderhaus" finde sich der Teil der Konzeption ausgedrückt, der darauf zielt, „auf die einschneidenden Umbrüche beim Aufwachsen von Kindern und Jugendlichen im Laufe der letzten 30 Jahre pädagogisch zu reagieren und den herkömmlichen Kindergarten in diesem Sinne weiterzuentwickeln"[30]. Die Veränderungen der Sozialisationsbedingungen werden in vier Punkten zusammengefaßt: 1. Pluralisierung der Lebensformen und Rückgang von Kinder- und Geschwisterzahlen, 2. Dominanz der Arbeitsanforderungen und berufliche Emanzipation der Frau, 3. Privatisierung und Individualisierung auch in Lebens- und Wohnformen, 4. Wertverlust in der familiären und öffentlichen Erziehung.

Die Reaktionen des Kinderhausprojektes auf diese Veränderungen beziehen sich klar auf die genannten vier Punkte:[31]

- „Durch die Einrichtung altersgemischter Gruppen (von 6 Monaten bis 12 Jahren) soll hier ein Ausgleich zu oft verlorengegangenen Geschwistererfahrungen geschaffen werden". Im Sinne intergenerationellen Lernens sollen „Menschen aus dem Stadtteil als ehrenamtliche Mitarbeiterinnen" gewonnen werden.
- „Das Kinderhaus orientiert seine Öffnungszeiten u.a. an den beruflichen Notwendigkeiten der Eltern" und ermöglicht zudem „langfristige und stabile Kontakte".
- „Das Kinderhaus sieht konzeptionell eine Vernetzung mit dem Stadtteil vor", der als Lebensraum für Kinder und Eltern erschlossen werden soll. Dazu werden neue Kontakt- und Beratungsmöglichkeiten im Kinderhaus sowie Kontakte zu Institutionen und Gruppen im Stadtteil aufgebaut.

---

[29] Werner Hagenah, Zur Einführung, in: Werner Hagenah, Doris Wegner (Hg.), 13.
[30] W. Hagenah, Zur Einführung, 14.
[31] Die folgenden Zitate entstammen W. Hagenah, Zur Einführung, 15f.

- „Ein Kinderhaus muß die multikulturelle Wirklichkeit berücksichtigen und Kinder, Jugendliche und Eltern zur Begegnung mit Menschen aus anderen Kulturen befähigen. (...) Die Auseinandersetzung mit fremden Kulturen, Lebensformen und Religionen setzt die Selbstvergewisserung, die Besinnung auf die eigenen Werte und Traditionen voraus."

Diese pädagogische Grundlegung und Konzeption kann nun in verschiedene Kontexte übertragen werden und wird sich in der Praxis an unterschiedlichen Orten als hilfreich erweisen können. Insbesondere die Frage nach der evangelischen Wertbindung und Traditionsvermittlung im multikulturellen Gefüge erweist sich als die Besonderheit dieses Konzeptes.

1.4.4 „Orte für Kinder"

Das *Deutsche Jugendinstitut* (DJI) hat sein umfassendes Projekt *„Orte für Kinder"*[32] von 1991 bis 1994 an 14 Modellstandorten (Bad Mergentheim, Berlin, Bremen, Darmstadt, Dortmund, Emden, Frankfurt a.M., Hamburg, Hanau, Kiel, Maintal, Neunkirchen, Nürnberg und Pforzheim) durchgeführt. Schon früh im Vergleich zu anderen Institutionen tat das DJI einen Schritt zur Erneuerung der Kinderbetreuung. Das Jahr 1990 wurde als Vorlaufphase zum Aufbau der Projektstruktur, zur Auswahl der Einrichtungen, zu Kooperationsverhandlungen mit Ländern und Trägern, zur Abstimmung des Forschungsdesigns genutzt. Grundfrage war, „wie die öffentliche Kinderbetreuung die Auswirkungen von gesellschaftlichen Wandlungsprozessen auf Familien- und Kinderleben aufgreifen kann"[33]. Von den Bundesministerien BMFJ und BMFuS erhielt das DJI für das Modellprojekt den Auftrag, „Anregungen für eine Neubestimmung von Tageseinrichtungen für Kinder zu entwickeln und neue Angebotsformen zu erproben"[34]. Involviert waren außerdem zehn Landesministerien und verschiedene Kommunen, Jugendämter und Träger. Die ursprünglichen Projektziele waren:

- Entwicklung von Bedarfsanalysen bezüglich des Kinderbetreuungsangebots: die Nachfrage und der Bedarf von Familien sollte regionalspezifisch und einrichtungsintern erhoben werden;
- Impulsgebung für die im KJHG geforderte Jugendhilfeplanung im Bereich der Tageseinrichtungen für Kinder;
- Angebotserweiterung in den Projekteinrichtungen: neue Organisationsformen bezüglich der Altersgruppierung und -mischung sowie neue Angebotsgestaltung hinsichtlich einer größeren Variabilität von Betreuungszeiten, einer Mischung von zeitlich festen und offenen Angeboten und neuer pädagogischer Konzepte;
- Aufbau von neuen Betreuungsformen im Rahmen der Familienselbsthilfe sowie die Öffnung der Projekteinrichtungen für Belange von Familien wie z.B. Kontaktbedürfnisse, praktische alltägliche Versorgungsbedürfnisse, Unterstützung von Selbsthilfe;
- Vernetzung von privaten und öffentlichen Ressourcen in der Kindererziehung: es ging also um die Verknüpfung vorhandener Formen institutioneller Kinderbetreu-

---

[32] Vgl. DJI-Projekt Orte für Kinder. Abschlußbericht über die Hauptphase 1991-1994, DJI München 1995.

[33] DJI-Projekt Orte für Kinder, Abschlußbericht, 5.

[34] DJI-Projekt Orte für Kinder, Abschlußbericht, 5.

ung mit Selbsthilfeinitiativen und Kinderkulturangeboten sowie um die Kooperation von Laien und Professionellen;
- Orientierung am Gemeinwesen: Integration der Einrichtungen in die Infrastruktur des jeweiligen Stadtteils bzw. der Gemeinde sowie Öffnung der Projekteinrichtungen nach außen durch Bereitstellung von Räumen für externe Gruppen, durch Aktionen mit Kindern im lokalen Umfeld, durch die Verknüpfung mit sozialen Diensten;
- Planung einer Infrastruktur für Kinder über die einzelne Einrichtung hinaus, Kooperation und Vernetzung mit anderen Angeboten vor Ort und in der Region;
- Beteiligung von Experten für die einschlägigen Themen und Anregung einer innovativen Diskussion in der Fachöffentlichkeit;
- Dokumentation der Ergebnisse des Modellprojektes.

Dazu war es nötig, die vierzehn Projekteinrichtungen auszusuchen, was unter der Prämisse einer möglichst vielfältigen Palette von unterschiedlichen Einrichtungstypen, Trägerstrukturen, regionalen und örtlichen Kontexten, Nutzungen durch unterschiedliche Bevölkerungsgruppen geschah. So beteiligten sich am Projekt aus zehn alten Bundesländern ein Kindergarten mit Halbtagsangebot, sieben Kindertagesstätten mit verschiedenen Altersgruppen und unterschiedlichen Betreuungszeiten, zwei Elterninitiativ-Kinderhäuser, drei Betreuungsläden für außergewöhnlichen Betreuungsbedarf, zwei Familienselbsthilfeeinrichtungen (Mütterzentrum und Familientreff) und eine Kommune, die ein Jugendhilfeplanungs-Gesamtkonzept bezüglich aller Angebote für Kinder entwickelt hat. Von evangelischer Seite waren das Kindertagesheim der Evangelisch-lutherischen Kirchengemeinde Lüssum in Bremen und der Evangelische Kindergarten Dortmund-Wickede beteiligt. Jede einzelne Einrichtung plus Moderator bzw. DJI-MitarbeiterIn und Projektplanungsgremium vor Ort wurde als „Modell-Kreis" bezeichnet. Alle diese Einrichtungen zusammen bildeten gemeinsam mit den MitarbeiterInnen des DJI und den lokalen Moderatoren den sog. „inneren Kreis". In fünf Bundesländern installierte man wegen des großen Interesses aus Experten, Leitungspersönlichkeiten, Politikern etc. zusammengesetzte „äußere Kreise", die wegen ihrer Funktion auch „Multiplikatorenkreise" genannt wurden. Schon während der Hauptphase des Projekts konnte so eine große Fachöffentlichkeit erreicht werden.

Methodisch wählte man ein kombiniertes Verfahren von supervisorischer Prozeßbegleitung und empirischer Sozialforschung (Umfeldanalyse, Elternanalyse und Elternbefragung).

Die Praxisergebnisse des Projekts sind äußerst umfassend und durchaus wert, anhand der vielfältigen Zwischen- und Abschlußberichte, Projektblätter und -dokumentationen näher inspiziert zu werden.[35] Folgende gute, stichwortartige Zusammenfassung enthält der Abschlußbericht:
- Umstrukturierung des bestehenden Angebots: Neue Gruppenmischungsformen (Altersstruktur, Betreuungszeit, Stammgruppen – Kleingruppen, gruppenübergreifende Angebote), offene Raumnutzung (Bespielbarkeit des ganzen Hauses, Binnendifferenzierungen, selbständige Nutzung durch die Kinder, Küche als Aufenthaltsort für die Kinder);

---

[35] Vgl. die Literaturliste in: DJI-Projekt Orte für Kinder, Abschlußbericht, Anhang, 1-4.

- Angebotserweiterungen: Aufnahme von Kinder unter 3 und über 6 Jahren, Integration: Aufnahme von behinderten Kindern, Erweiterung der Öffnungszeiten, Erweiterung des Teams (Ergänzung des Mitarbeiterstamms durch Honorarkräfte, Einbezug des Hausmeisters und der Köchin, Therapieangebote ins Haus holen), Austausch mit anderen Einrichtungen für Kinder (Wechselseitige Nutzung von Räumen und Kompetenzen, Freizeitangebote von Vereinen, Musik- und Malschule, Sport- und Tanzkurse, Naturschutzverein in der Kita), Öffnung des Hauses und/oder des Außengeländes (für Freunde und Freundinnen der Kita-Kinder, für Kinder aus dem Stadtteil z.B. nachmittags ab 14/15 Uhr, für Eltern-Kind-Gruppen, für Tagesmüttertreffen;
- Aufbau neuer Angebotsformen: Kombination von Mütterzentrum und Kinderbetreuungseinrichtungen, Einrichtung eines Familientreffs in einem Kita-Gebäude, Offene Angebote für Kinder aus der Kita und aus dem Stadtteil (Yoga für Kinder, Fahrradwerkstatt, Ferienfreizeit, Feste, Hüttenbau, Aktionswochen, Mitmach-Aktionen), Vernetzung von Freizeitangeboten (Ferienpaß-Aktivitäten in der Kita, Einsatz des Spielmobils bei Kita-Festen, Betreuung des Kita-Außengeländes und benachbarter Spielplätze durch Jugendliche aus Sportvereinen, Nutzung eines benachbarten Spielparkgeländes, offene Angebote für Kinder aus dem Stadtteil, Aktivierung von Stadtteilbewohnern);
- Neue Formen der Kooperation mit Eltern: Kommunikationsorte für Eltern in der Kita (Eltern-Sitzecken, Eltern-Café, Elternclubraum, Waschmaschinennutzungsmöglichkeit, Feier privater Feste), Eltern-Kind-Aktionen in der Kita (offene Eltern-Kind-Nachmittage, Familien-Sonntagsfrühstück, Eltern-Kind-Zelten auf dem Kita-Gelände), Beteiligung von Eltern an der Kita-Betreuung (Übernahme von spezifischen Angeboten, Einbringen der Berufskompetenzen und Hobbys, Außengeländeplanung und -umgestaltung), Kita initiiert Angebote für Eltern (Fortbildungen zur Einführung von Elternbeiräten, gemeinsame Fortbildungen für Eltern und Erzieher/innen, Beteiligung an der Konzeptentwicklung der Kita, Kinderbetreuung für Alleinerziehende an verkaufsoffenen Samstagen), Elternbefragung mit Auswertung in Elternbeirat und Gesamtelternschaft, Dienstleistungen für Eltern in der Initiativ-Kita (Baysitterdienst-Beratung und -Vermittlung, Windelexpress, Secondhand für Kinderbeklidung), Offener Raum für Mütter (Eltern) und Kinder mit offenen Angeboten, spezifische Kursangebote für Mütter, Cafébetrieb „rund um die Uhr" (Treffpunkt, Mittagstisch und Abendbrot), Dienstleistungen für Eltern und Kinder (Tagesmütter-Vermittlung, Friseurangebot, Bring- und Abholdienst für Kinder, häusliche Betreuung kranker Kinder, Kochen, Kleider-Tausch-Zentrale, Flohmarkt), Kooperation von Müttern (als Honorarkräfte) mit pädagogischen Fachkräften in der regelmäßigen Kinderbetreuung;
- Aktivitäten zum Aufbau einer Lobby für Kinder/Stadtteilübergreifende Vernetzung und Kooperation: Vernetzung von Kitas mit Tagespflege und Selbsthilfe- bzw. Initiativgruppen, mit offener und mobiler Kinder- und Jugendarbeit, Interessenvertretung für Kinder (Kinderbüro, -beauftragte, -kommission, Ortsbeirat für Kinder), Aufbau und Etablierung von Stadtteilarbeitskreisen/Stadtteilkonferenzen, Runder Tisch zur Bedarfsermittlung, Prävention und Jugendhilfeplanung unter Beteiligung von Eltern und von Erzieher/innen aus Kitas, Sichtbarmachen von Kindern im Stadtteil, Öffentlichkeitsarbeit (Kinderseite in der Lokalzeitung von Kitas

am Ort gestaltet, Kita-Zeitung, Modellberichte, Empfang von Besuchergruppen), Kooperation mit der Fachschule (Erzieher/innen aus dem Projekt als ReferentInnen bei Fachschulveranstaltungen).

Als Fazit aus dem Modellversuch „Orte für Kinder" bleibt zu sagen, daß es das umfassendste Projekt war, sowohl was den konzeptionellen Zielrahmen, als auch was die Ergebnisse und die Beteiligungen anbelangt. Mit vierzehn Projektstandorten und einer äußerst breiten Mischung von unterschiedlichen Trägertypen, Einrichtungsformen und regionalen Kontexten und besonders durch das Einbeziehen einer ganzen Kommune sowie durch das Ziel, Kinderhilfeplanungsformen im Sinne des KJHG zu analysieren, neu zu konzeptionieren und exemplarisch innovativ auszuprobieren, war das DJI-Projekt nach Ansatz und Ergebnis weitergehend als andere vergleichbare Versuche. Die der Fülle wegen oben eher tabellarisch aufgeführten Ergebnisse können als reichhaltige Ideenbörse für die Kindertagesstättenarbeit dienen.

Neue Wege geht das *DJI*-Projekt „Orte für Kinder" mit seinem aktuellen Projekt *„Betriebliche Förderung von Kinderbetreuung"*, das unter Mitarbeit von Ulrich Hagemann, Brigitta Kreß und Harald Seehausen im Januar 1995 begann und bis Ende 1997 laufen wird. Anstoß dazu gab die verstärkte gesellschaftliche Diskussion um die Vereinbarkeit von Familien- und Erwerbsarbeit. Sollen Partnerschaft, Kind/er und Beruf verbunden werden, so ist eine Veränderung traditioneller Rollenverhältnisse und die Flexibilisierung von Arbeitszeitstrukturen vonnöten. Schon 1989 hatte das DJI in Kooperation mit dem Hessischen Sozialminister u.a. unterstützt durch die Hoechst AG ein 1. Sozialpolitisches Forum zum Thema „Arbeitswelt kontra Familienwelt? – Zur Vereinbarkeit von Familie, Beruf und Kindertagesstätte" veranstaltet.[36] Die Stadt Frankfurt gab im Herbst 1990 zusammen mit der Stadt Maintal und neun Unternehmen eine Untersuchung zu den „Perspektiven und Möglichkeiten betrieblicher Förderung von Kinderbetreuungsangeboten" in Auftrag.[37] Daraus wurden sechs unterschiedliche Modelle betrieblicher Kinderbetreuungsförderung entwickelt, die wiederum im Frühjahr 1991 auf dem 2. Sozialpolitischen Forum „Perspektiven und Möglichkeiten betrieblicher Förderung von Kinderbetreuungsangeboten" Thema waren.[38] Auch das Bundesministerium für Familie und Senioren plädierte 1992 für den Ausbau und die Verstärkung einer betrieblich unterstützten Kinderbetreuung. 1993 erschien dann das „Kindertagesstättenprogramm" der Gewerkschaft ÖTV, in dem man auch für eine Zusammenarbeit zwischen Wirtschaft und Jugendhilfe eintrat, die Kindertagesstätten im Betrieb jedoch lediglich als Notlösung verstanden wissen wollte, da man eine Entwurzelung der Kinder aus dem Wohnumfeld und ihre Degradierung zu Anhängseln der Wirtschaft befürchtete.[39] Im Auftrag des Bundesministeriums für Familie, Senioren,

---

[36] Vgl. dazu Harald Seehausen (Hg.), Arbeitswelt kontra Familienwelt? – Zur Vereinbarkeit von Familie, Beruf und Kindertagesstätte. 1. Sozialpolitisches Forum '89. Dokumentation, Frankfurt 1990.

[37] Vgl. C. Busch, M. Dörfler, H. Seehausen, Frankfurter Studie zu Modellen betriebsnaher Kinderbetreuung, Eschborn 1991.

[38] C. Busch, M. Dörfler, H. Seehausen, Perspektiven und Möglichkeiten betrieblicher Förderung von Kinderbetreuungsangeboten. 2. Sozialpolitisches Forum 1991. Dokumentation, Frankfurt 1991.

[39] Vgl. Gewerkschaft Öffentliche Dienste, Transport und Verkehr (Hg.), Kindertagesstättenprogramm. Standpunkte und Forderungen der Gewerkschaft ÖTV zur Disukssion gestellt. Mehr ... für Kinder, Stuttgart/Reutlingen 1993, vgl. auch Deutscher Gewerkschaftsbund (Hg.), Betrieblich geförderte Kindertageseinrichtungen. Eine Handreichung, Düsseldorf 1993.

Frauen und Jugend, des Hessischen Landesministeriums für Umwelt, Energie, Jugend, Familie und Gesundheit begann das DJI nun, besagten Modellversuch durchzuführen und wissenschaftlich zu begleiten. Untersucht werden dabei Verbundlösungen zwischen Privatwirtschaft und Jugendhilfe, die geeignet sind, eine Vereinbarkeit von Familie und Beruf wie auch eine gleichberechtigte Teilhabe von Frauen und Männern am Erwerbsleben zu gewährleisten. Es geht um die sozialpädagogische Qualität solcher Verbundlösungen sowie um ihre betrieblichen und sozialpolitischen Folgen. Zehn verschiedene Modelle aus sechs Bundesländern wurden dazu ausgewählt. Daneben werden bundesweite Befragungen zu bestehenden und geplanten betriebsnahen Kinderbetreuungseinrichtungen durchgeführt und interpretiert. Das Ganze wird durch Großveranstaltungen und Fachforen ergänzt und soll durch eine Dokumentation zugänglich gemacht werden.

1.4.5 „Weiterführende Konzepte für evangelische Kindertagesstätten und Gemeinden"

Die *Bundesvereinigung Evangelischer Tageseinrichtungen für Kinder e.V.* koordinierte mit ihrem Projekt „Weiterführende Konzepte für evangelische Kindertagesstätten und Gemeinden" bundesweit die evangelischen Initiativen.[40] Seit dem 1. April 1994 lief der Modellversuch in fünf diakonischen Landesverbänden. Er wurde unterstützt von der Evangelischen Kirche in Deutschland (Abteilung Bildung) und von der Bund-Länder-Kommission. Die wissenschaftliche Leitung des Modellprojektes oblag Elsbe Goßmann, einer langjährig erfahrenen Forschungsleiterin im elementarpädagogischen Bereich, vom Comenius-Institut in Münster. Die Projektleitung hatte Silke Gebauer-Jorzick aus Hamburg von der Bundesvereinigung Evangelischer Tageseinrichtungen für Kinder e.V. inne. Dem Projektbeirat auf Bundesebene gehörten Vertreter des Deutschen Jugendinstituts, der EKD, des Deutschen Caritas-Verbandes, des Vorstands und der Geschäftsführung der Bundesvereinigung Evangelischer Tageseinrichtungen für Kinder e.V. sowie des Sächsischen Staatsministeriums für Soziales, Gesundheit und Familie an.

Aus fünf Landesverbänden setzten sich die beteiligten Projekteinrichtungen bzw. -gemeinden zusammen:

1. Diakonisches Werk Baden: Evang. Kindertagesstätte Augartenstraße Karlsruhe mit weiteren sieben Stadt- und Landeinrichtungen im Raum Karlsruhe im sog. „äußeren Kreis", moderiert durch Reinhilde Schlabach-Blum, wissenschaftlich begleitet durch die Evangelische Fachhochschule Freiburg;
2. Diakonisches Werk Hamburg: Kindertagesstätte St. Petrus, Kindergarten Niendorf und Kindertagesstätte Karla-Adickes-Haus, alle in Hamburg, moderiert durch Inge Wonneberger-Reichert, wissenschaftlich begleitet durch die Abteilung Kirche in der Stadt der Universität Hamburg;
3. Mecklenburg-Vorpommern, Pommersche Evangelische Kirche: Kindertagesstätte Stubnitz, moderiert von Frau Pörksen, wissenschaftlich begleitet von Inge Wonneberger-Reichert;

---

[40] Vgl. die Projektinformationen I/94, II/95, III/95 und IV/96, die das Projektbüro im Diakonischen Werk Hamburg unter der Leitung von Silke Gebauer-Jorzik i.A. der Bundesvereinigung herausgegeben hat.

4. Diakonisches Werk Pfalz: Prot. Kindergarten Bobenheim, Evang. Kindertagesstätte Dietrich-Bonhoeffer-Zentrum Ludwigshafen a. Rh., Evang. Kindergarten Ixheim, moderiert von Friedrich Schmidt, wissenschaftlich begleitet vom Diakoniewissenschaftlichen Institut der Universität Heidelberg;

5. Diakonisches Werk der Evangelisch-lutherischen Landeskirche Sachsens: Kinderhaus Pirna, moderiert von Andrea Kretschmann in Zusammenarbeit mit Michaela Merker, wissenschaftlich begleitet durch das Comenius-Institut Münster, Arbeitsstelle Berlin.

Der Modellversuch begann mit einer Situationsbeschreibung, in der die Ist-Situation der Projektstandorte bezüglich der Lebenssituation und des Angebotes für Kinder und Familien in der Kindertageseinrichtung, in der Kirchengemeinde, im Stadtteil gemäß der konzeptionellen Ausgangsbedingungen und der Zielangaben für das Projekt erhoben und festgehalten wurde. Schon in diesem Stadium zeigte sich, daß das bundesweite Projekt keine einheitlichen Modellbedingungen und Zielvorgaben machen wollte, sondern die spezifischen Möglichkeiten der Weiterentwicklung vor Ort zugrunde legte. Das gab einer prozeßorientierten und lokalspezifischen Verfahrensweise den Vorrang vor einer auch bezüglich der Evaluation der Modellergebnisse einheitlichen und komparativen Methode. Im zweiten Schritt wurde eine Bedarfsanalyse bezüglich der Wünsche und Bedürfnisse von Kindern und ihren Familien mittels Elternbefragungsbögen, Interviews mit Kindern, Eltern, MitarbeiterInnen, Trägern oder Stadtteilanalysen u.ä. durchgeführt, die an den Projektstandorten sehr unterschiedlich verlief.

Aus Situationsbeschreibung und Bedarfsanalyse sollten in einem dritten Schritt die Zielvorstellungen des Projektes vor Ort formuliert werden. Sie standen in Zusammenhang mit sechs allgemeinen Projektzielen, die dann lokal sehr verschieden angegangen wurden:[41]

- Konzeptionsentwicklung der Kindertagesstätte und der Kirchengemeinde: „Über die Grenzen der Kindereinrichtung hinaus soll eine Aktivierung von Gemeinde für Kinder und Familien stattfinden";
- „Bereitstellung von familienübergreifenden Erfahrungsräumen für Kinder und Eltern": Die Öffnung vorhandener Einrichtungen, Dienste und Kapazitäten der Kirchengemeinde für die Problem- und Bedarfslagen der an Isolation und Überforderung leidenden modernen Kleinfamilie z.B. durch ein erweitertes Angebot für Altersgruppen von 0-14 Jahren;
- Generationsübergreifende Angebote in Gemeinde und Kindertagesstätte: „Kindertagesstätten und andere gemeindliche Angebote sollen zu zentralen Kommunikationsorten für Kinder, Erwachsene und alte Menschen in deren Wohnumfeld weiterentwickelt werden";
- „Vernetzung von gemeindlichen Ressourcen und Vernetzung im Gemeinwesen": Gemeinde soll als Lebensraum für Kinder wahrgenommen und besonders bezüglich einer sinnvollen Verknüpfung und Kooperation verschiedener Gruppen, Institutionen und Angebote innerhalb des Rahmens der Kirchengemeinde und mit bzw. im Gemeinwesen weiterentwickelt werden;

---

[41] Die folgenden Zitate entstammen der Projektskizze „Weiterführende Konzepte für Evangelische Kindertagesstätten" der Bundesvereinigung Evang. Tageseinrichtungen für Kinder e.V. vom 1.6.1994, 2f.

- „Bereitschaft zur 'interdisziplinären' Zusammenarbeit": Auf allen Ebenen der Projektarbeit soll multidisziplinär kooperiert werden zwischen „sozialpädagogischen Fachkräften, Theologen, Sozialwissenschaftlern, pädagogischen Laien" sowie mit Experten „aus Betriebswirtschaft, Sozialmanagement und Architektur". Dazu gehörten die Abgrenzung der Aufgabenbereiche von hauptamtlich und ehrenamtlich Tätigen sowie „partnerschaftliche Kommunikationsformen";
- Integrationsangebote und -strukturen für „Benachteiligte, Behinderte, Andersartige und Ausgestoßene in der Gesellschaft": im Sinne einer multikulturellen und multireligiösen Erziehung ist dabei auch an die „Aufnahme und Mischung von Kindern verschiedener Herkunft und besonderer Lebenssituationen" gedacht.

Diese Ziele basieren auf zwei „Grundvoraussetzungen" des Projektes:
- zum einen die an den Bedarfslagen von Kindern und Familien orientierte Weiterentwicklung der Angebote der Kirchengemeinde und
- zum anderen die Förderung des Selbstverständnisses der „Kirche als Lobby für Kinder und Familien" in der Öffentlichkeit und in den zuständigen politischen Gremien.

Auf Bundesebene folgten in der „Praxisphase" als weitere Schritte vierteljährlich stattfindende Austauschtagungen der LandesmoderatorInnen, halbjährliche Projektbeiratssitzungen und drei bundesweite Fachtagungen, zu denen jeweils zwei MitarbeiterInnen aus den Standorten mit einem Trägervertreter und die LandesmoderatorInnen zusammentraten.

Die erste Bundestagung fand vom 2. bis 4. November 1994 auf der Ebernburg in der Pfalz unter der Themenstellung „Der Platz für Kinder in weiterführenden Konzepten" statt. Hier ging es darum, „die Standorte der beteiligten Bundesländer in dem Modellversuch in ihrer Vielfalt kennenzulernen und Fäden weiterzuspinnen, ... [und] auch um die Frage, wie sich aus der Sicht der Kinder dieser Modellversuch darstellt"[42]. Der „Perspektivenwechsel" hin zu den Kindern, ganz im Sinne der direkt im Anschluß in Halle/S. unter dem Thema „Aufwachsen in schwieriger Zeit – Kinder in Gemeinde und Gesellschaft" tagenden EKD-Synode, stand hier im Zentrum der Fachtagung. Auch die Referate gingen inhaltlich in diese Richtung, wenn sie die Themen „Auswirkungen der gesellschaftlichen Veränderungen auf die Kinder" (S. Gebauer-Jorzick), „Die Kinder: eine entwicklungspsychologische Annäherung in mehreren Schritten" (H. u. V. Elsenbast) und „Sind Kinder anders? – Nachdenken über Kinder und Erziehung heute" (A. Steenken) behandelten. Die zweite Bundestagung fand vom 29. bis 31. Mai 1995 in Essen unter dem Thema „Uns trennen Welten!? – Die Vielfalt von Lebenswelten als Voraussetzung für weiterführende pädagogische und religionspädagogische Konzepte" statt. „Ziel der Tagung war es, uns auf die weitere Suche nach Fragen aber auch nach Antworten zu begeben, unser Wissen und unsere Erfahrungen auszutauschen und auf dem Hintergrund der bisherigen Projektverläufe in den Kindertagesstätten und Gemeinden mit ihren gesellschaftlichen Kontexten weiterführende

---

[42] Tagungsprogramm, abgedruckt in: Weiterführende Konzepte für ev. Kindertagesstätten und Gemeinden, Projektinformation Nr. II/95, hg.v. der Bundesvereinigung Evang. Einrichtungen für Kinder e.V., Stuttgart 1995, 5f.

Konzepte zu reflektieren."⁴³ Die Projekterfahrungen vor Ort wurden in einem üppigen Marktstand angeboten. Dazu kamen u.a. zwei Referate über „Biblische Lebenswelten – Kinderwelten!? Impulse für Religionspädagogische Konzepte" (E. Goßmann) und „Lebenswelten – Gemeindewelten. Ihre Bedeutung für weiterführende Konzepte" (K. Foitzik). Der Perspektivenwechsel wurde auch hier versucht erfahrbar zu machen, und zwar anhand der bibliodramatischen Auslegung und Weiterführung der Geschichte aus dem Markusevangelium (Kap. 10) von der sog. „Kindersegnung Jesu". Die dritte bundesweite Fachtagung fand vom 5. bis 7. Februar 1996 in Köln unter dem Thema „Was war? Was soll's? Was bleibt?" statt.⁴⁴ Hier wurden in einer fachlich angeleiteten Ausstellung die Ergebnisse auf Stellwänden dargeboten und präsentiert. Die Referate spiegelten etwas vom Ergebnissicherungsprozeß der Tagung, indem Gretel Wildt nochmals an die Absichten, Voraussetzungen und Ziele des Modellversuchs erinnerte. Marianne Krug unternahm in einem historischen Überblick über 25 Jahre Weiterentwicklung der Kindertagesstättenarbeit „Eine (Zeit-)Reise durch die Kindergartenreform ...". Und Elsbe Goßmann richtete den Blick nach vorn zu den Möglichkeiten des Transfers der Erfahrungen und Ergebnisse des Modellversuchs in ihrem Referat „(Modell-)erinnerungen für die Zukunft – Weitergehen?!". Schließlich ging es um die Frage nach der Stabilisierung und Weiterführung von Vernetzungen.

Nach dem Ende des Modellversuches am 1.4.1996 folgte dann noch eine Fachtagung der Bundesvereinigung in der Evangelischen Akademie Tutzing, Bayern, am 16. und 17.4.1996, die dem Austausch und der Multiplikation der Projekterfahrungen, der Bilanzierung und dem Transfer dienen sollte. Aus den Projekterfahrungen sollten „im Rahmen der Fachtagung Perspektiven für die Arbeit der Tageseinrichtungen an der Schwelle zu einem neuen Jahrtausend abgeleitet werden", die angesichts einer sich global vernetzenden Wirtschaft und Politik neue Formen des Lernens und „eine neue Kultur des miteinander Verantwortlichseins" erforderten. Darauf habe die Elementarpädagogik durch qualitative Neuerungen im Kindertagesstättenbereich zu reagieren „gerade angesichts einer völlig neuen rechtlichen Situation für die Begleitung von drei- bis sechsjährigen Kindern."⁴⁵

Zusammenfassend läßt sich sagen: der Projektanfang war langwierig und erfolgte unter sich ständig wandelnden Rahmenbedingungen. „Fast alle entscheidenden Voraussetzungen für eine 'ordentliche' Entwicklung fehlten"⁴⁶, was zu grundlegenden Umstellungen auch konzeptioneller Art nötigte. Trotzdem entfaltete sich das Projekt fruchtbar. Das Spezifikum dieses Modellversuchs lag wohl u.a. in seinen lokal- und einzeleinrichtungsorientierten Ausgangsbedingungen. So waren „die vor Ort ange-

---

⁴³ Silke Gebauer-Jorzick/E.Goßmann, Vorwort zur Tagung, in: Weiterführende Konzepte für ev. Kindertagesstätten und Gemeinden, Projektinformation Nr. III/95, hg.v. der Bundesvereinigung Evang. Einrichtungen für Kinder e.V., Stuttgart 1995, 5.

⁴⁴ Dokumentiert in: Weiterführende Konzepte für ev. Kindertagesstätten und Gemeinden, Projektinformation Nr. IV/96, hg.v. der Bundesvereinigung Evang. Einrichtungen für Kinder e.V., Stuttgart 1996.

⁴⁵ Zitiert aus der Tagungsbeschreibung der Bundesvereinigung Evang. Tageseinrichtungen für Kinder e.V. zur Fachtagung am 16. bis 17. April 1996.

⁴⁶ Elsbe Goßmann, (Modell)erinnerungen für die Zukunft – Weitergehen?!, in: Weiterführende Konzepte für ev. Kindertagesstätten und Gemeinden, Projektinformation Nr. IV/96, hg.v. der Bundesvereinigung Evang. Einrichtungen für Kinder e.V., Stuttgart 1996, 35-47. 40.

messenen Innovationen anzuregen und zu entwickeln. Die damit verbundene Vielfalt enthielt die Gefahr, von Außenstehenden als 'Diffusität' bewertet zu werden."[47] Zugleich war die Durchführung des Projekts von politischen Forderungen und gesellschaftlichen Veränderungen wie der Forderung nach erweiterten Öffnungszeiten, der Diskussion um den Rechtsanspruch auf einen Kindergartenplatz oder einer verschlechterten Arbeitsmarktsituation begleitet. Von verschiedenen Seiten wurde hinterfragt, ob das Projekt sein Konzeptziel des Perspektivenwechsels im Sinne einer deutlichen Berücksichtigung der Sichtweisen und Interessen von Kindern genügend im Blick hatte oder nicht sogar verfehlte, weil die Perspektive der Erzieher/innen und Eltern, der ProjektmitarbeiterInnen und Beiratsmitglieder dominierte.[48] So sah man etwa auch in Vernetzungen und Kooperationen mit dem Gemeinwesen, den Kirchengemeinden oder den Grundschulen die Gefahr, daß die Kindertagesstätte zum bloßen Anhängsel anderer Institutionen wird und die Selbstbestimmung und Zentralstellung der Kinder in der Tagesstätte entscheidend beeinträchtigt werden könne.

Insgesamt wird man jedoch die durchweg positiven Entwicklungen und Eröffnung von Perspektiven durch das Projekt sehen, die geeignet sind, die evangelische Kindertagesstättenarbeit konzeptionell weiterzuentwickeln. Immerhin befinden sich rund 9.000 Kindertagesstätten mit ca. 500.000 Kindern und 50.000 Erzieher/innen in evangelischer Trägerschaft, das sind etwa 30 Prozent der deutschen Kindertagesstätten. Die Projektergebnisse werden derzeit evaluiert und zur Dokumentation vorbereitet, die 1997 publiziert werden soll.

1.4.6 „Katholische Tageseinrichtungen für Kinder entwickeln sich weiter: Von Kindergärten zu vielfältigen Angebotsformen"

Ein konzeptionell sehr ähnlich angelegtes Projekt wie die evangelischen Projekte auf Bundesebene findet sich auf katholischer Seite getragen vom *Verband Katholischer Tageseinrichtungen für Kinder (KTK) - Bundesverband e.V.*, Freiburg.[49] Vom September 1994 bis August 1996 wurde dieser katholische Modellversuch an elf Projektstandorten in puncto Größe, regionaler Lage (Ost/West), sozialer Infrastruktur (Stadt/Land) und Einrichtungsform (Kindergarten/Kinderhaus) möglichst unterschiedlichen Tageseinrichtungen für Kinder (Beckum, Bornheim, Brandenburg, Hamm-Herringen, Hildesheim, Kassel, Koblenz, Ostritz, Rostock, Ringheim und Worbis) unter dem Titel *„Katholische Tageseinrichtungen für Kinder entwickeln sich weiter: Von Kindergärten zu vielfältigen Angebotsformen"* durchgeführt.[50] Die Evaluationsergebnisse und die Dokumentation sollen im Jahre 1997 vorgelegt werden.

---

[47] Elsbe Goßmann ebd.

[48] Kritisch in diesem Sinne äußerten sich etwa Else Goßmann a.a.O. 42 oder Heike Elsenbast/Volker Elsenbast, „Die Kinder" Eine entwicklungspsychologische Annäherung in mehreren Schritten, in: Weiterführende Konzepte für ev. Kindertagesstätten und Gemeinden, Projektinformation Nr. II/95, hg.v. der Bundesvereinigung Evang. Einrichtungen für Kinder e.V., Stuttgart 1995, 30-46. 41+44.

[49] Vgl. Frank Jansen, Verband Katholischer Tageseinrichtungen für Kinder (KTK). Katholische Tageseinrichtungen für Kinder entwickeln sich weiter, in: Deutscher Caritasverband (Hg.), caritas '97. Jahrbuch des Deutschen Caritasverbandes, Freiburg 1996, 393-396.

[50] Vgl. die bisher drei - die vierte befindet sich derzeit in Vorbereitung - Ausgaben der Projektzeitschrift „Profile. Katholische Tageseinrichtungen für Kinder entwickeln sich weiter" herausgegeben vom Verband

Auch hier ging es um die Pluralisierung des Kindertagesstättenangebots und um die Kooperation von christlicher Ortsgemeinde, diakonisch-caritativen Trägern und dem Gemeinwesen zugunsten von Kindern und Familien.

Am Anfang stand eine umfassende Analyse der Bedarfslagen vor Ort sowie die Erhebung der Entwicklungsvoraussetzungen und -möglichkeiten, wie sie von den beteiligten Erzieher/innen und Trägern eingeschätzt wurden.

Im Projektdesign hatte der KTK-Bundesverband folgende Weiterentwicklungsschwerpunkte für den Modellversuch vorgegeben, die von den Projekteinrichtungen zu Beginn dann nach spezifischen internen Gesichtspunkten ausgewählt wurden:

- „Weiterentwicklung der Betreuungsformen des Kindergartens": hier ging es um Regelbetreuungsangebote für Kinder unter drei und über sechs Jahren, um erweiterte Öffnungszeiten, um neue Formen der Betreuung von Kindern wie etwa in Mutter-Kind-Gruppen.
- „Weiterentwicklung des Kindergartens zu einem ausgleichenden Erfahrungs- und Lebensraum für Kinder": Probleme und Chancen der erzieherischen Alltagsgestaltung bis hin zur Integration religiöser Sozialisation in Einrichtungskonzepte waren hier auf der Basis kindlicher Entwicklungsbedingungen, Interessen und Bedürfnisse im Blick.
- „Weiterentwicklung des Kindergartens zu einem Ort der Begegnung und Kommunikation": in dieser Perspektive sollte dem Problem erschwerter Kommunikation in Verwandt- und Nachbarschaft aufgrund gestiegener Mobilität, Auflösung der traditionellen sozialen Netze u.a. Rechnung getragen werden. Kommunikations- und Beggnungsmöglichkeiten im Gemeinwesen sowie eine stärkere Integration von Eltern und Familienangehörigen durch Eltern-Cafeterien, Familien- und Kinderfreizeiten, Frauengruppen etc. in die Kindertagesstättenarbeit wurden angestrebt.
- „Weiterentwicklung des Kindergartens zum Ort des generationsübergreifenden Lernens": Die Stoßrichtung bei diesem Projektziel lag auf der Begegnung und Kommunikation von jung und alt, von der Kinder- über die Eltern- bis zur Großeltern- oder gar Urgroßelterngeneration, was für alle Beteiligten Bereicherungen für das Leben bieten konnte. Kooperationen mit Angeboten aus dem Bereich der Altenhilfe, das Einbeziehen der älteren Generationen in die Kindertagesstätte, die Einbindung eines Altenclubs etc. geschahen.
- „Weiterentwicklung der Vernetzung des Kindergartens innerhalb der Pfarrgemeinde": die gegenseitige Information, Kommunikation und Kooperation von Institutionen, Diensten, Angeboten, Gruppen und Kreisen innerhalb der Pfarrgemeinde sollte zugunsten der Kinder und Familien gefördert werden.
- „Weiterentwicklung der Entlastungs- und Unterstützungsangebote der Pfarrgemeinden für die Arbeit des Kindergartens": angestrebt wurde die konstruktive Kooperation zwischen Pfarrgemeinde und Kindertagesstätte auch zur Entlastung der Erzieher/innen.

Neben der Initiation von Entwicklungsprozessen vor Ort und der Beteiligung der Fachberatung wurden verschiedene zentrale Tagungen durchgeführt, um einen fachli-

---

katholischer Tageseinrichtungen für Kinder (KTK) – Bundesverband e.V. unter der redaktionellen Leitung von Frank Jansen, Ludger Pesch und Thomas Thiel.

chen Austausch zwischen den Projektstandorten zu fördern. Finanziell unterstützt wurde das Projekt durch die Bund-Länder-Kommission, die Stiftung Jugendmarke und die Lindenstiftung. Die wissenschaftliche Begleitung erfolgte durch die Katholische Fachhochschule in Berlin und das Institut für Interkulturelle Erziehung der Freien Universität Berlin. Neben dem wissenschaftlichen Konzept der Handlungsforschung und eines sozialökologischen Forschungsansatzes lagen diesem Projekt auch ein erweiterter Situationsansatz sowie als zentrale Methoden die Konzeptionsentwicklung in der Einrichtung, das Arbeiten in Projektform, die Situationsanalyse durch Sammeln gelegentlicher und systematischer Beobachtungen, Begehungen und Erkundungen, Interviews und Befragungen, Soziogrammdarstellungen und Literaturstudien, die Umfeldanalyse, die Öffentlichkeitsarbeit und diverse Diskurstechniken zugrunde.[51]

In der Auswertungsphase des Projektes wird es auch um die Übertragbarkeit der Ergebnisse auf andere katholische Tageseinrichtungen für Kinder und Pfarrgemeinden gehen. Da die katholischen Träger mit über 10.000 Kindertagesstätten den größten Anteil am gesamten deutschen Kindertagesstättenangebot bilden, wird von der möglichst weitreichenden Umsetzung der Projektergebnisse und -erfahrungen viel abhängen. Eine Besonderheit des KTK-Projektes war die gezielte Integration von FachberaterInnen, die für die Mitarbeit im Projekt zehn Prozent auf ihr Deputat angerechnet bekamen.[52] Damit ist nicht nur die Multiplikation der Ergebnisse auf dieser Ebene angebahnt, sondern auch ein im Projekt entwickeltes weiterführendes Selbstverständnis von Fachberatung als „verbindliche und professionelle Offensive" verbreitet worden. Neu entwickelt wurde außerdem das „Modell der Arbeitsteilung zwischen Fachberatung, Erzieher/innen und Trägern", das der Fachberatung den Dienst von Vernetzung und Vermittlung zuweist, gemäß dem die Projekteinrichtungen mit relevanten Entwicklungszielen und -schritten konfrontiert wurden.[53]

Wie bei anderen Projekten so machte sich auch hier der sog. „Hawthorne-Effekt" bemerkbar: Projektbeteiligung verstärkt bei den Beteiligten in der Regel sowohl das Leistungsverhalten als auch die Veränderungsmotivation positiv.

1.4.7 „Interkulturelle Arbeit in Tageseinrichtungen für Kinder" und „Kinderleben in der Großstadt – Lebensraum Kita"

Auch kleinere Trägerverbände von Kindertagesstätten haben Modellprojekte zum qualitativen Ausbau der Kindergartenarbeit entfaltet, die je verschiedene Schwerpunkte umfassen.

In *Nordrhein-Westfalen* etwa wurden in das Projekt des Paritätischen Wohlfahrtsverbands unter der Themenstellung *„Interkulturelle Arbeit in Tageseinrichtungen für*

---

[51] vgl. Ludger Pesch, Einiges über Handlungsforschung und Projektentwicklung, in: Profile. Katholische Tageseinrichtungen für Kinder entwickeln sich weiter, Ausgabe 2, November 1995, 16-23.

[52] vgl. Angela Denecke, Fachberaterinnen nehmen sich Zeit ... 10%!, in: Profile. Katholische Tageseinrichtungen für Kinder entwickeln sich weiter, Ausgabe 3, März 1996, 13f., sowie Thomas Thiel, Das Fachberatungskonzept neu überdenken!, in: Profile. Katholische Tageseinrichtungen für Kinder entwickeln sich weiter, Ausgabe 3, März 1996, 14f.

[53] Frank Jansen, 395f.

Kinder" [54] 850 Tageseinrichtungen für Kinder einbezogen, von denen rund 30% aktiv partizipierten. Ziel dieses Projektes war es, den Stand der interkulturellen Arbeit in den Einrichtungen zu erheben, diese Arbeit weiterzuentwickeln und mehr nichtdeutsche Kinder mit ihren Familien betreuen zu können. Als die drei wesentlichen Projektmedien kamen dabei zum Tragen: eine aktivierende Fragebogenaktion, mit der Erzieher/innen und Eltern auf Probleme und Chancen interkultureller Arbeit gelenkt wurden, die Bereitstellung von sog. „Kinderkisten" mit pädagogischem Material für interkulturelle Arbeit im Kindergarten sowie das Angebot von Fortbildungsveranstaltungen für Erzieher/innen, auf denen u.a. in die Nutzung der „Kinderkiste" eingeführt wurde. Die Vernetzung dieses Projektes mit anderen Unterstützungsangeboten innerhalb und außerhalb des Paritätischen Wohlfahrtsverbandes, u.a. im Zusammenhang mit der Kampagne „Gemeinsam handeln gegen Gewalt" des Paritätischen in Nordrhein-Westfalen, bewährte sich und erzielte günstige Synergieeffekte.

Auch den besonderen urbanen Alltagsbedingungen von Kindern und Tagesstätten wendet man sich neuerdings wieder zu. So kam es im Juni 1996 in *Hamburg* zu einer ersten gemeinsamen Fachtagung der Arbeitsgemeinschaft der Freien Wohlfahrtspflege Hamburg e.V. und der Vereinigung Städtischer Kinder- und Jugendheime der Freien und Hansestadt Hamburg e.V. Unter dem Titel *„Kinderleben in der Großstadt - Lebensraum Kita"* [55] informierte man sich und diskutierte über soziales Leben von Großstadtkindern, über die Möglichkeiten und Behinderungen für kindliche Entwicklungen sowie über die Kindertagesstätte als lernende Organisation. Es wurden neben umfassenderen Strukturproblemen der Kinder- und Jugendhilfe für die Situation in den Einrichtungen ähnliche Fragestellungen wie in vielen der genannten Projekte und Modelle deutlich. So ging es auch hier um konzeptionelle Zielfindungsprozesse für eine bedarfsgerechte Angebotsgestaltung der Kindertagesstätte, um Öffnung nach innen und außen, um Kooperation des Kindertagesstättenteams untereinander sowie mit Eltern, um Vernetzung mit anderen Einrichtungen im Gemeinwesen, um Stärken, Fähigkeiten und Kompetenzen von Kindern, um Flexibilisierung des Kindertagesstättenangebots, um Integration behinderter Kinder, um Professionalisierung der MitarbeiterInnen und Leitung u.a.m. Der Urbanisierungstrend macht die Entwicklungen in den Großstädten zu Vorlaufprozessen, aus denen nichtgroßstädtische Kindertagesstätten und deren Träger lernen können, auch wenn ländliche Einrichtungen für Kinder diese Erkenntnisse in ihr ganz eigenes gesellschaftliches Umfeld transformieren müssen.

---

[54] Vgl. Rudolf Boll, Dagmar Schädlich, Öffnet die Regeleinrichtungen! Grundsätzliche Überlegungen zur sozialen Infrastruktur – Das Beispiel der Tageseinrichtungen für Kinder, in: Blätter der Wohlfahrtspflege – Deutsche Zeitschrift für Sozialarbeit 3/96, 51f.

[55] Roland Hauptmann, Norbert Keßler (Hg.), Kinderleben in der Großstadt – Lebensraum Kita. Dokumentation der Fachtagung vom 12. + 13. Juni 1996, Vereinigung städtischer Kinder- und Jugendheime der Freien und Hansestadt Hamburg e.V. und Arbeitsgemeinschaft der Freien Wohlfahrtspflege Hamburg e.V., Hamburg 1997

1.5 Zusammenfassende Bemerkungen zu den Konzeptionen, Zielperspektiven und Ergebnissen der neueren Projekte und Modellversuche

Abschließend sollen noch einmal die konzeptionellen Grundentscheidungen, wie sie sich inhaltlicher Art in den Zielen der einzelnen Projekte und Modellversuche ausgeprägt finden, z.T. auch bezogen auf die ausgewerteten Verläufe und Ergebnisse, zusammengefaßt und miteinander verglichen werden.

Liest man die Projektskizzen und -beschreibungen, so stößt man innerhalb weniger Jahre in unserem Jahrzehnt doch auf erstaunliche Gemeinsamkeiten in den grundlegenden Ansätzen, die man seit neuestem modifiziert auch im Grundschulbereich[56] findet. Am Beginn stehen mit den ersten Initiativen von Kinderhäusern in den 1970er und vermehrt in den 1980er Jahren die Öffnung der Kindertagesstätten auch für Kinder unter drei und über sechs Jahren, oft als Angebot von Arbeit in Gruppen mit erweiterter Altersmischung. Hand in Hand mit dieser Öffnung geht zugleich eine Ausweitung der Öffnungszeiten über die Regelöffnung von sechs Stunden an fünf Tagen die Woche hinaus. Impulse zu beiden Pluralisierungsformen kamen aus Skandinavien und wurden wohl am frühesten in Nordrhein-Westfalen erprobt und eingeführt. Rheinland-Pfalz gehörte mit seinem Modellversuch „Haus für Kinder", der 1989 geplant und 1990-92 in zehn Projekteinrichtungen durchgeführt wurde, zusammen mit dem Deutschen Jugendinstitut und seinem Projekt „Orte für Kinder", das 1990 vorbereitet und 1991 bis 1994 in vierzehn Modelleinrichtungen bundesweit praktisch durchgeführt wurde, zur elementarpädagogischen Avantgarde im geeinten Deutschland. Vor der Einigung fanden sich freilich zahlreiche Aspekte bereits in den Kindertagesstätten der DDR, die manch wichtigen Impuls in den Westen gaben. Beide Modellversuche legten die erweiterte Altersmischung und verlängerte zeitliche Öffnung zugrunde und zielten auch auf eine Vernetzung der Einrichtungen im Gemeinwesen. In Rheinland-Pfalz geriet dieses ursprüngliche Projektziel jedoch im Verlauf ins Hintertreffen. Das Einbeziehen von Eltern und Angehörigen sowie der Kinder als eigenständiger Subjekte der Kindertagesstättengestaltung geschah in Rheinland-Pfalz nicht auf der Basis eines expliziten Projektziels sondern ergab sich im Verlauf des Projektes implizit. Für das DJI waren diese Personenkreise und zusätzlich zu ihnen auch noch die „Senioren" ausgesprochene Projektzielgruppen. Die ganzheitliche Umsetzung des Situationsansatzes war infolge eines im Vorfeld diesbezüglich erhobenen Widerspruches von Theorie und Praxis oberstes pädagogisches Ziel von „Haus für Kinder" in Rheinland-Pfalz. Daß sich aus den Projektverläufen Veränderungen der Aufgabenstellungen für die Erzieher/innen ergaben, war allerorten und in jeglichen Projekten und Modellversuchen greifbar. Die dem Modellversuch „Haus für Kinder" in Rheinland-Pfalz folgende Kinder-Enquete-Kommission von 1994/95 und das aktuelle Aktionsprogramm „Kinderfreundliches Rheinland-Pfalz" haben die Projektziele des Haus-für-Kinder-Modells übernommen und um weiterreichende Forderungen wie etwa denen nach Integration ausländischer und behinderter Kinder in Regeleinrichtungen, nach einer grundlegenden Reform der Erzieherausbildung und nach dem Ausbau ar-

---

[56] Vgl. etwa Gabriele Faust-Siehl, Ariane Garlichs, Jörg Ramseger, Hermann Schwarz, Ute Warm, Die Zukunft beginnt in der Grundschule. Empfehlungen zur Neugestaltung der Primarstufe. Ein Projekt des Grundschulverbandes unter Mitarbeit von Klaus Klemm, Frankfurt am Main/Reinbeck bei Hamburg 1996.

beitsplatznaher Kinderbetreuung ergänzt. Auch das DJI hat seine Projektziele nach dem Ablauf der Hauptphase von den Ergebnissen einer Integration behinderter Kinder, eines offenen Raumnutzungskonzeptes und dem Aufbau einer Lobby für Kinder ergänzen müssen. Im Ziel der Planung einer Infrastruktur für Kinder im Sinne der Jugendhilfeplanung nach dem KJHG hatte das DJI einen über andere Projekte und Modellversuche hinausgehenden Ansatz. Inzwischen hat das DJI ein Folgeprojekt zur betrieblichen Förderung der Kinderbetreuung aufgelegt, das von 1995 bis 1997 läuft.

Die kirchlichen Projekte und Konzepte erhalten dadurch ihre besondere Brisanz, daß die konfessionellen Kindertagesstätten zum einen im 8. Jugendbericht wegen ihres sehr eingeschränkten Angebots deutlich kritisiert wurden und daß zum andern in Trägerschaft der beiden großen verfaßten Kirchen mit gut 18.000 Kindertagesstätten mehr als zwei Drittel aller Einrichtungen in diesem Bereich sich deutschlandweit in christlicher Hand befinden.

Das Konzept „Evangelisches Kinderhaus" in Hannover hatte lediglich eine Versuchseinrichtung zur Grundlage und diente der Erarbeitung einer ideellen und konzeptionellen Grundlegung. Es integriert die Grundziele aller Kinderhäuser von erweiterter Altersmischung und verlängerten Öffnungszeiten, will zudem die Eltern und Angehörigen im Sinne eines intergenerationellen Lernens einbezogen wissen, zielt auf Vernetzung der Einrichtung im Gemeinwesen, konzipiert eine multikulturelle Erziehung und stellt mit seinem evangelischen Spezifikum die Wertfrage auf dem Hintergrund der Auseinandersetzung der eigenen konfessionellen Tradition mit anderen Religionen.

Die beiden bundesweiten konfessionellen Modellversuche liefen in den Jahren 1994 bis 1996 zeitlich nur um zwei Monate versetzt. Das evangelische Projekt „Weiterführende Konzepte für evangelische Kindertagesstätten und Gemeinden" der Bundesvereinigung Evangelischer Tageseinrichtungen für Kinder begann bereits im April 1994 und fand in neun Einrichtungen von fünf Landesverbänden statt. In Baden schlossen sich in der Region Karlsruhe in einem „äußeren Kreis" ein halbes Jahr später weitere sieben Projekteinrichtungen an. Die Projektziele erweiterte Altersmischung, verlängerte Öffnungszeiten, Einbeziehen der Eltern und generationsübergreifende Angebote, Perspektivenwechsel hin zur Sicht der Kinder, Vernetzung in Gemeinwesen und Kirchengemeinde waren ebenso vorgegeben wie die Ziele Aktivierung von Gemeinden für Kinder und Familien, Integration behinderter, ausländischer und ausgegrenzter Kinder sowie Förderung einer Lobby für Kinder und Familien. Wie sich dazu die Ergebnisse der Modellversuchs verhalten, wird erst die Evaluation und Dokumentation zeigen, die nicht vor Frühjahr 1997 zugänglich sein wird.

Das Projekt „Katholische Tageseinrichtungen für Kinder entwickeln sich weiter: Von Kindergärten zu vielfältigen Angebotsformen" des Verbands Katholischer Einrichtungen für Kinder (KTK)-Bundesverband e.V., hatte – etwas anders ausformuliert – bis auf das Fehlen der Integration von behinderten, ausländischen und ausgegrenzten Kindern und dem Aspekt der Kinderlobbyarbeit die gleichen Grundziele. Seine Besonderheit lag darin, daß die Weiterentwicklung und Einbeziehung der Fachberatung zentrale Berücksichtigung fand. Seine Wirkungen könnten die größten Ausmaße annehmen, ist doch die katholische Kirche die größte Trägerin von Kindertagesstätten in Deutschland. Man wird gespannt sein dürfen auf die Auswertung und Veröffentlichung der Ergebnisse, die ebenfalls 1997 publiziert werden sollen.

Die große Übereinstimmung läßt sich dadurch erklären, daß hier auf große gesamtgesellschaftliche Trends reagiert und voneinander gelernt wurde.

Die Unterschiede rühren von den Interessen der jeweiligen Auftraggeber, Förderer und wissenschaftlichen Begleiter und der je spezifischen Projektanlage her. Man wird jedoch eher überrascht sein, über die große Übereinstimmung an den beschriebenen wesentlichen Punkten der Innovation und Weiterentwicklung. Erst auf der Grundlage dieser Erkenntnisse wird man auch das Projekt des Diakonischen Werkes der Evangelischen Kirche der Pfalz (Protestantische Landeskirche) recht einordnen und verstehen können.

Friedrich Schmidt

2. Konzeption und Zielsetzung des Modellversuches

2.1 Entstehung und Ziele

In dem von 1994 bis 1996 durchgeführten Modellversuch „Der Evangelische Kindergarten als Nachbarschaftszentrum in der Gemeinde" des Diakonischen Werkes der Evangelischen Kirche der Pfalz wurde in der Praxis untersucht, wie sich Gemeinden und Kindereinrichtungen weiterentwickeln müssen, um den veränderten Bedingungen von Kindern und Familien gerechter zu werden. Es ging um eine Profilierung der Arbeit von Kindergarten und Kirchengemeinde im Hinblick auf Kinder und Familien. Der Modellversuch war Teil des Bundesprojektes „Weiterführende Konzepte für evangelische Kindertagesstätten", das von der Bundesvereinigung Evangelischer Tageseinrichtungen für Kinder e.V. getragen und vom Comenius-Institut in Münster begleitet wurde.

Ein Anstoß für die Weiterentwicklung des Kindergartens zu einem Nachbarschaftszentrum für Familien kam zum einen aus der Diskussion um das evangelische Profil von Kindertagesstätten zum anderen aus den kritischen Impulsen des Achten Jugendberichtes von 1990:

> „In der Praxis signalisieren derzeit Konflikte und Spannungen zwischen Familienwünschen und institutionellen Angeboten, daß sich Familienleben und Institutionenlogik auseinander bewegen. Während Familienleben zunehmend vielfältigere Formen aufweist, orientieren sich Institutionen mit ihren Angeboten an einem ideologisierten Bild von 'Normalfamilien'. (...) Kindergärten als Nachbarschaftszentren mit breit gestreuten Angeboten und Unterstützungsleistungen sind ein richtungsweisendes Konzept dafür, Verbindungen zwischen professionellen sozialen Dienstleistungen und nachbarschaftlichen Hilfeleistungen anzubahnen wie auch der Tendenz von Institutionen zu erfahrungseinschränkender 'Anstaltsförderung' entgegenzuwirken."[57]

Seit Jahren wurde in den Fachverbänden über die „Profilierung evangelischer Kindertagesstätten" diskutiert. Charakteristisch für diese Diskussion ist das Themenheft 4/91 der Zeitschrift Theorie und Praxis der Sozialpädagogik. Im redaktionellen Vorwort wird von Haug-Zapp, Lipp-Peetz und Pape die wissenschaftlich-theologische Vernachlässigung der Kindergartenarbeit beklagt:

> „Die Kirchen investieren erhebliche Mittel in die Kindergartenarbeit. (...) Zugleich ignorieren Theologie und Kirchenleitung dieses Arbeitsfeld weitgehend. Es gibt keine dem Umfang dieses Arbeitsfeldes angemessene Forschung, keine entsprechend ausgebaute Fortbildung und Beratung der Mitarbeiterinnen, keine entsprechende Qualifizierung der PfarrerInnen, die angehende Vorgesetzte in diesem Feld sind."[58]

---

[57] Achter Jugendbericht, hg.v. Bundesminister für Jugend, Familie, Frauen und Gesundheit, Bonn 1990, 101f.

[58] E. Haug-Zapp u.a., Zum Schwerpunktthema: Profilierung Evangelischer Kindertagesstättenarbeit, TPS 1991, 194.

Mit der Konzeption und Durchführung eines bundesweiten Modellversuches versuchten die Landesverbände einen Teil des beklagten kirchlichen Forschungsdefizites zu schließen, die Profilierung evangelischer Einrichtungen in der Praxis zu erproben und den Kindergarten als Nachbarschaftszentrum weiterzuentwickeln. Das Projekt war so konzipiert, daß die regionalen Unterschiede der Strukturen von Kindertagesstätten und Gemeinden sowie die jeweiligen spezifischen Bedarfslagen von Familien und Kindern Berücksichtigung fanden. Das Modellprojekt hatte folgende Zielsetzung:
- Förderung familienübergreifender Kontakte und Begegnungen
- Familienentlastung und Unterstützung von Selbsthilfe
- Aktivierung der Gemeinde und Verstärkung der Kooperation zwischen Kindergarten und Kirchengemeinde
- Vernetzung des Kindergartens mit Institutionen und Initiativen im Gemeinwesen
- Integration von behinderten und benachteiligten Menschen
- Konzeptionelle Weiterentwicklung der Arbeit mit Kindern und Familien in Gemeinde und Kindergarten
- Weiterqualifikation von haupt- und ehrenamtlichen Mitarbeitern und Mitarbeiterinnen

Die Ziele waren bewußt offen formuliert, weil ihre Konkretion erst unter Berücksichtigung der Ausgangslage vor Ort und den Bedürfnissen und Wünschen der beteiligten Personen realisiert werden konnte. In der Projektlaufzeit sollten an jedem Ort eine Auswahl dieser Ziele in die Praxis umgesetzt werden. Was von diesen Rahmenzielen verwirklicht wurde, hing von den jeweiligen lokalen Bedarfslagen und Strukturen, der Lebenssituationen der Familien und den Möglichkeiten der haupt- und ehrenamtlichen Mitarbeitern und Mitarbeiterinnen ab. Durch diese Projektkonzeption wurde die Weiterentwicklung des Kindergartens nicht isoliert, sondern als Teil der Kirchengemeinde im Kontext eines Gemeinwesens realisiert.

2.1.1 Auswahl der Projektorte

Nach der Ausschreibung des Projektes bewarben sich aus dem Bereich der pfälzischen Landeskirche zwölf Gemeinden mit ihren Einrichtungen. Sechs davon kamen in die engere Auswahl, weil sie die erforderlichen Voraussetzungen erfüllt hatten: Das Erzieher/innenteam und der Elternausschuß entschieden sich für die Teilnahme am Modellversuch. Das Presbyterium stimmte dem Projekt zu und stellte Mitarbeiterinnen für Fortbildungen frei. Schließlich sollten auch die strukturellen Voraussetzungen vor Ort so sein, daß Veränderungen durchgeführt werden konnten.

Im Vorfeld wurde vom Diakonischen Werk Pfalz ein Projektbeirat konstituiert, der den Modellversuch begleitete und die Standorte und den wissenschaftlichen Begleiter beriet. Dieser Beirat konstituierte sich aus
Prof. Dr. Ekkehard Börsch, Ev. Fachhochschule für Sozialwesen, Ludwigshafen,
Dietgard Brandenburger, Abteilung Fort- und Weiterbildung der Diakonissenanstalt Speyer,
Pfarrer Jörg Schreiner, Ev. Fachschule für Sozialwesen Speyer,
Christa Krieger, Ev. Frauenarbeit Neustadt,
Pfarrer Volker Hörner[59], Protestantisches Predigerseminar Landau,

---

[59] Nach einem Wechsel in der Leitung des Predigerseminars folgte ab 1995 Dr. Günther Geisthard.

Ernst Fuchs, Leiter des Jugendamtes Speyer (als Vertreter der Jugendämter),
Dr. Burtchen-Hindelang, Sozialministerium Rheinland-Pfalz,
Dr. Arnd Götzelmann, Diakoniewissenschaftliches Institut Heidelberg,
Landespfarrer Frieder Theysohn, Diakonisches Werk Pfalz,
Ulrike Bouquet, Abteilungsleiterin, Diakonisches Werk Pfalz,
Pfarrer Gerald Kuwatsch, Religionspädagogische Fortbildung, Diakonisches Werk Pfalz,
Brigitte Schaupp, Referatsleiterin Kindertagesstätten, Diakonisches Werk Pfalz,
Friedrich Schmidt, wissenschaftlicher Begleiter.

Dieses Gremium setzte sich also aus Personen zusammen, die im Bereich der Aus- und Fortbildung von Trägervertretern und Fachkräften tätig sind, mit Familien arbeiten, Jugendhilfe planen bzw. diakoniewissenschaftlich aufarbeiten. Auf diese Weise sollte neben der Beratung des Projektverlaufes gesichert werden, daß wichtige Erfahrungen und Ergebnisse des Modellversuches auf kurzem Wege in die kirchlichen, kommunalen und staatlichen Institutionen zurückfließen können, die im Bereich Kindertagesstätten und Familienarbeit aktiv sind. Der Projektbeirat wählte im Juli 1993 drei Einrichtungen mit unterschiedlichen regionalen und strukturellen Ausgangsvoraussetzungen aus:
- Protestantischer Kindergarten Bobenheim, in Trägerschaft der Kirchengemeinde Roxheim-Bobenheim in Bobenheim-Roxheim
- Evangelischer Kindergarten Ixheim, in Trägerschaft des Diakonievereins Ixheim in Zweibrücken
- Protestantische Kindertagesstätte am Dietrich-Bonhoeffer-Zentrum, in Trägerschaft der Kirchengemeinde Ludwigshafen-Friesenheim in Ludwigshafen

Die Modellorte waren in dem Beirat zunächst mit einem und später mit zwei Vertreter/innen- zumeist Gemeindepfarrer und Leiterin – präsent. An den Beiratssitzungen nahmen teil:
Kurt Bastian, Vorsitzender des Evangelischen Diakonievereins Ixheim e.V., Zweibrücken,
Barbara Brennemann, Leiterin des Evangelischen Kindergartens Ixheim, Zweibrücken,
Pfarrer Eckart Emrich, Evangelische Kirchengemeinde Ixheim, Zweibrücken,
Claudia Hasselbach, Protestantischer Kindergarten Dietrich Bonhoeffer-Zentrum, Ludwigshafen,
Pfarrer Uwe Weinerth, Protestantische Kirchengemeinde Friesenheim, Ludwigshafen,
Pfarrer Ludger Mandelbaum[60], Protestantische Kirchengemeinde Roxheim-Bobenheim, Bobenheim-Roxheim,
Stephanie Roscher, Protestantischer Kindergarten Bobenheim, Bobenheim-Roxheim.

2.1.2 Eine „protestantische Erfindung"

Die Ziele des Projektes orientierten sich an dem Bedarf und der Lebenswelt der Menschen. In einer Zeit, in der im Kindertagesstättenbereich quantitative Fragen an der Tagesordnung waren, wurde durch den Modellversuch ein qualitativer Gegenakzent gesetzt. Es ging um die Vision einer kinder- und familienfreundlichen Gemeinde: Wie können sich Kirchengemeinde und Kindergarten stärker auf die veränderten Lebenssi-

---

[60] Nach dem Pfarramtswechsel folgte ab Mitte 1995 Pfarrer Markus Diringer.

tuationen von Kindern und Familien einlassen? Diakonie und Kirche, aber auch Kommunen, Länder und Bund, können nicht nur nach der Finanzierbarkeit von Kindereinrichtungen, sondern müssen auch nach deren Qualität fragen. Worin zeigt sich die Qualität von Kindertagesstätten? Was macht das evangelische oder christliche Profil eines Kindergartens aus?

Zur Diskussion dieser Frage soll auf die Gründungsgeschichte des Kindergartens verwiesen werden. Der Kindergarten ist eigentlich eine „protestantische Erfindung". Zwar geht der Begriff „Kindergarten" auf Fröbel in der Mitte des 19. Jahrhunderts zurück, doch die Idee der öffentlichen Erziehung und Betreuung von kleinen Kindern in christlicher Verantwortung entstand in einer kleinen Gemeinde in den Vogesen unter dem Namen „poele à tricoter"- „Strickstuben".

Der Erfinder war eine Erfinderin, Sara Banzet. Ihre Idee wurde 1769 von dem dortigen Pfarrer Johann Friedrich Oberlin aufgegriffen und gemeinsam mit anderen Mitarbeiterinnen, allen voran Luise Scheppler, weiterentwickelt. Oberlin selbst schreibt über die Anfänge:

> „Seit den zwei Jahren, daß ich im Amte bin, hat mir die vernachlässigte Erziehung so vieler Kinder in meiner ausgedehnten Pfarrei stets sehr viel Kummer verursacht, es ist eine Last, die schwer auf meinem Herzen lag. Ich machte immer Versuche, um ein Haus zu kaufen oder zu bauen und sodann ein Erziehungshaus daraus zu machen, aber alles war umsonst. Da erfahre ich endlich im Winter 1769, daß Sara Banzet (...) aus eigenem Antrieb die Kinder des Ortes Strickunterricht lehre, aber daß ihr Vater wegen des Zeitversäumnis es ungern sehe. Dies war mir eine entzückende Nachricht. Ich ging hierauf zu ihrem Vater und schloß mit ihm einen Vertrag, in Folge dessen seine Tochter in meinen Dienst als Erzieherin trat."[61]

Sozial-diakonische Erfindungen haben sehr viel mit der Wahrnehmung der Lebenswelten zu tun, freilich einer „Wahrnehmung mit dem Herzen". Ausgangspunkt für diese diakonische Entwicklung waren die Lebenssituationen von Kindern und Familien im Steintal. Die soziale Not der Eltern und die Vernachlässigung der Kinder forderte eine kreative Lösung. Die Wahrnehmung der Lebenssituationen und der christliche Auftrag bildeten die Basis für diese protestantische Erfindung. In den „Strickschulen", die eingerichtet wurden, ging es um eine umfassende, heute würden wir sagen, ganzheitliche Bildung der Kinder vor dem Hintergrund ihrer Lebenssituationen. Die Kinder wurden nicht isoliert gesehen, sondern im Kontext ihres Dorfes und ihrer Familien. Oberlin und seine Mitstreiterinnen entwickelten eine pädagogische Konzeption, die man heute gemeinwesenorientiert nennen würde. Die Pädagoginnen in den Strickstuben setzten sich mit den kindlichen Lebenswelten auseinander und verstanden ihre Arbeit als einen Beitrag zu einer Verbesserung der Lebensumstände von Kindern und Familien. Die Kindereinrichtungen wurden als Teil der Kirchengemeinde verstanden. Sie hatten eine pädagogische und diakonische Ausrichtung, die sich an den Lebenssituationen der Familien orientierte. Die enge Zusammenarbeit von Kindergarten und Kirchengemeinde kam im Steintal auch darin zum Ausdruck, daß jede Erzieherin im Gottesdienst für ihren Dienst in den „Strickstuben" beauftragt wurde.

---

[61] Zitiert nach E. Psczolla, Louise Scheppler und die anderen Frauen in der Gemeinde Oberlins, Lahr 1988, 89.

Besonders zu unterstreichen ist, daß, wie häufig bei sozialen und diakonischen Entwicklungen, Frauen die entscheidende Rolle spielten. Durch diese diakonische Erfindung entstand ein neuer Beruf für Frauen: die Erzieherin. Bezahlte Berufsarbeit für Frauen war um 1800 eine Seltenheit. Sara Banzet wurde für ihre Arbeit bezahlt. Das Gehalt erhielt allerdings, wie Oberlin schrieb, ihr Vater.

Diese Erinnerung an die Gründungsgeschichte des Kindergartens verdeutlicht: Protestantische Einrichtungen und Gemeinden stehen immer wieder vor der Frage, wie in gesellschaftlichen Veränderungen die christliche Verantwortung für Kinder und Familien gestaltet werden kann. Auch im Modellversuch „Der Evangelische Kindergarten als Nachbarschaftszentrum in der Gemeinde" ging es um eine Profilierung der Kindertagesstätte vor dem Hintergrund veränderter Lebenssituationen von Kindern und Eltern.

2.2 Veränderte familiale Lebenslagen

Die Durchführung des Modellversuches wurde mit der These der gewandelten familialen Lebensformen und der gesellschaftlichen Veränderungen, die sich auf Kindergarten, Kirchengemeinde und Familien auswirken, begründet. Die wichtigsten Aspekte dieses Veränderungsprozesses sollen als Hintergrund des Projektes im folgenden kurz skizziert werden.

2.2.1 Familie in der Krise?

Angesichts steigender Ehescheidungszahlen, Zunahme nichtehelicher Lebensgemeinschaften, Einelternfamilien und rückläufiger Kinderzahlen wird gerne von der „Krise der Familie" gesprochen. Diese Einschätzung ist offensichtlich zu undifferenziert. In Umfragen stehen Ehe, Partnerschaft und Elternschaft in der Bevölkerung nach wie vor hoch im Kurs. Die Familienforscherin Rosemarie Nave-Herz belegt in einer empirischen Studie, daß die gestiegenen Scheidungsraten Folgen von gestiegenen Erwartungen und Anforderungen an den Partner und die Partnerin sind.

> „Nicht ein Bedeutungsverlust von Ehe, d.h. eine Zuschreibung von 'Sinnlosigkeit' von Ehen hat also das Ehescheidungsrisiko erhöht und veranlaßt Ehepartner heute, ihren Entschluß eher zu relativieren, sondern die idealisierten Vorstellungen von einer Ehe und die Ansprüche an eine bestimmte Qualität einer ehelichen Partnerbeziehung führen häufiger schneller zu unerfüllten Bedürfnissen und damit zu Spannungen in den ehelichen Beziehungen."[62]

Im Fünften Familienbericht heißt es dazu treffend: „In Frage gestellt wird nicht die Ehe allgemein, sondern lediglich die eigene."[63] Das Soziologenpaar Ulrich Beck und Elisabeth Beck-Gernsheim hat die Auswirkungen gesellschaftlicher Modernisierungs- und Individualisierungsprozesse auf die familialen Lebensformen untersucht.[64] Im Zuge gesellschaftlicher Differenzierungs- und Individualisierungsprozesse werden tradi-

---

[62] R. Nave-Herz u.a., Scheidungsursachen im Wandel, Bielefeld 1990, 138.

[63] Fünfter Familienbericht. Familien und Familienpolitik im geeinten Deutschland, hg. v. Bundesministerium für Familie und Senioren, Bonn 1994, 88.

[64] U. Beck/E. Beck-Gernsheim, Das ganz normale Chaos der Liebe, Frankfurt a.M. 1990.

tionelle Lebensmilieus, Nachbarschaften, althergebrachte Lebensweisen immer mehr aufgelöst. Dies hat für Ehe und Familie ambivalente Konsequenzen. Im Zuge dieses Prozesses werden stabile soziale Beziehungen „ausgedünnt". Damit erhöht sich die emotionale Bedeutung von Ehe und Familie. All das, was früher vorgegeben war und nun im Auflösungsprozeß ist – Nachbarschaft, Verwandtschaft, Religion, usw. –, soll nun in der Partnerbeziehung bzw. Familie gefunden werden. Dies führt zu sehr hohen Erwartungen und Ansprüchen an den Partner bzw. die Partnerin. Beck und Beck-Gernsheim fassen die ambivalenten Auswirkungen dieser Individualisierungsprozesse für Familie und Partnerschaft folgendermaßen zusammen:

„Einerseits werden Männer und Frauen auf der Suche nach dem 'eigenen Leben' aus den traditionellen Formen und Rollenzuweisungen freigesetzt. Auf der anderen Seite werden die Menschen in den ausgedünnten Sozialbeziehungen, in die Zweisamkeit, in die Suche nach dem Partnerglück hineingetrieben."[65]

Die Bedeutungszuschreibung von Partnerschaft und Familie wächst. Gleichzeitig stehen die Normen einer durchrationalisierten Industrie- und Freizeitgesellschaft im Widerspruch zu den Werten, die in der Familie wichtig sind. Kommt es in der Gesellschaft auf Durchsetzungsfähigkeit, Mobilität, Geld und Unabhängigkeit an, so stehen in der Familie Rücksichtnahme, Solidarität, Verläßlichkeit und Beständigkeit an erster Stelle. Ehe und Familie geraten damit unter hohen emotionalen Erwartungsdruck. Gleichzeitig steht das System Familie im Widerspruch zu den Systemen Arbeits- und Freizeitwelt.

Im Zuge dieses gesellschaftlichen Prozesses kommt es zu einer Pluralisierung familialer Lebensformen. Dies zeigen die Zunahmen von Einelternfamilien, nichtehelichen Lebensgemeinschaften und sogenannten „Patchwork-Familien". Dennoch wachsen zumindest in Westdeutschland mehr als 80% der Kinder mit ihren beiden leiblichen Eltern auf.[66] Die Familie ist freilich nicht mehr die dominierende Lebensform in Deutschland. Nur noch ein Drittel aller Haushalte bestanden 1991 aus Eltern mit Kind(ern).

2.2.2 Finanzielle Belastungen und neue Anforderungen an Familien

Familienforscher und -forscherinnen stellen eine zunehmende Überlastung von Familien in unserer Gesellschaft fest. Sicherlich ist der Vorwurf einer kinderfeindlichen Gesellschaft in Deutschland zu pauschal. Zutreffender scheint mir Kaufmanns These der „strukturellen Rücksichtslosigkeit" der Gesellschaft gegenüber Familien zu sein.[67] Obwohl die Bedeutung der Erziehung und Versorgung von Kindern für die Gesamtgesellschaft außer Frage steht, gelten diese Aufgaben in Deutschland überwiegend als private Angelegenheit.

Familien mit Kindern haben gegenüber Ehepaaren ohne Kinder deutliche finanzielle Nachteile zu tragen. Modellrechnungen zeigen, daß durch das Aufziehen von zwei Kindern bis 18 Jahre in einer Familie Kosten in Höhe von 790.000 – 890.000 DM ent-

---

[65] U. Beck/E. Beck-Gernsheim, 37.

[66] F.-X. Kaufmann, Zukunft der Familie im vereinigten Deutschland, München 1995, 87.

[67] F.-X. Kaufmann, 169ff.

stehen.⁶⁸ Paare oder Alleinerziehende mit Kindern verfügen über deutlich geringere Haushaltsmittel pro Familienmitglied als Singles oder Paare ohne Kinder. Mit zunehmender Kinderzahl erhöht sich das Armutsrisiko. Diese Gefahr droht besonders alleinerziehenden Frauen. Der Anteil der Kinder unter Sozialhilfeempfängern stieg besonders in Großstädten in den letzten Jahren besorgniserregend an. Zwischen 1986 und 1991 erhöhte sich in den alten Bundesländern die Zahl der Kinder unter sieben Jahren, die Sozialhilfe erhalten, um 57% und bei unter dreijährigen um 70%. Sprach man früher von einer „Altersarmut", so wächst heute das Armutsrisiko mit der Anzahl der Kinder.⁶⁹

Neben finanziellen Belastungen fühlen sich viele Familien mit Kindern durch Erziehungsaufgaben überfordert. Elisabeth Beck-Gernsheim zeigt, daß die verantwortliche Erziehung von Kindern zu einer komplizierten Sache geworden ist.⁷⁰ Zum einen sind die Anforderungen einer Förderung der Gesamtpersönlichkeit des Kindes enorm gestiegen. Zum anderen sind die Lebensumwelten der Kinder gefährlicher und kinderfeindlicher geworden, was den Betreuungsaufwand ebenfalls erhöht. Hinzu kommt, daß durch die Individualisierungsprozesse verwandtschaftliche oder nachbarliche Unterstützungssysteme bei vielen Familien nicht mehr vorhanden sind. Damit bleibt das Aufziehen der Kinder den Ehepartnern, in vielen Fällen den Müttern überlassen. Bei einer in den Projektkindergärten durchgeführten Elternbefragung hat sich herausgestellt, daß in einem Stadtteil nur noch ein Großelternteil vorhanden war, der die Eltern regelmäßig entlastet hat. Selbst in ländlichen Regionen verfügten nur noch 30 bis 45% der Kindergarteneltern über Großeltern in der Nähe.⁷¹

Das Verhältnis zwischen Eltern und Kindern hat sich in den letzten zwanzig Jahren grundlegend verändert. Aus dem Erziehungs- ist ein Beziehungsverhältnis geworden. Eltern respektieren die kindliche Eigenständigkeit und Persönlichkeit stärker als früher. Sie legen größeren Wert auf eine wechselseitige emotionale Beziehung zu dem Kind. Die Anforderung an die Elternverantwortung ist im Zuge dieser Entwicklung freilich enorm gestiegen. Die pädagogische und gesundheitliche Förderung des Kindes beginnt in vielen Fällen schon während der Schwangerschaft, spätestens jedoch nach der Geburt. Der Boom an Elternratgeberliteratur zeigt, wie ernst die verantwortliche Erziehung und Förderung des Kindes in weiten Bevölkerungsschichten genommen wird. Es gilt „ja nichts zu versäumen". Vom Babyschwimmen über Mutter-Kind-Turnen bis hin zur musikalischen Früherziehung und zum Nachhilfeunterricht wird alles „aus Liebe zum Kind" arrangiert. Obwohl vermutlich noch keine Elterngeneration sich so umfassend über „richtige Erziehung" informiert hat, ist die Unsicherheit, ob mann/frau „alles richtig macht", weit verbreitet.

---

[68] Fünfter Familienbericht, 292ff. In dieser Summe sind neben den Lebenshaltungskosten der Kinder auch die Zeiten der Betreuung der Kinder vergütet. Nicht mitgerechnet ist allerdings der Verdienstausfall, wenn ein Elternteil zeitweise oder ganz auf die Erwerbsarbeit verzichtet. Von dieser Summe wird durch staatliche Transferleistungen an die Familien bis zu 23% zurückerstattet.

[69] Vgl. Fünfter Familienbericht, 129ff.

[70] E. Beck-Gernsheim, Wieviel Mutter braucht das Kind? In: Sozialstruktur im Umbruch, hg. v. S. Hradil, Opladen 1985, 266ff.

[71] F. Schmidt/W. Schmitt, Der Ev. Kindergarten als Nachbarschaftszentrum in der Gemeinde, in: Statistische Informationen 1/1995, hg. v. Diakonisches Werk der EKD, Stuttgart 1995, 14ff.

Erziehung ist nicht mehr wie früher durch Begriffe wie „Gehorsam" geprägt, sondern durch „Aushandeln". Moderne Eltern wollen nicht mehr unhinterfragte Autorität sein, sondern Partner des Kindes. Kinder werden früher ernst genommen und zur Selbständigkeit angehalten. Sie gelten als Juniorpartner in der Familie. Wer am eigenen Leib die Erziehungsstile vor dreißig, vierzig oder fünfzig Jahren erfahren hat, wird diese Entwicklung generell sicherlich begrüßen. Aber diese Kindorientierung erfordert auch viel Zeit, viel Geduld zur Diskussion. Entscheidungen der Familie müssen mühsam zwischen den Partnern ausgehandelt werden. Kinder erweitern in diesem Prozeß sehr rasch ihre sprachliche Kompetenz und lernen den ihnen zugewiesenen Freiraum taktisch geschickt zu nutzen.

Der Schule wird in vielen Familien steigende Bedeutung zugemessen. Gilt doch der erfolgreiche Schulbesuch als Eingangstor für berufliche Karriere und persönlichen Wohlstand. Gudrun Cyprian hat darauf aufmerksam gemacht, daß die Schule immer mehr Aufgaben an die Familie delegiert.

„Millionen von Müttern plagen sich und ihre Kinder täglich bei den häuslichen Schulaufgaben in der Rolle der Hilfslehrerin, machen den Familienalltag zum verlängerten Schultag. Ich erinnere mich an die Eingangsklasse des Gymnasiums, das meine Tochter besucht: hier wurde von der Schulleitung ganz ernsthaft ein abendlicher Förderkurs für Eltern in Latein angeboten und dankbar in Anspruch genommen – 'Mütterlatein' wurde diese Einrichtung kurz genannt".[72]

Generell leisten Kinder immer weniger für das System Familie, Eltern hingegen unterstützen immer länger ihre Kinder. Die Liberalisierung des Erziehungsverhaltens, die längere finanzielle Abhängigkeit der Kinder, die Schwierigkeiten auf dem Wohnungsmarkt ein Zimmer zu finden, Probleme beim Ablösungsprozeß der Kinder, haben es mit sich gebracht, daß immer weniger junge Erwachsene den Drang verspüren, aus dem Elternhaus auszuziehen. Wo wird sonst noch für sie gratis eingekauft, gut gekocht, geputzt, gewaschen, gebügelt, wie im „Hotel Mama"?

2.2.3 „Neue Männer" und die Vereinbarkeit von Beruf und Familie

Der „neue Mann" wurde zwar viel besungen und gefordert, ist allerdings empirisch kaum feststellbar.[73] Das bedeutet, daß die Frage der Vereinbarkeit von Familie und Beruf weitgehend von Frauen gelöst werden muß. Inzwischen sind zwar fast alle Väter bei der Geburt dabei und erleben dieses Ereignis als tiefes emotionales Erlebnis. Dennoch bedeutet die Geburt faktisch eine „Traditionalisierung" der Männer- und Frauenrollen. Nach der Geburt versorgt die Frau Kind und Haushalt, während der Mann seinem Beruf nachgeht. Auch bei Paaren, die vor der Geburt des ersten Kindes die Hausarbeit teilten, wird dies danach anders. Die unterschiedlichen Wege, für die sich

---

[72] G. Cyprian, Familiale Aufgaben und Leistungen – Lebens- und Entfaltungsmöglichkeiten der „modernen" Familie, in: Familienreport 1994, hg. v. Geschäftsstelle der Deutschen Nationalkommission für das Internationale Jahr der Familie 1994, Bonn 1994, 110.

[73] In den drei Projektkindergärten gab es 1994 beispielsweise keinen Vater, der seine Berufstätigkeit wegen der Kindererziehung aufgegeben hatte.

Frauen „entscheiden" um Familie und Beruf zu vereinbaren, wurden von Birgit Geissler und Mechtild Oechsle als drei grundlegende Modelle beschrieben:[74]
- „Berufszentrierte Lebensplanung" bedeutet Verzicht auf Kinder zugunsten von (finanzieller) Unabhängigkeit, beruflicher Selbstverwirklichung und Karriere.
- „Doppelte Lebensplanung" ist der Versuch, Beruf und Familie miteinander zu vereinbaren. Die Familie kann auf zwei Gehälter angewiesen sein oder der Beruf ist für die Frau eine wichtige Quelle der Anerkennung. Dieses Lebenskonzept führt häufig zu Streß in Beruf, Familie und Partnerschaft, weil die institutionellen Betreuungsangebote von kleinen Kinder nur unzureichend vorhanden sind und vieles privat arrangiert werden muß.
- „Familienzentrierte Lebensplanung" ist die Entscheidung für die Familie und der (temporäre) Ausstieg aus dem Beruf. Dies kann bei einigen Frauen zu Unzufriedenheit und sozialer Isolation führen, da Kontakte und Anerkennung häufig über den Beruf vermittelt werden.

In der Elternbefragung wurde deutlich, daß je nach Wohnort zwischen 39 und 61% der Mütter wünschen, über den Kindergarten auch mit anderen Eltern in Kontakt zu kommen.[75] Dieser Wunsch nach Austausch und Begegnung dient nicht nur der Abwechslung. Den Prozeß der „Geburt der Eltern"[76] erleben besonders Frauen als große Veränderung. Fast alle Frauen hören nach der Geburt des ersten Kindes zumindest zeitweise mit der Erwerbsarbeit auf. Dadurch verlieren sie nicht nur die berufliche Anerkennung und Bestätigung, sondern auch soziale Kontakte. Neue Rollen müssen gefunden werden, alte Kontakte brechen ab oder werden dünner. In dieser Situation sind Begegnungen mit Menschen in ähnlichen Lebenssituationen von großer Bedeutung, um eine neue Identität zu entwickeln. Diese außerfamilialen Kontakte und Gespräche mit anderen Frauen in einer ähnlichen Lebenssituation dienen der dialogischen Konstruktion der eigenen Identität.

2.2.4 Wandlungen von Kindheit

Es gibt natürlich nicht „die Kindheit". Die Lebenslagen von Kindern in diesem Land sind wie die ihrer Familien sehr unterschiedlich. Neben Kindern, die intensiv gefördert oder „fürsorglich belagert" werden, wie es Christa Berg formuliert hat[77] gibt es arme, vernachlässigte, obdachlose oder mißbrauchte Kinder. Im folgenden möchte ich zwei Entwicklungen skizzieren, die das Aufwachsen von Kindern gegenüber früheren Generationen nachhaltig verändert haben.

Die erste Entwicklung betrifft die „Pädagogisierung" und „Institutionalisierung" von Kindheit.[78] Kinder und Jugendliche verbringen immer früher, immer mehr Zeit in pädagogisch vorstrukturierten Räumen wie Babyschwimmen, Kindergarten, Schule,

---

[74] B. Geissler/M. Oechsle, Lebensplanung als Konstruktion. Biographische Dilemmata und Lebenslauf-Entwürfe junger Frauen, in: Riskante Freiheiten, hg.v. U. Beck/E. Beck-Gernsheim, Frankfurt a.M. 1994, 152ff.

[75] F. Schmidt/W. Schmitt, 64.

[76] J. A. Schülein, Die Geburt der Eltern, Opladen 1990.

[77] Ch. Berg, Aufwachsen in schwieriger Zeit, in: Aufwachsen in schwieriger Zeit, hg. v. Synode der Evangelischen Kirche in Deutschland, Gütersloh 1995, 128ff.

[78] Vgl. Ch. Berg, 134.

Musikschule, Sportangebote, usw. Auch aufgrund des zunehmenden Straßenverkehrs spielen Kinder seltener unbeaufsichtigt im öffentlichen Raum als früher. Viele Kinder werden von einem fördernden Angebot zum nächsten gebracht und sind dabei auf die Fahrdienste der Eltern angewiesen. Die Teilnahme der Kinder an diesen Angeboten ist abhängig vom Bewußtsein der Eltern und ihren zeitlichen und materiellen Ressourcen. Diese Kinder werden von einer pädagogischen „Insel" (Balletthalle, Spielplatz, Musikraum) zur nächsten weitergereicht. In den jeweiligen pädagogischen Institutionen erleben sie bestimmte Lebenswelten mit festen Regeln. Kinder begegnen Erwachsenen überwiegend in diesen pädagogischen „Inseln". Sie erleben die Erwachsenen also häufig in der Rolle eines Förderers, eines Trainers oder einer Pädagogin. Diese Pädagogisierung der Erwachsenenrolle betrifft auch das Verhältnis von Eltern und Kindern. In vielen Familien begegnen Vater und Mutter dem Kind zunehmend in einer fördernden und trainierenden Funktion.

Andererseits fehlen Kindern heute vielfach Erfahrungen mit kleineren oder größeren Kindern in der unmittelbaren Nachbarschaft oder in der eigenen Familie. Die Verkleinerung der Familien und die Zunahme der Haushalte ohne Kinder führen dazu, daß die Heranwachsenden häufig mit Erwachsenen oder Gleichaltrigen (in Schule und Kindergarten) zusammen sind. Um als Junge oder Mädchen eine eigene Identität zu entwickeln, ist die Begegnung und Auseinandersetzung mit jüngeren und älteren Kindern allerdings sehr wichtig.

2.2.5 Familien und soziale Netzwerke

In einer individualisierten und differenzierten Gesellschaft wächst die Bedeutung der Lebenswelt, des Nahbereiches. Das Wohnumfeld, die Kontakte zu Freunden und Nachbarn, die sozialen Einrichtungen vor Ort sind wichtige Faktoren für gelingendes Leben. Gerade Familien, die weit weniger mobil sind als Singles, brauchen den Nahbereich als Ort, wo sie Kontakte entwickeln können, Kinder Spielkameraden finden und Eltern Gesprächspartner. Harald Seehausen unterstreicht:

> „Die Qualität innerfamilialer Prozesse der Eltern-Kind-Kommunikation und die Gestaltung des kindlichen Alltags sind von den persönlichen sozialen Netzwerken der Familien abhängig. Die Befunde der modernen Netzwerkforschung zeigen, daß soziale Netzwerke das seelische und soziale Wohlbefinden von Eltern und Kindern unterstützen."[79]

In einer hochgradig differenzierten und spezialisierten Gesellschaft helfen familienübergreifende soziale Netze, Eltern und Kinder zu integrieren und zu entlasten. Familien brauchen beides: Begegnung und Entlastung. Soziale Netzwerke sind freilich nur begrenzt naturwüchsig vorhanden und nur begrenzt von Familien aufbaubar. Sie können jedoch institutionell gefördert und inszeniert werden.

In der Konzeption des Modellversuches erhalten Kindergarten und Kirchengemeinde als Einrichtungen im Nahbereich der Familien eine besondere Bedeutung. Der Kindergarten hat in der individualisierten Gesellschaft nicht nur für Kinder eine Funktion, sondern kann zu einem Zentrum für die ganze Familie werden. Um als

---

[79] H. Seehausen, Soziale Netzwerke für Kinder und Eltern: „Orte für Familien", in: Orte für Kinder. Auf der Suche nach neuen Wegen in der Kinderbetreuung, hg. v. Deutsches Jugendinstitut, Weinheim/München 1994, 188.

Mutter oder Vater von Erziehungsfragen nicht überfordert zu sein, wünschen sich Eltern Möglichkeiten zum Austausch und zur Kommunikation. Der amerikanische Sozial- und Kinderpsychologe Brofenbrenner hat auf den Zusammenhang von „Kindeswohl", dem Wohlergehen der Eltern und der Qualität der sozialen Umgebung hingewiesen.[80] Darin liegt die Bedeutung und Chance eines Kindergartens als lebensnahes Zentrum für die ganze Familie. Wenn das Verhältnis zwischen Kindergarten und Familie neu verortet wird, kann vom Kindergarten aus die familienübergreifende Netzwerkbildung gefördert werden. Kindergarten als Nachbarschaftszentrum bedeutet nicht zuletzt eine andere Form der Zusammenarbeit zwischen Erzieher/innen und Eltern. Die Chance von Kirchengemeinden liegt in ihrer lokalen Verortung, in ihrem Bezug zur Lebenswelt von Familien. Als Kirche am Ort liegt die Gemeinde in der Nachbarschaft. In der Zusammenarbeit von Gemeinde und Kindergarten kann das Konzept einer kinder- und familienfreundlichen Gemeinde unter Beteiligung der Betroffenen entwickelt werden.

2.3 Situation in den Kirchengemeinden[81]

Kirchengemeinden befinden sich in einer Situation des Übergangs. Die hohen Austrittszahlen sind ein Indiz dafür, daß die protestantischen Landeskirchen an den Folgen gesellschaftlicher Ausdifferenzierungs- und Individualisierungsprozesse partizipieren, wie auch andere Großinstitutionen (Parteien, Gewerkschaften). Bei aller Zurückhaltung, gegenwärtige statistische Trends in die Zukunft zu verlängern, zeigen einige Indizien, daß man von einem langsamen Übergang von einer „Kirche als Institution" zu einer „Beteiligungskirche" ausgehen kann.

In dieser Situation des Übergangs werden natürlich bisherige Schwerpunkte der Gemeindearbeit kritisch hinterfragt. Auch die Funktion des kirchlichen Kindergartens wird problematisiert. Immer mehr Gemeinden fürchten, die finanziellen Belastungen nicht mehr bewältigen zu können. In Presbyterien oder Kirchenvorständen wird die Aufnahme von Kindern, deren Eltern keiner Kirche angehören, in Frage gestellt. Einige Pfarrer und Pfarrerinnen fühlen sich nur ungenügend auf ihre Aufgabe und Verantwortung als Trägervertreter/in vorbereitet und in den ersten Dienstjahren begleitet. Der Kindergarten ist in vielen Presbyterien nur Thema, wenn es um Bau-, Finanz- oder Personalfragen geht. Eine inhaltliche Auseinandersetzung findet selten statt. Wenn doch, dann werden Erzieher/innen gefragt, ob sie für eine „gute christliche Erziehung" der Kinder sorgen. Dieses Anliegen wird nicht selten unter der Fragestellung: „Wird im Kindergarten noch gebetet", verhandelt. Der Kindergarten ist nur selten in eine Gemeindekonzeption miteinbezogen. Man beklagt den religiösen Traditionsabbruch bei Erzieher/innen, ohne selbstkritisch zu sehen, daß dies ein gesellschaftlicher Trend ist, der viele Erwachsene, auch Pfarrer und Pfarrerinnen, Presbyter und Presbyterinnen, berührt.

In dieser Situation des Übergangs schwanken viele Gemeinden zwischen einem ratlosen Weitermachen und einem rastlosen Aktionismus. Nur selten beginnen Kirchengemeinden ein Bilanzieren der bisherigen Arbeit und eine Debatte über künftige

---

[80] H. Seehausen, 189.

[81] Die Situation in der Gemeinde und dem Kindergarten kann an dieser Stelle nur angerissen werden.

Schwerpunkte. Es gibt nur in wenigen Gemeinden grundsätzliche konzeptionelle Überlegungen bzw. eine Verständigung der Verantwortlichen über die Schwerpunkte ihrer Kirchengemeinde in den kommenden Jahren.[82]

In der individualisierten Gesellschaft wird die personale Dimension an Bedeutung gewinnen. Einerseits werden die Lebenslagen der Menschen pluraler, andererseits werden Biographien in unserer Gesellschaft immer stärker „standardisiert".[83] Von daher wächst der Bedarf an persönlichen Begegnungen und Gespräch. Hier hat die Kirchengemeinde den Menschen ein Angebot zu machen. Die Kindergartenzeit ist für viele Menschen eine Phase, in der sie mit „Kirche" wieder in Kontakt kommen. Im Prozeß der „Geburt der Eltern" – also wenn Mann und Frau Vater und Mutter werden – bekommen für viele Erwachsene Fragen nach Sinn, Orientierung, Werten oder Partnerschaft eine neue Bedeutung. Sie werden für religiöse Themen in der neuen Lebenssituation (wieder) ansprechbar. Die Erfahrungen, die Eltern und Kinder während der Kindergartenzeit mit den Menschen der Kirchengemeinde machen, werden besonders für die distanzierten oder ausgetretenen Väter und Mütter eine Art von „Schnupperkurs" in Sachen „Kirche" sein.

2.4 Situation in den Kindergärten

Zwanzig Jahre nach der Entwicklung und Erprobung des „Situationsansatzes", dem sich auf evangelischer Seite das unter Federführung des Comenius-Institutes Münster entworfene „Religionspädagogische Förderprogramm" anschloß, bestimmten in den letzten Jahren eher quantitative als qualitative Fragen die elementarpädagogischen Diskussionen. Der Ausbau der Kindertagesstätten sowohl hinsichtlich der Einlösung des Rechtsanspruchs als auch zur Erweiterung der täglichen Öffnungszeiten stand im Zentrum der Debatten. Im Zuge der Kindergartenreform wurde nicht nur die Orientierung an der kindlichen Entwicklung, sondern auch der Bildungsauftrag der Einrichtung herausgestellt. Die Ausbildung und Fortbildung der Erzieher/innen wurde seit Ende der sechziger Jahre standardisiert und professionalisiert. Diese Entwicklung stärkte die Fachkompetenzen der pädagogischen Mitarbeiter und Mitarbeiterinnen. Diese Entwicklung zur größeren Professionalität hat auch ihre Schattenseiten. Drei Probleme möchte ich skizzieren:

Die Fachlichkeit der Erzieher/innen wird teilweise in Abgrenzung zu den Fähigkeiten der Eltern herausgestellt. Zunehmende Professionalisierung im Kindergarten verhindert dann das Ernstnehmen der „Laienkompetenzen" der Eltern. Diese Haltung zeigt sich darin, daß „Elternarbeit" betrieben wird, statt eine partnerschaftliche Zusammenarbeit mit Eltern zu suchen.

Der Kindergarten hat sich in den zurückliegenden Jahren besonders aufgrund der veränderten Verkehrssituation und der längeren Verweildauer zu einem Schutz- und Schonraum für Kinder entwickelt. In der Kindertagesstätte werden Kinder vielfältig gefördert. Doch die Kontakte zum Gemeinwesen, die Öffnung nach außen wird in vielen Kindertagesstätten vernachlässigt. Kindergärten drohen zu „Kinderreservaten" zu werden, die von den alltäglichen Lebenswelten abgeschottet sind, wenn die Vernet-

---

[82] Vgl. H. Lindner, Kirche am Ort. Eine Gemeindetheorie, Stuttgart u.a. 1994.

[83] U. Beck, Risikogesellschaft. Auf dem Weg in eine andere Moderne, Frankfurt a.M. 1986, 208ff.

zung mit der Außenwelt, die Öffnung gegenüber Familien nicht gelingt. So unterstützt die Institution Kindergarten unfreiwillig die Verdrängung der Kinder aus dem öffentlichen Raum.

Seit Ende der sechziger Jahre kam es sowohl im Bereich Kindertagesstätte als auch Kirchengemeinde zu einer „Professionalisierung" der dort beschäftigten Mitarbeiter und Mitarbeiterinnen. Diese Professionalisierung und Spezialisierung war eine Reaktion auf gesellschaftliche Veränderungen und verstärkte gleichzeitig diesen Wandlungsprozeß. Der Professionalisierungsschub in Kindertagesstätte und Kirchengemeinde führte zu einer Komplexitätssteigerung und Ausdifferenzierung beider Systeme. Diese Entwicklung wirkt sich in der Praxis so aus, daß die früher selbstverständliche Zusammenarbeit zwischen Kindergarten und Kirchengemeinde heute nicht mehr vorhanden ist, wenn die Kooperation von Erzieher/innen und Pfarrer/innen oder Presbyterium nicht bewußt gesucht wird.

2.5 Wissenschaftliche Begleitung als Handlungsforschung

Zur wissenschaftlichen Begleitung des Modellversuches finanzierte das Diakonische Werk für die Dauer von drei Jahren die 75-%-Stelle eines theologischen Mitarbeiters. Zu den Aufgaben des wissenschaftlichen Begleiters zählen nach der Projektkonzeption insbesondere:

„• Vernetzung der Projektorte
- handlungsbezogene Forschung im Alltag durch die regelmäßige und unmittelbare Beteiligung an der Entwicklung innerhalb der beteiligten Kirchengemeinden und Kindertagesstätten
- Fortbildung der am Projekt beteiligten Mitarbeiter/innen und Trägervertreter(...)
- Fortbildung der regionalen Fachberater/innen(...)
- Zusammenarbeit mit dem Projektbeirat(...)
- Sicherung der Übertragung der Ergebnisse auf andere Einrichtungen: regelmäßige Veröffentlichungen zum Stand des Projektes, Werkstattgespräche
- Information für die regionalen Ausbildungsstätten"[84]

Das Konzept zur wissenschaftlichen Begleitung des Modellversuches orientierte sich methodisch an einem modifizierten Ansatz der Handlungsforschung.[85] Dieser alltagsbezogene Forschungsansatz ist eine deutsche Weiterentwicklung der auf den amerikanischen Sozialwissenschaftler Kurt Lewin zurückgehende „action research". Handlungsforschung basiert auf den Grundprinzipien Orientierung an der Situation, gemeinsame Zielentwicklung, Partizipation möglichst vieler Beteiligter und Zusammenarbeit von Laien und Experten. In dem Modellversuch ging es nicht darum, theoretisch entwickelte Innovationen in die Praxis zu implantieren und die Auswirkungen zu untersuchen. Ziel war es vielmehr, für die lokalen Situationen und Bedarfslagen innovative Lösungen mit den Beteiligten zu entwickeln, zu erproben und auf ihre Ad-

---

[84] Projektbeschreibung, Der Evangelische Kindergarten als Nachbarschaftszentrum in der Gemeinde, Speyer 1992, 5f.

[85] D. Kleiber, Handlungsforschung, in: Handwörterbuch Psychologie, hg.v. R. Asanger u.a., München/Weinheim ^{4}1988, 282ff.

äquatheit zu überprüfen. Im Unterschied zu „reinen" action-research-Konzepten war die Grundrichtung bei der Ausschreibung des Projektes durch die Rahmenziele vorgegeben. Im Sinne von Handlungsforschung war der Modellversuch dennoch ein offener, subjektorientierter Prozeß. Der konkrete Verlauf hing von der Situation vor Ort und den Bedarfslagen der Beteiligten ab. Insofern war der Modellversuch eine Lernerfahrung nicht nur für die Beteiligten in Gemeinden und Einrichtungen, sondern auch für die Mitarbeiter und Mitarbeiterinnen des Diakonischen Werkes.

Dieser handlungsorientierte Ansatz wissenschaftlicher Begleitung zeichnet sich durch folgende Vorteile aus:
- Alltags- und Situationsbezogenheit: Die vorfindlichen Strukturen und die Lebenssituation der Menschen vor Ort bilden die Basis der Weiterentwicklung. Deshalb liegt der Schwerpunkt zunächst auf der Analyse des Bestehenden und des Bedarfs. Wie leben Kinder und junge Familien vor Ort? Entsprechen die Angebote des Kindergartens und der Gemeinde diesen Lebenssituationen? Wie kann Einrichtung und Kirchengemeinde kinder- und familiengerechter werden? Das Praxisprojekt beginnt also mit der differenzierten Wahrnehmung und Analyse der Lebenssituationen von Kindern und Familien am Ort und den Strukturen von Kindertagesstätte und Gemeinde.
- Subjekt- und Beteiligungsorientierung: Die Betroffenen selbst sollen befragt werden und ihre Wünsche und ihren Bedarf artikulieren können. Bei der Analyse und bei den Veränderungsprozessen sind die Wünsche und die Beteiligung der Personen aus Kindergarten und Gemeinde zentral. Diese Orientierung an den handelnden Subjekten zeigt sich auch in der Offenheit gegenüber der Auswahl und der Umsetzung der Rahmenziele sowie dem Ernstnehmen der (Laien-)Kompetenzen.
- Mix aus qualitativen und quantitativen sozialwissenschaftlichen Methoden: Zur Ermittlung der konkreten Lebenssituationen und Bedarfslagen von Kindern und Eltern wurden qualitative und quantitative Methoden gemischt. Neben einer umfangreichen schriftlichen Elternbefragung, fanden Gruppendiskussionen, teilnehmende Beobachtungen, Workshops, Interviews, Rollenspiele usw. statt. Auch bei der Begleitung des Prozesses und der Auswertung wurden beide Formen zur Evaluation (schriftliche Befragung, halboffene Interviews und symbolische Interaktion) verwendet. Dieser Methodenmix dient einerseits der umfassenden Auswertung der Veränderungsprozesse, war andererseits aus forschungspragmatischen Gründen notwendig, weil aufgrund der großen Anzahl der Beteiligten ausschließlich qualitative Methoden zu aufwendig gewesen wären.
- Prozeßorientierung: Wichtig sind nicht nur die Resultate der Entwicklungen, sondern gerade auch die Prozesse, Erfahrungen und Probleme während des Projektverlaufes. Die Lernprozesse der Beteiligten, die Analyse der Schwierigkeiten, die Ursachen für erfolgreiche Initiativen u.a. sind wichtige Ergebnisse des Modellversuches.

Die subjektive Perspektive von Ergebnissen der Handlungsforschung sind wissenschaftsmethodologisch kein Handicap, sondern das besondere Charakteristikum dieser Forschungsrichtung. Projektbegleitung als Handlungsforschung basiert nicht unwesentlich auf einem Vertrauensverhältnis zwischen dem Wissenschaftler und den Beteiligten vor Ort sowie einer regelmäßigen Kommunikation.

2.6 Ein Modell ohne Modellbedingungen

Bei der Konzeption und Ausschreibung war für jeden Projektstandort die zusätzliche Stelle eines Gemeindediakons bzw. einer Gemeindepädagogin vorgesehen, die durch Modellmittel des Landes Rheinland-Pfalz befristet finanziert werden sollte. Die in Aussicht gestellten Mittel wurden jedoch kurz vor Beginn des Modellversuches von der Landesregierung gestrichen und konnten weder durch kommunale noch kirchliche Mittel ersetzt werden. Durch diese Entwicklung mußte der Modellversuch zwangsläufig im Rahmen des ortsüblichen Personalschlüssels der Einrichtungen durchgeführt werden. Dieser für alle Beteiligten schwierige Prozeß von enttäuschten Erwartungen führte zu einer Revision der Rahmenbedingungen des Modellversuches. In den kommenden Jahren wurde das Projekt – im Unterschied zu vielen früheren Reformversuchen im Elementarbereich – zu einem Modellversuch ohne eigentliche Modellbedingungen.

Was die Projekteinrichtungen von anderen Kindertagesstätten unterschied, waren spezifische Fortbildungsangebote auf lokaler, regionaler und bundesweiter Ebene, sowie eine sehr intensive Begleitung der Praxis durch Handlungsforscher und Fachberater/in. Im Unterschied zum Kindergartenalltag gelang es an den Standorten, lokale wie auch regionale Fortbildungen für das gesamte Team zu organisieren und gemeinsame Projekttage mit Erzieher/innen, Trägervertreter/innen und Eltern zu gestalten. Dadurch wurde das Gesamtsystem des Kindergartens und der Gemeinde bei dem Projektverlauf genauer in den Blick genommen, und es kam zwischen den unterschiedlichen Gruppen zu einem Austausch.

Ein Modellversuch über „weiterführende Konzepte" weckt Erwartungen nach innovativen Ideen und Erfindungen. Welches Innovationsverständnis war für das Modellprojekt leitend? Unter Innovationen versteht der „gesunde Menschenverstand" neue Entwicklungen, die gegenüber dem alten Zustand eine Verbesserung bedeuten. Implizit versteht man unter Innovation etwas, was es vorher noch nie gab: Eine neue Erfindung, die Entdeckung eines neuen Sachverhaltes, usw. Dieses allgemeine Verständnis von Innovation gibt es teilweise in technischen oder naturwissenschaftlichen Bereichen. Auf sozialem Gebiet geht es allerdings um ein spezifisches Verständnis von Innovation. Hans Dietrich Engelhardt charakterisiert den Innovationsbegriff für soziale Organisationen folgendermaßen:

> „Soziale Innovationen können technische Produkte, Ideen, Verhaltensweisen, Programme, aber auch komplexe Kombinationen der genannten Elemente sein, die auf Weiterentwicklung einer sozialen Organisation bezogen sind. Dabei ist es unerheblich, ob eine Innovation überhaupt zum ersten Mal in einem sozialen Dienst eingeführt wurde; entscheidend ist, daß sie in einem bestimmten sozialen Dienst neu ist"[86]

Innovationen in sozialen Organisationen wie Kindergarten oder Gemeinde sind immer auf eine bestimmte lokale Situation bezogen und damit kontextgebunden. Die Einrichtung einer Krabbelgruppe kann für einen Kindergarten eine Weiterentwicklung sein, wenn es dort bisher noch keine gab, obwohl ein Drittel aller Kindergärten

---

[86] H. D. Engelhardt, Innovation durch Organisation. Unterwegs zu problemangemessenen Organisationsformen, München ²1992, 8.

eine Krabbelgruppe hat. Der spezifische Innovationsbegriff im sozialen Bereich hat als Bezugspunkt die jeweilige lokale Ausgangssituation. Damit ist Innovation in einer sozialen Organisation immer ein konkreter lokaler Prozeß.

Der Erfolg von Innovationen in Kindergarten und Kirchengemeinde ist eng an die Zustimmung und Mitwirkung von Betroffenen geknüpft. Noch besser ist es, wenn Innovationen mit Erzieher/innen, Eltern und Gemeindeglieder gemeinsam entwickelt werden. Die Idee für eine Innovation kann von verschiedenen Seiten kommen – aus den Reihen der Erzieher/innen, von Eltern, vonseiten des Moderators, von Kindern, von Presbytern usw. Wichtig ist, daß an der Diskussion und Umsetzung einer neuen Idee möglichst viele Betroffene beteiligt werden.

Innovationen in sozialen Einrichtungen lassen sich nicht ohne weiteres generalisieren und übertragen. Denn die Gestaltung von sozialen Innovationen ist abhängig von den lokalen Gegebenheiten und den beteiligten Menschen. Dies muß bei der Übertragung an anderen Orten berücksichtigt werden. Anregungen und Ideen können gewonnen werden. Der innovative Prozeß muß freilich an jedem Ort neu und im Dialog mit den Betroffenen stattfinden, wenn eine Innovation erfolgreich sein soll.

2.7 Weiterführende Konzepte für evangelische Kindertagesstätten

2.7.1 Der bundesweite Modellversuch

Das pfälzische Projekt „Der Evangelische Kindergarten als Nachbarschaftszentrum in der Gemeinde" war Teil des bundesweiten Modellversuches „Weiterführende Konzepte für evangelische Kindertagesstätten", das in fünf Landesverbänden mit insgesamt 9 Einrichtungen in Ost- und Westdeutschland durchgeführt wurde. Es gelang nicht, andere evangelische Landesverbände für diesen Modellversuch zu gewinnen, da aufgrund der Kürzungsdiskussionen viele nicht die finanziellen Mittel aufbringen konnten. Allerdings war es der erste Modellversuch im Elementarbereich mit Kindertagesstätten in Ost- und Westdeutschland. Bei gleicher Rahmenzielsetzung unterschieden sich die Modellorte teilweise grundlegend in den institutionellen Voraussetzungen, den familialen Lebenslagen und den Schwerpunkten des Verlaufes. Die Koordination des Modellversuches lag bei Silke Gebauer-Jorzick. Sie wurde in ihrer Arbeit unterstützt durch Elsbe Goßmann vom Comenius-Institut in Münster. Beide machten gemeinsam mit dem Moderator und den Moderatorinnen auf Landesebene die wissenschaftliche Begleitung des Modellversuches.

Insgesamt hatte das Modellprojekt mit zahlreichen Problemen zu ringen, die den Verlauf mitbestimmten:[87]

- Zeitliche und finanzielle Ressourcen zur Begleitung des Modellversuches auf Bundes- wie teilweise auf Länderebene waren knapp bemessen.
- Die Moderator/innen hatten unterschiedliche Qualifikation und Arbeitsmöglichkeiten.
- Die lange Unsicherheit in Bezug auf die Finanzierung des Modellversuches führte zu unterschiedlichen Vorlaufphasen in den Landesverbänden und verhinderte ein gemeinsames Konzept von Handlungsforschung.

---

[87] Zwischenbericht an das Bundesministerium für Bildung und Wissenschaft zum Modellversuch „Weiterführende Konzepte für Evangelische Tageseinrichtungen" 1995, 11.

- Die Modellorte „verteilten sich auf weite Distanzen". Die Kommunikation zwischen den Beteiligten war aufgrund der unterschiedlichen Erfahrungen und Lebensgeschichten nicht einfach zu organisieren.

Für die beteiligten Landesmoderatoren/innen gab es im Jahr vier Treffen, um sich über die Entwicklung des Modellversuchs auszutauschen und Probleme zu diskutieren. Hinzu kamen drei Fachtagungen für Erzieher/innen und Trägervertreter/innen aus den beteiligten Gemeinden.

Diese eher untypischen und teilweise schwierigen Bedingungen des Modellversuchs eröffneten nach Einschätzung von Gebauer-Jorzick und Goßmann „möglicherweise gerade die Chance, zukunftsorientierte – auch im Blick auf die Finanzsituation – realistische 'Weiterführende Konzepte' für die Arbeit in Kindereinrichtungen in Ost und West zu entwickeln."[88]

2.7.2 Die Entwicklung an den Modellorten außerhalb der Pfalz

Die unterschiedlichen Einrichtungen und Schwerpunkte des Projektverlaufes sollen in diesem Abschnitt kurz skizziert werden.

Das *Evangelische Kinderhaus in Pirna*/Sachsen betreut 140 Kinder zwischen zwei und elf Jahren von 6.15 Uhr bis 16.45 Uhr. Prägend für die Ausgangssituation war, daß der vor der Wende zweigruppige kirchliche Kindergarten 1993 durch den Neubau ersetzt und erheblich erweitert wurde sowie Kinderhaus und Beratungsstellen des Diakonischen Werkes nahe beieinander liegen. Die Schwerpunkte des Modellversuches in Pirna lagen in einer verstärkten Zusammenarbeit von Einrichtung und Kirchengemeinde, um Familien, von denen nur die Minderheit Kirchenmitglieder sind, „mit dem Lebensraum Gemeinde vertraut zu machen."[89] Ein zweiter Schwerpunkt bestand in Veranstaltungen zur Elternbegegnung und -bildung, die teilweise in Kooperation mit der Erwachsenenbildung angeboten wurden. Man begann mit der Integration von behinderten Kindern in der Einrichtung. Schließlich wurde die Zusammenarbeit mit der Ehe- und Lebensberatung verstärkt, um Familien in Krisen zu unterstützen.

Aus dem Landesverband *Hamburg* beteiligten sich drei Kindertagesstätten. Darüber hinaus gab es von Beginn an einen äußeren Kreis mit drei weiteren Einrichtungen und Gemeinden. Zur Ermittlung des Bedarfs wurde in allen Kindertagesstätten eine Elternbefragung durchgeführt. Die *Evangelische Kindertagesstätte in Hamburg-Poppenbüttel* betreut 75 Kinder zwischen drei und acht Jahren und liegt in einem Wohnviertel der eher gehobenen Mittelschicht. Die Schwerpunkte des Modellversuches lagen in der bedarfsgerechten Entwicklung einer Konzeption zur Arbeit mit Kindern und Familien in Kirchengemeinde und Einrichtung. Es kam zu vielfältigen Vernetzungen im Stadtteil beispielsweise mit einer Schule, einem Altenwohnheim und einer Familienbildungsstätte.

Die viergruppige *Evangelische Kindertagesstätte Niendorf-Nordwest* liegt in einem sozial gemischten Wohnviertel und betreut Kinder zwischen drei und sechs Jahren. Während des Projektverlaufes ging es hier im wesentlichen um die Entwicklung einer

---

[88] Zwischenbericht, 12.

[89] Zwischenbericht, 23.

neuen Konzeption der Kinder- und Jugendarbeit. Die Gemeinde öffnete sich stärker für die Bedürfnisse von Familien. Die Öffentlichkeitsarbeit wurde im Stadtteil verstärkt, und Eltern konnten ihre Interessen besser in den Kindergarten einbringen.

Die dreigruppige evangelische Einrichtung in *Hamburg-Heimfeld* hat Kinder zwischen drei und sechs Jahren und liegt ebenfalls in einem sozial gemischten Wohnquartier. Während des Modellversuches wurden mit Eltern zusätzliche Begegnungsangebote erarbeitet und die Kooperation mit Beratungsangeboten des Diakonischen Werkes verstärkt. Religionspädagogische Fragestellungen spielten in generationsübergreifenden Gruppen eine wichtige Rolle.

Die dreigruppige *Evangelische Kindertagesstätte* des Landesverbandes Baden liegt in der Innenstadt von *Karlsruhe*. Das Wohngebiet ist sozial gemischt mit einem relativ hohen Anteil an Menschen ohne deutsche Staatsangehörigkeit. Die Leiterin führte mit Mitarbeiterinnen eine Elternbefragung durch. Die Schwerpunkte der Entwicklung lagen zunächst in der „Öffnung nach innen" und Weiterentwicklung der Konzeption der Einrichtung. Dabei wurde die Gruppenstruktur aufgelöst und der Kindergarten in Funktionsbereiche aufgeteilt. Im Laufe des Modellversuches kam es zu einer stärkeren Kooperation mit der Kirchengemeinde und Vernetzung zum Stadtteil. In Baden gab es seit Anfang 1995 einen äußeren Projektkreis mit sechs weiteren Einrichtungen, die an den Erfahrungen des Modellversuches partizipierten.

In *Saßnitz auf Rügen* beteiligten sich die evangelischen Kindertagesstätten *Stubnitz* und *8. März* an dem Modellversuch. Die Einrichtungen haben eine gemeinsame Leitung und bestehen aus drei Krippen-, drei Hort-, zwei Integrations- und vier Regelgruppen mit insgesamt ca. 180 Kindern und Öffnungszeiten von 6.00 Uhr bis 18.00 Uhr. Die Situation in Saßnitz war nach der Wende durch eine hohe Arbeitslosigkeit (25%) und durch die Übernahme ehemals kommunaler Einrichtungen durch die evangelische Kirche geprägt, die dort in einem extrem säkularen Umfeld existiert. Schon vor dem Modellversuch war die Arbeit der Gemeinde und des Kindergartens sehr stark gemeinwesenorientiert (Grundtvig-Konzept) ausgerichtet. Dies wurde durch Ideen im Bereich der offenen Jugendhilfe und Vernetzung der verschiedenen Arbeitsbereiche vorangetrieben. Schwerpunkte des Projektes in Saßnitz bildeten die Integration von behinderten Kindern und die Fortentwicklung des Gesamtkonzeptes der Kindertagesstätten. Die Zusammenarbeit von Kindertagesstätte und Kirchengemeinde war ein weiterer wichtiger Aspekt. Die Kindertagesstätte entwickelte sich zu einem generationsübergreifenden Lebensraum für Eltern, Kinder und Senioren mit vielfältigen Hilfsangeboten und Vernetzungen.

Auch wenn manche Schwerpunkte in den beteiligten Modelleinrichtungen in eine ähnliche Richtung gingen, so zeigten die konkreten Projekte doch große Unterschiede. Die regionalen, historischen, kirchlichen und gesellschaftlichen Unterschiede bewirkten solche Differenzen. Im Blick auf die pfälzische Situation waren die ungleich längeren Öffnungszeiten und die Herausforderung durch Arbeitslosigkeit, zurückgehende Kinderzahlen und Säkularisierung besonders der ostdeutschen Kindertagesstätten interessant. Die Anlage des Modellversuches als Handlungsforschungsprojekt ermöglichte, gemeinsam mit den Beteiligten situationsgerechte spezifische Lösungsmöglichkeiten zu entwickeln. Allerdings blieb der Austausch zwischen den Modellorten aufgrund der begrenzten Zeit und der wenigen Begegnungsmöglichkeiten nur in den Anfängen. Dieser Dialog und die gemeinsame Arbeit an der Weiterentwicklung zwischen Menschen mit unterschiedlichen Lebensgeschichten und Erwerbsbiographien könnte lohnend sein.

Wolfgang Schmitt

3. Kurze Einführung in statistische Erhebungen

3.1 Allgemeines

Statistik bezeichnet zum einen jede irgendwie geordnete Zahlenübersicht, die nicht auf den Einzelfall abstellt z.B. Übersicht über die Altersstruktur der Mitarbeiter/innen einer Einrichtung.

Daneben hat das Wort Statistik aber noch einen anderen und wichtigeren Inhalt. Es bezeichnet die Verfahren, mit deren Hilfe statistische Zahlen ermittelt und errechnet werden. Die eigentliche Aufgabe der Statistik besteht darin, Massenerscheinungen zu quantifizieren, auf Größenvorstellungen zu bringen, um diese dann selbst zu interpretieren oder als Grundlage für Interpretationen anderer zur Verfügung zu stellen.

Die Anwendung der Statistik ist auf vielen Gebieten der Diakonie und ihrer Einrichtungen von großem Interesse und hoher Notwendigkeit. Zum Beispiel ist Statistik ein wichtiges Hilfsmittel für die Personalplanung, die Öffentlichkeitsarbeit, die innerbetriebliche Organisation, das Sozial Marketing, die Bedarfsanalyse, um nur einige zu nennen. Zu unterscheiden sind einerseits externe, von Stellen außerhalb der Einrichtung angeforderte Statistiken, sowie andererseits interne, nur für den eigenen Gebrauch der Einrichtungen und ihrer Organe bestimmte Statistiken.

Mit welchen Instrumenten können statistische Daten erfaßt werden?

3.2 Datenerhebungsinstrumente

Die Möglichkeiten der Datenerfassung können hier nur andeutungsweise dargestellt werden. Viele Statistiken lassen sich aus schon bestehenden Datensammlungen berechnen. Jede Einrichtung besitzt in irgendeiner Weise Daten, die für die Erstellung anderer Statistiken in Betracht kommen können. Diese Daten werden bei der primären Erhebung als Datensammlung zusammengestellt und gespeichert. So ist es möglich, aus schon bestehenden Inputs (Zahlenmaterial) spezifische Outputs (Statistiken) zu erzeugen.

Ansonsten sind die Daten mit Hilfe von Instrumenten, die auf den betreffenden Zweck zugeschnitten sind, zu erheben. Erheben ist das Beschaffen von Daten des zu untersuchenden Sachverhalts.

Im folgenden sollen vier wichtige Datenerhebungsinstrumente kurz erläutert werden:
1. die Sekundäranalyse;
2. die Befragung;
3. die Beobachtung und
4. die Inhaltsanalyse.

3.2.1 Sekundäranalyse

Sekundäranalysen sind für diakonische Einrichtungen am bedeutendsten und wichtigsten. Im allgemeinen sind in den Einrichtungen statistische Daten in Form von Primärerhebungen schon erfaßt worden. Um eine Sekundäranalyse handelt es sich dann, wenn bereits vorhandenes Material (Primärerhebung) unabhängig vom ursprünglichen Zweck ausgewertet wird. Zum Beispiel können Daten aus Gehaltsabrechnungsstammblättern auch für andere oder weitergehende Untersuchungen, z.B. eine Altersstatistik der Beschäftigten, verarbeitet werden. Statistische Daten für Sekundäranalysen bestehen vornehmlich aus Daten der Befragung, Beobachtung oder Inhaltsanalyse.

Eine Sekundäranalyse wartet mit erheblichen Vorteilen auf. Sie ist kostensparender als eine Primärerhebung, verschiedene Datensätze lassen sich zusammenführen und Daten zu verschiedenen Zeitpunkten können miteinander verglichen werden (Zeitreihe).

3.2.2 Befragung

Die Befragung, sowohl die mündliche als auch die schriftliche, ist nach der Sekundäranalyse das am häufigsten gebrauchte Datenerhebungsinstrument.

Wird im Falle einer statistischen Untersuchung nicht auf vorgefertigte Formulare zurückgegriffen, so wird ein speziell für dieses Vorhaben abgestimmter Fragebogen entworfen, mit dessen Hilfe die statistischen Angaben ermittelt werden.

Hierbei werden grundsätzlich zwei Arten von Fragen unterschieden, nämlich offene und geschlossene Fragen. Eine offene Frage enthält keine Antwortvorgaben (z.B. „Bitte beschreiben Sie kurz, was für Sie die beiden wichtigsten Ziele im 'Nachbarschaftsprojekt' sind") und überläßt die Formulierung der Antwort dem Befragten, während eine geschlossene Frage bestimmte vorformulierte Antwortkategorien vorgibt. Ein Beispiel für eine geschlossene Frage ist:

„Wie beurteilen Sie das Angebot der Kirchengemeinde des Projektkindergartens für Kinder und Familien?
- ich bin damit zufrieden []1
- es wird zuviel für Kinder und Familien getan []2
- nicht schlecht, man könnte jedoch mehr tun []3
- ganz und gar ungenügend []4
- ich habe zu wenige Informationen darüber []5"

Der Vorteil einer offenen Frage liegt in der Vielzahl der möglichen Antworten, die ermittelt werden können. Allerdings ist der Auswertungsaufwand sehr hoch, denn die genannten Antworten müssen in wenige für die Auswertung relevante Kategorien zusammengefaßt werden. Der Vorteil einer geschlossenen Frageformulierung liegt in einem geringen Auswertungsaufwand. Es besteht jedoch die Gefahr, daß mit den Antwortvorgaben nicht alle Antwortmöglichkeiten abgedeckt werden. Die Entscheidung für den Einsatz der Fragearten ist somit vom Untersuchungsproblem abhängig.

Die Fragen werden nach bestimmten Aspekten bzw. Themen im Fragebogen angeordnet. Im allgemeinen wird mit neutralen und leichten Fragen begonnen, um das Interesse des Befragten für den zu erhebenden Themenkomplex zu wecken. Es werden auch mehrere Fragen zum gleichen Sachverhalt zusammengefaßt, so daß das ständige Wechseln von Thema zu Thema vermieden wird.

Üblich ist auch die Benutzung von Kontrollfragen, die an anderer Stelle, nur etwas anders formuliert, den vorab gefragten Themenkomplex, noch einmal ermitteln lassen, um so die Zuverlässigkeit der Antworten überprüfen zu können.

3.2.3 Beobachtung

Das Instrument der Beobachtung wird zur Datenerhebung seltener angewendet als die Befragung und wird dort eingesetzt, wo Handlungen oder Gegebenheiten protokolliert und erfaßt werden sollen, z.b. Handlungsabläufe im Arbeitsprozeß des Verwaltungspersonals. Die Beobachtung läßt sich vom Untersuchenden selbst oder auch von Dritten durchführen.

3.2.4 Inhaltsanalyse

Gegenstand der Inhaltsanalyse sind vor allem für die Öffentlichkeitsabteilungen schriftlich dargelegte Texte, z.b. Nachrichten, sowie mündliche Formulierungen, z.b. menschliche Kommunikation.

Nach der Auswahl des Datenerhebungsinstrumentes und der durchgeführten Erhebung an sich werden die Daten erfaßt.

3.3 Datenerfassung

Für die Erfassung und Auswertung von alphanumerischen Daten, die sowohl Buchstaben und Zahlen enthalten, eignen sich Datenbank- und reine Statistikprogramme. Werden nur Zahlen erhoben, bietet sich zusätzlich der Einsatz von Tabellenkalkulationsprogrammen an.

Wird EDV-gestützt gearbeitet, sind Kenntnisse der für die Dateneingabe und Auswertung vorgesehenen Programme unbedingt erforderlich. Der Anwender muß über die spezifischen Eigenheiten und Probleme der für die Erhebung und Auswertung eingesetzten Programme Bescheid wissen.

Zusammen mit der Wahl des Datenerhebungsinstrumentes muß die Art der Datenaufbereitung und die Auswahl der Auswertungsprogramme durchdacht werden. Dabei ist zu klären, wie die Daten kodiert und kategorisiert werden sollen. Bei der Kodierung können für einzelne Merkmalsausprägungen Zahlen, z.B. für Geschlecht männlich = 1 und für weiblich = 2, eingeben werden.

Die Daten werden in der Regel am Bildschirm eingegeben und dann direkt auf dem Speichermedium (Festplatten, Magnetbänder oder Disketten) abgespeichert.

Datenbankprogramme bieten die komfortable Möglichkeit, Eingabemasken zu erstellen, die dem Fragebogen angepaßt werden können. Damit werden Fehlerfassungen erheblich reduziert.

Während und nach der Datenerhebung werden die Rückläufe der Erfassungsbögen hinsichtlich Vollständigkeit und Plausibilität genau kontrolliert. Unvollständigkeiten und Unklarheiten sind nachträglich zu beheben.

Nach der Eingabe der Daten am Bildschirm müssen die Daten auf Richtigkeit hin überprüft werden. Die bei der Dateneingabe entstandenen Fehler sind, bevor mit der Auswertung begonnen wird, zu korrigieren. Dazu eignet sich eine Sichtprüfung in übersichtlich aufbereiteten Listen.

Mit Hilfe der Prüfungen werden Werte gesucht, die nicht zulässig sind oder die besonders aus der Menge der anderen Daten herausfallen.

Erst wenn die Prüfung und die Korrektur der Daten vollständig abgeschlossen sind, kann mit der eigentlichen Auswertung der Daten begonnen werden.

3.4 Auswertung der erhobenen Daten

Eine Möglichkeit, die erhobenen Daten auszuwerten, ist die deskriptive Statistik, die die erhobenen Daten statistisch beschreibt. Sie stellt die in den Datensätzen enthaltenen Informationen graphischer oder numerischer Art übersichtlich dar. Eine weitere Möglichkeit ist die analytische Statistik, die Schlüsse von einer Stichprobe auf die Grundgesamtheit der Merkmalsträger erlaubt und verallgemeinert. Diese Methoden werden benötigt, um die erhobenen und in ungeordneter und unübersichtlicher Form vorliegenden Daten zu ordnen. Diese Verfahren sind ein wesentliches Hilfsmittel, um die in den Daten befindlichen Informationen durch Veränderungen des Zahlenmaterials herauszukristallisieren und so aufzubereiten, daß diese Informationen, die Ergebnisse, für die Ziele der Untersuchung verwertet werden können.

3.5 Imageuntersuchung

Der Modellversuch des Kindergartenprojektes ist eine Imageuntersuchung und stellt eine Primärerhebung dar. Das heißt, die Daten müssen vor ihrer Auswertung erst erhoben werden.

Imageuntersuchungen sind Studien, in denen das interne oder öffentliche Meinungsbild über eine Einrichtung analysiert wird. Dabei wird erkennbar, wie Personengruppen, die mit einer Einrichtung zu tun haben, über diese Einrichtung und deren Arbeit denken. Diese persönlichen Beurteilungen sind für die Verbesserung der einrichtungsspezifischen Leistungen ausgesprochen wichtig.

Die Ergebnisse einer Imageuntersuchung dienen einer gezielten Öffentlichkeitsarbeit, einer Bedarfsermittlung, dem Erkennen von Defiziten innerhalb einer Einrichtung und deren „Standortbestimmung".

Das geeignete Instrument zur Datenerhebung ist die mündliche oder schriftliche Befragung, mit der die Beurteilung der Einrichtung oder spezifischer Leistungen in der Einrichtung erfaßt werden. Hierbei können Fragen über die Unterbringung der Kinder oder Patienten, Versorgung, Betreuungsleistungen, Atmosphäre und sanitärer Zustand gestellt werden.

Merkmalsträger, Personengruppen, von denen die Meinungen über die Leistungen einer Einrichtung eingeholt werden, können sein: Eltern, niedergelassene Ärzte, Beratungsstellen, Ämter (Gesundheits- und Sozialämter), Bürgermeister, Pfarrer, Sozialstationen, Pflegeheime, Angehörige der Hilfesuchenden, Patienten und die Mitarbeiter/innen der Einrichtung selbst.

Durch die Befragung dieser Personengruppen läßt sich schließlich ein Fremdbild bestimmter Zielgruppen von der Einrichtung ermitteln, und ein Selbstbild von z.B. den Mitarbeiter/innen über die Einrichtung. Schließlich lassen sich Selbst- und Fremdbild durch statistische Indizes zu einem Image, einem Erscheinungsbild, zusammenfassen.

Ulrike Bouquet

4. Die Interessen des Diakonischen Werkes Pfalz am Modellversuch

4.1 Geschichtlich gewachsene Verantwortung für Erziehung und Bildung

Institutionalisierte Kinderbetreuung hat in der Evangelischen Kirche gute Tradition und ist noch immer eines der Herzstücke gemeindlicher Diakonie. Schon Ende des 18. Jahrhunderts richtete Johann Friedrich Oberlin die ersten Kinderbewahranstalten ein und Mitte des vorigen Jahrhunderts eröffnete die Aussendung von Schwestern der Diakonissenhäuser vielen Kirchengemeinden die Möglichkeit der Einrichtung von Kinderschulen. Bis heute ist die Kindertagesstätte als Weiterentwicklung von Kinderschule und Kindergarten fester Bestandteil gemeindlich-diakonischen Engagements geblieben. Trotz weitreichender staatlicher Reglementierungen und Erschwernisse, die mit der zunehmenden Finanzierung durch die öffentliche Hand verbunden waren und mit der Umsetzung des Rechtsanspruchs auf einen Kindergartenplatz noch verschärft wurden, prägt die Kindertagesstätte das Gesicht der Kirche und trägt zu ihrer Glaubwürdigkeit und augenfälligen Präsenz bei.

4.2 Gesellschaftspolitische Verantwortung für die Familie

Angesichts des raschen gesellschaftlichen Wandels, der insbesondere für Kinder durch veränderte Sozialisationsbedingungen und komplexere Familienkostellationen massive Auswirkungen mit sich bringt und das familiäre Zusammenleben zunehmend belastet, ist die Kindertagesstätte zu einem notwendigen und unverzichtbaren Erfahrungs- und Lebensraum für Kinder geworden. Die Berufstätigkeit der Eltern, die häufig kaum noch Raum für aktives erzieherisches Handeln läßt, allgemeiner Werteverlust, der Einfluß der Massenmedien oder die Ausdünnung der Sozialbeziehungen wie auch die extrem kinderfeindlich gewordene Umwelt sind einige der Bedingungen von Erziehung heute, die dazu beitragen, daß sich Eltern in der Wahrnehmung ihrer Erziehungsverantwortung oftmals verunsichert und überfordert fühlen und ihren Kindern keine tragfähige Orientierung mehr vermitteln können.

4.3 Auftrag zur Fachberatung und Fortbildung

In dieser gesellschaftlich bedingten, komplexer gewordenen Situation heutiger Familien ist die Evangelische Kindertagesstättenarbeit herausgefordert, eine bedarfsgerechte, familienergänzende Erziehungsarbeit mit erkennbarem protestantischem Profil zu entwickeln. Als zu diesem unverwechselbar protestantischen Profil gehörend seien hier neben den anerkannten fachlichen Standards auch die qualifizierte pädagogische Begleitung im unmittelbaren Lebensraum, in Nachbarschaft und Gemeinde sowie die kindgerechte Vermittlung des christlichen Glaubens und der interreligiöse Dialog mit Kindern und Eltern auf dem Hintergrund unserer multikulturellen Gesellschaft hervorgehoben.

Einrichtungen und Träger bei der konzeptionellen Ausgestaltung ihrer Tagesstättenarbeit zu beraten und zu begleiten, neue Impulse für eine qualitative Weiterentwicklung zu geben und innovative Projekte zu konzipieren, gehören in besonderer Weise zu den Aufgaben der Fachberatung des Diakonischen Werkes. Fachberatung besteht dabei zum einen in der unmittelbaren Information, Beratung und Begleitung des Trägers, der Kindergartenleitung und des -teams bei einrichtungsbezogenen Problemstellungen und Entwicklungen, zum anderen aber auch in der Bereitstellung von Angeboten zur Fortbildung. Die Erprobung weiterführender Konzepte, wie im Rahmen des Modellprojektes geschehen, stellt einen praxisbezogenen, wechselseitigen Prozeß der Qualifizierung für alle Beteiligten – Erzieherinnen, Pfarrer, Presbyterium, Gemeinde und Eltern – zugleich dar. Sie dient der Weiterentwicklung der einzelnen Einrichtung wie auch der Evangelischen Kindertagesstättenarbeit als Ganzes. Nicht zuletzt können die Projekterfahrungen auch für die Fachberatung als Weiterqualifikation und Kompetenzerweiterung verstanden werden. Auch die Fachberater und -beraterinnen waren in diesen dialogischen Lernprozeß eingebunden; sie begleiteten Seminare, regionale Treffen, Projekttage und Beiratsgespräche auf verschiedenen Ebenen und werden in der Phase der Übertragung neben den Mitarbeitern der Projektstandorte selbst wesentliche Multiplikatoren sein.

4.4 Entwicklung und Stärkung diakonischer Perspektiven in den Gemeinden

Im Perspektivplan *Diakonie* des Diakonischen Werkes Pfalz, der im vergangen Jahr erarbeitet und verabschiedet wurde, war eine grundlegende Aussage, daß Gemeinde und Diakonie in der Gefahr seien, sich immer mehr auseinanderzuentwickeln, daß beide ihre eigenen partikularen Interessen getrennt voneinander verfolgen könnten. Diese Entwicklung wäre fatal; für beide, die Kirche und die Diakonie. Beide wieder einander näher zu bringen, ist eine Aufgabe, der wir uns jetzt stellen müssen. Der Kindergarten als Nachbarschaftszentrum bietet uns dazu einen naheliegenden Ansatzpunkt. Er kann zum Zentrum nachbarschaftlicher Hilfe, Selbsthilfe und Begegnung, zu einem neuen Kristallisationspunkt gemeinschaftlichen Geschehens überhaupt werden.

Um zunehmender Isolation und Überforderung moderner Kleinfamilien entgegenzuwirken, gilt es für Kirchengemeinden die Chance zu ergreifen, vorhandene Einrichtungen, Beratungsangebote und personelle Kapazitäten – sowohl hauptamtlicher wie ehrenamtlicher Mitarbeit – durch Vernetzung und Öffnung nach außen für die Problem- und Bedarfslagen heutiger Familien intensiver zu nutzen. Wie dies konkret geschehen kann, haben uns die vielfältigen Ideen und Erfahrungen der Projektgruppen an den einzelnen Projektstandorten gezeigt.

Nicht nur Kindergartenkinder und deren Eltern, auch jüngere und ältere Kinder, die Oma- und Opa-Generation, sie alle brauchen familienübergreifende Erfahrungs- und Erlebnisräume im unmittelbaren Lebensumfeld. Angesichts des tendenziellen Verlusts verwandtschaftlicher und nachbarschaftlicher Unterstützungssysteme können so neue generationsübergreifende Kontakt- und Kommunikationsnetze entstehen, die letztendlich der Unterstützung und Entlastung von Familien dienen. Der Kindergarten als Nachbarschaftszentrum trägt dazu bei, daß Selbsthilfeinitiativen mit institutionalisierter Diakonie in ein neues wechselseitiges Verhältnis eintreten, welches das tradierte Einbahnstraßenmodell „Helfer – Hilfsbedürftige" ablöst und zu einer dialogischen Beziehung mit neuen Formen solidarischer Gemeinschaft beiträgt.

Für Familien, die längst die Beziehung zu Kirche und Gemeinde verloren haben, kann die Kindertagesstätte als Nachbarschaftszentrum zum Knotenpunkt eines Netzes der Gemeinschaft und der Mitmenschlichkeit werden und dazu beitragen, daß Familien mit ihren Stärken, mit ihren Problemen und Bedürfnissen wieder mehr im Leben der Kirchengemeinden vorkommen, daß sie andere, vielleicht auch neue Erfahrungen mit Kirche und christlichem Glauben machen können. Die Zusammengehörigkeit von Gemeinde und Diakonie kann so wieder lebensnah erfahrbar werden. – Eine Chance, die wir ergreifen sollten!

ZWEITER TEIL
DER VERLAUF DES MODELLVERSUCHS

Friedrich Schmidt u.a.

1. Vom Alleinerziehendentreff zum Familienbüro – die Entwicklung in Bobenheim-Roxheim

1.1 Portrait des Dorfes, der Kirchengemeinde und des Kindergartens

Bobenheim-Roxheim hat ca. 10.000 Einwohner und besteht aus zwei Ortsteilen, die im Zuge der Gebietsreform 1969 zu einer Kommune vereinigt wurden. Durch die Nähe zum Industriegürtel um Mannheim und Ludwigshafen hat sich das Gemeinwesen nach 1945 zu einem Zuzugsgebiet vor allem für junge Familien entwickelt. Im Zuge von Modernisierungsprozessen hat sich die Struktur des Großdorfes verändert. Besonders in dem Ortsteil Bobenheim, in dem sich der Projektkindergarten befindet, ist ein Nebeneinander von ländlich-traditionellen Lebenswelten, die durch Bauernhöfe, Geschäfte, Handwerksbetriebe, Vereine oder Dreigenerationenfamilien repräsentiert werden und modern-urbanen Lebenswelten feststellbar. „Eigentlich ist Bobenheim kein richtiges Dorf mehr," charakterisiert eine Erzieherin diese Veränderungsprozesse. Vor Ort existieren fünf Kindertagesstätten, je zwei in evangelischer und katholischer und eine in kommunaler Trägerschaft. Daneben gibt es eine Grund- und Hauptschule sowie eine Bücherei. In den Vereinen und Kirchengemeinden finden Kinder und Familien zahlreiche Angebote.

Die *Protestantische Kirchengemeinde* befindet sich mit ihren 3.440 Mitgliedern in einer Minderheit. Zu den zahlreichen ehrenamtlichen und nebenamtlichen Mitarbeiter/innen kommen ein Gemeindediakon, ein Hausmeister und ein Pfarrer als hauptamtliche Kräfte. Als Versammlungsräume stehen der Gemeinde die Kirche und das 1993 erweiterte Martin-Luther-Gemeindehaus zur Verfügung. Neben der Einrichtung im Ortsteil Bobenheim gibt es einen dreigruppigen Kindergarten in Roxheim. Nach Aussagen des Pfarrers bildet die „Kindergartenarbeit notwendigerweise einen Schwerpunkt der Gemeinde". Zur Koordination der Trägerverantwortung für die Kindertagesstätten gibt es im Presbyterium einen Ausschuß, und es finden regelmäßige Dienstbesprechungen der Leiterinnen mit dem Pfarrer statt.
Ende 1993 gab es in der Kirchengemeinde folgende Angebote für Kinder und Familien:

Tabelle 1: Angebote für Kinder und Familien			
Name	Häufigkeit	Teilnehmer	Leitung
Kindergottesdienst	sonntags	5-10	Gemeindediakon Ehrenamtliche
Kindergruppe I u. II	wöchentlich	20-25	Gemeindediakon Ehrenamtliche
Flötenkreise	wöchentlich	15	Honorarkraft
Konfirmanden	wöchentlich	32	Gemeindediakon Pfarrer
Präparanden	wöchentlich	45	Gemeindediakon Pfarrer
Jugendgruppe	wöchentlich	15	Gemeindediakon Ehrenamtliche

Nähtreff	wöchentlich	10	Ehrenamtliche
Ökumenischer Areitskreis Asyl	achtwöchig	10	Gemeindediakon
Familiengottesdienst	unregelmäßig	60-130	Pfarrer Gemeindediakon

Die Auflistung zeigt, daß es damals verschiedene Angebote gab, die überwiegend von dem Gemeindediakon organisiert wurden. Nur wenige Veranstaltungen konnten ganze Familien wahrnehmen.

Der 1970 gebaute *Protestantische Kindergarten Bobenheim*, eine zweigruppige Einrichtung für drei bis sechsjährige Kinder, liegt an der Schnittstelle zwischen Ortskern und dem seit den sechziger Jahren entstandenen Neubaugebiet. Die Kindertagesstätte ist von 7.30 Uhr bis 12.30 Uhr und von 14.00 Uhr bis 16.15 Uhr geöffnet. Nach einem Umbau 1992 hat der Kindergarten neben den zwei Gruppen- und den Funktionsräumen eine Kinderküche, eine Kuschelecke und einen Mehrzweckraum. In der Einrichtung arbeiten sechs Erzieherinnen (und zwei Praktikantinnen), davon vier Mitarbeiterinnen als Teilzeitkräfte. Charakteristisch für die Zusammenarbeit im Team ist, daß die Mitarbeiterinnen ihre unterschiedlichen beruflichen Qualifikationen und ihre „Familienerfahrungen" in die pädagogische Arbeit einbringen. Eine Erzieherin berichtet, wie diese familialen Erfahrungen ihre pädagogische Arbeit verändert haben.

„Ich habe nun mehr Verständnis für Eltern, das hilft mir bei der Zusammenarbeit mit Eltern. Früher habe ich gedacht, man müßte nur konsequent sein, dann würde alles laufen wie am Schnürchen. Ich dachte, ich könnte alles besser. (...) Heute sehe ich das anders. Auch kann ich mich nun durch die Erfahrung mit meinen eigenen Kindern besser in andere Kinder hineinversetzen."[1]

Mit der neuen Leiterin haben die Mitarbeiterinnen 1993 eine schriftliche Konzeption erarbeitet, in der die Zielsetzung des Kindergartens folgendermaßen beschrieben wird:

„Die besondere Aufgabe und Chance des Kindergartens liegt darin, dem einzelnen Kind und seiner individuellen Situation gerecht zu werden. Hierbei steht nicht die Förderung einzelner Fähigkeiten im Vordergrund, sondern die Förderung der Gesamtpersönlichkeit des Kindes".

Die Annahme und Begleitung des Kindes hat für die Erzieherinnen gegenüber dem fördernden und erzieherischen Wirken unbedingte Priorität. Die Zusammenarbeit mit den Eltern und der Kirchengemeinde findet in der Konzeption ebenfalls Erwähnung. Nach Aussagen der Leiterin des Kindergartens hatten die Erzieherinnen schon vor dem Modellversuch „ein gutes Verhältnis zu den Eltern."

---

[1] Die Interviews mit den Erzieherinnen wurden im Mai 1994 durchgeführt.

1.2 Ergebnisse der Elternbefragung

Bei der zu Beginn des Modellversuches durchgeführten Befragung zu den Lebens- und Bedarfslagen von jungen Familien ergaben sich folgende wichtige Ergebnisse:[2]
 In Bobenheim ist eine Gleichzeitigkeit „traditionell-dörflicher" und „modern-urbaner" Lebenswelten feststellbar. Einerseits wachsen 11,3% der Kinder in Dreigenerationenfamilien auf, andererseits kommen 22,5% aus Einelternfamilien.[3] Die große Mehrzahl der Kinder lebt mit Vater und Mutter zusammen. Nur eine Minderheit der Eltern wird bei der Betreuung der Kinder von anderen Personen, in Bobenheim überwiegend von Großeltern, unterstützt. Dies steht zweifellos im Zusammenhang damit, daß nur die wenigsten Väter und Mütter im Ort aufgewachsen sind. 83,3% der Kinder leben mit ihren Familien in Ein- oder Zweifamilienhäusern. Zwei Drittel der jungen Familien in Bobenheim sind Wohnungs- oder Hauseigentümer. Dieser hohe Anteil an Wohnungseigentümern und die subjektive Zufriedenheit mit der Wohnqualität führt dazu, daß keine der befragten Eltern daran denken, den Wohnort zu verlassen.
 Alle Väter und fast die Hälfte der Mütter sind in Bobenheim erwerbstätig. Es sind ausnahmslos Frauen, die aufgrund der Kindererziehung auf ihre Erwerbstätigkeit verzichten oder sie reduzieren. Von den Frauen, die in einem Beruf arbeiten, sind 52,9% wöchentlich 11-20 Stunden beschäftigt, von den Vätern arbeiten 37% mehr als 40 Stunden. In der Befragung zeigt sich, daß die Einrichtung über die Betreuung und Förderung der Kinder hinaus besonders für Frauen eine wichtige Bedeutung hat.
 Im Kindergarten ist für Eltern vor allem die sozialisationsbegleitende Erziehung und Förderung ihres Kindes wichtig (Vgl. Diagramm 1). Doch 61% der Mütter suchen über den Kindergarten Kontakt zu anderen Frauen oder Familien in einer ähnlichen Lebenssituation.[4] Vor allem Frauen wünschen sich eine Funktionserweiterung des Kindergartens. Die Erzieherinnen in der Kindertagesstätte sind wichtige Ansprechpartnerinnen für Erziehungsfragen. 86% der Mütter und 43% der Väter tauschen sich über diese Fragen mit den Pädagoginnen aus. Damit werden von Frauen die Erzieherinnen neben dem Ehemann als häufigste Gesprächspartnerinnen in Erziehungsfragen genannt. Dieses Ergebnis ist eine Folge des hohen Anteils alleinerziehender Frauen und des Stellenwertes von informellen Gesprächen zwischen Eltern und Pädagoginnen in der Einrichtung. Der Kindergarten hat eine wichtige Funktion als Kontakt- und Begegnungsagentur für Familien, besonders allerdings für Frauen und Kinder. Nach Aussagen der Leiterin verabreden sich die Kinder mit ihren Spielkameraden/innen in der Einrichtung und die Termine werden von den Erziehungsberechtigten beim Abholen „bestätigt".
 In der Elternbefragung ging es auch um Veränderungswünsche in Gemeinde und Kindergarten. Die Ausdifferenzierung der Familiensituationen läßt Bedürfnisse und Wünsche der Eltern vielfältiger werden. Angebote müssen dementsprechend stärker an einer konkreten Zielgruppe orientiert sein. Generell ist die Tendenz erkennbar, daß sich Eltern mehr Veranstaltungen wünschen, die sie mit den Kindern auch am

---

[2] F. Schmidt/W. Schmitt, 5ff.

[3] F. Schmidt/W. Schmitt, 6f.

[4] F. Schmidt/W. Schmitt, 64.

Wochenende wahrnehmen können. Dazu zählen Ausflüge, Familienwochenenden, Vater-Kind-Samstage, Eltern-Kind-Nachmittage usw. Hinzu kommen Treff- und Bildungsmöglichkeiten für Frauen, die nicht oder in Teilzeit erwerbstätig sind. Diese Veranstaltungen sollten möglichst mit Kinderbetreuung oder zur Kindergartenzeit angeboten werden. Gegenüber der Kirchengemeinde wünschen die befragten Eltern mehr Angebote, welche die gesamte Familie wahrnehmen kann (z.B. Familiengottesdienst, Wochenendfreizeiten, Gemeindefeste), die Begegnungen fördern (z.B. Feste, Freizeiten, Kindergruppen), die Orientierung im Lebensalltag geben (z.B. Familienfreizeit, Kindergottesdienst, Seminare zur religiösen Erziehung) und welche die Eltern entlasten (z.B. Kindergruppen, Kinderfreizeiten). Die Befragung eruierte nicht nur Bedürfnisse von Eltern, sondern hatte auch aktivierenden Charakter. Es zeigt sich, daß etwa ein Drittel der Elternschaft bereit ist, sich bei der Umsetzung neuer Angebote aktiv zu beteiligen.

Diagramm 1: Was ist wichtig, wenn Eltern ihr Kind in den Kindergarten schikken?
Angaben in Prozent. Quelle: Elternbefragung in Bobenheim 1994

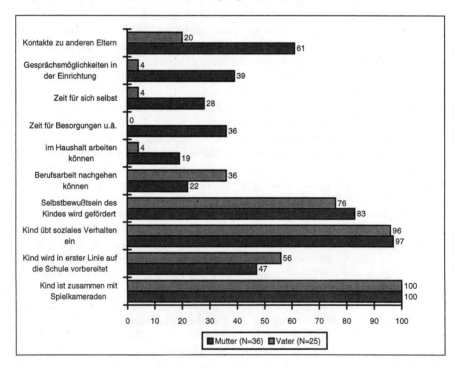

1.3 Grundlinien der Entwicklung

Charakteristisch für die Entwicklung des Modellversuches in Bobenheim war der frühe Beginn der Umsetzung von einzelnen Projektzielen, im Grunde schon vor dem offiziellen Start im April 1994. Ein zweites Kennzeichen des Verlaufes bestand darin, daß die Veränderungen vergleichsweise wenige Konflikte auslösten. Im Folgenden möchte ich wichtige Entwicklungen anhand der Ziele des Projektes darstellen.

1.3.1 Familien- und generationenübergreifende Kontakte fördern

Entsprechend dem Bedarf war ein erster Schwerpunkt der Entwicklung des Modellversuches in Bobenheim die Unterstützung von familienübergreifenden Kontakten verschiedener Alters- und Zielgruppen. Ausgangspunkt war die Beobachtung, daß sich aufgrund abnehmender Kinderzahl und veränderter Verkehrssituation besonders kleine Kinder nicht mehr spontan zum Spiel im öffentlichen Raum treffen können, und die Annahme, daß familienübergreifende Kontakte einen wichtigen Beitrag zur sozialen Netzwerkbildung leisten. Projektbeteiligte entschlossen sich, halboffene altersübergreifende Angebote zu entwickeln. Zwei Erzieherinnen gründeten „Kinderquatsch", ein Spiel- und Theaterangebot für Kinder zwischen fünf und zehn Jahren. Mütter luden Kinder und Erwachsene zum „Singtreff" in den Kindergarten ein. Diese Angebote eröffneten auch den ehemaligen Kindergartenkindern die Möglichkeit, weiterhin Kontakt zur Einrichtung zu halten. Zusätzlich wurden Angebote für Kinder geschaffen, die das Kindergartenalter noch nicht erreicht hatten. Eine Krabbelgruppe, die sich regelmäßig in den Räumen des Kindergartens traf, wurde von Müttern ins Leben gerufen. Für dreijährige Kinder ohne Kindergartenplatz gab es seit 1995 in der Einrichtung einmal wöchentlich die „Grashüpfergruppe". Ziel dieser Initiative war es, Kindern Gruppenerfahrungen zu ermöglichen und den Übergang in den Kindergarten vorzubereiten. Eltern-Kind-Gruppen hatten für die sozialen und kommunikativen Bedürfnisse, besonders von Müttern und Kindern, eine wichtige Funktion. Sie ermöglichten den Kindern eigenständige soziale Erfahrungen mit Gleichaltrigen, den Müttern Kontakte mit Frauen in ähnlichen Lebenssituationen und beiden eine gewisse Vertrautheit mit dem Kindergarten. Auch für die Kinder, die den Kindergarten besuchten, war es eine bereichernde Erfahrung, durch die zusätzlichen Angebote mit jüngeren oder älteren Kindern in Kontakt zu kommen. Das Erleben von Heranwachsenden, die älter oder jünger waren, förderte die Identitäts- und Rollenfindung von Jungen und Mädchen.

Zu den familienübergreifenden Begegnungsmöglichkeiten, die entstanden, zählte auch das Frauenfrühstück, zu dem sich seit 1994 15 bis 25 Frauen alle zwei Monate trafen. Dieses Frühstück organisierte ein Vorbereitungskreis. Kleinere Kinder, die mitkamen wurden von Vorpraktikantinnen betreut. Daneben gab es einen „Bastelkreis" von fünf bis acht Kindergartenmüttern, der sich in der Einrichtung traf und für die Frauen eine wichtige außerfamiliale Kommunikationsmöglichkeit darstellte.

Die Öffnung des Kindergartens wurde überwiegend von Frauen genutzt, deren Kinder die Einrichtung besuchten. Generationenübergreifende Kontakte gelangen nur bei einem Opa-Oma-Tag im Sommer 1994. Männer werden durch ihre Väterrolle in ihrer Biographie deutlich weniger tangiert und haben dementsprechend weniger Bedarf an kommunikativen Kindergartenangeboten als Frauen. Ein Vater-Kind-Samstag im Herbst 1994, an dem 50 Kinder und Männer teilnahmen, war ein Versuch, Väter stärker in die Arbeit zu integrieren und Kontakte zu unterstützen. Seit 1996 gab es - angeregt von Frauen - einen „Väterstammtisch", damit „die Männer sich untereinander besser kennenlernen", wie eine Initiatorin sagte.

1.3.2 Entlastung von Familien und Unterstützung von Selbsthilfe

Durch das Projekt entwickelten die Erzieherinnen eine größere Sensibilität und eine differenziertere Wahrnehmung der Lebenslagen von Familien. Eltern erlebten im Kindergarten eine größere Offenheit für ihre Wünsche und Ideen. Eine Mutter machte darauf aufmerksam, daß viele Kindergeburtstage in Fastfoodketten u.ä. gefeiert werden, weil die Wohnung zu klein oder für solche Anlässe ungeeignet ist. Sie schlug vor, die Kindergartenräume für private Geburtstagsfeiern der Kinder zur Verfügung zu stellen, um damit Familien zu entlasten. Nach Rücksprache mit dem Trägervertreter stimmten die Erzieherinnen dem Vorschlag zu und legten eine Hausordnung für die Benutzung der Räume am Wochenende fest. Dieses seit 1994 bestehende Angebot, das schon mehr als vierzig Familien nutzten, war ein großer Erfolg und führte zu einer konkreten Entlastung.

Seit 1993 lag der Anteil an Einelternfamilien im Kindergarten zwischen 20% und 25%. Der Anstoß einer Betroffenen führte Ende 1993 zur Gründung eines „Treffs alleinerziehender Mütter und Väter". Diese Selbsthilfegruppe wurde im ersten Jahr von einer Erzieherin begleitet. Die Kirchengemeinde erklärte sich bereit, während der monatlichen Treffen die Kinderbetreuung zu finanzieren. Nach einem Jahr arbeiteten die Frauen eigenständig weiter und machten in der Öffentlichkeit auf ihre Gruppe aufmerksam. Die Gruppe wünschte einmal wöchentlich eine verlängerte Betreuung von 14.00 Uhr bis 18.00 Uhr für Kinder von zwei bis zwölf Jahren im Kindergarten. Für diese familienentlastende Maßnahme wurden Honorarkräfte gefunden. Auf Initiative des Gemeindepfarrers teilten sich Kommune und Kirchengemeinde die entstehenden Kosten.

Durch das Modellprojekt wurden die Räume des Kindergartens vielfältiger genutzt. Die Angebote der Einrichtung erweiterten sich und „fransten" über die Zielgruppe der drei- bis sechsjährigen Kinder nach oben und unten aus. Neben Initiativen, die in Kooperation von Eltern und Erzieherinnen entstanden, konnten Eltern die Räume der Einrichtung auch selbständig für familienübergreifende Begegnungen nutzen. Im Laufe des Modellversuchs wurden die Selbsthilfepotentiale von Familien gestärkt.

1.3.3 Vernetzung im Gemeinwesen

Auf institutioneller Ebene kam es zu einer stärkeren Vernetzung von Einrichtungen, die mit Kindern und Familien arbeiten. Die schon vor dem Modellversuch bestehende Zusammenarbeit zwischen dem Lehrer einer Grundschule und dem Kindergarten wurde ausgebaut und von der Schulleitung stärker anerkannt. Neben der Teilnahme von Kindergartenkindern am Unterricht und einigen gemeinsamen Ausflügen gab es 1995/96 Elternsprechstunden in der Kindertagesstätte. Dort konnten Eltern Fragen zur Einschulung an den anwesenden Lehrer richten. Diese Initiative konnte nicht weitergeführt werden, da andere Erstklasslehrer/innen nicht bereit waren, diese Kooperation aktiv zu unterstützen.

Im Frühsommer 1995 kam es auf Initiative des Kindergartens zu einem „Runden Tisch", um mit Vertreter/innen von Vereinen, „Familiengruppen", Kindergärten usw. über die Lebenssituation und den Bedarf von Kindern und Familien im Gemeinwesen zu sprechen. Ziel dieser Gespräche, an dem sich etwa 15 Personen beteiligten, war, den Bedarf nach einer Koordinationsstelle für Familien zu eruieren. Für die Projektbeteiligten war die Resonanz auf den „Runden Tisch" zu gering, so daß diese Initiative beendet wurde. Ein weiteres Gremium zur Vernetzung von Kinderinstitutionen und -initiativen im Gemeinwesen war der Projektausschuß, zu dem Vertreter/innen der Kindergärten und der Grundschule eingeladen waren. Anfangs gelang es, einen Diskussionsprozeß voranzubringen, doch die kontinuierliche Arbeit litt unter der wechselnden Besetzung des Gremiums und unter unterschiedlichen Zielvorstellungen. In der Bobenheimer Projektentwicklung spielte der Ausschuß keine zentrale Rolle, da viele Entscheidungen im Team des Kindergartens oder durch den Gemeindepfarrer und das Presbyterium getroffen wurden.

Eine stärkere Vernetzung im Gemeinwesen scheiterte nicht nur an dem geringen Interesse von Vertreter/innen anderer Institutionen, sondern war auch eine Frage der zeitlichen Ressourcen der beteiligten Personen. Durch den Modellversuch hatte sich die Koordinationsaufgabe für die Leiterin des Kindergartens enorm erhöht. Gespräche mit der Kommune und mit anderen Institutionen mußten geführt, neu entstandene Gruppen begleitet und Räume organisiert werden. Nach Aussagen der Leiterin „laufen die Gruppen zwar selbständig", doch sie hatten immer wieder Beratungsbedarf oder brauchten „einfach eine Rückmeldung". Diese zusätzlichen organisatorischen und koordinierenden Aufgaben waren im Rahmen einer Freistellung von acht Stunden für die Leiterin auf Dauer nicht durchführbar. Eine stärkere Gemeinwesenorientierung ist nur durch eine zeitliche Freistellung zur Koordination möglich. Dazu fehlten im Modellversuch jedoch bekanntlich die Modellbedingungen.

1.3.4 Aktivierung der Gemeinde und Kooperation zwischen Kindergarten und Kirchengemeinde

Im Rahmen des Modellversuches kam es auch zu einer Aktivierung der Kirchengemeinde für Kinder und Familien. Die Gemeinde Roxheim-Bobenheim zeichnete sich allerdings schon vor dem Projekt durch eine große Offenheit und durch verschiedene Aktivitäten für Kinder und Jugendliche aus, die überwiegend von dem Gemeindediakon verantwortet wurden. Diese Offenheit und die Aktivitäten für Kinder und Familien wurden weiter verstärkt.

Das Modellprojekt war Anlaß, über die Gestaltung des Gottesdienstes neu nachzudenken. Es entstand ein Kreis aus Eltern, Erzieherinnen, Pfarrer, Gemeindediakon und Kindergottesdienstmitarbeiter/innen, der Gottesdienste plante und gestaltete, die besonders Kinder und Familien ansprachen. Die Familiengottesdienste fanden alle zwei Monate mit anschließendem Mittagessen statt, das von verschiedenen Gemeindegruppen vorbereitet wurde. Das gemeinsame Essen förderte nicht nur generationenübergreifende Kontakte in der Gemeinde, sondern diente auch der konkreten Entlastung von Familien mit Kindern.

Außerdem wurde auf Initiative von Eltern, Erzieherinnen und Pfarrer neben dem bestehenden Kirchenchor ein Singkreis gegründet, der sich besonders an junge Familien als Zielgruppe wandte. Der Kreis wuchs auf etwa 35 bis 40 Sängerinnen und Sänger an. In den Singkreis kamen „Nah- und Fernstehende" der Kirche. Besonders Neuzugezogene nutzten die Gelegenheit, Kontakte zu knüpfen. Hier gelang die Vernetzung zwischen Kindergärten, kirchlicher und kommunaler Gemeinde. Inzwischen hat sich die neue Gruppe in einen ökumenischen Singkreis umgewandelt, der auch zu einer größeren Partnerschaft zwischen den beiden Kirchengemeinden beiträgt.

Im Laufe des Modellversuches öffnete sich die Kirchengemeinde stärker gegenüber den Lebenssituationen von Kindern und Familien. Diese Entwicklung zeigte sich auch darin, daß die Gemeinde für Einelternfamilien die Kinderbetreuung mittrug und das Gemeindehaus anderen Familiengruppen zur Verfügung stand. Allerdings bleibt festzuhalten, daß trotz dieser Veränderungen der Kindergarten als Motor des Projekts die entschieden größere Rolle spielte. Der Modellversuch wurde in der Gemeinde kein Schwerpunkt. Ein Grund dafür war zweifellos der Wechsel des Gemeindepfarrers in der Halbzeit des Modellversuches. Nur langsam wurde den Gemeindeverantwortlichen bewußt, welche Chancen für die Entwicklung zu einer familienfreundlichen Gemeinde mit dem Projekt verknüpft waren.

1.3.5 (Weiter-)Entwicklung eines Konzeptes zur Arbeit mit Kindern und Familien in Kindergarten und Kirchengemeinde

Die neuen Gruppen, die weitgehend selbständig arbeiteten, wünschten sich eine intensivere Begleitung. Aufgrund der fehlenden Freistellung konnte diese zusätzliche Aufgabe von der Leiterin nur zeitlich beschränkt wahrgenommen werden. Außerdem wurde in Gesprächen mit Eltern deutlich, daß offene Angebote für Kinder zwischen sieben und zwölf Jahren sowie eine Vermittlungs- und Informationsstelle von „Hilfsangeboten" für Familien fehlte. Aus der Diskussion über diese offenen Bedarfslagen entwickelte sich die Idee des „Familienbüros": Eine Honorarkraft sollte die im Bereich von Kindern und Familien entstandenen Selbsthilfegruppen begleiten und beraten. Sie entwickelte mit anderen Erwachsenen unter dem Logo „Kunterbunt" offene Angebote für Kinder in Projektform. In einer Kurzbeschreibung zum Konzept heißt es:

> „Das Familienbüro 'Kunterbunt' ist eine Kontaktstelle für Familien, Kinder und Gruppen (...).
> Unsere Aufgaben sind:
> * Vermittlung von Kontaktadressen
> * Angebote von Hilfeleistungen
> * Familienangebote
> * Angebote für Kinder verschiedener Altersstufen
> * Begleitung und Unterstützung der durch das Projekt entstandenen Gruppen."

Die Koordinatorin des Familienbüros baute einen Babysitterdienst auf, vermittelte Tagesmütter, förderte familiale Nachbarschaftshilfe und informierte über Institutionen, die Familien und Kinder in schwierigen Situationen helfen. Damit leistete diese neue Institution im Sinne des KJHG lebensweltorientierte, präventive Jugendhilfe, die sich am Bedarf orientiert und Eltern zu Beteiligten macht. Für sieben Monate wurden die 15 Stunden der Honorarkraft vom Diakonischen Werk aus Projektmitteln finanziert, um das Familienbüro aufzubauen und zu überprüfen, wie groß der Bedarf war. Nachdem sich die Resonanz auf die Angebote sehr positiv entwickelt hatte, diskutierten Verantwortliche der Gemeinde, wie das Familienbüro in Vereinsform oder in Kooperation mit anderen weitergeführt werden könnte. Vom Presbyterium wurde in einem Abschlußgespräch das „Familienbüro Kunterbunt" als „wichtigstes Ergebnis des Modellversuches" gewertet, das für weitere sechs Monate von der Kirchengemeinde finanziert werden sollte, um in dieser Zeit ein geeignetes Finanzkonzept mit der Kommune oder der katholischen Kirche auszuhandeln.

Das Modellprojekt gab dem Presbyterium Impulse, sich inhaltlich mit dem Thema „kinder- und familienfreundliche Gemeinde" auseinanderzusetzen. Dennoch wurde der Modellversuch in der Kirchengemeinde insgesamt nie zum Schwerpunkt der Arbeit. Dazu beigetragen hatte sicherlich die im Rückblick kritisch zu bewertende Entscheidung des Beirates, nur einen Kindergarten der Gemeinde als Modelleinrichtung auszuwählen. Wichtig empfand ich eine thematische Presbytersitzung, in der mit Elternvertreter/innen und Erzieherinnen beider Einrichtungen über gegenseitige Erwartungen und Zukunftsperspektiven diskutiert wurde. Nicht zuletzt aufgrund des Pfarrerwechsels konnte der nächste Schritt, eine Konzeption für die Arbeit mit Kindern, Jugendlichen und Familien zu entwickeln, nicht mehr in Angriff genommen werden. Auch im Abschlußgespräch bestätigte das Presbyterium die Bedeutung der Öffnungsprozesse für die Kirchengemeinde. „Durch den Modellversuch ist das Leben in der Gemeinde bunter geworden", meinte der Vorsitzende des Presbyteriums.

Auch im Kindergarten führte der Modellversuch zu einer Diskussion über die 1993 erstellte Konzeption. Durch den „Perspektivenwechsel" und die bewußtere Wahrnehmung und Auseinandersetzung mit den Lebenssituationen von Kindern und Familien, hielten es Erzieherinnen für notwendig, ihre „alte Konzeption" zu überarbeiten. Besonders die Kooperation mit Eltern sollte anders gewichtet werden. Der Modellversuch trug zu einem intensiven Austausch zwischen den Projekteinrichtungen und zu einer anderen Bewertung der Kinder bei. Dies zeigte sich im Mai 1996 bei der Durchführung eines „Rollschuhfestes", das von einem „Kinderkomitee" vorbereitet wurde.[5]

1.4 Überblick über die neuen Initiativen und Fazit

Tabelle 2: Gruppen und Initiativen, die durch den Modellversuch in Bobenheim-Roxheim entstanden sind[6]

Name	Häufigkeit	Teilnehmer	Leitung
Familiengottesdienst (1993/94)	zweimonatlich	70-100	Pfarrer Vorbereitungskreis
Singkreis (1994)	vierzehntägig	35-40	Chorleiterin
Alleinerziehendentreff (1993/94)	monatlich	6-9	Ehrenamtliche
Frauenfrühstück (1994)	zweimonatlich	40-45	Ehrenamtliche
Verlängerte Kinderbetreuung (1995)	wöchentlich	12	Honorarkraft
Cafeteria (1994)*	wöchentlich	3-4	Ehrenamtliche
Bastelkreis (1994)	vierzehntägig	5-8	Ehrenamtliche
Kinderquatsch (1994-1995)*	vierzehntägig	12-25	Erzieherinnen
Kindergeburtstag im Kindergarten (1994)	unregelmäßig		Erzieherin Ehrenamtliche
Singtreff (1994-1995)*	vierzehntägig	10-15	Ehrenamtliche
Krabbelgruppe (1993)	wöchentlich	10-20	Ehrenamtliche

---

[5] Diese Idee wurde in Zweibrücken entwickelt, vgl. Zweiter Teil 3.3.5 und 3.5.

[6] Die mit * markierten Angebote gab es im Juni 1996 nicht mehr.

Gesprächskreis zur Schule (1995)*	monatlich	6-8	Lehrer
Grashüpfergruppe (1995)	wöchentlich	10-12	Erzieherin
Familienbüro (1995)	wöchentlich		Honorarkraft
Väterstammtisch (1996)	zweimonatlich	6-8	Ehrenamtliche

Schon der Überblick über die Angebote und Initiativen, die während des Modellversuches entstanden sind und zum großen Teil weitergehen, macht deutlich welche Veränderungen in Bobenheim-Roxheim in Gang gekommen sind. Ein Charakteristikum des Projektprozesses hier war, daß schon in der ersten Hälfte der Modellversuchsphase viele Veränderungen gelungen sind. Mit der „Erfindung des Familienbüros" wurde in Bobenheim eine Institution geschaffen, die an der Schnittstelle zwischen Selbsthilfe und professioneller Hilfe dafür sorgen konnte, daß die Erfahrungen weitergetragen wurden und die Zusammenarbeit zwischen Gemeinde und Familien verbessert wurde. Um gemeinwesenorientierte Arbeit fortzusetzen, ist es allerdings notwendig, daß diese Arbeit des Familienbüros auch von der Kommune oder dem Jugendamt unterstützt wird. Herausheben möchte ich, daß hier neben zusätzlichen kommunikativen Angeboten auch Initiativen entstanden sind, die zur Entlastung von Familien beitragen. Obwohl der Modellversuch in der Gemeinde nie Schwerpunkt geworden ist, hat sich auch die Kirchengemeinde durch die neuen Formen des Familiengottesdienstes und des Singkreises sowie die Diskussionen im Presbyterium weiterentwickelt.

Im Laufe des Modellversuches gab es in Bobenheim-Roxheim insgesamt wenig Konflikte. Die Schwierigkeiten zwischen den beiden evangelischen Einrichtungen bestanden schon länger und führten durch das Projekt möglicherweise zu einer größeren Konkurrenz. Diese Probleme waren auch durch die Entscheidung des Diakonischen Werkes mitverursacht, nur einen der beiden evangelischen Kindergärten auszuwählen. Im Rückblick erweist sich dies als problematisch, da in einem Modellversuch, bei dem es um eine Weiterentwicklung des Gesamtsystems Kirchengemeinde und Kindergarten geht, die zweite Einrichtung nicht außen vor bleiben kann. Trotz des Weggangs des Gemeindepfarrers ist es gut gelungen, die beiden neuen Seelsorger in die Arbeit des Modellversuches zu integrieren. Diesen insgesamt guten und auch erfolgreichen Verlauf führe ich auf verschiedene Faktoren zurück:

- Die schon bestehende gute Zusammenarbeit zwischen Eltern und Erzieherinnen wurde im Modellversuch noch ausgebaut.
- Erzieherinnen (und Gemeindeverantwortliche) waren offen für Vorschläge und Ideen von Eltern.
- Die Kirchengemeinde, insbesondere die Gemeindeverantwortlichen waren für Veränderungen offen.
- Die neu entstandenen Angebote orientierten sich an dem Bedarf von Familien und wurden gemeinsam mit Eltern entwickelt.
- Menschen mit unterschiedlichen Fähigkeiten und Interessen konnten sich beteiligen.

1.5 „Familienbüro Kunterbunt"

Traudel Burkart/Stephanie Roscher

Während der Projektphase entstanden in Bobenheim-Roxheim schon sehr bald zahlreiche Gruppen und Kreise. Obwohl diese größtenteils selbständig arbeiteten, wünschten sich einige eine regelmäßige Betreuung und Begleitung. Da die Leiterin des Kindergartens nur mit wenigen Stunden frei gestellt war, überstieg dieser zusätzliche Beratungsbedarf rasch ihre Möglichkeiten. Um eine Lösung zur Begleitung der familiären Selbsthilfegruppen zu finden, trafen wir uns mit dem wissenschaftlichen Begleiter des Projekts zum Brainstorming in unserer Einrichtung. In dieser kreativen Atmosphäre wurde die Idee des „Familienbüros" geboren. Diese Koordinationsstelle sollte – so unsere Idee – künftig die entstandenen Projektgruppen betreuen, Angebote für Familien und Kinder planen und familiäre Hilfsangebote vermitteln. Eine Mitarbeiterin des Kindergartens, die in dieser Zeit aus der Kindergartenarbeit ausschied, hatte Interesse, das Familienbüro zu organisieren. Vom Diakonischen Werk wurde eine Anfangsfinanzierung durch Projektmittel ermöglicht. Um festzustellen, inwieweit diese Idee dem Bedarf von Familien und Kindern entsprach, luden wir alle Gruppen und Kreise des Ortes, die mit Kindern und Familien arbeiteten, zu einem Gespräch an den „Runden Tisch" ein. Bei den beiden Treffen am „Runden Tisch" zeigten weniger Personen Interesse an dieser Form der Zusammenarbeit und des Austausches, als wir erhofft hatten. Dennoch wurden an diesem Abend erste Ideen für die Konzeption und Schwerpunkte des Familienbüros entwickelt. Unklar blieb zunächst, ob das „Familienbüro" in Form eines Vereins, in Trägerschaft der Kirchengemeinde(n) oder der Kommune organisiert werden sollte.

Im September 1995 nahm das Familienbüro offiziell seinen Dienst als Anlaufstelle für Familien und familienbezogene Aktivitäten in der Gemeinde auf. Zu diesem Zeitpunkt war eine Trägerschaft der Kirchengemeinde denkbar, eine Bezuschussung durch die Kommune jedoch erwünscht. Das Familienbüro konnte telefonisch über die Privatnummer der Mitarbeiterin erreicht werden. Die Öffentlichkeitsarbeit wurde über das örtliche Amtsblatt, den Gemeindebrief sowie die Presse geleistet.

Als erstes Projekt wurde ein Babysitterdienst geplant, an dem auch Senioren beteiligt werden sollten (Paten-Oma-Opa-Projekt). Nach dem ersten Vortreffen konnten neun Babysitter in die Kartei aufgenommen werden – Senioren waren leider keine dabei. Telefonate mit Müttern, die gerne die Betreuung anderer Kinder übernehmen wollten, regten die Aktion „Mütter helfen Müttern" an. Als erstes „Kunterbunt-Angebot" für Kinder wurde ein Töpferkurs im Kindergarten angeboten. Sowohl Materialkosten als auch eine geringe Kursgebühr wurden erhoben, die dann der Kursleiterin als Honorar zukam.

Ab Oktober 1995 bestanden Sprechzeiten an einem Nachmittag im Kindergarten. Darüber hinaus war das Familienbüro weiterhin über die Privatnummer zu erreichen. Mittlerweile entstand ein Bedarf an Tagespflegeplätzen. Ähnlich wie beim Babysitterdienst wurde auch hierfür eine Kartei angelegt und vom Büro aus vermittelt. Die Zahl der Babysitter wuchs zwischenzeitlich auf 21 an. Zwei Vorbereitungskurse, die über die Evangelische Frauenarbeit organisiert wurden, waren gut besucht. Mitte Oktober begann auch die „Grashüpfergruppe" im Kindergarten. Einmal wöchentlich konnten Kinder, die drei Jahre alt waren, aber keinen Kindergartenplatz bekamen, den Kindergarten besuchen. Sie wurden an diesem Nachmittag von einer Erzieherin und abwechselnd einem Elternteil der Gruppe betreut. Das regelmäßig stattfindende Frauenfrühstück wurde weiterhin von der Vorbereitungsgruppe organisiert, jetzt aber durch das Familienbüro veröffentlicht.

Nachdem im November 1995 das Fernsehen über das Projekt berichtete, gewann das Familienbüro nochmals an Bekanntheit. 1.100 Handzettel wurden gedruckt und über Kindergärten, Schulen, Krabbelgruppen usw. verteilt. Mittlerweile kristallisierten sich drei Schwerpunkte als wichtigste Aufgabenbereiche heraus:
- Vernetzung und Koordination der bestehenden familiären Selbsthilfegruppen,
- Vermittlung von familienentlastenden Hilfsangeboten (Babysittervermittlung, Tagesmutterbörse, Angebote für Alleinerziehende und deren Kinder, Hilfe für Eltern in Not),
- Organisation von Kursen und Projekten für Kinder und Eltern.

Durch einen gemeinsam gestalteten Familientag konnte das Zusammenwirken der familienorientierten Gruppen der Kirchengemeinde verstärkt werden. An diesem Nachmittag im Gemeindehaus hatten alle Gruppen die Möglichkeit, sich auf vielfältige Weise in der Öffentlichkeit zu präsentieren. Ein Programm für Kinder und Eltern mit Aktionstischen und einer Babysitterecke fand statt. Der Tag begann mit einem Familiengottesdienst und daran anschließendem Mittagessen.

Das Familienbüro leistete einen wichtigen Beitrag auf dem Weg zur familienfreundlichen Gemeinde. Entscheidend war, nach dem Ende der begleiteten Phase des Projektes die Finanzierung des Familienbüros zu sichern, um damit die Zukunft dieser sinnvollen und notwendigen Einrichtung zu gewährleisten. Die Kirchengemeinde war bereit, einen Beitrag dazu zu leisten. In Gesprächen mit der Kommune und dem Jugendamt wurde verhandelt, wie die öffentlichen Träger der Jugendhilfe diese Arbeit unterstützen können.

Friedrich Schmidt u.a.

2. Bolzplatz und Brunch – die Entwicklung in Ludwigshafen

2.1 Portrait des Gemeinwesens, der Kirchengemeinde und des Kindergartens

Die zweite Projekteinrichtung liegt in einem Stadtteil in Ludwigshafen. Das *Wohnquartier* im Umfeld des Gemeindezentrums wurde in den sechziger und siebziger Jahren auf der „grünen Wiese im Niemandsland" zwischen zwei gewachsenen Stadtteilen gebaut. Politisch gehört das Wohngebiet zu Oggersheim, kirchlich zu Friesenheim. Das Stadtviertel wird von Hochhäusern und Häuserblocks dominiert. Eine vierspurige Straße teilt das Quartier in zwei Hälften. Vor Ort fehlt ein Zentrum mit Begegnungs- und Dienstleistungsmöglichkeiten. Fast alle Menschen, die hier leben, sind als Facharbeiter oder Angestellte bei der BASF beschäftigt. Im Umfeld des Dietrich-Bonhoeffer-Zentrums ist eine relativ hohe Bevölkerungsfluktuation erkennbar. Junge Familien ziehen in das Quartier, weil sie hier in der Nähe ihres Arbeitsplatzes Wohnraum finden. „Diejenigen, die es sich leisten können, ziehen nach ein paar Jahren wieder aus und bauen am Haardtrand," meint eine Erzieherin. In dem Wohnviertel gibt es zwischen den Hochhäusern eine Elterninitiative, die in den siebziger Jahren entstanden ist und für kleinere Kinder und Eltern eine Treffmöglichkeit bietet. Diese Elterninitiative „Froschlache" ist neben der Schule und dem Kindergarten Dietrich-Bonhoeffer-Zentrum die einzige Begegnungsmöglichkeit für Kinder und Familien. Auffällig ist, daß es im Stadtviertel neben dem hohen Anteil an jungen Familien durch die Präsenz von Altersheimen in der Bevölkerung auch vergleichsweise viele alte Menschen gibt.

Das Gemeindezentrum bildet mit 1.365 Mitgliedern den Pfarrbezirk II der *Protestantischen Kirchengemeinde Ludwigshafen-Friesenheim* (insgesamt 4.604 Gemeindeglieder). Kindergarten, Gemeindezentrum und Pfarrhaus sind eine architektonische Einheit. Die Geschäftsführung der gesamten Gemeinde und damit auch der beiden evangelischen Kindergärten liegt bei Pfarramt I in „Altfriesenheim". Die Gemeinde wird durch ein gemeinsames Presbyterium geleitet. Neben vielen ehren- und nebenamtlichen Mitarbeiter/innen wirken in der Gemeinde drei Pfarrer/innen und eine Gemeindediakonin. An dem Modellversuch hat sich ausdrücklich nur der Bezirk um das Bonhoeffer-Zentrum beteiligt, in dem seit 1992 ein neuer Pfarrer seinen Dienst tut. Durch die architektonische Anlage des Zentrums und die junge Tradition des Gemeindeteils hat die Kindergartenarbeit einen wichtigen Stellenwert. Aufgrund der Nähe des Gemeindezentrums zum Altersheim und dem Engagement von ehrenamtlichen Mitarbeiter/innen bildete 1993 auch die Seniorenarbeit einen Schwerpunkt. In diesem Gemeindebezirk arbeiteten vor dem Modellversuch nur wenige Gruppen explizit mit Kindern, Jugendlichen oder jungen Familien:

Tabelle 3: Angebote für Kinder und Familien			
Name	Häufigkeit	Teilnehmer	Leitung
Kindergottesdienst	sonntags	5-7	Ehrenamtliche
Konfirmandenarbeit	wöchentlich	15	Pfarrer
Präparandenarbeit	wöchentlich	12	Pfarrer

| Jugendtreff | wöchentlich | 10-25 | Pfarrer |
| Instrumentalkreis | vierzehntägig | 10 | Honorarkraft |

Der *Kindergarten* wurde 1973 zunächst als zweigruppige Einrichtung eröffnet. Seit 1993 ist das Haus zu einer dreigruppigen Kindertagesstätte auf zwei Etagen, mit Öffnungszeiten von 7.00 Uhr - 17.00 Uhr erweitert worden. Einen Großteil der Umbaumaßnahmen finanzierte die BASF, die im Gegenzug das Erstbelegungsrecht für einen Teil der Ganztagesplätze erwarb. Neben den Funktions- und Gruppenräumen gibt es in der Kindertagesstätte einen großen Eingangsbereich, ein Eß- und Sofazimmer, eine Leseecke und einen Mehrzweckraum. In der Einrichtung arbeiteten 1993 sieben Erzieherinnen und zwei Praktikantinnen.

Die Transformation zur Ganztageseinrichtung brachte viele Veränderungen. Die Einrichtung arbeitete nach Prinzipien der sog. „offenen Arbeit". Sie hatte eine pädagogische Konzeption, in der jedoch die Veränderungen, die mit dem Übergang zur Tageseinrichtung verbunden waren, noch keine Berücksichtigung gefunden hatten. Zu den wichtigsten Zielen ihrer Arbeit meinte eine Erzieherin:

> „Als oberstes Ziel möchte ich anführen, daß wir die Kinder so annehmen, so aufnehmen, wie sie von ihren Eltern kommen. Die Kinder sind meist drei oder vier Jahre alt und haben schon gewisse Erziehungsstile und Normen mitbekommen. Das Zweite ist unsere offene Arbeit, die im Moment teiloffen ist, d.h. die Kinder gehören einer Gruppe an, aber sie dürfen entscheiden, wo sie spielen möchten, in welcher Gruppe oder in welchem Gruppenraum. Durch diese offene Arbeit und weil wir die Kinder annehmen wie sie kommen, ist uns auch der Kontakt zu den Eltern wichtig."[7]

Wichtig war ihr die Annahme der einzelnen Kinder, „wie sie von ihren Eltern kommen". Sie verstand ihre Arbeit dementsprechend als eine familienergänzende Erziehung und als eine Förderung zur Selbständigkeit. Auch Kontakte zu den Eltern waren wichtig. Die Erzieherinnen berichteten, daß mit dem Übergang zur dreigruppigen Tageseinrichtung mit Schichtdienst die Zusammenarbeit mit den Eltern schlechter geworden ist. Die meisten Erzieherinnen verstanden ihre Arbeit explizit als Teil der Gemeindearbeit. Dies zeigte sich bei der Frage nach ihrer Motivation an dem Modellversuch teilzunehmen. Viele Mitarbeiterinnen antworteten, daß sie mit dem Projekt die Zusammenarbeit zwischen Gemeinde und Kindergarten verstärken und somit zur Entwicklung der Gemeinde beitragen wollten.

2.2 Ergebnisse der Elternbefragung

Die Anfang 1994 durchgeführte Befragung zur Lebenssituation und Bedarfslagen von Familien kommt nach der Auswertung zu folgenden Ergebnissen[8]:

Die Kindertagesstätte in der städtischen Neubausiedlung in Ludwigshafen wird von keinem Kind besucht, das aus einer Dreigenerationenfamilie kommt. Für urbane Strukturen in der Nähe von Industriezentren eher untypisch ist die geringe Anzahl

---

[7] Das Interview wurde mit der Erzieherin im Mai 1994 geführt.

[8] Schmidt/Schmitt, 6. An dieser Befragung beteiligten sich in Ludwigshafen etwa 47% der Kindergarteneltern.

von alleinerziehenden und ausländischen Familien. In diesem Wohnquartier leben überwiegend Menschen, die bei der BASF in Ludwigshafen Arbeit gefunden haben. 22,6% der Eltern werden in der Betreuung der Kinder außerhalb des Kindergartens regelmäßig unterstützt. Im Unterschied zu den anderen Projektstandorten leisten diese Betreuung meist nicht Verwandte, sondern Bekannte und fremde Personen, die bezahlt werden müssen.

Diagramm 2: Wohnsituation und Wunsch wegzuziehen
Angaben in Prozent. Quelle: Elternbefragung in Ludwigshafen 1994

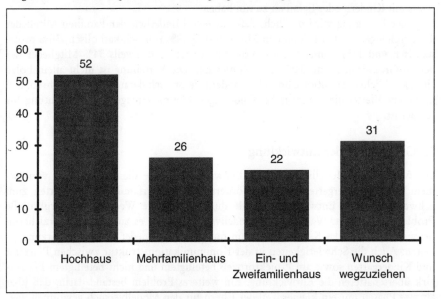

Mehr als die Hälfte der Familien lebt in Hoch-, ein Viertel in Mehrfamilienhäusern. Ungewöhnlich hoch ist die Zahl der Familien (31%), die das Wohnquartier kurz oder mittelfristig verlassen wollen. Dieser häufig genannte Wunsch hat mehrere Gründe: Nur 19,4% der Eltern sind Eigentümer eines Hauses oder einer Wohnung. Die Verkehrsbelastung und Luftverschmutzung wird von etwa der Hälfte der befragten Familien als hoch eingestuft. Der Ort selbst hat kein Zentrum und wenig Treffmöglichkeiten. Hinzu kommt, daß nur 16% der Kindergartenmütter und 21% der Väter von hier stammen. Die Wohnverhältnisse und Unzufriedenheit mit der Lebensqualität führen dazu, daß viele Familien versuchen, das Stadtviertel zu verlassen, um außerhalb Ludwigshafens Wohneigentum zu erwerben.

Im Projektbezirk sind 38,7% der Kindergartenmütter erwerbstätig und 96,7% der Väter. Für alle Eltern ist es wichtig, daß ihr Kind in der Einrichtung die Möglichkeit hat, mit anderen Kindern zu spielen. Die Vorbereitung des Heranwachsenden auf die Schule hat einen deutlich geringeren Stellenwert. Etwa ein Drittel der Mütter wünscht, über den Kindergarten Kontakt zu anderen Frauen und Familien zu bekommen bzw. sucht die Gesprächsmöglichkeit mit den Erzieherinnen. Dementsprechend werden von Müttern die Erzieherinnen nach dem Ehemann und Freunden als häufigste Gesprächspartner genannt. Auch in Friesenheim hat für einen Teil der Elternschaft, besonders für Frauen, der Kindergarten eine wichtige Funktion als interfamiliale Begegnungsmöglichkeit und Kontaktagentur. Die Mehrzahl der Befragten wünscht sich Veränderungen in der Kindertagesstätte, und sie sind auch bereit, sich daran zu beteiligen. Ähnlich wie in Bobenheim werden vor allem Angebote genannt, die Begegnungen und Kontakte ermöglichen und von Frauen oder von der gesamten Familie genutzt werden können. Es zeigt sich, daß Eltern nicht nur Bedürfnisse haben, sondern viele auch bereit sind, sich aktiv einzubringen. Dies geschieht besonders in den Bereichen, in denen Menschen ihre Kompetenzen einbringen können oder die etwas mit Kindern oder Familien zu tun haben.

In der Befragung wird deutlich, daß nur eine Minderheit der Familien Mitglieder der Kirchengemeinde ist. Von den Müttern sind 48% römisch-katholisch, 36% protestantisch und 13% konfessionslos. Von den Vätern sind jeweils 34% Mitglieder der beiden Großkirchen und 31% ohne Konfession. Die Verteilung ist nicht allein Folge eines kirchlichen Traditionsabbruchs, sondern sie ist auch darauf zurückzuführen, daß in diesem Viertel die evangelische Kindertagesstätte die einzige Tageseinrichtung für Kinder ist.

2.3 Grundlinien der Entwicklung

Der Verlauf des Modellversuches in Ludwigshafen hatte die Kooperation von Gemeinde und Kindergarten und die Förderung von interfamilialen Kontakten zum Schwerpunkt. Die Entwicklung wurde durch personelle Wechsel und strukturelle Probleme erschwert. Während des Modellversuches kam es zu mehreren Erzieherinnenwechseln, und das Kindergartenteam mußte immer wieder in Unterbesetzung arbeiten. Auch die Schwierigkeiten in der Kommunikationsstruktur zwischen Pfarramt und Kindergarten sowie am Projektprozeß beteiligtem und nicht beteiligtem Pfarrbezirk überschatteten die Entwicklung. Ein weiteres Problem bestand darin, daß über längere Phasen nur ein kleiner Teil der Eltern für den Modellversuch gewonnen werden konnte.

2.3.1 Familien- und generationenübergreifende Kontakte fördern

Zu Beginn des Nachbarschaftsprojektes wurde am Dietrich-Bonhoeffer-Zentrum ein „Projektausschuß" konstituiert, dem neben Erzieherinnen, Presbyter/innen, Pfarrer, Eltern und Vertreter/innen von Gemeindekreisen auch andere Interessierte aus dem Wohnquartier angehörten. Dieser Kreis diskutierte zunächst die Situation von Kindern und jungen Familien vor Ort und erarbeitete Vorschläge. Ausgangspunkt der Veränderungen war die Beobachtung, daß sich Kinder und Jugendliche auf dem Gelände des Gemeindezentrums täglich trafen, es für sie allerdings keine Angebote gab. Nach und nach wurde mit Jugendlichen beim Gemeindezentrum ein Bolzplatz eingerichtet und ein betreuter offener Jugendtreff auf die Beine gestellt. Für Kinder zwischen fünf und neun Jahren entwickelte eine Erzieherin das Angebot eines „Kinderchores". Für die gleiche Altersgruppe entstand eine Kindergruppe, die von der Gemeindediakonin betreut wurde. Schließlich gründeten eine Erzieherin und eine Praktikantin mit Mädchen zwischen zehn und dreizehn Jahren eine „Mädchengruppe", die sich einmal wöchentlich traf.

Da es in dem Wohnviertel keinen Ortsmittelpunkt und wenige Begegnungsmöglichkeiten gab, entwickelten zwei Frauen im August 1994 das Konzept eines „Kirchencafés", das einmal wöchentlich vormittags offen war und besonders von Müttern mit kleineren Kindern besucht wurde. Bei diesem „Kirchencafé" gab es mehrmals im Jahr thematische Schwerpunkte, wie Bazare, Bücherausstellungen oder Verkauf von Eine-Welt-Produkten. Mütter oder Erzieherinnen boten 1994 verschiedene praxisnahe Familienbildungsmöglichkeiten (Nähkurs, Tischdekoration usw.) an. Zu diesen Veranstaltungen konnten kleinere Kinder ihre Mütter begleiten oder die angebotene Kinderbetreuung nutzen. Gerade für die Frauen, die aufgrund der Erziehungssituation nicht erwerbstätig sind, waren solche informellen Begegnungsmöglichkeiten oder Weiterbildungsangebote von großer Bedeutung. Das Bedürfnis, sich mit anderen Frauen in einer ähnlichen Lebenssituation zu treffen und für sich selbst etwas zu tun, führte im Oktober 1994 zur Gründung einer Aerobicgruppe. Zunächst traf sich die Gruppe im Mehrzweckraum des Kindergartens, später wechselte sie in die Turnhalle der Schule. Für einige der 15 Frauen war diese „Sportstunde" eine der seltenen Gelegenheiten, einmal ohne Familie etwas zu unternehmen.

Die Erzieherinnen förderten durch gesellige Abendveranstaltungen und gemeinsame Ausflüge in die Umgebung die Kontakte zwischen den Familien. Durch diese Formen der offenen „Elternarbeit", die unregelmäßig stattfanden, wurden auch Familien angesprochen, die bei den traditionellen Elternabenden nicht kamen. Nach Beobachtungen der Erzieherinnen unterstützten diese kommunikativen Angebote die Integration der zugezogenen Familien.

Aus Gesprächen mit Frauen im „Kirchencafé" im März 1995 wurde deutlich, daß eine verstärkte Nachfrage nach Bildungsangeboten während der Öffnungszeiten der Kindertagesstätte bzw. mit Kinderbetreuung bestand. In Kooperation mit dem pädagogischen Referenten der Evangelischen Erwachsenenbildung entwickelten Erzieherinnen und Eltern einen Fragebogen, um diesen Bedarf im Kindergarten und in der Gemeinde genauer zu eruieren. Ein Drittel der Kindergarteneltern beteiligte sich an der Befragung. Nach deren Auswertung wurde von einem Team aus Eltern, Erzieherinnen und dem pädagogischen Referenten ein Erwachsenenbildungskonzept unter dem Namen „Treffpunkt" entwickelt. „Treffpunkt" war laut einer Mutter „wie eine kleine Volkshochschule". Ab Herbst 1995 fanden unter diesem Titel jeden Monat eine Veranstaltung statt zu Familien-, Erziehungs-, Lebens- oder Glaubensfragen.

2.3.2 Entlastung von Familien und Unterstützung von Selbsthilfe

Abgesehen davon, daß viele neue Entwicklungen als Elternselbsthilfeprojekte funktionierten, war die Entlastung von Familien kein expliziter Schwerpunkt des Modellversuches am Bonhoeffer-Zentrum. Ein Grund für diese Entwicklung lag sicherlich in dem Übergang zur Ganztageseinrichtung und der schwierigen personellen Situation, die während des Modellversuches zu großen Belastungen im Team führten.

Als im März 1995 einige Eltern anregten, einmal wöchentlich eine Mittagsbetreuung für „Teilzeitkinder" einzuführen, waren einige Frauen durchaus bereit, dies auf Selbsthilfebasis abwechselnd umzusetzen. Dadurch hätten einige Frauen mehr Zeit für Erledigungen in der Stadt. Dieser Vorschlag konnte jedoch nicht weiterverfolgt werden, weil die Fachkräfte eine Kollision mit dem Mittagessen der Ganztageskinder be-

fürchteten. Hinzu kam die unausgesprochene Befürchtung, daß die meiste Arbeit aufgrund der „Unzuverlässigkeit der Eltern" an ihnen hängen bleiben würde.
Zur familialen Entlastung im weitesten Sinn trug die Einrichtung einer Krabbelgruppe bei, die seit Herbst 1995 in den unteren Räumen des Zentrums ihren Treffpunkt hatte. Hilfreich waren zweifellos auch die verschiedenen Nähkurse für Kinder- und Erwachsenenkleidung, bei denen sich jeweils 15 Frauen trafen. Zur Entlastung der Familien kam ein Friseur in die Einrichtung, um den Kindern preiswert und wohnortnah die Haare zu schneiden. Auf die ungewöhnliche Idee, einen Friseur in die Kindertagesstätte zu holen, kam ein Vater, der es leid war, für diese Dienstleistung mit seinen Kindern einige Kilometer weit zu fahren. Bis alle arbeits- und gewerbeaufsichtsrechtlichen Fragen gelöst waren und ein Friseurmeister die Arbeit übernommen hatte, dauerte es mehr als ein Jahr. Monatlich nutzten sechs bis zehn Kinder dieses preiswerte Angebot.

2.3.3 Vernetzung im Gemeinwesen und Integration

Beide Zielsetzungen spielten im Projektverlauf in Ludwigshafen kaum eine Rolle. Dies hatte unterschiedliche Gründe. Im Rahmen des Modellversuches wurden die bestehenden Kontakte zu benachbarten Institutionen, wie zum Altersheim, der Grund- und Hauptschule oder zur Elterninitiative Froschlache nicht intensiviert. Die Erzieherinnen begannen mit einer Kooperation mit Pädagogen des Hack-Museums bei einem Kinder-Kunst-Projekt. Die Vernetzung in den Stadtteil konnte nicht ausgebaut werden, weil es in diesem „Wohnviertel auf der grünen Wiese" wenig Kooperationspartner gab und aufgrund der Struktur fast kein Bewußtsein für das Gemeinwesen da war. Hinzu kam, daß weder Erzieherinnen noch andere Institutionen wie Schule oder Elterninitiative interessiert waren, stärker zu kooperieren. Schließlich war der Projektverlauf durch Probleme und Umbrüche so belastet, daß diese zusätzliche Aufgabe bei den Beteiligten nicht in den Blick kommen konnte.

Aufgrund der Sozialstruktur der Bevölkerung im Projektbezirk mit vergleichsweise wenigen Familien ohne deutsche Staatsangehörigkeit wurde auch die Frage der Integration kein Projektschwerpunkt. Die ausländischen Kindergartenfamilien waren nach Aussagen der Erzieherinnen aufgrund ihrer beruflichen Qualifikation und ihrer Offenheit in und außerhalb der Einrichtung weitgehend integriert.

2.3.4 Aktivierung der Gemeinde und Kooperation zwischen Kindergarten und Kirchengemeinde

Ein Schwerpunkt des Projektverlaufs in Ludwigshafen war nach dem Willen der Erzieherinnen und des Pfarrers die Profilierung des Kindergartens als Teil der Kirchengemeinde und die Aktivierung der Gemeinde für junge Familien und Kinder. Eine Besonderheit bestand darin, daß gerade auch die pädagogischen Fachkräfte die Hauptzielsetzung im „Aufbau der Gemeinde" sahen. Diese Entwicklung zu einer „kinder- und familienfreundlichen Gemeinde" verlief allerdings immer wieder konflikthaft. Eine Ursache für diese Schwierigkeiten sehe ich in den unklaren Kommunikationsstrukturen und Zuständigkeiten, die mehrfach zu Mißverständnissen führten. Für die Kindertagesstätte waren beide Geistliche, der eine in seiner Funktion als geschäftsführender Pfarrer und der zweite als der für den Gemeindebezirk zuständige Seelsorger, tätig. Sowohl zwischen Leiterin und Gemeindepfarrer wie zwischen den beiden Theologen gab es keine regelmäßigen, klaren Kommunikationsstrukturen. Erschwerend kam hinzu, daß ein Teil der Kirchengemeinde am Modellversuch teilnahm und der zweite explizit nicht. Rückblickend muß auch die Entscheidung des Diakonischen Werkes kritisch bewertet werden, daß ein Standort ausgewählt wurde, an dem nur ein Teil der Kirchengemeinde sich an dem Modellversuch beteiligen wollte.

Trotz dieser kommunikativen Probleme war die Aktivierung der Gemeinde für Familien und eine stärkere Kooperation zwischen Einrichtung und Kirchengemeinde ein Schwerpunkt des Ludwigshafener Projektprozesses. In Zusammenarbeit von Eltern, Erzieherinnen und Pfarrer entstanden Familiengottesdienste mit anschließendem „Brunch", die mehrmals im Jahr gefeiert wurden. Diese Gottesdienste gestalteten Erzieherinnen und Pfarrer kinder- und familienfreundlich, und für den Brunch brachten alle Teilnehmer/innen etwas mit. Durch diese Form wurde die generationenübergreifende Gemeinschaft in der Gemeinde gestärkt und junge Familien intensiver an der Feier von Gottesdiensten beteiligt. Im Rahmen des Modellversuches wurde die Jugendarbeit der Gemeinde durch das Anlegen eines Bolzplatzes, der intensiveren Arbeit in einer schon bestehenden Jugendgruppe, der Gründung einer Mädchen- und Kindergruppe wiederbelebt. Neben den offenen oder geselligen Angeboten entstand ein Instrumentalkreis für Jugendliche, der aufgrund der geringen Resonanz nach einigen Monaten wieder beendet werden mußte. Der Pfarrer gründete einen neuen Singkreis, um jüngeren Erwachsenen „andere Erfahrungen mit Kirche" zu ermöglichen und den Gemeindegesang zu verbessern. An diesem Singkreis nahmen 15 bis 20 Personen teil.

Nach Angaben des Pfarrers verlagerte sich der Schwerpunkt der Gemeindearbeit von den Senioren zu Kindern und jungen Familien. Dieser Veränderungsprozeß wurde von allen Verantwortlichen als notwendig für die Zukunft der Gemeinde angesehen. Gleichwohl führte er bei manchen etablierten Gruppen zu Kritik. Die Einrichtung von neuen Gruppen (Singkreis, Nähtreff) wurde als Konkurrenz zu schon lange bestehenden Kreisen mit ähnlicher Zielrichtung empfunden. Sie forderten die Integration der „Neuen" in ihre Gruppen und hatten zunächst wenig Verständnis für die Neugründung. Viel „Überzeugungsarbeit" war notwendig, um die Installierung von neuen Gruppen zu begründen.

2.3.5 (Weiter-)Entwicklung eines Konzeptes zur Arbeit mit Kindern und Familien in Kindergarten und Kirchengemeinde

In dem Modellversuch kam es zu einer Weiterentwicklung der Kindergartenkonzeption und zu einer Diskussion um ein Gemeindekonzept, bei dem der Projektausschuß eine wichtige Rolle spielte. In diesem Gremium wurde die Entwicklung der Kinder- und Jugendarbeit am Dietrich-Bonhoeffer-Zentrum, die Zusammenarbeit zwischen Gemeinde und Kindergarten, Projektverlauf und -probleme beraten. Nachdem die Kommunikationskultur verbessert worden war, entwickelte sich der Projektausschuß zu einem „Querschnittsgremium", in dem Gemeindeleitung (Pfarrer/Presbyter) mit pädagogischen Experten (Erzieherinnen/Pädagoge), Betroffenen (Eltern/Jugendvertreter), Repräsentanten der bisherigen Gemeindearbeit (Frauenkreis/Kirchenchor) und Prozeßbegleiter (Fachberaterin/Moderator) ins Gespräch kamen und gemeinsam Perspektiven einer kinder- und familienfreundlichen Gemeinde entwickelten. Dieser Ausschuß war für den lokalen Verlauf auch deshalb wichtig, weil das Gemeindezentrum Teil einer größeren Kirchengemeinde war und im Gesamtpresbyterium die speziellen Fragen des Wohnquartiers nicht ausreichend oder ohne Experten und Betroffene zur Sprache kamen. Die Fragen und Entwicklungen einzelner Initiativen wurden in dem Ausschuß kollegial beraten. Am Ende des Modellversuches bezeichnete der Pfarrer die Entwicklung einer Gemeindekonzeption als „unbedingt notwendig". Aufgrund der positiven Erfahrungen mit dem Projektausschuß verwandelte sich dieses Gremium nach Abschluß des Modellversuches in einen Mitarbeiterkreis. Dreimal im Jahr sollte sich dieser Kreis aus ehren- und hauptamtlichen Mitarbeitern und Mitarbeiterinnen der Gemeinde treffen.

Der Kindergarten wurde aufgrund der veränderten familialen Lebenslagen unmittelbar vor dem Projekt zu einer Ganztagseinrichtung. Die verlängerten Öffnungszeiten, die Einführung des Schichtdienstes und die längere Verweildauer einzelner Kinder verlangten von den Erzieherinnen eine Veränderung der bisherigen pädagogischen Konzeption. Auch der Wechsel verschiedener Erzieherinnen und die neue Zusammensetzung des pädagogischen Teams machten einen Verständigungsprozeß notwendig. Seit 1995 arbeitete das Team der Erzieherinnen mit Unterstützung der Fachberaterin an einer Weiterentwicklung der pädagogischen Konzeption der Kindertagesstätte, um die Erfahrungen des Modellversuchs, den Übergang zu einer Tagesstätte und die Kooperation im Team zu reflektieren und festzuhalten. Ende 1995 wurde die neue Konzeption dem Presbyterium vorgestellt.

Diese neue Konzeption war eine wichtige Entwicklung für die pädagogischen Mitarbeiterinnen. Die Arbeit an gemeinsamen Zielen und die Vertretung im Presbyterium führten zu einer positiven Personalentwicklung. Eine Konsequenz der weiterentwickelten Konzeption war die Verstärkung der Projektarbeit in Kleingruppen. Allerdings wurde die veränderte Zusammenarbeit mit den Eltern aus meiner Sicht zu wenig in der Konzeption reflektiert. Die Arbeit an der pädagogischen Konzeption der Einrichtung war in Ludwigshafen ein wichtiger Prozeß, weil etwa die Hälfte des Teams neu war. Dennoch sollten Eltern am Ende nicht nur über das Ergebnis informiert, sondern auch in den Entwicklungsprozeß einbezogen werden.

2.4 Überblick über die neuen Initiativen und Fazit

Tabelle 4: Gruppen und Initiativen, die durch den Modellversuch entstanden sind[9]			
Name	Häufigkeit	Teilnehmer	Leitung
Bolzplatz (1994)	fast täglich	5-25	
Kinderchor (1994-95)*	vierzehntägig	6-8	Erzieherin
Kindergruppe (1994-95)	vierzehntägig	5-10	Gemeindediakonin Ehrenamtliche
Jugendinstrumentalkreis (1994-94)*	vierzehntägig	4-6	Ehrenamtliche
Mädchengruppe (1995-95)*	wöchentlich	5-10	Erzieherin Honorarkraft
Kirchencafé (1994)	wöchentlich	6-15	Ehrenamtliche
Nähkurse (1994-1995)*	wöchentlich	10	Honorarkraft
Kreativkurse (1994)	unregelmäßig	5-20	Honorarkraft Ehrenamtliche

[9] Die mit * versehenen Angebote gab es am Ende des Modellprojektes im Juni 1996 nicht mehr.

Aerobicgruppe (1994-95)*	wöchentlich	10-20	Honorarkraft
Singkreis (1994)	wöchentlich	17	Honorarkraft
Familiengottesdienst mit Brunch (1994)	unregelmäßig	60-110	Pfarrer
Krabbelkreis (1995)	wöchentlich	6-10	Ehrenamtliche
Treffpunkt (1995)	monatlich	15-25	Ehrenamtliche Honorarkräfte

Die Schwerpunkte des Projektverlaufes in Ludwigshafen lagen eindeutig auf einer Aktivierung und Entwicklung der Kirchengemeinde im Sinne einer Öffnung gegenüber Familien und Kindern. Einen weiteren Schwerpunkt sehe ich in den neuen kommunikativen Angeboten für Kinder und Familien, die durch Eltern oder Erzieherinnen entstanden sind. Schließlich kam es im Verlauf des Modellversuches durch die Arbeit an der pädagogischen Konzeption, durch die Transformation des Projektausschusses zu einem Mitarbeiterkreis und durch den Aufbau des „TreffPunktes" auch zu einer konzeptionellen Weiterentwicklung.

Der Modellversuch war gleichwohl überschattet und begleitet von Konflikten, Widerständen und Problemen. Die schwierigen Seiten des Verlaufes wurden auch daran sichtbar, daß viele neue Gruppen nicht lange existierten. Aus meiner Sicht sind die Gründe für die Probleme in vielfältigen Ursachen zu suchen:
- Die Kompetenzen und Zuständigkeiten der beiden Pfarrer für die Kindertagesstätte mußten während des Projektprozesses immer wieder geklärt werden.
- Zwischen Pfarrer und Erzieherinnen gab es keine regelmäßigen Dienstbesprechungen.
- Es gelang nur zeitweise, eine größere Gruppe von Eltern in den Modellprozeß einzubeziehen. Offen blieb für mich, ob dies der speziellen städtischen Situation oder dem mangelnden Eingehen auf die Lebenssituation von Eltern geschuldet war.
- Der Übergang von einer zweigruppigen Einrichtung zu einer dreigruppigen Kindertagesstätte und die zahlreichen Erzieherinnenwechsel erschwerten die Arbeit am Modellversuch sehr.
- Dadurch daß nur ein Gemeindeteil an dem Modellversuch teilnahm, konnten die Entwicklungen und ihre Auswirkungen auf die Kirchengemeinde bei den Gemeindeverantwortlichen zu wenig diskutiert werden.

Daß es trotz dieser schwierigen Rahmenbedingungen gelang, die oben genannten Veränderungsprozesse zu initiieren und wichtige Entwicklungen einzuleiten, lag nicht zuletzt an dem großen Engagement vieler Beteiligter. Gerade Erzieherinnen erlebten in den zwei Jahren den Modellversuch sehr unterschiedlich. Aufgrund der großen Schwierigkeiten sagte eine Mitarbeiterin 1995: „Das Projekt kam für uns einfach zu früh. Wir sind noch mit vielen anderen Dingen beschäftigt." Bei der Auswertung 1996 meinte die gleiche Mitarbeiterin jedoch: „Es war gut, daß wir in dieser Umbruchzeit eine so intensive Begleitung hatten." Letztendlich war zur Bewältigung verschiedenster Schwierigkeiten und Stolpersteine der Modellversuch für die Mitarbeiterinnen eine wichtige Hilfe.

2.5 „TreffPunkt"

Ingrid Paesler

Im Rahmen des Nachbarschaftsprojektes war uns im Dietrich-Bonhoeffer-Zentrum wichtig, daß die Kindertagesstätte zum Ort gemeinsamen Lebens und Lernens von Kindern, Erzieherinnen, Eltern, Träger, Gemeindemitgliedern und Nachbarschaft werden sollte.

Unsere Kindertagesstätte sollte einen festen Platz im Gemeindeleben haben. Das weit über den normalen Kindergartenalltag hinausgreifende Konzept, gemeinsame Ziele und Aktivitäten zu entwickeln, war für uns mit einer großen Herausforderung und sehr viel Engagement verbunden.

In zahlreichen Projektbeiratssitzungen, Teambesprechungen und Fortbildungen feilten wir an unserem Konzept und reflektierten die bereits in Gang gebrachten Angebote. Ein wichtiges Motto von Friedrich Schmidt klang uns ständig in den Ohren: „Lebenswelten von Kindern und Eltern wahrnehmen". Es bedeutete für uns, Sensibilität für die Menschen um uns herum zu entwickeln.

Lebenswelten – wie sehen sie für Kinder und Eltern heute aus? Diese Frage beschäftigte uns immer wieder. Wie leben wir mit den verschiedenen Lebenswelten, die immer komplizierter werden? Wie setzen wir uns mit ihnen auseinander? Wie hoch ist unser Anspruch an Lebensqualität? Welche Erwartungen haben wir?

Jürgen Moltmann sagte einmal: „Nur der Hoffnungslose findet sich mit dem ab, was ist, und mit der Art und Weise, wie es ist. Wer aber Hoffnung hat, sieht vor sich neue Möglichkeiten, wie es anders und besser werden kann".

Neue Wege gehen – neue Möglichkeiten ausprobieren – unserer Lebenswelt eine zufriedenstellende Qualität geben – Anfragen an uns, denen wir uns stellen möchten.

Das Kirchencafé sollte eine Möglichkeit für Eltern und Gemeinde sein, sich zu begegnen und ins Gespräch zu kommen – über den Alltag, über Ängste und über weitere Themen, die jeden beschäftigen und interessieren.

Gemeinsam mit dem Leiter der Arbeitsstelle für Erwachsenenbildung in Ludwigshafen, Claus Limberg, entwickelten wir ein neues Projekt. Kommunikation stand dabei sowohl für uns Erzieherinnen als auch für die Eltern im Vordergrund. Mit dem neuen Projekt sollten im Dietrich-Bonhoeffer-Zentrum zu verschiedenen Themen Fortbildungen mit Fachreferenten angeboten werden. Im Gespräch mit Eltern und Kolleginnen sammelten wir Ideen für Themen, mit denen der Erwachsenenpädagoge einen Fragenkatalog zusammenstellte. Dieser Katalog wurde nicht nur an die Eltern in der Kindertagesstätte und der Nachbarschaft verteilt, sondern erschien auch im Gemeindebrief für alle Gemeindemitglieder. Er umfaßte 28 verschiedene Themen. Unser Ziel war es, herauszufinden, für welche Themen sich die verschiedenen Gruppen interessieren. Die ausgefüllten Fragebögen wurden ausgewertet und nach den meistgewünschten Themen sortiert. So konnten wir sehen, welche Themen Priorität bei unseren Zielgruppen besaßen.

Im Projektausschuß wurde dieses Konzept vorgestellt und fand guten Anklang. Eine Mutter, zwei Erzieherinnen und der Erwachsenenpädagoge bildeten einen Planungskreis. Dort wurde zuerst über einen Namen nachgedacht, der dem neuen Angebot zu geben war.

Nach einem Brainstorming entschied man sich für:

TreffPunkt Dietrich-Bonhoeffer-Zentrum

Themen – Impulse – Kontakte

Angebote für Eltern, Erwachsene, Interessierte

Im Planungskreis suchten wir für die ersten drei favorisierten Themen Referenten und entwickelten ein Faltblatt, in dem die Themen, Referenten und Termine vorgestellt wurden, mit der Möglichkeit, sich anzumelden. Um die anfallenden Kosten zu decken, wurde pro Fortbildungsangebot eine Gebühr von 5,- DM festgesetzt. Teilnehmer aller drei Veranstaltungen zahlen 12,- DM.

Bei den Planungen der Angebote war uns neben den Themen sehr wichtig, daß die Räumlichkeiten ansprechend und gemütlich gestaltet wurden. Die Teilnehmer sollten sich wohl und willkommen fühlen; denn eine gute Atmosphäre ist Grundlage für Offenheit. Eine Teilnehmerin, die den Raum nur von nüchternen Sitzungen kannte, sagte nach einem Abend: „Ich bin erstaunt, was man aus diesem Raum alles machen kann – echt toll!"

Am 23.11.1995 referierte eine Kinderärztin über „Alternative Medizin – Wie hilfreich sind Hausmittel?" Die Tips waren so praktisch, daß sie für jedermann anwendbar waren. Am 12.12.1995 dachten wir mit dem theologischen Fachreferenten des Diakonischen Werkes über die Weihnachtszeit nach: „Mit Kindern Weihnachten feiern". Am 23.01.1996 luden wir die Mitarbeiterin der Spielothek Mannheim (Jugendamt der Stadt Mannheim) zu dem Thema „Spiel mit mir – Neue Spiele für Gruppe, Familie, Freizeit" ein. Neben einer Spielausstellung und einem Referat über Sinn und Möglichkeiten von Spielen konnten die Teilnehmer selber Spiele ausprobieren, was viel Spaß machte.

Nach dem ersten Quartal reflektierten wir im Planungskreis die gemachten Erfahrungen. Einstimmig planten wir das nächste Quartal zu folgenden Themen: „Beziehungskisten", „Die Mutter in der Opferrolle" und „Mit Kindern über den Tod reden".

Friedrich Schleiermacher stellte einmal die Frage: „Gibt es keine Menschen in eurer Nähe, die bei euch anklopfen und gern ein wenig mit euch leben möchten?" Wir wünschen uns für unser Projekt, daß verschiedene Menschen bei uns anklopfen und ein wenig mit uns leben wollen, damit ihr und unser Leben reicher und vielfältiger wird. Wir sind sehr gespannt, ob der „TreffPunkt" seinen Platz im Gemeindeleben erobert. Unser Wunsch ist es, daß er als Frucht des Nachbarschaftsprojektes zur festen Einrichtung wird.

Friedrich Schmidt u.a.

3. Von der Krabbelgruppe zum Kinderkomitee – die Entwicklung in Zweibrücken

3.1 Portrait des Stadtteils, der Kirchengemeinde und des Kindergartens

Der Stadtteil *Ixheim* bildet mit fast 6000 Einwohnern, darunter 261 ohne deutsche Staatsangehörigkeit einen der ältesten und größten Stadtteile *Zweibrückens*. Während das Ortszentrum von einer dörflichen Bebauungsstruktur dominiert wird, finden sich im westlichen Teil Häuserblocks und Reihenhäuser aus den fünfziger und sechziger Jahren und im östlichen Teil Ein- und Zweifamilienhäuser aus den siebziger und achtziger Jahren. Der Stadtteil hat sich in seinem Kern eine gewachsene dörfliche Lebens-, Kommunikations- und Infrastruktur bewahrt, die in der Präsenz von Lebensmittelgeschäften, verschiedenen Dienstleistungen, Lokalen, Handwerksbetrieben und Vereinen zum Ausdruck kommt. Im Stadtteil Ixheim fand in den letzten Jahren eine Veränderung der Bevölkerungszusammensetzung statt:

„Es ist zu beobachten, daß dort, wo alte Menschen ihre Wohnungen verlassen, junge Familien mit kleinen Kindern nachrücken."[10]

Neben der Projekteinrichtung gibt es im Stadtteil einen zweigruppigen Kindergarten in anderer evangelischer Trägerschaft, eine dreigruppige kommunale Tagesstätte, zwei Grundschulen, eine kommunale „Spiel- und Lernstube" sowie eine Tageseinrichtung für behinderte Kinder und Jugendliche der Caritas.

Die westpfälzische Stadt Zweibrücken zählt seit Jahrzehnten mit ihrem Umland zu einer strukturschwachen Region mit vergleichsweise hoher Arbeitslosigkeit. Die Arbeitslosenquote betrug jeweils im März 1988 15,1%, 1990 7,4% und 1993 11,3%.

Die *Protestantische Kirchengemeinde Ixheim* deckt nur einen Teil des Stadtteilgebietes ab und umfaßt knapp 2.000 Mitglieder. Sie verfügt über eine Kirche mit Gemeindesaal und benachbartem Pfarrhaus in Randlage des Stadtteils, sowie über den Kindergarten und ein Gemeindehaus an zentralerer Stelle. Neben den ehren- und nebenamtlichen Mitarbeiter/innen ist der Geistliche, der seit Anfang 1994 Pfarrstelleninhaber ist, die einzige hauptamtliche Kraft. Eine lokale Besonderheit besteht darin, daß der Evangelische Kindergarten Ixheim in Trägerschaft des Evangelischen Diakonievereins Ixheims e. V. betrieben wird. Dieser 1970 gegründete Verein fördert die häusliche Krankenpflege sowie diese Einrichtung für Kinder. Gemäß Satzung ist der Vorstand und der Verwaltungsrat des Vereins zum großen Teil identisch mit dem (erweiterten) Presbyterium. Während des Modellversuches war der Vereinsvorsitzende, der ehrenamtlich die Trägerfunktion inne hatte, zugleich Vorsitzender des Presbyteriums.

Die Schwerpunkte der Gemeindearbeit lagen vor Beginn des Modellversuches auf den eher traditionellen kirchlichen Feldern. Für Kinder und Familien gab es 1993 wenige Angebote.

---

[10] Spielplatzbewertung des Jugendamtes Zweibrücken.

Tabelle 5: Angebote für Kinder und Familien

Name	Häufigkeit	Teilnehmer	Leitung
Kindergottesdienst	sonntags	5-8	Ehrenamtliche
Präparandenunterricht	wöchentlich	25	Pfarrer
Konfirmandenunterricht	wöchentlich	13	Pfarrer
Familiengottesdienst	zweimal im Jahr	50-100	Erzieherinnen (Pfarrer)

Der *Evangelische Kindergarten Ixheim* wird von 75 Kindern besucht und ist an fünf Tagen der Woche von 7.30 - 12.30 und 14.00 bis 16.00 geöffnet. Die Einrichtung wurde 1971 erbaut und ist seit 1990 – mit jeweils dreijähriger Befristung – um eine dritte Gruppe erweitert. Insgesamt stehen neben den drei Gruppen- und den Funktionsräumen zwei Zimmer sowie im Gemeindehaus ein Mehrzweck- und ein Jugendraum zur Verfügung. Ein großes Außengelände ist vorhanden. In dem Kindergarten arbeiteten 1994 sieben Erzieherinnen, darunter vier Teilzeitkräfte und zwei Praktikantinnen. Ein Charakteristikum des Ixheimer Kindergartenteams ist nach Angaben von Erzieherinnen die gute Kooperation untereinander. Jede kann und soll ihre Ideen in die Arbeit einbringen:[11]

„Infolgedessen passiert eben bei uns sehr viel, weil alle Erzieherinnen nach ihren Schwerpunkten arbeiten können. (...) Die Hauptsache ist, die Leute haben Spaß bei der Arbeit und die Kinder profitieren davon."

Diese Offenheit für die spezifischen Schwerpunkte der Mitarbeiterinnen und die persönliche und berufliche Anteilnahme sowie wechselseitige Hilfe führten zu einer starken Teamidentität. Die pädagogischen Mitarbeiterinnen arbeiteten noch an der schriftlichen Fixierung einer Konzeption für ihre Einrichtung. Zu den wichtigsten Zielen der Arbeit gehörten für eine Erzieherin:

„Für mich persönlich ist ein Hauptziel die Sozialerziehung. Der Umgang miteinander, die alltägliche Konfliktbewältigung, daß wir den Kindern die Möglichkeit lassen, ihre Konflikte untereinander selbst zu bewältigen (...). Ein weiteres Ziel ist für mich die Elternarbeit, Elternarbeit auch mit anderen Institutionen zusammen, wie beispielsweise der Kirchengemeinde mit dem neuen Pfarrer (...). Teamgeist ist für mich noch wichtig. Denn wenn sich ein Team gut versteht, wenn man auf einer Wellenlänge liegt, dann spüren dies auch die Kinder."

Aus der Äußerung dieser Mitarbeiterin wird deutlich, daß Kinder zum sozialen Umgang und zur Selbständigkeit erzogen werden sollen. Die Zusammenarbeit mit Eltern, der Kirchengemeinde und ein guter Teamgeist hatten einen hohen Stellenwert.

---

[11] Die nachfolgenden Zitate stammen aus drei 1994 durchgeführten Erzieherinneninterviews.

3.2 Ergebnisse der Elternbefragung

An der Befragung zur Lebenssituation und Bedarf von Kindern und jungen Familien beteiligten sich in Zweibrücken 85% der Kindergarteneltern.[12] Aus dieser Gruppe wachsen alle Kinder bei Vater und Mutter auf, davon 7% in Dreigenerationenfamilien. Wie in allen drei Projektorten gibt es wenige ausländische Familien, knapp 10% sind Aussiedler mit deutscher Staatsangehörigkeit. Nur 18,6% der Mütter und 27,3% der Väter sind am Ort aufgewachsen. Dies mag ein Grund dafür sein, daß 71,7% der Eltern in ihrer Erziehungsarbeit außer durch den Kindergarten von niemandem entlastet werden. 81,7% der Eltern leben in Ein- und Zweifamilienhäusern. 43,9% der Familien sind Haus- oder Wohnungseigentümer. Fast alle Kinder verfügen über ein Kinderzimmer, 66,7% davon haben ein Zimmer für sich allein. Die Wohnqualität wird überwiegend positiv eingeschätzt. Kontakte zu Freunden, Verwandten und Nachbarn werden in Ixheim mehrheitlich als gut bewertet.

96,5% der Väter und 40% der Mütter sind erwerbstätig. Die ermittelte Erwerbslosigkeit der Väter ist Folge ihrer Arbeitslosigkeit und kein freiwilliger Verzicht zugunsten der Kindererziehung. 54,5% der erwerbstätigen Mütter arbeiten 11-20 Stunden, 18,1% jedoch mehr als 40 Stunden.

Die Eltern erwarten vom Kindergarten in erster Linie, daß ihr Kind hier die Möglichkeit hat, mit anderen Kindern zu spielen. Die Förderung des Selbstbewußtseins und des sozialen Verhaltens rangierten deutlich vor dem Wunsch der Vorbereitung auf die Schule. Auch in Ixheim ist für einen Teil der Frauen der Kindergarten als Gesprächsmöglichkeit mit Erzieherinnen (23%), als Austauschmöglichkeit über Erziehungsfragen (37%) und als Kontaktagentur zu anderen Eltern (39%) wichtig. Doch diese Funktion des Kindergartens ist für Eltern hier weniger bedeutsam als in Bobenheim. Dies hängt möglicherweise mit den Arbeitsschwerpunkten der Erzieherinnen in der Einrichtung und dem Eingebundensein der Eltern in den Stadtteil zusammen.

Mit der Befragung sollte neben dem veränderten Bedarf auch die Bereitschaft, sich zu engagieren, herausgefunden werden. Anhand von fünf Beispielen wurden Eltern gefragt, ob sie diese Veränderung begrüßen und ob sie dabei mitarbeiten wollten. Das Ergebnis (Vgl. Diagramm 3) zeigt, daß insgesamt etwa zwei Drittel der Eltern Veränderungen wünschen und ein Drittel bereit ist, daran mitzuarbeiten. Besonders viele erklären sich in den Bereichen bereit mitzuarbeiten, wo Menschen eigene Kompetenzen und Fähigkeiten einbringen können.

Die Mehrheit der Familien, die den Kindergarten besucht, gehört zur evangelischen Gemeinde. Zufrieden mit den Angeboten der Kirchengemeinde für Kinder und Familien sind nur knapp die Hälfte der Befragten. Nach ihren Interessen befragt, wünschen sich Familien mehr Familiengottesdienste, Kindergruppen und -freizeiten, Familienfreizeiten und Kindergottesdienste. Ähnlich wie in den beiden anderen Orten signalisieren Eltern nicht nur ihre Interessen, sondern auch ihre Bereitschaft, sich zu engagieren. Besonders bei Bastelkursen, Renovierungsarbeiten, Müttergruppen und Gesprächskreisen können sich die Eltern vorstellen, ihr Engagement einzubringen.

---

[12] Vgl. F. Schmidt/W. Schmitt, 6ff.

Diagramm 3: Begrüßen von Veränderungen und Bereitschaft mitzuarbeiten
Angaben in absoluten Zahlen. Quelle: Elternbefragung in Zweibrücken 1994

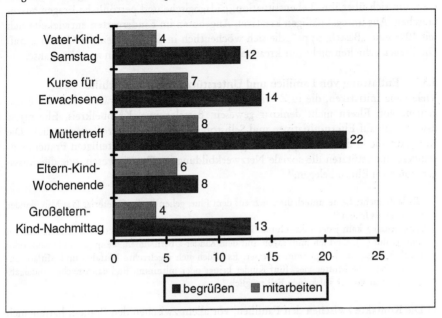

3.3 Grundlinien der Entwicklung

Die Projektentwicklung in Zweibrücken-Ixheim konzentrierte sich zunächst auf drei Bereiche: Förderung von interfamilialen Begegnungsmöglichkeiten, Vernetzung im Gemeinwesen und Weiterentwicklung der einrichtungsinternen Öffnung. Erst in der zweiten Phase des Modellversuches fanden Förderung von Selbsthilfe und die Kooperation von Kindergarten und Kirchengemeinde stärker Berücksichtigung.

3.3.1 Familien- und generationenübergreifende Kontakte fördern

Von Anfang an lag ein Schwerpunkt der Projektentwicklung in der Förderung von interfamilialen Begegnungs- und Kommunikationsmöglichkeiten. Dies entsprach den Bedarfslagen von vielen Familien und sollte zur sozialen Netzwerkbildung einen Beitrag leisten. Ein erster Schritt war die Gründung eines „Spielkreises" für Eltern und Kinder unter drei Jahren im Jugendraum beim Kindergarten, der von den Eltern dieser Kinder geleitet wurde. Die Nachfrage nach dieser Begegnungs- und Austauschmöglichkeit für Kinder, Mütter und einige Väter war so groß, daß sich die Gruppe aufteilte. Eltern schätzten es, daß die Krabbelkreise dort angeboten wurden, wo ihr Kind später den Kindergarten besuchen konnte und bevorzugten einen Vormittagstermin. Erzieherinnen konnten schon im Vorfeld eine Beziehung zu künftigen Kindergarteneltern aufbauen, was die spätere Kooperation erleichterte. Die Elternvertreter/innen richteten im Kindergarten einen Raum als „Cafeteria", als offenen Kommunikationsort für Familien ein. Dieses Cafeteria wurde im Projektverlauf sehr unterschiedlich genutzt. Es fanden dort informelle Gespräche, Frauenfrühstücke und organisierte Elternveranstaltungen statt. Ab Sommer 1994 gab es einen monatlichen „Elterntreff", zu dem sechs bis acht Väter und Mütter aus dem Kindergarten regelmäßig zusammenkamen, um sich über ihre Lebenssituation, pädagogische und persönliche Fragen auszutauschen. Aus unregelmäßigen kreativen Angeboten im Kindergarten entwickelte sich seit 1995 eine „Bastelgruppe", die sich wöchentlich in den Räumen der Cafeteria traf. Die Frauen erhielten nicht nur kreative Impulse, sondern bekamen auch Kontakte.

3.3.2 Entlastung von Familien und Unterstützung von Selbsthilfe

Viele neue Initiativen, die in Zweibrücken begonnen wurden, wären ohne das Engagement von Eltern nicht denkbar gewesen. Bastelgruppe, Krabbelkreis, Elterntreff usw. gingen auf Elterninitiativen und Selbstorganisation von Betroffenen zurück. Die Kontakte, die in diesen Gruppen, hauptsächlich zwischen den beteiligten Frauen, entstanden, unterstützten die soziale Netzwerkbildung im Gemeinwesen, wie die Aussagen von zwei Eltern belegen:[13]

„Es läuft mehr, Leute unterhalten sich auf dem Flur, gehen in die Cafeteria. Das Miteinander ist besser als früher."

„Am Anfang kam jeder rein: Guten Tag und Tschüss und fertig. Jetzt wird stehengeblieben und erzählt (...). Und ich muß sagen, mit dem Kinder-Übernehmen, wenn jemand krank oder berufstätig ist, das klappt immer besser. Es bilden sich regelrechte Mitfahr- und Mitlaufzentralen. Daß eine Mutter vier, fünf Kinder bringt oder mitnimmt und dann nacheinander abgibt, das war vorher auf keinen Fall möglich."

Die Kontakte zwischen den Familien, vor allem zwischen den Frauen, hatten auch entlastende Auswirkungen. Durch die interfamiliale Begegnung wurde die Selbstorganisation von Familien und Nachbarschaftshilfe unterstützt.[14] Auch die Öffnung des Kindergartens für Elterntreffs, bei denen Geschwisterkinder mitgebracht werden konnten, trug zur Entlastung bei.

Die Selbsthilfeinitiative und das Engagement der Eltern zeigte sich auch in den Anfängen einer Umgestaltung des Außengeländes, für die sich ein Kindergartenbauausschuß planerisch und praktisch (mit etlichen freiwilligen Helfern an Samstagen) einsetzte. Durch dieses Bauprojekt beteiligten sich nun auch Väter stärker an den Entwicklungen des Modellversuches. Allerdings wurde die Einsatzfreude beeinträchtigt durch die zögerliche Haltung des Presbyteriums, das sich trotz Vorliegen eines professionellen Gesamtentwurfes nur schwer für die Umgestaltung gewinnen ließ. Ein 1996 erschienenes Büchlein „Abenteuer 'Natur'" mit Hinweisen zu familienfreundlichen Unternehmungen in der Umgebung von Zweibrücken, ging auf die Initiative von vier Kindergartenmüttern zurück.

Im Verlauf des Modellversuches war das Engagement der Eltern sehr unterschiedlich. Es gab Krisen und Konflikte, die fast zu einem Abbruch von Elterninitiativen führten. Dabei ist deutlich geworden, daß Selbsthilfe und -organisation wachsen, wo Eltern ihren Bedarf und ihre Ideen einbringen können, bei der Planung und Gestaltung beteiligt werden und die Kommunikation zwischen den Beteiligten „funktioniert".

---

[13] Beide Aussagen stammen aus einem Interview mit Eltern, das im Jahr 1996 geführt wurde.

[14] Vgl. dazu auch den Bericht von Regina Dahl im Dritten Teil.

3.3.3 Vernetzung im Gemeinwesen und Integration

Eine Gruppe im Kindergarten baute Kontakte zu „Haus Sonne", einer Tageseinrichtung der Caritas für behinderte Kinder und Jugendliche in der Nachbarschaft auf. Zunächst kam es zu wechselseitigen Einladungen und Beteiligung, bei den jeweiligen Festen. Seit 1995 nahmen zwei bis dreimal im Monat behinderte Kinder am Gruppenleben der nichtbehinderten Kinder teil oder umgekehrt. Diese Kooperation mit „Haus Sonne" ermöglichte Jungen und Mädchen Erfahrungen mit Kindern aus einer anderen Lebenswelt und förderte bei Kindern, Eltern und Erzieherinnen diakonische Lernprozesse.

Die Erzieherinnen bemühten sich, den Übergang zwischen Kindergarten und Grundschule für die Kinder zu erleichtern. Diese Kooperation sieht der Gesetzgeber zwar vor, doch vielerorts fehlt die Bereitschaft, daran mitzuarbeiten. Erst nach vielen Gesprächen gelang es der Leiterin und ihrer Stellvertreterin, einen Lehrer an der benachbarten Grundschule zu finden, der Interesse an einer Zusammenarbeit hatte. Gemeinsam entwickelten sie ein Konzept, wie Kindergartenkinder in kleinen Gruppen am Schulunterricht teilnehmen konnten. Auf diese Weise sollten vorhandene Schulängste minimiert, die Kinder mit den Räumlichkeiten der Grundschule vertraut gemacht und eine Beziehung zwischen Lehrer und künftigen Schülern hergestellt werden. Umgekehrt konnten ehemalige Kindergartenkinder, die inzwischen in die Schule gehen, nachmittags die Kindertagesstätte besuchen.

Durch Aktionen und Kooperationsprojekte mit Kinderinstitutionen im Stadtteil, durch Feste und Veranstaltungen, zu denen auch Nachbarn eingeladen wurden, und durch eine offensive Pressearbeit versuchten die Erzieherinnen, den Kindergarten aus seinem „Inseldasein" zu befreien. Kindergarten als Nachbarschaftszentrum bedeutete für sie Offenheit und Vernetzung zum Stadtteil. Dieser Gemeinwesenbezug bekam neue Impulse durch die begonnene Umgestaltung des Außengeländes und die erwähnte Gestaltung eines Wanderführers für junge Familien.

3.3.4 Kooperation zwischen Kindergarten und Kirchengemeinde

Da die Trägerschaft des Kindergartens beim Diakonieverein liegt, gab es zwischen Kirchengemeinde und Einrichtung vor dem Modellversuch wenig Zusammenarbeit. Die dynamische Projektentwicklung im Kindergarten zu einem „zweiten Gemeindezentrum" führte zunächst zu einigen Schwierigkeiten und Mißverständnissen mit einem eher traditionellen Leitungsgremium der Kirchengemeinde. Gespräche mit Beteiligten, eine Presbytersitzung mit Eltern und Erzieherinnen zum Thema „kinder- und familienfreundliche Gemeinde", eine kritische Diskussion um den Zwischenbericht und das Bemühen um stärkere Beteiligung der Gemeinde vor allem durch den Pfarrer, führten Mitte 1995 langsam zu Veränderungen.

Von zwei Eltern, einer Erzieherin und einer Jugendlichen wurde im Sommer 1995 eine Kindergruppe für Sieben- bis Zehnjährige gegründet. Diese Frauen versuchten eine kirchliche Kinderarbeit aufzubauen. Ein kleines Team aus Pfarrer, Erzieherin, Eltern und Moderator organisierte 1995/96 offene Elternabende zu Fragen der religiösen Begleitung von Kindern. Zu diesen vier Abenden mit verschiedenen Themen kamen jeweils zehn bis zwanzig Personen aus ganz Zweibrücken. Während des Modellversuches fanden häufiger Familiengottesdienste, teilweise mit anschließendem Mittagessen statt. Diese Gottesdienste wurden von dem Pfarrer, Eltern und Erzieherinnen gemeinsam vorbereitet. Fragen der gottesdienstlichen Gestaltung führten immer wieder zu Debatten im Projektausschuß.

Für die stärkere Kooperation zwischen Gemeinde und Kindergarten und den Anfängen eines Gemeindekonzepts, in dem Kinder und Familien anders berücksichtigt werden, hatten die Beratungen im Projektausschuß eine wichtige Funktion. In diesem „Querschnittsgremium" kamen Menschen unterschiedlichen Lebensalters und kirchlicher Sozialisation an einem Tisch zusammen. Die Situation und die Schwierigkeiten in den einzelnen Gruppen wurde reflektiert und diskutiert. Aufgrund dieser positiven Erfahrungen mit dem Gremium wandelte man nach dem Ende des Modellversuches den Ausschuß in einen Mitarbeiterkreis um, an dem die Vertreter aller Gemeinde- und Kindergartengruppen teilnehmen konnten.

3.3.5 (Weiter-)Entwicklung eines Konzeptes zur Arbeit mit Kindern und Familien in Kindergarten und Kirchengemeinde

Schrittweise öffnete das Erzieherinnenteam während der Projektphase die Arbeit der Einrichtung nach innen. Ausgehend von der Wahrnehmung, daß Kinder zunehmend pädagogisch „fürsorglich belagert"[15] werden, wird in dem Konzept der „Inneren Öffnung" versucht, Kinder entscheiden zu lassen, welche Spiel- und Aktionsformen sie wählen. Ihnen werden pädagogische Freiräume geöffnet, in denen sie selbständig die Verantwortung für sich und andere erproben können. Zu bestimmten Tageszeiten hatten Kinder in Zweibrücken die Möglichkeit, alle Räume der Einrichtung zu nutzen. Der Gruppenbezug der Kinder blieb zwar erhalten, doch sie konnten selbständig zwischen verschiedenen Angeboten wählen und unterschiedliche Räume für Interaktionen nutzen. Dieser Öffnungsprozeß führte zu Diskussionen mit den Eltern über Erziehungsziele und -stile. Angeregt durch den Modellversuch und die Diskussion um den „Perspektivenwechsel" setzten sich Erzieherinnen mit der Lebenswelt von Kindern auseinander und nahmen sie als Partner ihrer Arbeit ernst. Das Wahrnehmen der Kinder als Experten in eigener Sache führte 1995 zur Erfindung des „Kinderkomitees". Barbara Brennemann beschreibt, wie Kinder im Rahmen dieses Komitees bei Entscheidungen im Kindergarten mitbestimmen können. Die Diskussion um den Perspektivenwechsel wirkte sich nicht nur auf die Arbeit mit Kindern aus, sondern war nach Aussagen der Leiterin ein Schlüssel für eine veränderte Zusammenarbeit mit Eltern:

> „Wir haben dieses partnerschaftliche Verhalten, diese lockere Umgangsweise bei den Kindern gelernt. (...) Der Begriff des Perspektivenwechsels ist für uns wie ein tragender Pfeiler geworden, bei allen Teamgesprächen: 'Stell dich an den Platz von dem Kind'. (...) Das hat uns im Prinzip erst über die Mauer geholfen, in unserem ganzen Umgangston, in Vorbehalten, die uns nicht bewußt waren, die unseren Eltern nicht bewußt waren."[16]

Dieses andere Konzept in der Kooperation mit Eltern zeigte sich auch in der Umgestaltung des Außengeländes, bei der die Eltern sehr stark beteiligt waren. Die Nieder-

---

[15] Ch. Berg, Aufwachsen in schwieriger Zeit, Gütersloh 1995, 147f.

[16] Das Interview wurde im März 1996 mit der Leiterin geführt.

schrift einer pädagogischen Konzeption, die diese Projekterfahrungen reflektierend einarbeitet, steht jedoch noch aus.

Durch den Modellversuch kam es auch in der Kirchengemeinde zu Erfahrungen und Lernprozessen, welche die Gemeinde veränderten. In den Presbytersitzungen zeigte sich immer wieder, daß die Verantwortlichen der Gemeinde wenig Erfahrungen mit einer konzeptionellen Diskussion um die künftige Entwicklung der Parochie hatten. Ein wichtiges Ergebnis der Weiterentwicklung war zweifellos die Überführung des Projektausschusses in einen Mitarbeiterkreis, der die begonnenen Aktivitäten begleiten und in der Zukunft zu einer Vernetzung zwischen neuen und etablierten Gemeindegruppen beitragen kann.

3.4 Überblick über die neuen Initiativen und Fazit

Tabelle 6: Gruppen und Initiativen, die durch den Modellversuch entstanden sind[17]

Name	Häufigkeit	Teilnehmer	Leitung
Spielkreis (Krabbelgruppe) (1994)	wöchentlich	20-40	Ehrenamtliche
Singkreis (1994-95)*	wöchentlich	19-25	Lehrer Erzieherin
Elterntreff (1994)	monatlich	6-15	Ehrenamtliche
Zusammenarbeit mit Haus Sonne (1994)	vierzehntägig	6-30	Erzieherin
Bastelangebote (1994)* Bastelgruppe (1995)		6-20	Ehrenamtliche
Kindergruppe (1995)	wöchentlich	10-20	Ehrenamtliche
Cafeteria (1994)	fast täglich		Ehrenamtliche Erzieherinnen
Bauausschuß Außengelände (1995)	unregelmäßig	6-9	Ehrenamtliche
Zusammenarbeit mit der Schule (1995)	unregelmäßig		Erzieherin Lehrer
Religionspädagogische Reihe (1995-96)*	monatlich	10-20	Pfarrer
Kinderkomitee (1995)	unregelmäßig	10	Erzieherin
Familiengottesdienste (1994)	vierteljährlich	60-150	Erzieherin Ehrenamtliche Pfarrer
Mitarbeiterkreis (1996)	vierteljährlich	15-20	Pfarrer
Wandervorschläge für Familien			Ehrenamtliche

Trotz einiger Schwierigkeiten gelang es in Zweibrücken während des Modellversuchs, wie dem Überblick zu entnehmen ist, viele neue Initiativen und Angebote zu entwickeln und zu einer verstärkten Kooperation zwischen Kindergarten und Kirchengemeinde zu kommen. Zu den Besonderheiten in Ixheim zählen, daß viele neue Angebote erst in der zweiten Hälfte des Modellprojekts entstanden und etliche Gruppen als Selbsthilfeinitiativen organisiert wurden. Im Vergleich zu den beiden anderen Orten lag in Zweibrücken ein besonderer Augenmerk auf der Integration, der Nachbarschaftshilfe und dem Ernstnehmen von Kindern als Experten in eigener Sache. Der

---

[17] Die mit * markierten Angebote gab es im Juni 1996 nicht mehr.

letzte Punkt kam eindrücklich in dem Kinderkomitee zum Vorschein. Dieser Perspektivenwechsel mit Kindern führte auch zu einer partnerschaftlichen Kooperation zwischen Eltern und Erzieherinnen.

Auch wenn die Dynamik und der Schwerpunkt des Projektverlaufes im Kindergarten lag, so gelang es, schrittweise auch die eher traditionelle Kirchengemeinde für die Lebensfragen von Kindern und Familien zu öffnen. Umgekehrt kam es bei einigen Eltern zu einer anderen Wahrnehmung der Kirchengemeinde. Aus der Kirche als Institution, die mit dem eigenen Leben nichts zu tun hatte, wurde ein Beziehungsnetz, das verändert und gestaltet werden kann.

Daß trotz verschiedener Konflikte und Widerstände der Modellversuch insgesamt sehr erfolgreich verlief und neben zahlreichen neuen Angeboten auch zu wichtigen qualitativen Prozessen führte, hatte vielfältige Ursachen:

- Engagement und Durchhaltewillen von Projektbeteiligten, insbesondere Erzieherinnen und Eltern;
- Pfarrer als Vermittler zwischen dynamischem Kindergarten und eher traditionsorientierter Gemeinde;
- Perspektivenwechsel bei den Kindern führte zu einer partnerschaftlichen Kooperation von Erzieherinnen und Eltern;
- Bereitschaft von Erzieherinnen, sich auf neue Wege einzulassen;
- Bedarfsorientierung führte zu mehr interfamilialen Kontakten und Nachbarschaftshilfe;
- Öffnung der Räume des Kindergartens für Eltern.

3.5 „Kinderkomitee"

Barbara Brennemann

Ein neues Kinderbuch mit dem Titel „ganz Toll" fanden wir Erzieherinnen so gut, daß es zum besonderen Angebot im Stuhlkreis meiner Gruppe wurde. Mit der Zeit sollte es das ganze Gruppengeschehen verändern.

Begeistert von der Geschichte (Ein kleiner Junge und eine Mama warten auf Besuch. Der Junge hat Geburtstag. Bis der Vater von der Arbeit nach Hause kommt, sind alle da, um ihm zu gratulieren) wurde sie inhaltlich in viele Spiele der Gruppe integriert, ausgebaut und umgeformt.

Im Laufe der Zeit kristallisierte sich eine kleine feste Kindergruppe heraus, die ständig andere Kinder einlädt, diesen ein Kasperlestück vorspielt, mit Freude gekochtes Essen anbietet und einfach Feste feiert.

Wir Erzieherinnen beobachteten eine Zeitlang diese schönen Spielaktionen, die sich immer differenzierter darstellten: Die Kinder basteln Einladungen, die sie selbst aus Büchern aussuchen. Sie wollen von uns wissen, wie Servietten gefaltet werden. Sie lernen Kasperlespiele auswendig und bieten bei ihren Festen an, Bücher zu gucken und zu lesen. „Komm, Du bist jetzt mein Gast und ich lese Dir etwas vor! Wir müssen ja etwas zu tun haben."

Begeistert von soviel Engagement und Spielfreude der Kinder, bot ich ihnen an, ein Fest zu feiern. Da wir beobachtet hatten, mit welchem Eifer alle Feste vorbereitet worden waren, legten wir alle Überlegungen und Entscheidungen in die Hände der Kinder. Wir brauchten sie nur zu unterstützen bzw. mit ihnen zu überdenken, welche

Vorstellungen durchzuführen waren und welche eher nicht. Wir beriefen ein sog. „Festtagskomitee" ein, bestehend aus der festen Gruppe, die bis dahin alles geplant hatte, und weiteren interessierten Kindern, die z. B. gut basteln konnten oder kreative Ideen einbrachten.

Nachdem in diesem kleineren Kreis (ca. 8 Kinder) besprochen war, was alles zu einem Fest gehört und in welchen Ablauf ein Fest eingebunden ist, übernahm recht schnell ein Mädchen das Kommando und die Regie: „Ich mach das jetzt. Frau Brennemann, Du mußt alles aufschreiben". Bei diesem ersten Treffen wurde festgelegt, welches Thema unser Fest haben sollte. Es lag beinahe auf der Hand, daß die Kinder „Bilderbücher" wählten, schließlich war von einem Bilderbuch der Anstoß zu dem Fest ausgegangen.

Nur wer sollte der Besuch sein? Als beste Idee wurde von allen die Großeltern empfunden, wobei auch andere Interessierte Zutritt haben sollten. (Geschwister, Freunde, Verwandte) „Mein Opa fragt dauernd nach, was wir im Kindergarten so machen. Jetzt kann er 'mal kommen." Daß es Kaffee und Kuchen geben sollte und daß die Großeltern ihre Bücher mitbringen sollten, war schnell klar, nachdem ein Kind von dem tollen alten Buch erzählte, das der Großvater besaß. Mehr wurde an diesem Freitag nicht besprochen. Montags kam das oben genannte Mädchen und brachte schon ca. 15 fertige Einladungskarten mit, die sie über das Wochenende mit Unterstützung ihrer Mutter selbst gebastelt hatte. Wir Erzieherinnen waren total überrascht. Ich hätte vor Freude springen können. Hatten wir doch den Nerv des Kindes erwischt, Bedürfnisse wahrgenommen und zu deren Erfüllung beigetragen. Auch die anderen Kinder des Komitees hatten sich Gedanken gemacht. Alle Familien waren schon informiert und wollten von uns Genaueres wissen. Leider konnten wir es nicht sagen, weil wir erst eine Sitzung des „Festagskomitees" der Kinder abwarten mußten. Dieses beschloß einstimmig, die Einladungen allein fertig zu machen. Wir brauchten sie nur noch zu beschriften.

Das Fest sollte eine gemütliche Vorlesestunde werden, wo die Großeltern ihre Bücher und die Kinder die Bücher unseres Kindergartens zeigen wollten. Auf Nachfrage der Eltern organisierten wir eine Buchausstellung, bei der auch „ganz Toll" zu bestellen war. Das Gefühl kam auf, daß sich kein Erwachsener dieser Einladung entziehen würde.

Die Euphorie, die die Kinder verbreiteten, wirkte ansteckend auf alle. Das Fest konnte beginnen. Es wurde genug Kuchen gespendet, den die Kinder austeilten. Beim Austeilen des Kaffees, mußten allerdings die Erwachsenen helfen. Ein weiterer Gast unseres Festes war der Vorsitzende unseres Trägervereins, der den Kindern aus vielen Büchern vorlas.

Ein gelungenes Fest, das uns inspirierte, den Kindern weitere Festplanungen zu überlassen. Das nächste Fest war das Kindergartenfest unter dem Motto: „Wir bekommen Besuch". Dieses Thema paßte allerdings auch sehr gut zu unserem Projektthema möglichst viel Besuch, viele Außenstehende begrüßen zu können. Auch hier überließ ich die nachmittägliche Organisation und Planung einem Festtagskomitee. Vier Kinder aus jeder der drei Gruppen wurden aufgefordert, an der Planung mitzuarbeiten. Bei der ersten Sitzung erklärte ich den Kindern zunächst ihre Aufgabe. Bis zum nächsten Treffen sollten sie sich die Durchführung des Themas überlegen. Was es zu essen und zu trinken geben sollte, wen sie einladen wollten.

Schon am nächsten Tag wurde ich gefragt, ob heute eine weitere Sitzung sei. Im Verlauf der Planung und der Treffen erzählte mir eine Mutter, daß ihr Kind auf keinen Fall mehr zu Hause bleiben wollte, da sie im Festtagskomitee wäre und nicht fehlen dürfe. An einer Sitzung wollte gerne ein Vater teilnehmen, der im Flur stand und auf seine Tochter wartete. Er war ganz überrascht, als er miterleben durfte, wie die Kinder ihre Meinung einbrachten und andere Meinungen und Gedanken zur Bewirtung, Einladung und den Spielen am Kindergartenfest akzeptierten. Die für mich überraschendste Entscheidung der Kinder war, daß sie darauf bestanden, keine Limo oder Cola auszuteilen, sondern Zitronentee, da wir viele Kinder haben, die wegen einer Allergie nichts anderes vertragen. Da ein Kindergartenfest ein Fest für Kinder ist, konnten wir diese Entscheidung sehr gut vor den Eltern vertreten, zumal die Kinder großzügig Mineralwasser und Bier für die Väter erlaubten. Flugzeuge und Schiffe, die beim Fest gebastelt werden sollten, bereiteten die Kinder schon Tage vorher vor und bestimmten auch, welche der Erzieherinnen dieses Angebot leiten sollte. Sogar ums Geld machten sie sich Sorgen und waren bereit, auch dafür die Verantwortung zu übernehmen.

Zum Schluß kann ich nur meiner Begeisterung Ausdruck verleihen: Allein das selbständige Arbeiten der Kinder, die Eigenverantwortlichkeit auf eine solche Weise erblühen zu sehen, war die Einrichtung eines Kinderkomitees wert. Dies hat bald auch andere organisatorische Dinge übernommen und bei vielen Dingen mitbestimmt. Für uns Erzieherinnen war es neu, zu erkennen, wie ein Eingehen auf die Bedürfnisse der Kinder unsere Verantwortlichkeit erleichtert und die Verantwortung der Kinder bedeutend stärkt. Was wir mit den Kindern zusammen planen, kann nur richtig sein. Wenn sich etwas als ungut herausstellte, war es nicht die Schuld der Erzieherinnen. Wir überlegten und überlegen zusammen mit den Kindern, wie wir es nächstes Mal anders machen können. Große Erziehungsziele wie demokratisches Verhalten, Verantwortlichkeit, auf andere eingehen, Bedürfnisse anderer wahrnehmen, Kreativität, Ausdauer und vieles mehr werden durch die Arbeit in diesem Gremium bei den Kindern gefördert. Sprachrohr des Kindes, Vermittlerin und Unterstützung zu sein, ist keine weitere Belastung für uns Erzieherinnen. Diese Arbeit wirkt eher entlastend, weil wir wissen, daß so Kinder die Lobby erhalten, die ihnen zusteht. Wichtig bei diesem Perspektivenwechsel in der Arbeit ist der pädagogische Grundsatz: Wir holen Kinder nicht ab, wo sie stehen, sondern wir gehen zu ihnen hin.

3.6 Eine Küchengeschichte

Eckart Emrich

Es war einmal eine große Familie, die wohnte in einer großen Wohnung mit einer großen Küche. In der Familie herrschte eine klare Aufgabenteilung: Die Frauen waren in der Küche tätig und hatten die Kinder um sich herum. Die Männer saßen, wenn sie nicht bei der Arbeit waren, gern bei einem Glas Wein beisammen, lösten die Probleme der Welt und freuten sich aufs Essen.

Mit der Zeit wurde den älteren Frauen in der Küche das Herumwuseln der Kinder zu viel, auch schien der Spielplatz zu gefährlich. So stellten sie für die Kleinen eigene Haushaltshilfen ein und richteten für diese auch eine eigene, kleine, moderne Küche ein. Früher hätte man von einer Gesindeküche gesprochen. So war fortan die große

Küche leerer, weil die Kinder jetzt bei ihren Betreuerinnen in der kleinen Küche waren.

Eines Tages lasen die Kinderbetreuerinnen in einer Modezeitschrift (mit einem großen W als Kennzeichen) neue Ideen über ihre Küche:

Bei euch – so wurde hier argumentiert – fühlen sich die Kinder wohl, ihr seid sozusagen das Laboratorium für die ganze Großfamilie. Wie wär's, wenn ihr darum auch eure Küche mehr öffnen würdet?

Einige waren gleich Feuer und Flamme, andere hatten Bedenken wegen der Enge und der Sicherheit. Die älteren Familienmitglieder waren gar nicht begeistert, aber da sie sahen, wie ihre alte große Küche jetzt so leer geworden war, gaben sie schließlich doch ihre Genehmigung zu dem Programm:

„Trubel in der kleinen Küche"

Dieser Titel erfüllte sich auch bald in ungeahnter Weise. Die Hausangestellten luden die jungen Erwachsenen zum Mitkochen ein, einige von ihnen bemächtigten sich auch alsbald der Küche, es gab erste Probleme um Menüs und Zubereitung: „Ich mach das immer so – ich aber so!" – ein Moment Diskussion, und schon war etwas angebrannt. Die älteren Männer, die beim Wein saßen, rochen's und kamen herbei, um mal wieder „Klarheit zu schaffen" – aber mit den hochgehenden emotionalen Wogen kamen sie nicht zurecht. Die Frauen aus der alten großen Küche standen vor der Tür und schüttelten die Köpfe. „Wären die mal einfach bei Pellkartoffeln und Quark geblieben," sagten sie, „dann wär das nicht passiert!"

Die Vielzahl der Turbulenzen sei hier nicht weiter ausgebreitet, sondern nur noch ein paar Momentaufnahmen mit Tendenzcharakter angefügt:

1. Ein Küchenausschuß führte Beteiligte aus den verschiedenen Gruppen zusammen und entwickelte außerdem neue Kontakte zur Nachbarschaft.

2. Ein Schwiegersohn, der erst vor zwei Jahren eingeheiratet hatte, aber vorher schon hier und da in der Welt herumgekommen war, bot sich als Küchenmanager an, obwohl er selbst vom Kochen nicht viel Ahnung hatte. Es gab einige hilfreiche Gespräche, bei Festen kam auch schon mal der Eindruck auf „Wir sind ein Herz und eine Seele" – aber im Alltag war doch der Abstand zwischen der alten und der neuen Küche bald wieder deutlich spürbar.

3. Einige junge Frauen nahmen gelegentlich einen Pulk Kinder aus der Küche und machten mit ihnen verschiedene Programme, wozu auch größere Kinder aus ihren Zimmern kamen. Die Hausangestellten waren dafür recht dankbar.

4. Die Kinder dürfen in der Küche inzwischen einiges mehr als nur mal ein bißchen helfen oder ihr Leibgericht wünschen: Sie dürfen jetzt manchmal schon richtig selber kochen.

5. Einige junge Männer wurden von dem Trubel angetörnt und haben angefangen, den Garten draußen neu zu gestalten.

6. Was aber noch nicht so richtig angefangen hat, ist ein lebendiges Hin und Her zwischen den Küchen. Auch hat noch niemand ernsthaft vorgeschlagen, den Trubel aus der kleinen Küche vielleicht in die große zu verlegen und diese damit gleichzeitig einmal gründlich zu modernisieren ...

Friedrich Schmidt

4. Ergebnisse der Befragung von Eltern, Erzieherinnen und Trägervertreter/innen zu den Auswirkungen des Modellprojektes

Das Selbstverständnis eines als Handlungsforschungsprojekt konzipierten Modellversuches machte es erforderlich, die beteiligten Personen an den drei Standorten zu den Auswirkungen des Projektverlaufes am Ende zu befragen. Aus der Sicht der Beteiligten und Betroffenen in Kindergarten und Kirchengemeinde sollte der Verlauf des Projektes bewertet werden. Dem Diakonischen Werk war es wichtig, daß möglichst viele Personen an dieser Befragung beteiligt werden. Um ein breites Meinungsspektrum zu erfassen, sollten Erzieherinnen, Eltern und Trägervertreter befragt werden. Aufgrund dieser Vorgaben sollte die Befragung mit Hilfe von drei schriftlichen Fragebögen durchgeführt werden. Diese waren vom wissenschaftlichen Begleiter konzipiert und mit Fachberaterinnen und wissenschaftlichen Beiratsmitgliedern diskutiert sowie in der Praxis auf ihre Tauglichkeit erprobt worden. Die Auswertung geschah in Zusammenarbeit mit der Statistischen Abteilung des Diakonischen Werkes der EKD in Stuttgart.[18] Zwar hat dieses schriftliche und standardisierte Verfahren gegenüber einem Interview den Nachteil, Projektprozesse nur unzureichend erfassen zu können, doch war dem Auftraggeber vor allem die große Reichweite dieses Befragungsinstrumentes wichtig.

An dieser Befragung, die im Januar und Februar 1996 an den drei Orten durchgeführt wurde, beteiligten sich die drei Zielgruppen in den drei Projektorten sehr unterschiedlich. Von den Eltern füllten insgesamt 54% den Fragebogen aus – 70% in Bobenheim, 68% in Zweibrücken und 31% in Ludwigshafen. Bei den Erzieherinnen belief sich der Rücklauf auf 80% - 100% in Zweibrücken, 83% in Bobenheim und 63% in Ludwigshafen. Zu den Trägervertretern zählten Pfarrer, Presbyter und Presbyterinnen. Hinzu kamen in Zweibrücken die Mitglieder des Diakonieausschusses, die nicht zum Presbyterium gehören. Hier belief sich der Rücklauf in Bobenheim-Roxheim auf 46%, in Ludwigshafen auf 33% und in Zweibrücken auf 60%.

Diese unterschiedliche Größe der Zielgruppen und die großen Differenzen bei der Rücklaufquote machen eine Vergleichbarkeit zwischen den Gruppen und Orten nur schwer möglich. Im Zusammenhang mit den oben dargestellten Verläufen können allerdings einige Rückschlüsse gezogen werden. Die wichtigsten Ergebnisse werden in einer Auswahl vorgestellt.

4.1 Bekanntheit und Teilnahme am Modellversuch

Eltern wurden gefragt, ob sie das Modellprojekt kennen und ob sie daran mitgearbeitet oder an Angeboten teilgenommen haben. An allen Orten haben neun von zehn befragten Eltern von dem Modellversuch schon etwas gehört. Trotz unterschiedlichem Verlauf scheint die Information der Eltern überall gleich zu sein. Bei den Anga-

---

[18] Die Erfassung der Daten mit EDV besorgte Volker Janke. In Kooperation mit Wolfgang Schmitt von der Statistischen Abteilung des Diakonischen Werkes der EKD in Stuttgart soll die gesamte Befragung ausgewertet und in der Reihe Statistische Informationen publiziert werden.

ben zur Teilnahme und Mitarbeit bei Angeboten, die durch den Modellversuch entstanden sind, zeigten sich signifikante Unterschiede. Während in Zweibrücken fast zwei Drittel der Eltern angeben, an Projektangeboten mitgearbeitet zu haben, sind es an den beiden anderen Orten unter 50%. Dieser Unterschied ist möglicherweise auch darauf zurückzuführen, daß in Zweibrücken das Projekt besonders in der letzten Phase neue Impulse erhielt und damit im Bewußtsein vieler Eltern einen festen Platz hat.

Diagramm 4: Bekanntheit und Teilnahme am Modellversuch
Angaben in Prozent. Quelle: Elternbefragung 1996[19]

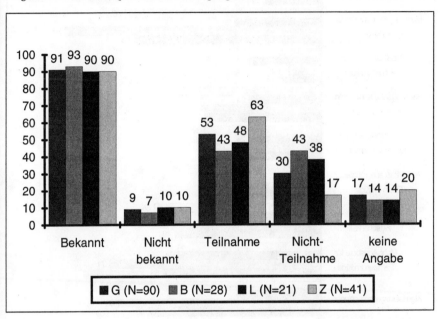

4.2 Durch den Modellversuch aus der Sicht von Eltern und Erzieherinnen bewirkte Veränderungen

In der Einschätzung der Eltern über die Auswirkungen des Modellversuches zeigen sich zwischen den drei Orten deutliche Unterschiede (Vgl. Diagramm 5). Zunächst fällt auf, daß in Ludwigshafen in fast allen befragten Punkten teilweise deutlich weniger Eltern Veränderungen des Modellversuches benennen als in den beiden anderen Projektorten. Während beispielsweise 86% der Befragten in Bobenheim und 66% in Zweibrücken angeben, daß durch das Projekt mehr Angebote für Kinder in der Einrichtung entstanden sind, sagen dies in Ludwigshafen nur 29%. Allein bei der Einschätzung, daß durch diese Entwicklung die Arbeit der Erzieherin mit den Kindergar-

---

[19] Die Legende in diesem und den folgenden Diagrammen bedeutet: G=Gesamt, B=Bobenheim-Roxheim, L=Ludwigshafen, Z=Zweibrücken.

tenkindern zu kurz kommt, also in der negativen Bewertung, liegen die Eltern in Ludwigshafen vorn.

Diagramm 5: Was hat sich durch das Projekt verändert?
Angaben in Prozent. Quelle: Elternbefragung 1996[20]

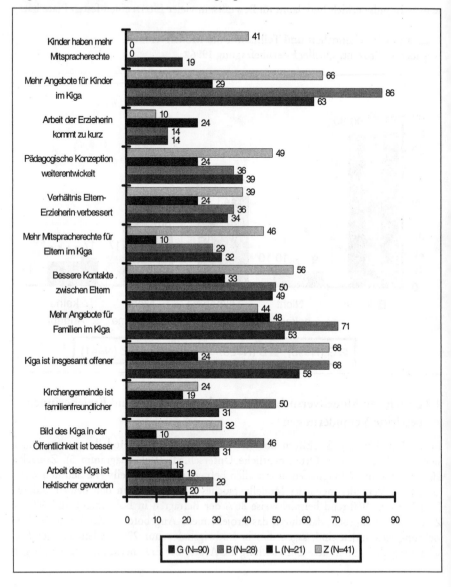

---

[20] Antwortmöglichkeiten werden verkürzt wiedergegeben.

Diese Differenzen gewinnen an Profil, wenn man überprüft welche Auswirkungskategorien an den drei Orten von mehr als vierzig Prozent der Befragten benannt werden. In Bobenheim nennen Eltern am häufigsten: „mehr Angebote für Kinder im Kindergarten" (86%), „mehr Angebote für Familien im Kindergarten" (71%) und „Kindergarten ist insgesamt offener" geworden (68%). Danach folgen „die Kirchengemeinde ist familienfreundlicher" geworden und „mehr Kontakte zwischen Eltern" (je 50%) sowie das „Bild des Kindergartens ist in der Öffentlichkeit besser" geworden (46%). Die meisten befragten Zweibrücker Familien stimmen für „Kindergarten ist insgesamt offener" geworden (68%), „mehr Angebote für Kinder im Kindergarten" (66%) und „bessere Kontakte zwischen Eltern" (56%). Danach rangieren Weiterentwicklung der pädagogischen Konzeption (49%), mehr Mitspracherechte für Eltern (46%) und Kinder (41%) sowie „mehr Angebote für Familien im Kindergarten" (44%). In Ludwigshafen votieren die Eltern am häufigsten für „mehr Angebote für Familien im Kindergarten" (48%). Alle anderen Kategorien liegen unter dreißig Prozent. Während in Bobenheim sechs und in Zweibrücken sieben Nennungen die Zustimmung von über vierzig Prozent der befragten Eltern erhalten, ist dies in Ludwigshafen nur eine Nennung. Diese deutliche Differenz zwischen einem und den beiden anderen Standorten kann aus meiner Sicht zwei Ursachen haben. Entweder wurden mit dem Modellversuch in Ludwigshafen nur ein vergleichsweise kleiner Teil der Eltern erreicht oder die Entwicklung hatte wirklich relativ wenige Auswirkungen für Familien und Kinder.

41% der Eltern in Zweibrücken sagen, daß Kinder mehr Mitspracherechte in der Einrichtung haben, während an den beiden anderen Orten keine Familie dies angibt. Dieses deutliche Votum ist zweifellos eine Folge des „Kinderkomitees" in Zweibrücken.[21] In Folge dieser Entwicklung kam es dort auch zu einer Stärkung der Mitspracherechte der Eltern, die von 46% der Familien auch so bewertet werden. Auffällig ist in Bobenheim die überdurchschnittlich hohe Zahl von Eltern, welche die Zunahme an Angeboten für Kinder und Familien in der Einrichtung benennen und die Menge von 50% der Befragten, die angeben, daß die Kirchengemeinde familienfreundlicher geworden ist. Möglicherweise sind dies Folgen der seit Beginn des Modellversuchs intensiven Familiengottesdienstarbeit und des Familienbüros.

Die Veränderungen des Modellversuches in den drei Orten werden von den Erzieherinnen unterschiedlich bewertet. Doch die Differenzen sind deutlich geringer als bei der Befragung der Eltern (Vgl. Diagramm 6). Übereinstimmend sehen fast alle Befragten, daß sich die pädagogische Konzeption weiterentwickelt hat und die Einrichtung insgesamt offener geworden ist. Die Unterschiede werden deutlicher, wenn verglichen wird, welche Veränderungen mindestens achtzig Prozent der Mitarbeiterinnen bestätigen.

Alle Erzieherinnen in Bobenheim sagen, daß der Kindergarten offener geworden ist, die pädagogische Konzeption sich weiterentwickelt hat, die Kontakte zwischen Eltern und Erzieherinnen besser geworden sind und es mehr Angebote für Kinder in der Einrichtung gibt. Noch 80% der Mitarbeiterinnen meinen, daß die Kirchengemeinde familienfreundlicher geworden ist, Eltern bessere Kontakte untereinander haben und es im Kindergarten mehr Angebote für Familien gibt. In Ludwigshafen bestä-

---

[21] Das eindeutige Ergebnis spricht auch für die Trennschärfe dieser Befragung.

tigen 80% der befragten Erzieherinnen, daß sich die pädagogische Konzeption weiterentwickelt hat, die Kontakte zwischen den Eltern besser geworden sind und die Einrichtung insgesamt offener ist. Alle Zweibrücker Erzieherinnen meinen, daß die Kinder mehr Mitspracherechte haben, es mehr Angebote für Kinder gibt, die pädagogische Konzeption sich weiterentwickelt hat und der Kindergarten insgesamt offener geworden ist. 83% sagen, daß Eltern mehr Mitspracherechte haben und die Kontakte zwischen Erzieherinnen und Eltern besser geworden sind.

Dieser Vergleich zeigt, daß nach Einschätzung der pädagogischen Fachkräfte in Zweibrücken und Bobenheim mehr dieser erfragten Veränderungsprozesse stattgefunden haben als in Ludwigshafen. Diese Differenzen, die wir auch schon bei der Elternbefragung festgestellt haben, stehen zweifellos im Zusammenhang mit dem wechselhaften Verlauf der Projektentwicklung in der Großstadt. Eine Besonderheit des Bobenheimer Projektverlaufs besteht darin, daß vergleichsweise viele Erzieherinnen Auswirkungen auf die Kirchengemeinde sehen. In Zweibrücken fällt auf, daß die Mitarbeiterinnen besonders die Stärkung der Mitspracherechte von Kindern und Eltern benennen.

Diagramm 6: Was hat sich durch den Modellversuch verändert?
Angaben in Prozent. Quelle: Erzieherinnenbefragung 1996

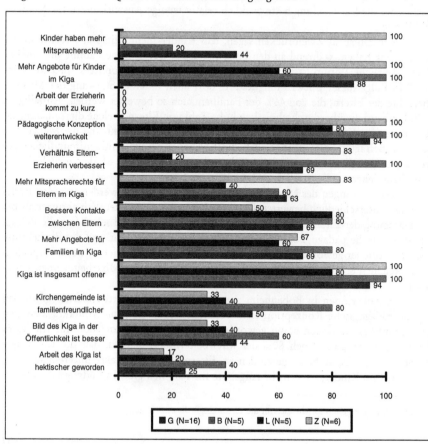

4.3 Auswirkungen des Modellversuches auf die Kirchengemeinden aus Sicht der Erzieherinnen und Trägervertreter/innen

Auf die Frage nach den Veränderungsprozessen in der Kirchengemeinde ist das Antwortverhalten der Erzieherinnen längst nicht so eindeutig, wie auf den Modellversuch allgemein. Zwar konstatieren alle, daß durch den Modellversuch Veränderungen in Gang gekommen sind, im einzelnen zeichnet sich allerdings ein vielschichtiges Bild ab. Dies wird deutlich in einem Vergleich der wichtigsten Wertungen an jedem Ort.

Diagramm 7: Veränderungen in der Kirchengemeinde
Angaben in Prozent. Quelle: Erzieherinnenbefragung 1996

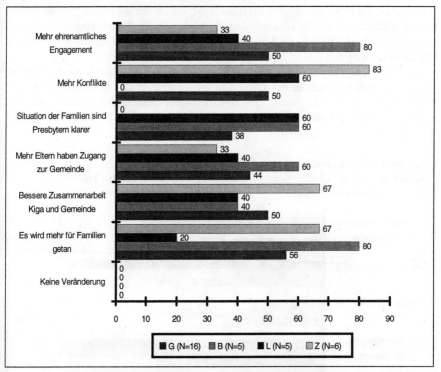

In Bobenheim sagen alle Erzieherinnen, daß es durch den Modellversuch keine zusätzlichen Konflikte gab, 80% meinen, daß mehr für Kinder und Familien getan wird und es mehr ehrenamtliches Engagement gibt und 60% bestätigen, daß mehr Familien Zugang zur Gemeinde gefunden haben bzw. dem Presbyterium die Lebenssituationen von Familien klarer geworden sind. Aus der Sicht der meisten Erzieherinnen kam es hier also zu wechselseitigen Lernprozessen, die zu einer Annäherung der Kirchengemeinde an die Lebenswelten von Familien führte, während umgekehrt sich mehr Familien für „Kirche" interessieren und sich dort auch engagieren. In Ludwigshafen sagen 60% der Erzieherinnen, daß es mehr Konflikte gab und dem Presbyterium die familialen Lebenssituationen deutlicher geworden sind. Die meisten Erzieherinnen nennen die konflikthafte Entwicklung und die Annäherung des Presbyterium an die Lebenswelten von Familien. In Zweibrücken wiederum meinen alle Erzieherinnen, daß dem gemeindeleitenden Gremium die Lebenssituationen von Familien nicht klarer geworden sind, daß es mehr Konflikte gab (83%), die Zusammenarbeit zwischen Kindergarten und Gemeinde besser wurde und mehr für Kinder und Familien getan wird (je 67%). Hier ist eine doppelte Einschätzung zu konstatieren. Einerseits gab es mehr Konflikte und die Haltung vieler Gemeindeverantwortlicher gegenüber Familien hat sich nicht verändert, andererseits ist die Kooperation zwischen Einrichtung und Gemeinde verbessert, und es wird mehr für Familien getan. Bemerkenswert ist die Einschätzung, daß es in Bobenheim im Unterschied zu den beiden anderen Orten keine zusätzlichen Konflikte gab. Dieses Ergebnis findet durch den jeweiligen Projektverlauf seine Bestätigung. Auffällig ist auch, daß die Mehrheit der Erzieherinnen in Bobenheim und Ludwigshafen einen Wandel des Presbyteriums im Hinblick auf Familien konstatieren, während dies in Zweibrücken nicht beobachtet wird.

Fast alle Trägervertreter und -vertreterinnen sagen, daß es im Laufe des Modellversuches zu Veränderungen in der Gemeinde gekommen ist und bestätigen damit die Einschätzung der Erzieherinnen. 75% aller Befragten meinen, daß in der Gemeinde mehr für Kinder und Familien getan wird. Doch damit enden die Gemeinsamkeiten zwischen den drei Projektorten.

Diagramm 8: Veränderungen in der Kirchengemeinde
Angaben in Prozent. Quelle: Befragung der Trägervertreter/innen 1996

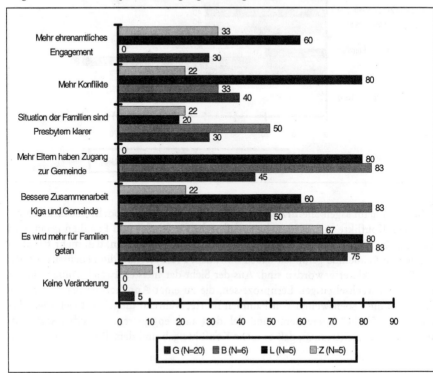

Während in Zweibrücken von der Mehrheit der Befragten nur eine Veränderung festgestellt wird, sind es in Bobenheim vier und in Ludwigshafen fünf Veränderungen. In Ludwigshafen und Bobenheim sagt die Mehrzahl der Befragten, daß mehr für Familien getan wird, daß die Zusammenarbeit mit dem Kindergarten verbessert wurde und mehr Familien Zugang zur Gemeinde gefunden haben. Während die Hälfte der Befragten im Dorf auch eine veränderte Sichtweise des Presbyteriums auf die Lebenssituation von jungen Familien konstatierten, wird in der Stadt ein Anwachsen des ehrenamtlichen Engagements und der Konflikte beobachtet.

Aus der Sicht der Gemeindeverantwortlichen hatte der Modellversuch besonders in Ludwigshafen und Bobenheim Auswirkungen auf die Kirchengemeinde. Daß diese insgesamt positive Entwicklung auch ein Anstieg von Konflikten mit sich brachte, wird insbesondere in Ludwigshafen gesehen. In Zweibrücken sieht nur eine Minderheit der Befragten Veränderungen für die Gemeinde. Dieses Ergebnis ist aus meiner Sicht sowohl ein Resultat der mangelnden Einbeziehung der Kirchengemeinde in den Prozeß als auch der ungenügenden Wahrnehmung der Veränderungen durch die Befragten.

4.4 Veränderungen der beruflichen Rolle aus der Sicht der Erzieherinnen

Wie schätzen Erzieherinnen die Auswirkungen des Modellversuches auf die eigene Berufsrolle ein? So wie das Engagement der einzelnen Pädagoginnen in jeder Einrichtung unterschiedlich war, so bewerten sie auch die Konsequenzen für die Erzieherinnenrolle verschieden. Allerdings sagen drei von vier Mitarbeiterinnen, daß sie durch das Projekt weiterqualifiziert worden sind. 81% haben im Projektverlauf für sich neue Tätigkeitsfelder entdeckt. Jede zweite hat einen anderen Blick auf familiale Lebenswelten gewonnen. Nur wenige haben den Eindruck, daß durch den Modellversuch ihre Arbeit schwieriger geworden sei (Vgl. Diagramm 9).

Signifikante Unterschiede zeigen sich vor allem darin, daß besonders die Ludwigshafener Erzieherinnen hervorheben, daß die Beziehung zur Kirchengemeinde besser geworden ist. Deutlich mehr Pädagoginnen aus Bobenheim und Zweibrücken unterstreichen ihre veränderte Sichtweise auf die familialen Lebenswelten als in Ludwigshafen. Die Hälfte der Zweibrücker Erzieherinnen unterstreicht den anderen Umgang mit Eltern.

Aus meiner Sicht spiegelt sich der unterschiedliche Verlauf des Modellversuches auch in den Auswirkungen auf die Erzieherinnenrolle wieder. Dort wo es – wie in Zweibrücken oder Bobenheim – viele Veränderungen gab, erleben Erzieherinnen dies auch eher als Wandel der Berufsrolle. Die Differenzen zwischen den drei Orten in dieser Fragestellung sind allerdings längst nicht so signifikant, wie bei den ersten beiden Fragen. Denn trotz oder wegen des schwierigen Projektverlaufes fand in Ludwigshafen bei den pädagogischen Mitarbeiterinnen eine Auseinandersetzung mit der Erzieherinnenrolle statt.

Diagramm 9: Veränderungen der Erzieherinnenrolle
Angaben in Prozent. Quelle: Erzieherinnenbefragung 1996

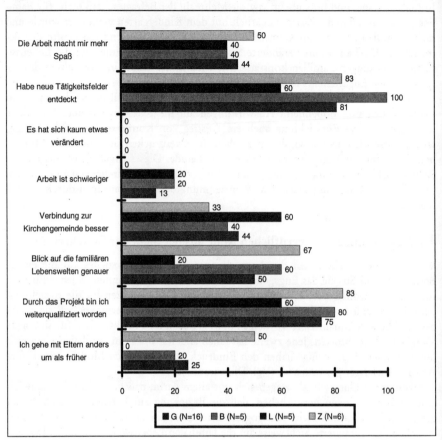

4.5 Abschließende Beurteilung des Modellversuches

Eltern, Erzieherinnen und Gemeindeverantwortliche wurden gebeten, abschließend den Verlauf des Modellversuches für ihre Gemeinde und Einrichtung insgesamt zu beurteilen. Sie sollten dies sowohl hinsichtlich Einrichtung, Gemeinde und Familien tun. Trotz vieler Unterschiede zeigt sich, daß der Modellversuch an allen drei Orten von allen drei Gruppen überwiegend positiv beurteilt wird.

4.5.1 Eltern

Fast die Hälfte aller befragten Eltern beurteilt die Entwicklung durch den Modellversuch für den Kindergarten als „sehr gut", 30% als „eher gut". Allerdings zeigen sich zwischen Zweibrücken und den beiden anderen Orten deutliche Unterschiede in der Bewertung. Während in Zweibrücken fast zwei Drittel der Eltern die Auswirkungen des Projektes auf die Einrichtung als „sehr gut" charakterisieren, sind es in Bobenheim mit 36% und Ludwigshafen mit 24% deutlich weniger. An beiden Orten stufen etwa 20% der Eltern die Entwicklung eher negativ ein. Diese differente Bewertung der Eltern kann mit dem unterschiedlichen Verlauf des Projektes erklärt werden.

Tabelle 7: Wie beurteilen Sie die Auswirkungen des Projektes auf den Kindergarten?
Angaben in Prozent. Quelle: Elternbefragung 1996

	sehr gut	eher gut	weniger gut	nicht gut	keine Angabe
Zweibrücken (N=41)	63	22	7	0	8
Bobenheim (N=28)	36	36	18	4	6
Ludwigshafen (N=21)	24	38	14	5	19

Die Auswirkungen des Projektes für die Kirchengemeinde werden von den Eltern ebenfalls überwiegend positiv beurteilt, wenn auch hier das „eher gut" überwiegt. Auffallend ist hier der große Anteil von Eltern, die keine Angaben machen, besonders in Ludwigshafen (43%). Den Einfluß des Projektes auf die Gemeinde können augenscheinlich viele aufgrund fehlender Erfahrungen nicht beurteilen. Hier zeigt sich, daß vergleichsweise viele Bobenheimer Eltern (39%) die Auswirkung als „sehr gut" einschätzen.

Tabelle 8: Wie beurteilen Sie die Auswirkungen des Projektes auf die Kirchengemeinde?
Angaben in Prozent. Quelle: Elternbefragung 1996

	sehr gut	eher gut	weniger gut	nicht gut	keine Angabe
Zweibrücken (N=41)	24	49	2	0	25
Bobenheim (N=28)	39	36	0	0	25
Ludwigshafen (N=21)	19	38	0	0	43

Auch bei der Beurteilung der Projektentwicklung für Familien am Ort dominieren insgesamt die Voten „sehr gut" (32%) oder „eher gut" (42%). Hier zeigen sich signifikante Unterschiede zwischen Ludwigshafen und den beiden anderen Orten. In der Großstadt machen 38% keine Angaben und nur 14% beurteilen die Entwicklung als sehr positiv. In Zweibrücken und Bobenheim-Roxheim erleben viele Eltern die Auswirkungen für Familien deutlich besser.

Tabelle 9: Wie beurteilen Sie die Auswirkungen des Projektes auf Familien
Angaben in Prozent. Quelle: Elternbefragung 1996

	sehr gut	eher gut	weniger gut	nicht gut	keine Angabe
Zweibrücken (N=41)	34	44	5	0	17
Bobenheim (N=28)	43	36	4	0	17
Ludwigshafen (N=21)	14	48	0	0	38

Als Fazit läßt sich festhalten, daß die Entwicklung des Modellversuchs hinsichtlich des Kindergartens, der Gemeinde und der Familie von mehr als zwei Drittel der Befragten als positiv charakterisiert wird. Bei der Beurteilung gibt es zwischen den drei Orten allerdings charakteristische Unterschiede. Insgesamt wird die Entwicklung in Bobenheim und Zweibrücken deutlich positiver beurteilt als in Ludwigshafen, wo ein hoher Anteil von Eltern keine Angaben macht. Das schlechtere Votum der Eltern in der Stadt kann eine Folge des schwierigen Projektverlaufes und der Tatsache sein, daß vergleichsweise wenig Eltern in diesen Prozeß einbezogen waren. Hervorheben möchte ich, daß dieser Modellversuch aus der Sicht der Eltern, besonders in Zweibrücken und Bobenheim-Roxheim, nicht nur positive Auswirkungen auf soziale Organisationen, sondern auch auf die Familien selbst hatte.

4.5.2 Erzieherinnen

Die Erzieherinnen beurteilen die Entwicklung des Projektes für ihre Einrichtung insgesamt ausgesprochen positiv. Während in Bobenheim und Zweibrücken etwa 80% die Entwicklung als „sehr gut" beurteilen, sind es in Ludwigshafen allerdings nur 20%. Dort bewertet die Mehrheit der Erzieherinnen die Auswirkungen vorsichtiger als „eher gut".

Tabelle 10: Wie beurteilen Sie die Auswirkungen des Projektes auf den Kindergarten?
Angaben in Prozent. Quelle: Erzieherinnenbefragung 1996

	sehr gut	eher gut	weniger gut	nicht gut	keine Angabe
Zweibrücken (N=6)	83	17	0	0	0
Bobenheim (N=5)	80	20	0	0	0
Ludwigshafen (N=5)	20	60	0	0	20

Demgegenüber ergibt sich bei der Beurteilung der Entwicklung für die Kirchengemeinde ein sehr uneinheitliches Bild. Während 80% der Bobenheimer Erzieherinnen die Auswirkungen auf die Gemeinde als „sehr gut" einschätzen, sagt dies in Zweibrücken niemand und in Ludwigshafen nur eine Erzieherin. An beiden Orten dominieren diejenigen, die keine Angaben machen. Offen ist, ob dies bedeutet, daß die Erzieherinnen die Auswirkungen nicht beurteilen können oder unsicher sind, wie sie zu bewerten sind. Die signifikante Differenz zwischen den Pädagoginnen läßt sich meines Erachtens nur dadurch erklären, daß es in Bobenheim wenig Konflikte gab und einige Veränderungen in der Gemeinde in Gang gekommen sind.

Tabelle 11: Wie beurteilen Sie die Auswirkungen des Projektes auf die Kirchengemeinde?
Angaben in Prozent. Quelle: Erzieherinnenbefragung 1996

	sehr gut	eher gut	weniger gut	nicht gut	keine Angabe
Zweibrücken (N=6)	0	33	0	17	50
Bobenheim (N=5)	80	20	0	0	0
Ludwigshafen (N=5)	20	20	20	0	40

Für Familien des Ortes wird die Entwicklung des Projektes an allen drei Orten von den Erzieherinnen überwiegend positiv beurteilt. Hier ist allerdings ein Wertungsgefälle zwischen Bobenheim, Zweibrücken und Ludwigshafen feststellbar. Sind es im Großdorf 80%, welche die Auswirkungen des Projektes für Familien als „sehr gut" charakterisieren, so sind es in Zweibrücken 33%, und in Ludwigshafen ist es niemand.

Tabelle 12: Wie beurteilen Sie Auswirkungen des Projektes auf Familien?
Angaben in Prozent. Quelle: Erzieherinnenbefragung 1996

	sehr gut	eher gut	weniger gut	nicht gut	keine Angabe
Zweibrücken (N=6)	33	50	0	0	17
Bobenheim (N=5)	80	20	0	0	0
Ludwigshafen (N=5)	0	60	0	0	40

Als Fazit läßt sich sagen, daß die Entwicklung des Modellversuches von den Erzieherinnen überwiegend mit „sehr gut" oder „eher gut" beurteilt wird. Die deutlichsten Unterschiede zeigen sich bei der Beurteilung der Auswirkungen auf die Kirchengemeinde. Die positive Einschätzung der Bobenheimer Erzieherinnen wird kaum geteilt. Zwischen den drei Erzieherinnengruppen zeigt sich ein gewisses Wertungsgefälle. Die Zweibrücker und Bobenheimer Mitarbeiterinnen urteilen tendenziell positiver als die Ludwigshafener. Dieses Phänomen ist aus meiner Sicht weniger mit unterschiedlichen Maßstäben der Erzieherinnen als mit dem tatsächlich differenten Verlauf des Projektes an den drei Orten zu erklären.

4.5.3 Trägervertreter/innen

Die Entwicklung des Projektes für den Kindergarten wird von den Pfarrern, Presbytern und Presbyterinnen der drei Gemeinden überwiegend positiv beurteilt. In der Bewertung zeigt sich allerdings ein Gefälle zwischen Bobenheim und den beiden anderen Orten. Während Zweidrittel der Befragten in Bobenheim die Entwicklung für den Kindergarten als „sehr gut" einstufen, sind es in Zweibrücken 22% und in Ludwigshafen (40%).

Tabelle 13: Wie beurteilen Sie die Auswirkungen des Projektes auf den Kindergarten?
Angaben in Prozent. Quelle: Trägervertreter/innenbefragung 1996

	sehr gut	eher gut	weniger gut	nicht gut	keine Angabe
Zweibrücken (N=9)	22	78	0	0	0
Bobenheim (N=6)	67	33	0	0	0
Ludwigshafen (N=5)	40	40	0	0	20

Auch die Auswirkungen für die Kirchengemeinde werden von der Trägervertreter und -vertreterinnen positiv beurteilt, allerdings deutlich vorsichtiger als bei der Einrichtung. In der Bewertung zeigt sich eine Differenz zwischen Zweibrücken und den beiden anderen Orten. In der westpfälzischen Stadt wird die Entwicklung von den Verantwortlichen der Gemeinde etwas skeptischer eingeschätzt.

Tabelle 14: Wie beurteilen Sie die Auswirkungen des Projektes auf die Kirchengemeinde?
Angaben in Prozent. Quelle: Trägervertreter/innenbefragung 1996

	sehr gut	eher gut	weniger gut	nicht gut	keine Angabe
Zweibrücken (N=9)	0	89	11	0	0
Bobenheim (N=6)	33	50	0	0	17
Ludwigshafen (N=5)	40	40	0	0	20

Für Familien des Ortes wird der Modellversuch von Pfarrern, Presbytern und Presbyterinnen insgesamt positiv bewertet. Während 40% insgesamt den Modellversuch für Familien als „sehr gut" charakterisieren, finden ihn 50% „eher gut". Auch hier zeigt sich wiederum eine signifikante Differenz zwischen den Verantwortlichen in Zweibrücken und den beiden anderen Orten. Während in Bobenheim und Ludwigshafen mindestens 60% den Verlauf mit „sehr gut" bewerten, sind es in Zweibrücken gerade 11%.

Tabelle 15: Wie beurteilen Sie die Auswirkungen des Projektes auf Familien? Angaben in Prozent. Quelle: Trägervertreter/innenbefragung 1996					
	sehr gut	eher gut	weniger gut	nicht gut	keine Angabe
Zweibrücken (N=9)	11	78	11	0	0
Bobenheim (N=6)	67	17	0	0	16
Ludwigshafen (N=5)	60	40	0	0	0

Bemerkenswert an der Beurteilung der Projektentwicklung durch die Träger sind zusammenfassend folgende Aspekte: Trotz des schwierigen Verlaufes des Modellversuches in Ludwigshafen werden die Auswirkungen von den Gemeindeverantwortlichen überwiegend positiv beurteilt. Gegenüber Bobenheim und Ludwigshafen wird die Entwicklung in Zweibrücken von den dortigen Trägervertreter/innen deutlich kritischer bewertet. Da diese Unterschiede in der tatsächlichen Entwicklung nur begrenzt Anhaltspunkte haben, kann dies nur mit einer insgesamt kritischeren Einstellung oder fehlenden Information der Verantwortlichen der Kirchengemeinde gegenüber dem Modellversuch erklärt werden.

DRITTER TEIL
DURCHBLICKE UND QUERSCHNITTE

Friedrich Schmidt u.a.

1. Nicht nur für Kinder – Kindergarten als Nachbarschaftszentrum für Familien

Ein Schwerpunkt des Modellversuches in der Pfalz war die Frage, wie die Kindertagesstätte angesichts der veränderten Lebenssituationen von Kindern und Eltern interfamiliale Kontakte fördern und familienentlastende Angebote unterstützen kann. Dabei spielte die Beteiligung und die Selbstorganisation von Eltern (und Kindern) sowie die Zusammenarbeit von pädagogischen Fachkräften und Vätern und Müttern eine zentrale Rolle. Schon im Achten Jugendbericht werden „Kindergärten als Nachbarschaftszentren mit breit gestreuten Angeboten und Unterstützungsleistungen" gefordert.[1] Mit dieser Entwicklung könnte es zu einer Neuorientierung des Verhältnisses von Institution und Familie kommen und die Kooperation von professioneller Jugendhilfe und Elternselbsthilfe gefördert werden. Das Konzept einer Kindertagesstätte, die nicht nur für Kinder da ist, sondern ein Nachbarschaftszentrum für die ganze Familie darstellt, ist eine Folge gesellschaftlicher Veränderungen in der Konsequenz lebensweltorientierter Jugendhilfe. Gesellschaftliche Individualisierungsprozesse und steigende Mobilität führen zum „Ausdünnen sozialer Beziehungen"[2]. Soziale Kontakte und Nachbarschaftshilfe sind zunehmend weniger „naturwüchsig" vorhanden. Die wissenschaftliche Netzwerkforschung zeigt die Bedeutung von persönlichen und sozialen Beziehungen zwischen Familien für „das seelische und soziale Wohlbefinden von Eltern und Kindern"[3]. Ein Zusammenhang zwischen dem Wohl des Kindes, dem Wohlergehen der Eltern und der Lebensqualität des Wohnumfeldes ist feststellbar. Erziehung und Betreuung von Kindern in der Familie ist trotz Veränderungen des „Vaterkonzeptes" immer noch überwiegend „Frauensache". Frauen, die wegen der Mutterrolle ihren Beruf aufgeben, suchen Kontakte zu anderen Menschen in ähnlichen Lebenssituationen, um durch diesen außerfamilialen Austausch für die veränderte Situation eine Identität zu konstruieren.

1.1 Bedarf und Beteiligung von Familien

Bei der Entwicklung eines Kindergartens zu einem wohnortnahen Nachbarschaftszentrum sind die Orientierung an den Lebenssituationen und Bedarfslagen von Familien sowie die Beteiligung der betroffenen Eltern bei der Planung und Gestaltung von Veränderungsprozessen zentrale Faktoren. Im Modellversuch wurde die Erfahrung gemacht, daß es für viele Eltern ungewöhnlich ist, wenn sie in Kindertagesstätten nach ihren Wünschen, ihren Ideen und ihrem Bedarf gefragt werden. Weit häufiger sind sie es gewohnt, zu Festen, Aktionen und Ausflügen ihre Beiträge in Form von Kuchen, „Gebasteltem" oder ehrenamtlichem Engagement zu leisten. Dementsprechend ratlos waren einige Väter oder Mütter bei Informationsabenden zu dem Modellversuch, als sie nach ihren Wünschen gefragt wurden.

---

[1] Achter Jugendbericht, 102.

[2] U. Beck/E. Beck-Gernheim, Das ganz normale Chaos der Liebe, Frankfurt 1990.

[3] H. Seehausen, 188. Vgl. Erster Teil.

In der schriftlichen Elternbefragung wurde deutlich, daß besonders Frauen an einer „Funktionserweiterung" des Kindergartens interessiert sind. Auf die Frage, „Was ist Ihnen wichtig, wenn Sie ihr Kind in den Kindergarten schicken?", überwiegen bei Vätern und Müttern die fördernde und sozialisationsbegleitende Funktion der Institution in Bezug auf die Kinder. Doch besonders Mütter wünschen sich über die Einrichtung Kontakte und Begegnungsmöglichkeiten mit anderen Eltern oder Erzieherinnen.[4] Daneben wünschen sich Familien mehr Angebote, die Entlastung bringen und Veranstaltungen, die von Eltern und Kindern am Wochenende besucht werden können. Besonders Frauen brauchen Angebote, bei denen sie ihre Kinder mitbringen können.

Die Befragung machte allerdings auch deutlich, daß nicht alle Eltern eine Funktionserweiterung der Einrichtung wünschen. „Wir wollen nicht, daß aus dem Kindergarten ein Elterngarten wird!" war einer der kritischen Kommentare zur Weiterentwicklung der Einrichtung zum Nachbarschaftszentrum. Etwa die Hälfte bis zu zwei Drittel der Eltern sind an einer größeren Öffnung des Kindergartens für Familien interessiert. Entgegen dem in den Kirchengemeinden und teilweise auch bei den Erzieherinnen verbreiteten Eindruck, Eltern forderten neue Angebote, ohne selbst tätig zu werden, wurde in der Befragung deutlich, daß mehr als ein Drittel der Kindergarteneltern bereit ist, aktiv mitzuarbeiten.[5]

Die Bereitschaft der aktiven Mitarbeit und Selbstorganisation von Eltern steigt, so zeigt der Verlauf des Projektprozesses, wo Eltern beteiligt werden, wo ihnen Räume geöffnet werden und wo sie ihre eigenen Ideen und Kompetenzen einbringen können.

Einige Eltern haben ihre Erfahrungen mit den Entwicklungen im Kindergarten während des Modellversuches in Bobenheim-Roxheim, Ludwigshafen und Zweibrükken geschildert. Diese Erfahrungsberichte von vier Frauen, die aktiv an der Umsetzung verschiedener Veränderungen mitarbeiteten, veranschaulichen die Entwicklungen, die vor Ort stattfanden, aber auch die Kreativität und Selbsthilfekompetenz der Beteiligten.

1.1.1 Kirchencafé und Friseur
Karin Emde

Das Kirchencafé wurde im August 1994 von Kindergarteneltern und Gemeindemitgliedern ins Leben gerufen und findet jeden Mittwochvormittag in den Räumen des Dietrich-Bonhoeffer-Zentrums statt. Es sollten im gemütlichen Rahmen Begegnungsmöglichkeiten für Kindergarteneltern und Gemeindemitglieder geschaffen werden, da es in dem Wohnviertel an solchen Treffpunkten mangelt. Angeboten werden Kaffee und selbstgebackener Kuchen. Im Rahmen des Kirchencafés wurden eine Bastelausstellung, eine Bilderbuchausstellung und ein Eine-Welt-Stand organisiert. Außerdem werden gelegentlich Referenten zu interessanten Themen eingeladen. Für die Zukunft wird überlegt, einmal im Monat ein Mittagessen für Kinder und Eltern anzubieten, um Eltern zu entlasten. Weiterhin wird erwogen, das Kirchencafé auch nachmittags zu öffnen, um intensivere Begegnungen zwischen jung und alt und Kindergarteneltern und Gemeindemitgliedern zu ermöglichen. Eine einmalige Öffnung nach einem Familiengottesdienst fand regen Zulauf und soll in Zukunft nach „besonderen" Gottesdien-

---

[4] Vgl. F. Schmidt/W. Schmitt, 64f.
[5] Vgl. F. Schmidt/W. Schmitt, 24f.

sten im Kirchenjahr wiederholt werden. Die Räume stellt die Kirchengemeinde zur Verfügung, alle sonstigen Kosten werden durch den Erlös bestritten, die Arbeit geschieht ehrenamtlich.

Seit Herbst 1995 kommt einmal im Monat ein Friseurmeister in den Kindergarten und schneidet den Kindern die Haare. Der Friseur betreibt einen Salon in Friesenheim und besitzt eine entsprechende Genehmigung für Haarschnitte „außer Haus", so daß hier arbeitsrechtlich einwandfrei gearbeitet wird. Die Kinder werden von ihren Eltern angemeldet, jeder Haarschnitt kostet 8,-- DM. Die Haare der Kindergartenkinder werden – sofern sie kooperativ sind – in der Kindergartenzeit geschnitten, Geschwisterkinder können in Begleitung ihrer Eltern einen Haarschnitt bekommen. Diese Projektaktion ist bisher ganz gut von den Eltern angenommen worden. Pro Termin melden sich zwischen 5 und 10 Kinder an. Der Friseur im Kindergarten soll zum einen eine finanzielle und zum anderen eine zeitliche Entlastung für die Eltern bedeuten. Nebenbei ergibt sich die Gelegenheit zu Gesprächen, da auch immer Kaffee bereit steht. Der Organisationsaufwand für Erzieherinnen, Elternausschuß und Kunden ist gering, so daß gute Chancen bestehen, dieses Angebot auch ohne Projekt weiterlaufen zu lassen.

1.1.2 „Elterntreff"
Monika Regin

Die Veranstaltungen des „Elterntreffs" sprachen mich bei der Vorstellung der neuen Gruppen, die sich durch das Projekt im Kindergarten entwickelt haben, am meisten an. Ich lernte rasch Gleichgesinnte kennen, mit denen man ausgiebig diskutieren kann. Besonders gefiel mir, daß in der Regel über ein vorher selbst gewähltes und für den betreffenden Abend vorbereitetes Thema gesprochen wurde. So wurden beispielsweise an einem Abend alte Spiele besprochen und teils auch durchgespielt. In der Adventszeit im vergangenen Jahr haben wir uns gemeinsam Gedanken gemacht, wie man zu Hause die Vorweihnachtszeit gestalten könnte. Auch Sinn und Unsinn bzw. Qualität und Quantität von Geschenken waren schon Inhalt unserer Gespräche. Dabei war der Kreis aber auch so offen und nicht an starre Regeln gebunden, daß ab und an ein geplantes Thema vertagt wurde und aktuelle Dinge besprochen wurden. Dieser Gedankenaustausch ist für mich sehr wichtig und hat mir schon viele Anregungen gebracht. Der Elterntreff hatte zwischenzeitlich auch unter einem nachlassenden Interesse zu leiden. Die Bemühungen, den Kreis erneut zu erweitern, andere Eltern anzusprechen und auch kurzfristig nochmals an die Termine zu erinnern, haben mir ein größeres Verständnis für die Probleme der Erzieherinnen – insbesondere betreffend der Motivation der Eltern zur Mithilfe bei bestimmten Aktionen – gebracht. Da mir die Idee „Kindergarten als Nachbarschaftszentrum" sehr gut gefällt und ich an generationsübergreifenden Kontakten interessiert bin, habe ich mich besonders darüber gefreut, daß zu einem Gesprächsabend über „ganzheitliche Medizin" auch viele ältere Gemeindemitglieder den Weg zu uns gefunden haben.

1.1.3 „Jeder hört zu und versucht ernsthaft zu helfen"
Regina Dahl

Im Oktober 1994 besuchten 25 Kinder den Spielkreis. Das war dann doch für nur eine Gruppe zuviel. Da unsere Alexandra bei den Jüngeren der Gruppe war, übernahm ich unter Mithilfe von Agnes Jung die zweite Gruppe. Es gab mehrere Gründe für mich, zu diesem Zeitpunkt den Spielkreis am 01.12.1994 zu übernehmen: Zuerst hat der Spielkreis unserer Alexandra sehr, sehr gut getan. Wir besuchten den Kreis zum ersten Mal, als Alexandra 16 Monate alt war. Die ersten Wochen hing mir das Kind ständig am Rock, wie man so schön sagt. Doch mit der Zeit wurde sie warm. Von sich aus setzte sie sich mit anderen Kindern zusammen und spielte mit anderen Müttern. Das war für mich sehr faszinierend und zum ersten Mal hatte ich auch ein paar Minuten für mich. Super! Endlich konnte ich mich mit Müttern und damals auch Vätern über alles mögliche unterhalten, ohne daß das Kleinkind eifersüchtig jedes Gespräch von mir unterbrach. Das Erlebnis war für mich eines der Hauptmotive, anderen Elternteilen auch ein wenig sich selbst zurückzugeben. Dann hat Alexandra im sozialen Bereich viel lernen können. Denn als Nesthäkchen hatte sie zu Hause eigentlich immer alle und alles im Griff. Nun mußte sie sich mit gleichaltrigen und genau so dickköpfigen Kindern auseinandersetzen. Das war eine ganz neue Erfahrung für alle Kinder. Und dann: Man kam endlich aus dem Trott der Hausfrau und Mutter heraus. Einfach mal alles liegen und stehen lassen und sich und dem Kind etwas Gutes tun. Das alles und noch viel mehr wollte ich den anderen Muttis und Papis vermitteln.

Momentan ist der Spielkreis mit etwa 13 - 15 Kindern plus ein Elternteil ständig besucht. Wir treffen uns jeden Mittwoch von 9.30 Uhr - 11.00 Uhr. Und die Mütter, die im Thomas-Mann-Kindergarten noch Kindergartenkinder haben, bleiben dann gleich in der Einrichtung, bis ihre anderen Sprößlinge um 12.00 Uhr in Empfang genommen werden können. Denn wir haben ja die Möglichkeit, im Raum des Spielkreises zu bleiben, oder noch besser, uns in die Cafeteria des Kindergartens bei einem guten Tässchen Kaffee und einem Plausch zu unterhalten.

Die Wünsche und Ziele des Spielkreises, die mit allen Beteiligten erarbeitet wurden, sind: Ganz, ganz wichtig ist es uns, einige der Mütter aus ihrer Isolation zu holen. Wir haben jetzt eine stark verjüngte Gruppe. Die Kleinsten sind noch kein Jahr alt. Ich bin der Meinung, daß - wenn die Kinder selbst es verkraften - sie ruhig erst 8 - 9 Monate alt sein können. Denn gerade für diese Muttis bedeutet es sehr viel, mit anderen Erwachsenen ins Gespräch zu kommen. Viele wissen vor lauter Haushalt und Kind gar nicht mehr, daß man auch streßfreie Stunden mit dem Kind verbringen kann. Wenn die Mutti ein ernsthaftes Gespräch führt, nehmen die anderen Muttis sich selbstverständlich der Kinder an, damit keines zu kurz kommt.

Ich habe durch das Zusammensein der vielen verschiedenen Kinder und auch Mütter sehr viel gelernt. Ich persönlich finde, daß ich seit der Übernahme sehr viel an Erfahrung mit Kindern, Frauen - also Müttern (und auch Omas, die mitmachen) - und an Erfahrung über das Leben als solches gemacht habe. Ich denke über viele Dinge ganz anders und öfter nach. Das liegt aber nicht nur an den Kindern, sondern sehr viel mehr an den Müttern. Denn erfreulicherweise wurden und werden viele private Kontakte geknüpft. Da entstanden schon sehr gute, feste Freundschaften. In den Gesprächen entdecken wir auch viele Gemeinsamkeiten, z. B. Probleme in der Kindererziehung. Das ist immer ein Thema. Doch was ganz wichtig ist: Man ist nicht allein. Jeder hört zu und versucht ernsthaft zu helfen. Auch haben viele Mütter das Problem mit dem Haushalt und dem Kind oder den Kindern und dann stehen sie meistens alleine da. Denn der Ehepartner hilft nicht mit. Diesen verzweifelten Müttern versuchen wir, ganz sanft in Gesprächen Mut zu machen, ihnen mehr Selbstvertrauen zu geben. Oder wir versuchen, die Kinder von völlig gestreßten Müttern mittags mal für wenigstens zwei bis drei Stunden zu betreuen, was bis jetzt auch gut geklappt hat. Dann kann Mutti mal entspannen und ist später wieder gut drauf. Das ist für die ganze Familie wichtig. Auch im akuten Krankheitsfall werden die Kinder untereinander betreut. Natürlich ist das nicht bei allen Spielkreisbesuchern der Fall, aber bei einigen, und das ist doch wichtig. Wir haben gemeinsam etwas mehr Menschlichkeit untereinander erreicht. Und wir sind stolz darauf.

Ganz wichtig ist für uns alle: Es wird sehr, sehr viel gelacht. Wir sind momentan eine quietschfidele und sehr optimistische Gemeinschaft, und das soll auch so bleiben. Das wünschen wir uns selbst und für alle, die noch dazukommen. Dem Kindergartenteam sagen wir einen ganz großen herzlichen Dank. Ganz besonders gilt der Dank Frau Tänzer, denn sie war dabei, als diese Gruppe ins Leben gerufen wurde. Sie ist jederzeit bereit, uns zu helfen, uns zu beraten, Bastelmaterial zur Verfügung zu stellen usw. Denn ohne die Offenheit unseres Kindergartens, hätten sich viele liebenswerte Menschen so nicht kennengelernt.

1.1.4 Integration neuer Eltern und Öffnung des Kindergartens
Gabriele Krück

Durch das Projekt „Der Ev. Kindergarten als Nachbarschaftszentrum in der Gemeinde" öffnete sich der Kindergarten auch für uns Eltern. Das war für mich neu! Nicht nur Aktivitäten, die unsere Erzieherinnen mit uns Eltern und den Omas und Opas planten, wurden mit viel Freude angenommen und erlebt. Auch Eltern wurde die Möglichkeit gegeben, die Initiative zu ergreifen, sich zu entfalten und ihr Wissen und ihre Fähigkeiten in der „neuen Begegnungsstätte Kindergarten" untereinander auszutauschen. Angespornt durch das Erzieherinnenteam wuchs unser Selbstbewußtsein und der Gemeinschaftssinn. Die Integration neuer Eltern wurde gefördert, was letztendlich auch wieder den Kindern zugute kam. Langsam aber stetig baute sich ein tiefes, freundschaftliches Vertrauensverhältnis zwischen Eltern und Erzieherinnen auf. Auch über Mißstände wurde ganz offen gesprochen. Das Erzieherinnenteam ließ uns Eltern immer spüren, daß auch unsere Meinung in unserem zweigruppigen Kindergarten gefragt und gewollt ist.

Wie selbstverständlich entwickelte sich in vielen von uns Eltern ein Verantwortungsgefühl für unseren Kindergarten. Und das ist für mich die wichtigste Botschaft dieses Projektes: Eltern und Erzieherinnen sind zu einem großen Team zusammengewachsen. Nicht nur zum Wohle unserer Kinder, sondern auch zum Wohle der ganzen Familie, die so in die Gemeinde integriert wird.

1.2 Kindergarten als Nachbarschaftszentrum

Die Entwicklung einer Kindertagesstätte zu einem Nachbarschaftszentrum für Familien ist nicht in erster Linie eine Frage der Erweiterung von Angeboten. Viel bedeutsamer ist eine größere Sensibilität der pädagogischen Mitarbeiterinnen gegenüber den Lebenssituationen von Familien und eine andere Qualität in der Zusammenarbeit von Erzieherinnen und Eltern. Wie kann die Zusammenarbeit zwischen professionellen Kräften und elterlicher Selbsthilfe gelingen? Zwei Erzieherinnen aus Bobenheim-Roxheim und eine Mutter aus Ludwigshafen beschreiben, auf was es aus ihrer Sicht ankommt.

1.2.1 „Neue Möglichkeiten der Zusammenarbeit"
Roza Groh/Angela Demary

Die Zusammenarbeit mit Eltern ist für uns ein wichtiger Bestandteil unserer Kindergartenarbeit. Es ist jedoch erfahrungsgemäß sehr schwierig, Eltern – bedingt durch die verschiedenen Lebensumstände (z. B. Berufstätigkeit beider Elternteile) – für die Mitarbeit im Kindergarten zu gewinnen. Das Projekt bot uns und den Eltern durch die Öffnung der Einrichtung für andere Zielgruppen neue Möglichkeiten der Zusammenarbeit. Während der Anfangsphase haben wir uns bewußt mit diesen verschiedenen Lebensumständen und den daraus resultierenden Bedürfnissen befaßt, mit Eltern darüber gesprochen und uns überlegt, wo wir die Möglichkeit zur Hilfe haben. Dabei haben wir die Erfahrung gemacht, daß es ganz unterschiedliche Formen der Hilfe gibt. Manches war ganz einfach durch die Zurverfügungstellung von Räumlichkeiten zu bewältigen (z. B. private Kindergeburtstagsfeiern im Kindergarten, Bastelgruppen, usw.). Darüber hinaus bildeten sich Gruppen, die zunächst verstärkt Unterstützung durch uns Erzieherinnen brauchten. Dabei war es unser Ziel, nur „Starthilfe" zu geben und uns dann zurückzuziehen. Besonders deutlich wurde dieses Konzept bei der Zusammenarbeit mit Alleinerziehenden. Die Gruppe organisierte zunächst eine Erzieherin und sie moderierte auch die monatlichen Treffen. Nach einigen Monaten konnte sich die Kollegin aus der aktiven Arbeit zurückziehen und stand der Gruppe Alleinerziehender als Beraterin zur Verfügung. Im Projekt entstanden auch Gruppen, die von vornherein so angelegt waren, daß sie von einer Mitarbeiterin durchgeführt wurden. Auch dort wurden Eltern zur Mitarbeit angeregt. So wurde z. B. die „Grashüpfergruppe" so organisiert, daß regelmäßig ein Elternteil gemeinsam mit der Erzieherin und einer Praktikantin den Nachmittag gestaltete.

In der Zusammenarbeit mit Eltern sind aus unserer Sicht folgende Aspekte wichtig:
- Auseinandersetzung mit den unterschiedlichen Lebenssituationen von Familien;
- Eltern in der Zusammenarbeit das Gefühl geben, daß sie ernst genommen werden und ihre Ideen willkommen sind;
- Eltern müssen Räume geöffnet werden;
- Einige Eltern müssen auch ermutigt werden, um ihnen die Angst vor Eigeninitiative zu nehmen. Beratung und Begleitung der Elternaktivitäten sind wichtig;
- Offenheit und Vertrauen in der Zusammenarbeit.

Durch die neue Form der Zusammenarbeit hat sich zwischen den Eltern und Erzieherinnen ein besseres Vertrauensverhältnis entwickelt. Eltern sind bei uns offener geworden. Dies bedeutet auch, daß sie ihre Ideen, aber auch ihre Kritik bewußter einbringen.

1.2.2 Wie können Erzieherinnen Elterninitiativen begünstigen?
Karin Emde

Erzieherinnen können Elterninitiativen unterstützen, indem sie folgende Punkte beachten:
- „Offene Ohren" für Elternanliegen und -probleme haben.
- Termine und Zeitabsprachen strikt und unbedingt einhalten. Vieles Organisatorische geht im Kindergartenalltag verloren, es gibt Informationsverluste zwischen den „vielen" Erzieherinnen.
- Auf der anderen Seite sind die Eltern, die sich engagieren wollen, großen Schwankungen in ihrem Engagement ausgesetzt. Möchte z. B. eine Mutter einen Kreis ins Leben rufen und bekommt ihr Kind dann Windpocken, kann das den Todesstoß für diese Aktion bedeuten. Diese dem Elterndasein ständig innewohnende „Unzuverlässigkeit" mußte von den Erzieherinnen im günstigsten Fall aufgefangen und ausgeglichen werden, was nicht einfach ist.
- Erzieherinnen müssen begeisterungsfähig und aufgeschlossen und innovativ sein, um auch ungewöhnliche, kreative, evtl. schräge und schrille Elterninitiativen in den Kindergarten aufnehmen zu können. Ungünstig für Elterninitiativen ist z. B. der Hinweis darauf, daß dieses oder jenes Vorhaben schon früher einmal angefangen wurde, aber gescheitert ist.
- Bestmögliche Unterstützung in organisatorischen Dingen:
  - Schlüssel für Räume ohne riesigen Verwaltungsaufwand zur Verfügung stellen;
  - gängige Materialien wie Tonpapier, Stifte ausgeben;
  - Zugang zur Bürokommunikation verschaffen: Telefon, Schreibmaschine, Kopierer, Fax.
- Koordinationszentrum für Aktivitäten sein und Umschlagplatz für wichtige Informationen.
- „Seelenverwandte" Eltern zusammenbringen, um die Initiativen zu stärken und größere Motivation zu erreichen.
- Kindergartenspezifische Kommunikationskanäle für die Eltern nutzen, z. B. Kontakte zu anderen Kindergärten, zur Kirchengemeinde und zur Verwaltungshierarchie (Gemeinderat, Diakonisches Werk). Den Eltern auch Zugang zu diesen Kanälen verschaffen.

Die Bedarfsanalyse hat gezeigt, daß ein großer Teil der Eltern eine Funktionserweiterung der Kindertagesstätte als Nachbarschaftszentrum für die Familien wünscht. Vor allem Frauen, deren Kinder die Einrichtung besuchen, sind an entlastenden und kommunikativen Angeboten interessiert. Für Frauen bedeutet der Prozeß der „Geburt der Eltern" ein tiefgreifenderer Einschnitt in die Biographie, weil sie es sind, die in den allermeisten Fällen ihren Beruf aufgeben oder das Verhältnis von Beruf und Familie neu arrangieren müssen, während die meisten Väter Beruf und Hobbys „ungestört" fortsetzen können.[6] Dieser Entwicklungsprozeß ist für viele Mütter nicht einfach und manchmal sehr belastend. Zur Findung der eigenen Rolle oder zur Entlastung können Begegnungen mit anderen Frauen sehr hilfreich sein. Wie Frauen durch

---

[6] J. A. Schülein, Die Geburt der Eltern. Über die Entstehung der modernen Elternposition und den Prozeß ihrer Aneignung und Vermittlung, Opladen 1990.

das Treffen mit anderen Frauen in ähnlichen Lebenssituationen ermutigt werden und ihre Rolle finden können, beschreibt Regina Dahl sehr anschaulich. In ihrem Bericht wird die Bedeutung von außerfamilialen Kontakten sowie die Bedeutung wechselseitiger Stärkung und Solidarität sehr klar. Sie macht darauf aufmerksam, wie durch diese Selbsthilfeinitiativen die Kontakte zwischen den Frauen und die (Nachbarschafts-)Hilfe zwischen den Familien wachsen kann. Daß durch solche Erfahrungen und erfolgreiches Krisenmanagement auch das eigene Selbstbewußtsein und die persönlichen Kompetenzen gefördert werden, liegt auf der Hand.

Damit Eltern aktiv werden, damit es zu einer Kooperation zwischen Jugendhilfe und Selbsthilfe in der Kindertagesstätte kommt, sind einige Grundvoraussetzungen wichtig. Karin Emde formuliert sehr eindringlich, worauf es aus der Sicht von Eltern beim Agieren der Erzieherinnen ankommt. In dem Verlauf des Modellversuches wurde immer wieder deutlich, daß es nicht allein um einen quantitativen Ausbau der Angebote für Familien geht. Entscheidend ist die Orientierung der pädagogischen Fachkräfte an den Lebenssituationen und den Bedarfslagen von Familien. Wichtig ist das Ernstnehmen der Eltern und ihre Beteiligung bei der Planung und Gestaltung neuer Formen der Zusammenarbeit. Diese veränderte Form der Kooperation bedeutet keine Aufgabe der beruflichen Professionalität, sondern ist aus meiner Sicht eine neue Qualität von professionellem pädagogischen Handeln. Erzieherinnen geben dabei ein Stück ihrer Entscheidungsmacht im Kindergarten zugunsten von Eltern auf, lassen sich auf Ideen und Wünsche stärker ein. Der Kindergarten als Nachbarschaftszentrum bedeutet, wie eine Mutter es formuliert hat, zweifellos mehr Nähe, mehr gemeinsames Leben – eben „wie eine große Familie". Elternwünsche wahrzunehmen und zu hören, heißt gerade nicht, daß Erzieherinnen nun alles machen sollen. Es genügt, Eltern „Raum zu geben" und ihnen Verantwortung zuzutrauen, daß sie ihre Ideen selbst realisieren.

Die Entwicklung der Kindertagesstätte zu einem Nachbarschaftszentrum für Familien braucht neben der inneren Einstellung auch eine andere Freistellung für Erzieherinnen. Sicherlich ist eine bessere Kooperation zwischen Eltern und Erzieherinnen durch eine Veränderung der Schwerpunkte und eine andere Grundhaltung teilweise zu realisieren. Doch die neuen Angebote müssen begleitet, koordiniert und vernetzt werden. Für diese Aufgabe brauchen Erzieherinnen eine stundenweise Freistellung.

Der Kindergarten als ein Nachbarschaftszentrum erfordert eine größere Offenheit des Trägers und eine stärkere Mitsprache der Eltern. In dem Modellversuch gab es auch bei den verantwortlichen Trägervertretern „Schlüsselfragen". Können Eltern „unbürokratisch" Räume der Einrichtung nutzen, oder ist das aus versicherungsrechtlichen Gründen nicht möglich? Auch die Kirchengemeinden als Träger der Kindertagesstätten sind gefordert, um die Mitspracherechte und Mitwirkungsmöglichkeiten von Eltern zu stärken und ihre Erzieherinnen auf diesem Weg zu unterstützen.

Ein Kindergarten als Nachbarschaftszentrum, in dem die Selbsthilfeinitiativen von Eltern gefördert werden, leistet einen wichtigen Beitrag zur lebensweltorientierten Jugendhilfe und zur diakonischen Gemeindeerneuerung. Vor dem Hintergrund gesellschaftlicher Veränderungen wird hier interfamiliale Nachbarschaftshilfe gefördert. Neben dem klassischen Verständnis von Diakonie als Hilfe für andere tritt durch die Förderung der Elternselbsthilfe ein wechselseitiges Hilfsverständnis in Erscheinung und wird praktisch erprobt: Familien tun etwas für sich und für andere. Solche Prozesse sind wirksame und realitätsnahe Gegengifte gegen eine vielerorts beklagte Entsolidarisierung der Gesellschaft. Mehr als moralische Appelle kann die Erfahrung solcher Selbsthilfe zu einer Erneuerung der gemeindenahen Diakonie beitragen.

Friedrich Schmidt u.a.

2. Aktivierung der Gemeinde für Kinder und Familien

2.1 Modellversuch und Kirchengemeinde

Der Name „Der Evangelische Kindergarten als Nachbarschaftszentrum in der Gemeinde" macht darauf aufmerksam, daß es in dem Modellversuch nicht allein um eine Weiterentwicklung der Kindertagesstätte, sondern um eine Entwicklung der gesamten Kirchengemeinde ging. Vor dem Hintergrund der bisherigen Gemeindearbeit sollte die Kirchengemeinde für Kinder und Familien aktiviert werden. Ein weiteres Ziel war, die Zusammenarbeit zwischen Kindergarten und Gemeinde zu verstärken. Neue Initiativen und familiale Angebote sollten in Überlegungen zu einer Gemeindekonzeption münden.

Einige Teilnehmende aus den Praxisorten versprachen sich durch das Projekt einen wesentlichen Beitrag zur Erneuerung der Gemeinde. Der Vorsitzende eines Presbyteriums erhoffte sich durch den Kindergarten als Nachbarschaftszentrum, „eine Ausstrahlung, die in die Gemeinde, in die Institutionen, in die Nachbarschaft einfließt und zu einer allgemeinen Erweckung führt und dadurch eine lebhafte, sprudelnde Gemeinschaft entsteht mit dem Mittelpunkt Kirche".[7]

Auch einige Erzieherinnen sahen im Modellprojekt die Möglichkeit, „zur Öffnung der Gemeinde für Neue" beizutragen und die „Bindung zwischen Kirche und Kindergarten zu intensivieren". Ist die Aktivierung und Profilierung der Kirchengemeinde im Hinblick auf Kinder und Familien gelungen?

Die Trägerstrukturen und Kooperationsformen zwischen Gemeinde und Kindertagesstätte sowie die kirchlichen Angebote für Kinder und Familien waren zu Beginn des Projektprozesses an den drei pfälzischen Orten sehr verschieden. Auch die Vorstellungen, was eine Aktivierung der Gemeinde für Kinder und Familien bedeutet und wie dieses Ziel zu realisieren sei, gingen auseinander. Einige Gemeindeverantwortliche stellten sich diesen Prozeß als Integration der Kindergarteneltern in das bestehende Gemeindeleben vor. Manche Trägervertreter hatten gehofft, daß zusätzliche Angebote für Familien durch die in der Projektausschreibung zugesagte Fachkraft realisiert werden könnten. Nachdem dieser Gemeindediakon bzw. diese Sozialpädagogin nicht finanziert wurde, entwickelte sich aufgrund der unterschiedlichen Ausgangssituationen und den verschiedenen Vorstellungen in den beteiligten Kirchengemeinden ein spezifischer Projektverlauf.

Die Konzeption des Modellversuches ging von dem Grundsatz aus, daß neue Angebote sich an den Bedarfslagen von Kindern und Familien orientieren und unter größtmöglicher Beteiligung und Mitbestimmung der Betroffenen organisiert werden sollten. Durch die Zusammenarbeit von Kircheninsidern und Distanzierten, Experten und Betroffenen sollte sich die Kirchengemeinde öffnen für neue Ideen, Bedarfslagen und Menschen. Eine Gemeinde, die sich öffnet, die als einladend erlebt wird und die sich in ihren Angeboten an den Alltagswirklichkeiten von Familien orientiert, wurde für viele Projektbeteiligte ein Leitbild.

---

[7] Beantwortung eines Fragebogens im April 1994 zu den Motiven, am Modellversuch teilzunehmen.

Zur Erhebung des Bedarfs und der Wünsche von Familien wurden zu Beginn der Projektphase Informationsabende veranstaltet und eine Elternbefragung durchgeführt.[8] Darin bewerten Eltern und andere Interessierte die Angebote der Kirchengemeinde und äußerten sich zu Veränderungen. Aus diesen Befragungen läßt sich das Fazit ziehen:[9] Junge Familien wünschen mehr Angebote und Initiativen,
- die im Alltag Entlastung bringen (Kinderfreizeiten, Kinder- und Jugendgruppen);
- die ganze Familien wahrnehmen können (Familiengottesdienste, -freizeiten, Gemeindefeste);
- die Begegnung und Kommunikation zwischen den Familien fördern (Feste, Freizeiten, Kindergruppen);
- die Orientierung im Lebensalltag geben (Kinder- und Familiengottesdienst, Familienfreizeiten, Information, Beratung und Hilfe, Seminare zur religiösen Erziehung);
- die Kinder fördern und begleiten (Instrumentalkreis, Kindergruppen);
- bei denen sie mit eigenen Kompetenzen und Fähigkeiten mitarbeiten können.

Insgesamt wünschen sich etwa die Hälfte der Befragten eine Veränderung und zwischen 30 und 40% von ihnen sind bereit, sich dafür auch zu engagieren.

Eine wichtige Funktion zur Begleitung der Veränderungsprozesse in der Gemeinde hatte der lokale Projektausschuß. Dieses Gremium setzte sich aus Erzieherinnen, Eltern, Presbyter/innen, Pfarrern, Vertreter/innen aus anderen Gemeindegruppen und aus dem Gemeinwesen sowie Fachberater/in und Projektmoderator zusammen. Der Projektausschuß, der sich fünf bis sechsmal im Jahr traf und von der Kindergartenleiterin oder dem Gemeindpfarrer moderiert wurde, entstand auf Initiative des Diakonischen Werkes. In dem Gremium aus 15 bis 18 Personen wurden die aktuelle Entwicklung des Projektverlaufes diskutiert, neue Vorhaben geplant und Schwierigkeiten in Gruppen beraten. Im Unterschied zu dem gemeindeleitenden Presbyterium bestand der Ausschuß aus Fachkräften und Betroffenen, Kircheninsidern und Distanzierten, Protestanten und Katholiken (oder Konfessionslosen). Indem Personen von außerhalb der Kirchengemeinde teilnahmen, wurde die (Selbst-)Wahrnehmung geschärft und der Blick über den „eigenen Tellerrand" gelenkt. Jede soziale Organisation, also auch Kirchengemeinde und Kindertagesstätte, neigen zu einer gewissen „Betriebsblindheit". Durch eine Arbeitsgruppe, in der auch „organisationsfremde" Menschen anwesend sind, können für die Gemeindeentwicklung neue Perspektiven gewonnen werden. In allen Projektausschüssen mußten die Teilnehmer und Teilnehmerinnen zunächst eine tragfähige Arbeitsstruktur finden und eine partizipative Gesprächskultur entwickeln. Bei einigen Treffen dieses Gremiums entfaltete sich eine innovative Dynamik, die an einem Beispiel verdeutlichen werden soll:

> Bei einer Sitzung im Herbst 1995 diskutierten die Teilnehmer und Teilnehmerinnen des Zweibrücker Projektausschusses, wie die Kirchengemeinde stärker in den Veränderungsprozeß einbezogen werden könnte. Es kam zu einer Diskussion über den Gottesdienst in der Gemeinde. Eine junge Frau sagte: „Ich habe so ein komisches Gefühl in der Kirche, daß ich mit meinen Kindern störe." Dies bestätigte eine ältere Frau: „Es gibt einige Leute, die gucken ziemlich böse, wenn Kinder und Familien sich mal in unsere Kirche verirren und es etwas lauter wird. Die

---

[8] F. Schmidt/W. Schmitt, Der Evangelische Kindergarten als Nachbarschaftszentrum in der Gemeinde, Statistische Informationen des Diakonischen Werkes der EKD, Nr. 1/1995.

[9] F. Schmidt, Lebenssituationen von jungen Familien, Pfälzische Projektblätter 5/1996, 14.

haben dafür leider kein Verständnis." Eine andere Frau schlug vor: „Kann man den Gottesdienst eigentlich nicht ganz anders machen, irgendwie moderner, mehr wie ein Fest. Ich weiß gar nicht, wie ich es sagen soll. Ich wünsche mir einen jugendlichen Gottesdienst in einer anderen Sprache." Im weiteren Verlauf des Gespräches überlegten die Anwesenden, wie man an Heiligabend einen veränderten Familiengottesdienst gestalten könnte. Der Pfarrer war zunächst skeptisch und wies auf zusätzliche Aufgaben hin, die für ihn durch eine Vakanzvertretung entstanden waren. Doch die Diskussion an diesem Abend wirkte sich aus. Ein Vorbereitungskreis aus Erzieherinnen, Eltern und Gemeindepfarrer plante und gestaltete für Heiligabend einen anderen Familiengottesdienst, der große Resonanz fand.

Der „Motor" der Projektentwicklung an den drei Modellorten war jeweils der Kindergarten. Erst in der zweiten Hälfte des Modellversuches gelang es, die Kirchengemeinde stärker in diesen Prozeß einzubeziehen. Aufgrund der bestehenden lokalen Strukturen, Zielsetzung und Möglichkeiten kam es in den Kirchengemeinden bei der Aktivierung und konzeptionellen Weiterentwicklung zu unterschiedlichen Schwerpunkten:
- Zweibrücken: Gründung eines Elterntreffs, Spielkreis im Kindergarten, Aufbau einer Kindergruppe, Verstärkung von mit Erzieherinnen (und Eltern) gestalteten Familiengottesdiensten, eine Veranstaltungsreihe zu Fragen der religiösen Erziehung, Diskussion um Öffnung der Gemeinde für Kinder und junge Familien im Presbyterium. Der Projektausschuß wird als Mitarbeiterkreis der Kirchengemeinde weitergeführt.
- Bobenheim-Roxheim: Vorbereitungskreis für Familiengottesdienste mit anschließendem Mittagessen, Gründung eines Singkreises, Finanzierung der Kinderbetreuung beim monatlichen Alleinerziehendentreff durch die Kirchengemeinde, Frauenfrühstück und andere Angebote in den Gemeinderäumen, Koordination der Still- und Krabbelgrupppen in den Gemeinderäumen, Presbyterium beschäftigt sich mit Fragen von „kinder- und familienfreundlicher Gemeinde". Inzwischen werden die Kinder- und Familiengruppen der Gemeinde durch das „Familienbüro Kunterbunt" koordiniert, dessen Finanzierung die Kirchengemeinde übernommen hat.
- Ludwigshafen: Anlegung eines Bolzplatzes, Aufbau von Kinder- und Jugendarbeit, ein Singkreis wird gegründet, mehrmals gibt es Familiengottesdienste mit anschließendem Brunch, Öffnung der Gemeinderäume für Frauengruppen und deren selbstorganisierte Kurse, eine Krabbelgruppe entsteht im Gemeindezentrum, Veränderung der Zusammenarbeit von Kindertagesstätte und Kirchengemeinde. Der Projektausschuß wird als Mitarbeiterkreis weitergeführt werden.

Diese Beispiele bestätigen nicht nur die unterschiedliche Entwicklung an den drei Orten, sondern auch, daß ein Teil dieser Aktivierung der Gemeinde von Eltern und Erzieherinnen ausging.

2.2 Auf dem Weg zur kinder- und familienfreundlichen Gemeinde – Erfahrungen aus der Praxis

Projektbeteiligte aus der Kirchengemeinde wurden gebeten, Entwicklungen, Prozesse oder Probleme darzustellen, die sich auf dem Weg zur kinder- und familienfreundlichen Gemeinde während des Modellversuches ergaben. Volker Janke beschreibt den Verlauf und die Auswirkung einer Presbytersitzung zu dem Thema „kinder- und familienfreundliche Gemeinde". Dagmar Fottner berichtet von der Arbeit in einer Kindergruppe. Pfarrer Eckart Emrich aus Zweibrücken und Pfarrer Uwe Weinerth aus Ludwigshafen beleuchten aus unterschiedlichen Perspektiven die Schwierigkeiten, die es mit dem Modellversuch in der Gemeinde gab. Pfarrer Markus Diringer rundet diese Praxisbeiträge durch einen Bericht über die Entwicklungen in Bobenheim-Roxheim ab.

2.2.1 „Kinder und familienfreundliche Gemeinde" – Erfahrungen mit einer Presbytersitzung
Volker Janke

Anfang Dezember 1994, am Ende der ersten Phase des Projekts „Der Evangelische Kindergarten als Nachbarschaftszentrum in der Gemeinde", fand in Bobenheim-Roxheim eine Presbytersitzung zum Thema „kinder- und familienfreundliche Gemeinde" statt. Das Presbyterium sollte über den bisherigen Verlauf des Projektes informiert und in dessen Arbeit integriert werden.

Nach der Vorstellung beider Kindergärten der Kirchengemeinde wurde über den Projektverlauf im Bobenheimer Kindergarten berichtet. Elternvertreter/innen, Erzieherinnen und Presbyter/innen gingen in je eigenen Arbeitsgruppen daran, wechselseitige Erwartungen aneinander zu formulieren. Dabei wurde deutlich, daß sich Erzieherinnen und Eltern eine stärkere Profilierung des Presbyteriums in der Kindergartenarbeit wünschten. Besonderes Interesse und Engagement im Rahmen des Projekts und Ideen, wie die Ziele des Projekts nach Vernetzung von Kindergarten und Gemeinde verwirklicht werden könnten, wurden vermißt. Das Presbyterium sollte sich zum Anwalt der Interessen von Kindergartenkindern und ihren Eltern auch gegenüber gegenläufigen Tendenzen aus der „Kerngemeinde" machen und so die Gemeinde verstärkt für junge Familien öffnen.

Die Erzieherinnen wünschten sich eine stärkere Präsenz von Presbyter/innen im Kindergarten, deren Teilnahme an Festen und Aktivitäten sowie den Besuch von Kinder- und Elterngruppen. „Wir brauchen auch Unterstützung bei der Öffentlichkeitsarbeit", war ihre Meinung. Aus den Reihen der Eltern wurde der Wunsch nach religiöser Elementarerziehung in erzählender Form laut, sowie ein jährliches Treffen des Elternausschusses mit dem Presbyterium. So sollten die Eltern die Möglichkeit bekommen, ihre Wünsche und Probleme auch dem Träger nahe zu bringen.

Durch die gut funktionierende Kinder- und Jugendarbeit des Gemeindediakons sahen viele Mitglieder des Presbyteriums diesen Bereich abgedeckt. Man äußerte den Wunsch nach besserer Information über Ereignisse in den Kindergärten. Mitglieder des Kindergartenausschusses beklagten, daß sie als kompetente Gesprächspartner sowohl vonseiten der Leiterinnen als auch des Pfarrers nicht ernst genommen würden. Interne Probleme würden über ihre Köpfe hinweg verhandelt, Termine von Elternabenden nicht rechtzeitig bekannt gegeben. Mitarbeit bei der Bewirtschaftung des Gemeindehauses und bei der Ausrichtung von Festen und Veranstaltungen wurde als Wunsch an die anwesenden Eltern herangetragen.

Was hat sich an Zusammenarbeit zum Ende des Projekts entwickelt? Das Bewußtsein von Presbyter/innen für die soziale Lage und die Lebensbedingungen von Kindern und Eltern ist geschärft worden. Bei den meist aus der wohlhabenden Mittelschicht stammenden Mitgliedern des Gremiums waren die schwierigen Lebensverhältnisse alleinerziehender Mütter und Väter unbekannt. Auch die veränderten Bedingungen, unter denen Kinder heute aufwachsen, waren ihnen aus ihrer eigenen Kindheit und der ihrer Kinder nicht in dem Ausmaß bewußt.

Zum Ausdruck des neuen Bewußtseins wurde die finanzielle Unterstützung der Betreuung von Kindern Alleinerziehender im Bobenheimer Projektkindergarten und die Aufnahme der Ganztagesbetreuung im Roxheimer Kindergarten. Auch die Entwicklung und Etablierung des Familienbüros als Kontakt- und Vermittlungsstelle für die Anliegen und Bedürfnisse junger Eltern und Familien wurde interessiert verfolgt und ihr eine finanzielle Unterstützung in Aussicht gestellt. Kindergarten und Familienarbeit wurden als „Aushängeschild" der Kirchengemeinde im Gemeinwesen erkannt und unterstützt.

Die Aktivitäten von Presbyter/innen im Rahmen des Projekts verstärkten sich aber unwesentlich. Das Angebot des Besuchs im Kindergarten wurde kaum wahrgenommen, ein Treffen mit den Eltern fand 1995 nicht statt. Auch die Eltern arbeiteten unwesentlich mehr bei Gemeindeveranstaltungen mit. Der Kindergartenausschuß wurde nicht stärker über Kindergarteninterna informiert. Ein Beispiel verdeutlicht die Situation: Einem Presbyter lag konkret die religiöse Kindererziehung am Herzen, in die er sich auch gern eingebracht hätte. Seine mehrfach geäußerten Angebote wurden aber von Pfarrer und Leiterinnen nicht aufgenommen.

2.2.2 „Kinder erfahren ein positives Bild von Kirche"
Dagmar Fottner

Die Kindergruppe Ixheim besteht seit August 1995. Sie trifft sich jeden Mittwoch in der Zeit von 15.00 Uhr - 16.30 Uhr im Keller des Kindergartens Ixheim. Dieser Raum wird auch vom Kindergottesdienst, der Jugendgruppe und dem Spielkreis genutzt. Geleitet wird die Gruppe von drei Erwachsenen (jeweils selbst Mütter von Kindern aus der Gruppe) und einer Jugendlichen. Die Gruppenzahl schwankt zwischen 10 und 20 Kindern, wobei ein fester Kern von etwa 12 Kindern regelmäßig kommt. Anlaß für die Gründung war die Motivation der beteiligten Frauen, ein Angebot für ihre und andere Kinder zu entwickeln.

Die Aktivitäten der Gruppe erstrecken sich auf Basteln, Kochen, Singen, Turnen, Toben, Spielen, Spazierengehen usw. Das Programm wird gemeinsam mit den Kindern geplant, ihre Ideen und Interessen versuchen wir zu berücksichtigen. Die Benutzung des Gemeindehauses sowie der Räume des Kindergartens (z. B. zum Kochen) stehen uns nach Absprache zur Verfügung.

Aufgrund der beengten Verhältnisse ist es leider nicht möglich, Materialien, Spiele, Bastelmaterial usw. im Raum aufzubewahren. Es wäre wünschenswert, wenn ein extra Materialraum oder ein großer abschließbarer Schrank zur Verfügung stehen könnte. Weiterhin ist es schwierig, in einem gemeinsamen, mit anderen Gruppen genutzten Raum, eine spezifische Gruppenidentität, z.B. durch die Gestaltung des Raumes aufzubauen. Ich halte es für sinnvoll, einen MitarbeiterInnenkreis für alle in der Kinder- und Jugendarbeit Tätigen zu initiieren.

Die bisher positive Erfahrung mit der Kindergruppe bestätigt die Notwendigkeit von Angeboten der Kirchengemeinde speziell für diese Altersgruppe, um damit den Auftrag der Kirche, sich Kindern und Familien zuzuwenden, zu erfüllen. Kinder erfahren dadurch umgekehrt auch ein positives Bild von „Kirche" bzw. Kirchengemeinde.

2.2.3 „Die Verwirklichung des Projektes war in keiner Phase einfach gewesen"

Veränderungsprozesse in der Kirchengemeinde wurden nicht von allen Seiten begrüßt. Über Schwierigkeiten und Konflikte, wie sie auch anderswo entstanden, und über wichtige Neuerungen, die durch den Modellversuch angestoßen wurden, schreibt ein Gemeindepfarrer.

Uwe Weinerth
Im Herbst 1994 bestand bei mir die Befürchtung, daß die Gemeinde durch ihre neuen Aktivitäten und neuen Kreise einer weiteren Zerreißprobe entgegen gehen könnte. Zuvor war es zu einigen Spannungen zwischen langjährigen Mitarbeitern und den „Neuen" gekommen. Einige unschöne Szenen hatten sich abgespielt: Die Frauen des langjährigen Nähkurses hatten kurzerhand die Stecker für die Nähmaschinen entwendet, um eine Benutzung der Maschinen durch den neugegründeten Nähkurs für Kinderkleidung zu verhindern. Einige Senioren befürchteten, daß der Pfarrer sich nun weniger um sie kümmere. Der Bolzplatz vor dem Gemeindehaus wurde zum Stein des Anstoßes für die Nachbarn.

Die althergebrachte Gemeinde tat sich schwer in der Aufnahme der „Jungen". Bei den Eltern unserer Kindergartenkinder bestand dagegen eine große Skepsis gegenüber der Institution Kirche. Zugleich erlebte ich aber auch eine große Erwartungshaltung, besonders wenn es um die Beschaffung finanzieller Mittel ging. Die finanziellen Möglichkeiten der Kirchengemeinde wurden völlig überschätzt. Teilweise sah ich mich maßlosen Forderungen gegenüber, die mit Vehemenz vorgetragen wurden.

Die Verwirklichung des Projekts war in keiner Phase einfach gewesen. Zahlreiche Widerstände waren zu überwinden. Dabei hat das Projekt sicher auch Konflikte zu Tage befördert, die sonst noch lange vor sich hingeschwelt hätten. Überall dort, wo das Projekt im Laufe der Zeit festgefügte Strukturen aufzulösen drohte, kam es daher schnell zu Reibungspunkten.

Viele Kirchengemeinden klagen, daß sich junge Familien für ihre Veranstaltungen kaum interessieren. Betrachte ich die Angebote unserer Gemeinde vor Beginn des Projekts, so ist festzustellen, daß diese Angebote sich weitgehend an Ältere richteten. Zudem waren viele Angebote nicht besonders familienfreundlich: Unser Gemeindefest zum Beispiel begann mit einem Gottesdienst am Morgen, erst am Nachmittag nach einer dreistündigen Pause folgte das weitere Programm. Dafür erstreckte sich die Feier bis in die Abendstunden. Man muß sich vorstellen, welchen Aufwand es für eine Familie mit Kindern bedeutet, die nach dem Gottesdienst nach Hause eilt, ein Mittagessen kocht, dann wieder zum Gemeindezentrum fährt, um zum Schluß mit müden Kindern am Abend erst wieder zurückzukehren. Bei unseren letzten beiden Gemeindefesten wurde ein Mittagessen organisiert, die Familien konnten bleiben. Während des Nachmittags gab es ein Kinderprogramm, eine Hüpfburg wurde aufgestellt. Im letzten Jahr wurde die Feier bewußt in den Freibereich des Kindergartens verlagert. Die Kinder konnten an den Spielgeräten und im Sandkasten von den Eltern beaufsichtigt spielen, während diese nur wenige Meter entfernt bei Kaffee und Kuchen saßen.

Der Anregung der Kindergarteneltern verdanken wir auch den „Brunch" nach den Familiengottesdiensten an Erntedank und zum dritten Advent. Mit Erstaunen konnte ich feststellen, daß diese eher für junge Familien typische Form der Zusammenfassung von Frühstück und Mittagessen auch von den älteren Gemeindegliedern begeistert angenommen wurde. Wichtig für die Beachtung der Lebenssituation von Familien mit Kindern ist auch, daß während einiger Veranstaltungen parallel eine Kinderbetreuung angeboten wird. Mit der Öffnung durch das Projekt konnte das Gemeindeleben im Bonhoeffer-Zentrum zum Experimentierfeld für neue Formen der Begegnung werden. So wurde zum Beispiel in den unteren Räumen des Gemeindehauses eine Cafeteria eingerichtet.

2.2.4 Der Kindergarten entwickelt sich – und die Gemeinde? [10]

Im Verlauf des Projektes hat sich an allen drei Orten etwas bewegt. Gleichwohl bleiben aus Sicht der Gemeinde auch kritische Anfragen. Wie können die neuen Initiativen, die von Eltern und Erzieherinnen entwickelt worden sind, in die Arbeit der Gemeinde integriert werden? Welche Rolle spielt dabei der Gemeindepfarrer?

Eckart Emrich

Zweifellos sind durch das Projekt im Stadtteil neue Entwicklungen im Kindergarten, in der Zusammenarbeit mit Eltern und mit Institutionen außerhalb in Gang gekommen. Spielkreise für Kinder unter drei Jahren, Elterntreff und Kindergruppe sind neu entstanden, und die stärkere Öffnung des Kindergartens hat zu vielfältigen Initiativen von Eltern geführt, die beim Team fast immer auf dankbare Unterstützung stießen.

Gleichzeitig wirft jedoch das Mehr an Aktivitäten auch neue Fragen auf, so etwa nach dem „roten Faden", dem pädagogischen Konzept, das auch Kriterien dafür abgibt, welche Maßnahmen zu welchem Zeitpunkt sinnvoll sind – bzw. auch was (zu einer bestimmten Zeit zumindest) eben nicht ins Konzept paßt. Die Leitung, eben noch begeistert über viele neue Möglichkeiten, gerät damit vor die Notwendigkeit, zu manchen Angeboten auch einmal Nein zu sagen. Die Frage, was denn eigentlich „evangelisch" – also evangeliumsgemäß sei am Evangelischen Kindergarten, stellt sich mit neuer Dringlichkeit.

Im Hinblick auf die Gemeinde drängen sich weitere Fragen auf. Ixheim kennt bislang kaum Konzepte für eine Entwicklung der Gemeinde, sondern wenn es gelänge, das bisherige (nicht gerade üppige) Angebot zu erhalten und vielleicht etwas zu erweitern, so gälte dies schon als Erfolg. Die Arbeit ist stark pfarrerzentriert, selbständige Wahrnehmung von Leitungsfunktionen oder gar von glaubensmäßiger Kompetenz ist bei Presbytern/Presbyterinnen und Mitarbeitern/Mitarbeiterinnen kaum eingeübt.

Infolgedessen finde ich mich als Gemeindepfarrer in mehrfacher Hinsicht in der Klemme:

- Arbeitsmäßig ohnehin zwischen den pfarramtlichen Grundfunktionen, dem Instandsetzungs- und Innovationsstau bei Gebäuden und Ausstattung, den Präsenzerwartungen der Gemeinde und meinen eigenen Erwartungen an eine zeitgemäße kirchliche Arbeit, sowie zusätzlichen Aufgaben etwa in der ökumenischen Sozial-

---

[10] Der Beitrag entstand im Februar 1995.

station, der Vakanzvertretung in der Nachbarpfarrei – und natürlich im Kindergartenprojekt ...;
- personell zwischen dem Ein-Mann-Betrieb Pfarramt und dem eigentlichen Erfordernis, das Kindergartenteam, die Kinder und die Eltern, die neuen und die alten Mitarbeiter/innen und die Gruppen der Gemeinde persönlich zu begleiten (ganz zu schweigen von Einzelseelsorge oder Sterbebegleitung);
- konzeptionell zwischen vorhandenen Konzepten eines dynamischen Gemeindeaufbaus, den eher statischen Erwartungen des Presbyteriums – und einem konzeptionell freischwebenden, jedoch recht turbulenten Kindergartenprojekt;
- sozial zwischen traditioneller Mittelschicht-Orientierung der Kirche und einer wachsenden Zahl von Unterschicht-Familien, deren Kinder etwa – aus Gründen des Bildungsniveaus und des Verhaltens – überhaupt nicht mehr in den Konfirmandenunterricht zu integrieren sind, also eigentlich ganz andere Formen kirchlicher Arbeit nötig hätten; – und last not least:
- spirituell zwischen dem traditionellen Sonntagsgottesdienst und einem weitgehend religionsfreien Kindergarten, zwischen der Mehrheit der Eltern, die ihre Kinder zwar haben taufen lassen, aber selbst religiös abstinent bis desinteressiert leben, einigen gesprächsbereiten und wenigen, die dieser gottlosen Kirche schon innerlich den Rücken gekehrt haben.

Die Reflexion läßt sich zusammenfassen zu einer Doppelfrage: Wird sich unser Kindergartenteam zusätzlich zu kindergarteneigenen Problemen auch auf Fragen der Gemeindeentwicklung einlassen? Und wenn ja – wie können wir, auch gemeinsam mit dem Presbyterium, in einen umfassenden Lernprozeß einsteigen, der die guten Ansätze aus dem Kindergartenprojekt – etwa die aktive Mitwirkung von Eltern – fortführt und auch auf dem Gebiet der Gemeindeentwicklung fruchtbar macht?

2.2.5 Offene Gemeinde
In Bobenheim-Roxheim gab es während des Modellversuches einen Pfarrerwechsel. Der neue Gemeindepfarrer beschreibt, wie er die bisherige Entwicklung und die Kooperation zwischen Kirchengemeinde und Kindergarten bewertet.

Markus Diringer

„Kindergarten als Nachbarschaftszentrum in der Gemeinde" – der Name war Programm. Ich möchte zeigen, inwiefern er sich erfüllt hat und wo meine Erwartungen dabei getroffen wurden. Während des Projektes gelang es dem Kindergarten tatsächlich, Gruppen in seiner Nachbarschaft anzusiedeln. Damit wurde er zu einem zweiten Zentrum neben dem bisherigen Zentrum um Kirche und Gemeindehaus. Über ihn gerieten Gruppen in einen mehr oder weniger engen Bezug zu dem Teil der Gemeinde, der sich um Kirche und Gemeindehaus herum konzentriert. Das bedeutet, daß die Gemeinde einen zweiten Brennpunkt bekommen hat, der den Blick auf sich zieht. Ich sehe also das Nebeneinander und versuche mit anderen dahin zu wirken, daß daraus kein Gegeneinander, sondern ein Miteinander wird. Das ist nicht so einfach. Denn die Gemeinde ist mit den Gruppen auch vielfältiger und in gewisser Hinsicht auch spannungsvoller geworden. Die Frage der Fragen ist, ob es gelingt, diese Spannung auszuhalten und für den Gemeindeaufbau fruchtbar zu machen.

Denn die alte Kerngemeinde muß sich öffnen, muß aus sich herausgehen, und die neuen Gruppen müssen Nähe wagen, sich in einen gemeinsamen Raum hineinbewegen, so daß deutlich wird: Hier werden keine Parallelstrukturen geschaffen, sondern beides gehört zusammen. Ich denke, daß das ganz gut klappt. So machen sich z.B. der Gottesdienstvorbereitungskreis und der Singkreis die Mitgestaltung von Gottesdiensten nach eigenen Wünschen und Bedürfnissen zur Aufgabe. Umgekehrt unterstützt das Presbyterium stellvertretend für die Gemeinde die Einrichtung des Familienbüros und dokumentiert damit, daß die Bedürfnisse von Familien in der Gemeinde eine Rolle spielen. Weitere Gruppen, die aus dem Projekt entstanden sind, beheimaten sich im Gemeindehaus, und in der sogenannten „Kerngemeinde" wird die Funktion der Kindertagesstätte zur religiösen Frühsozialisation neu bedacht.

Soweit ich sehe, hat dieses Projekt darum auch ganz gut zu dieser Gemeinde gepaßt, weil es vom Grundsatz her eine offene Gemeinde ist und sein will. Die gemachten Ansätze lassen mich hoffen, auf dem Weg weiterzukommen, auf dem die Gemeinde ihr Image als offene Gemeinde weiter profiliert, ohne dabei auszulaufen und sich zu entleeren und zu vergessen, wo sie eigentlich herkommt und wo sie hingeht.

2.3 „Das Leben in der Kirchengemeinde ist bunter geworden" – Modellversuch und Gemeindeentwicklung

In den drei beteiligten Gemeinden ist das Bewußtsein für die Lebenssituation von Kindern und Familien differenzierter geworden, das zeigt eine Umfrage bei den Presbytern und Presbyterinnen.[11] Neue Angebote für Kinder und Familien sind entstanden, die stärker an der Lebenssituation dieser Zielgruppen orientiert sind. „Das Leben in der Kirchengemeinde ist bunter geworden", meinte ein Presbyter zu den Veränderungsprozessen in seiner Gemeinde. Die Aktivierung der Kirchengemeinde für Kinder und junge Familien ist zweifellos gelungen, auch wenn eingeräumt werden muß, daß die meisten Impulse nicht von der Kirchengemeinde, sondern von dem Kindergarten ausgegangen sind. Auch die Zusammenarbeit zwischen der Einrichtung und der Kirchengemeinde wurde in allen Modellorten intensiviert. Das gegenseitige Verständnis hat sich verbessert.

Die Projektverläufe in den drei Orten haben gezeigt, daß diese Veränderungen nicht leicht und häufig konflikthaft waren. Weinerth weist in seinem Bericht auf einige solcher Probleme zwischen Kindergarten und Kirchengemeinde hin, die es in unterschiedlichem Ausmaß an allen Modellorten gab. Manche Konflikte hatten mit dem Modellversuch nichts zu tun, wurden aber durch diesen aufgedeckt. Hin und wieder mußte das Projekt auch als Sündenbock herhalten. Es gab natürlich auch Konflikte als Projektfolgen, besonders zwischen neuen und etablierten Gruppen in der Gemeinde. Die entstandenen Konflikte waren meines Erachtens Indikatoren für einen Veränderungsprozeß. Durch neue Angebote und andere Veränderungen wurde die bisherige Balance in dem System Kindergarten oder Gemeinde verschoben und sie mußte neu austariert oder ausgehandelt werden. Von daher konnte es nicht um Konfliktvermeidung gehen, sondern um einen konstruktiven Umgang mit diesen Problemen. Ein Schwerpunkt des Konfliktmanagements lag in dem Bemühen, die Kommunikati-

---

[11] Vgl. die Auswertung der Befragungen im Zweiten Teil.

onsstrukturen zu verbessern. Gespräche zwischen den beteiligten Personen, in denen verschiedene Seiten ihre Sichtweisen einbringen konnten, waren häufig hilfreich. Zur verbesserten Kommunikationskultur hat im Modellversuch auch die Anwesenheit des wissenschaftlichen Begleiters, also einer Person von außerhalb beigetragen. Durch Personen von außen, die den Projektprozeß begleiteten, konnten Konflikte thematisiert und reflektiert werden. Verantwortliche in der Gemeinde oder im Kindergarten neigten dazu, die auftretenden Probleme zu personalisieren, statt die dahinterliegenden strukturellen Schwierigkeiten zu analysieren. Fachberaterinnen und wissenschaftlicher Begleiter versuchten im Sinne einer systemischen Sichtweise zu einer sachlichen Klärung der strukturellen Defizite zu kommen. Eine wichtige Erfahrung für die Beteiligten des Projektprozesses war die Erkenntnis, daß Veränderungsprozesse sehr viel Zeit und auch Durchhaltevermögen brauchen.

In den beteiligten Gemeinden kam es zu einigen wichtigen Veränderungen. Trotz dieser Aktivierung der Kirchengemeinde gelang es nirgendwo, die Diskussion um eine Gemeindekonzeption, in der die neuen Angebote eingebunden und aufeinander abgestimmt sind, entscheidend voranzubringen. Als wichtigen Zwischenschritt hin zu einer Konzeption ist die in Zweibrücken und Ludwigshafen geschehene Umwandlung der bisherigen Projektausschüsse in Mitarbeiterkreise zu sehen. Als konzeptionelle Weiterentwicklung ist zweifellos auch die Erfindung des Familienbüros in Bobenheim-Roxheim zu betrachten, in dem die kirchliche Familienarbeit koordiniert werden kann.[12] Daß die Zielsetzung einer konzeptionellen Weiterentwicklung in allen Gemeinden als „defizitär" zu bewerten ist, hat mehrere Ursachen:
- In den Gemeinden gelang es (im Unterschied zu den Kindergärten) nicht (hinreichend), den Modellversuch zu einem Schwerpunkt der Arbeit zu machen.
- Die Entwicklung einer Gemeindekonzeption war für viele Presbyter und Presbyterinnen, aber auch für Pfarrer, (noch) eine etwas fremde Vorstellung. Angesichts vieler alltäglicher Herausforderungen und Entscheidungen blieb in den Sitzungen für diese grundsätzlichen Debatten zu wenig Zeit.
- In allen drei Gemeinden gab es zu Beginn, in der Mitte oder am Ende einen Pfarrerwechsel. Diese Veränderungen bei den Personen, die vonseiten der Kirchengemeinde den Modellversuch am nachhaltigsten unterstützten, war einer vertiefenden Entwicklung nicht gerade förderlich.
- In einer Projektlaufzeit von etwas mehr als zwei Jahren konnte eine Aktivierung der Gemeinde für Kinder und Familien gelingen. Für eine daran anschließende Konzeptionsentwicklung war die Zeit allerdings sehr knapp bemessen.
- In der Projektkonzeption des Diakonischen Werkes wurde dem ekklesiologischen und kybernetischen (d.h. Gemeindeaufbau-)Aspekt des Modellversuches nicht die nötige Bedeutung zugemessen.

Durch den Veränderungsprozeß in Gemeinde und Kindergarten, durch die Mitwirkung von Eltern und Kindern und durch Diskussionen in den Projektausschüssen haben sich die Kirchengemeinden bewegt. Sie sind offener geworden. Wichtige Erfahrungen für die Verantwortlichen in der Kirchengemeinde waren die Diskussionsprozesse mit Erzieherinnen und Eltern. Eine kritische Reflexion und Bestandsaufnahme zu den bestehenden Gemeindeangeboten für Kinder und junge Familien wurden man-

---

[12] Zum Familienbüro vgl. den Beitrag von S. Roscher und T. Burkart im Zweiten Teil 1.5.

cherorts zum ersten Mal unter der Beteiligung von Betroffenen und pädagogischen Fachkräften diskutiert. Die wechselseitige Wahrnehmung der Lebenssituationen und Sichtweisen von Eltern, Presbytern und Presbyterinnen, Pfarrern und Erzieherinnen wurde gefördert – nicht zuletzt durch gemeinsame Fortbildungen oder Treffen des Projektausschusses. Die Frage, wie die neu entstandenen Themen und Erfahrungen in die Diskussion um die künftigen Schwerpunkte der Gemeinde einfließen sollen, steht allerdings erst am Anfang.

Die kritischen Anfragen von Eckart Emrich lenken den Blick auf die Frage nach dem Beitrag des Modellversuches für die Erneuerung der Gemeinde. Der Wunsch, daß junge Familien Zugang zur Gemeinde finden, war bei allen Gemeindeverantwortlichen vorhanden. Viele Presbyter und Presbyterinnen stellten sich dies als ein Aufnehmen der Eltern in die bisherigen Strukturen vor und sahen zu wenig die Notwendigkeit, daß sich auch „Kirche" ändern muß.

Hat das Projekt zu einer Gemeindeentwicklung beigetragen? Durch die neuen Kontakte zwischen den Familien ist die Nachbarschaftshilfe in den Wohnvierteln verbessert worden. Es gab Angebote, die zu einer Entlastung von Familien, z. B. von alleinerziehenden Müttern, führten. In einigen Gemeinden entstanden neue Kinder- und Jugendgruppen. Es gab zweifellos Impulse für eine diakonische Erneuerung der Gemeinde.

Aber Emrichs kritische Anmerkungen zielen auf die Frage nach dem Proprium. Was hat eine Krabbelgruppe, eine Aerobicgruppe, ein Bastelkreis oder ein Babysitterdienst mit Kirche zu tun? Sind das nicht einfach soziale Aktionen? In welcher Beziehung stehen die neu entstandenen Gruppen zu dem Gottesdienst? Dahinter steht die Frage nach der Identifizierbarkeit von Angeboten als etwas kirchlichem. Die Beantwortung dieser Frage ist allerdings gekoppelt an die Vision oder das Leitbild von Gemeinde. Diese Diskussion ist besonders in der zweiten Phase des Modellversuches in den beteiligten Gemeinden aufgebrochen. Eltern und andere Projektbeteiligte haben die Erfahrbarkeit von Kirche durch Nutzung gemeindeeigener Räumlichkeiten, durch das Erleben von Gemeinschaft und wechselseitiger Anteilnahme in den neuen Gruppen unterstrichen.

War der Modellversuch ein Beitrag zum Gemeindeaufbau? Darauf möchte ich drei Antworten versuchen:

1. Ich denke, daß da wo Menschen in ihrem Subjektstatus ernst genommen werden, wo sie mitsprechen und gestalten können, wo Frauen sich treffen können und Entlastung erfahren, wo interfamiliale Selbsthilfe und Solidarität gefördert wird, überall da geschehen Prozesse, die im engen Zusammenhang mit der befreienden Botschaft Jesu Christi stehen. Neben diesen für menschliche Subjekte befreienden und entlastenden Entwicklungen kam es, durch die in den Gruppen praktizierte gegenseitige Hilfe, auch zu diakonischen Lernprozessen. Eltern, vor allem Frauen, artikulierten ihren Bedarf und brachten Kompetenzen ein, um anderen zu helfen. Menschen erfuhren sich zugleich als hilfsbedürftig und hilfefähig und gewannen so an Selbstbewußtsein.[13]

2. Andere Formen von Familiengottesdiensten, die Gründung neuer Singkreise und Kindergruppen sowie die Diskussionen in den Presbyterien zum Thema „kinder- und familienfreundliche Gemeinde" trugen durchaus zu einer Gemeindeentwicklung bei.

---

[13] Vgl. dazu den Bericht von Regina Dahl im Dritten Teil 1.1.3.

3. Für viele Eltern war „Kirche" zunächst eine Institution, die mit ihrem Leben nichts zu tun hatte. Durch Angebote in Gemeinderäumen machten Eltern die Erfahrung mit einer anderen Kirche. Besonders an einem Ort kam es durch die Öffnung der Gemeinde zu einer veränderten Einschätzung von Kirche, die eine Erzieherin folgendermaßen beschreibt:

> „Nach meiner Sicht nehmen Eltern die Kirchengemeinde bewußter wahr. Das war früher nach Aussagen der Eltern so eine Institution, wo alte Leute zusammen kamen. Jetzt wird es eher als Chance gesehen, daß junge Leute versuchen sich einzubringen, Dinge im Ort zu bewirken und gegen festgefahrene Strukturen anzugehen."

Die Einstellungen einiger Eltern gegenüber der Kirche veränderten sich mit neuen Erfahrungen. Sie erlebten Kirche nicht mehr in erster Linie als Institution, die mit der eigenen Lebenswelt nichts zu tun hat. Durch diese neuen Erfahrungen identifizierten sich Väter und Mütter stärker mit ihrer Gemeinde und entwickelten das Bewußtsein: „Wir sind auch Kirche". Nicht nur Pfarrer oder Presbyter auch Väter und Mütter wollten in religiösen Fragen mitreden. Eltern lernten ihre Ideen bezüglich von Familiengottesdiensten vorzubringen und auch gegenüber „Kircheninsidern" zu verteidigen. Diese Entwicklung könnte man als eine „religiöse Alphabetisierung" bezeichnen.

Zusammenfassend kann festgestellt werden, daß es trotz einiger Schwierigkeiten im Laufe des Modellversuches zu einer Aktivierung der Kirchengemeinde und auch zu einer Gemeindeentwicklung unter diakonischen Vorzeichen gekommen ist. Die Anliegen und Fragestellungen von jungen Familien und Kindern fanden in den Kirchengemeinden eine stärkere Berücksichtigung. Die Erfahrungen mit dem Modellversuch in den pfälzischen Projektorten haben deutlich gemacht, daß zur Profilierung einer Kirchengemeinde ihre Offenheit, ihre Orientierung an den Lebenswelten von Familien und die Förderung von Selbsthilfe wesentlich dazugehören. Im Blick auf die Zukunft stehen die beteiligten Kirchengemeinden vor der Aufgabe, die neuen Erfahrungen in dem Leitbild einer „offenen und einladenden Kirche" konzeptionell fortzuschreiben.

Volker Janke

3. Perspektivenwechsel praktisch

„Aufwachsen in schwieriger Zeit – Kinder in Gemeinde und Gesellschaft" lautete das Thema der Tagung der Synode der EKD im Herbst 1994 in Halle.[14] Die Synode machte deutlich, daß die qualitativ veränderten Bedingungen, unter denen Kinder heute aufwachsen, die Frage nach Zukunftsperspektiven und Hoffnungen, nach „stabilisierende(n) Gegenerfahrungen"[15] stellt. Wie verarbeiten Kinder die gesellschaftlichen Rahmenbedingungen, unter denen sie aufwachsen?

Der von der Synode geforderte Perspektivenwechsel, die Wahrnehmung von Leben und Welt aus der Sicht von Kindern, gründet auf der pädagogischen und psychologischen Erkenntnis, daß Kinder keine unvollkommenen Objekte der Erziehung Erwachsener sind, sondern einen Eigenbeitrag zu ihrer Entwicklung leisten. Kinder machen sich ein Bild von ihrer Welt, deuten das Erfahrene aus ihrer Sicht, kommunizieren untereinander und mit Erwachsenen. Die Sinn- und Deutemuster, die Kinder dabei entwickeln, sind Erwachsenen meist fremd und passen nicht in eine korrekte „Erwachsenentheologie". Der Perspektivenwechsel ist gleichwohl theologisch legitim: „Wenn ihr nicht werdet wie die Kinder, werdet ihr nicht ins Himmelreich kommen!"(Mt. 18,3) Jesus stellt das Verhalten, Denken und Hoffen von Kindern den Erwachsenen als Beispiel hin. Nach Mk. 10,13-16 stehen solche „kindlichen" Denk- und Glaubensmuster unter der Verheißung des Reiches Gottes. Kinder sind gleichwertige Menschen neben den Erwachsenen und haben uneingeschränkt teil an der Gottesherrschaft. Kindsein ist kein defizitärer Status des Menschseins.

Kinder als Subjekte wahrzunehmen heißt nicht, keine Grenzen mehr zu ziehen, sondern im Gegenteil, mit ihnen zusammen nach unseren Grenzen zu fragen, nach Antworten auf die Probleme unserer Zeit. Als Erwachsene können wir nur begrenzt die Sicht der Kinder und ihre Deutung der Welt verstehen. Ihre „100 Sprachen", die Welt zu beschreiben, können wir nur im Zusammenleben mit ihnen erfahren.

3.1 „Alles nur Kinderkram ...?" – Von der Schwierigkeit als Erwachsener mit Kinderaugen zu sehen

Ich machte mich auf in den Kindergarten und versuchte den Perspektivenwechsel praktisch. An die kleinen Stühle und Tische der Kindertagesstätte, die mir ein leichtes Stechen in der Wirbelsäule verursachten, gewöhnte ich mich noch. Aber die vielen kleinen Kinder ... Ein Gefühl von Hilflosigkeit überkam mich: Was wollte, was sollte ich hier überhaupt? Das Gewusel der kleinen Kinder um mich herum, die mich scheinbar nicht bemerkten, gab mir das Gefühl, überflüssig zu sein. Wie sollte es mir gelingen, zu den Kindern eine Beziehung herzustellen? Was sollte ich tun, was machen? Mich womöglich auf eine „kindische" Stufe herablassen als erwachsener Mensch? Wie sollte ich diesen „Kinderkram" in den nächsten Wochen überleben? Ich

---

[14] Vgl. Aufwachsen in schwieriger Zeit – Kinder in Gemeinde und Gesellschaft, Synode der Evangelischen Kirche in Deutschland, i.A. des Rates der EKD hg. v. Kirchenamt der EKD, Gütersloh 1995.
[15] Aufwachsen in schwieriger Zeit, 48.

beobachtete, wie die Kinder in der Bauecke bauten, miteinander spielten, in der Puppenecke waren, sich in die Kuschelecke verkrochen, frühstückten, bastelten. Was sollte das werden ...?

So saß ich auf dem kleinen Stuhl am kleinen Tisch und machte doch gleich eine grundlegende Erfahrung, wie mir im Nachhinein bewußt wurde. Nicht ich muß aktiv werden und auf die Kinder zugehen, in ihre Welt quasi eindringen. Zwei kleine Mädchen kamen auf mich zu, machten sich auf den Weg in meine Welt. Lisa und Anna hatten Lego-Bausteine mitgebracht und erzählten mir, daß sie jetzt vorhätten, ein Katzenhaus zu bauen. Lisa hatte eine kleine Katzenpuppe dabei und die sollte nun ihr Zuhause finden. Wir machten uns bekannt, ich fragte sie, was sie vorhätten. Es entwickelt sich ein Gespräch zwischen mir und den Mädchen. Und so ging es den Vormittag über weiter: Zwei Jungs baten mich, ein Kartenspiel mitzuspielen. Ein Mädchen wollte ein Bilderbuch vorgelesen haben.

Die Kinder sind auf mich zugekommen, haben mich als neue Person in ihrer Welt wahrgenommen und taten das, was alle Kinder machen: Sie erkundeten mich als neuen Teil ihrer Welt, wollten sehen, was das für einer ist. Nicht ich mußte aktiv werden, die Kinder ergriffen die Initiative und integrierten mich in ihre Welt.

Darüber hätte ich eigentlich glücklich sein müssen, doch ich merkte: „Dazu habe ich eigentlich gar keine Lust: malen, basteln, spielen ... Solchen Kinderkram soll ich nun Tag für Tag machen?" Es fiel mir schwer, mich auf die Arbeit im Kindergarten einzulassen, ja ich entdeckte, was es bedeutet, tagaus, tagein mit Kindern zu arbeiten, Spontaneität und Kreativität zu entwickeln.

Mich auf die Kinder einlassen, mit ihnen ins Gespräch kommen, ihre Ideen akzeptieren, ihre Welt mitleben – es war schwierig und einfach zugleich. In den nächsten Tagen wurde ich ihnen vertrauter, sie kamen mit Problemen auf mich zu, trauten mir also die Kompetenz zu, Schuhe zu binden, Nasen zu putzen, klemmende Frühstücksdosen aufzumachen, ja auch Streit zu schlichten. Die Kinder akzeptierten mich recht schnell. Nach Auskunft der Erzieherinnen waren die Kinder im Verlauf des Projekts auch an fremde Personen in der Gruppe (aushelfende Mütter etc.) gewöhnt worden.

Nachdem ich diese Gelassenheit des Mich-Darauf-Einlassen-Könnens erlangt hatte und von der Spontaneität und Unbeschwertheit der Kinder angesteckt worden war, gelang es mir auch, einiges aus ihrer Welt, ihrer Sicht der Dinge zu erfahren. Als Beispiel ein Gespräch mit einem 5-jährigen Mädchen (M):

M: Volker, UNO ist mein Lieblingsspiel, auch Zuhause.
V: Mit wem spielst du das dort immer?
M: Mit wem schon, mit der Mama und mit David.
V: Und der Papa, spielt der nicht auch mit.
M: Welcher Papa? Ich hab' zwei, aber die wohnen alle nicht mehr bei uns. Der Jürgen hat bei uns gewohnt. Aber der wohnt jetzt mit anderen Menschen zusammen.
V: Und wer ist der David?
M: Mein Bruder ...

Voller Enttäuschung sprach sie über ihre „zwei Papas". Für sie war klar, daß Männer unzuverlässige Wesen sind, die kurz in ihrer Welt auftauchen und dann wieder verschwinden. Eine Erfahrung, die sie auch mit mir als „Vaterersatz" machen mußte.

Wie Kinder solche Trennungen aus dem gewohnten Umfeld selbständig verarbeiten, verdeutlicht ein weiterer Dialog mit dem Mädchen:

M: Aus meinem alten Kindergarten (in Worms) kenne ich fast keine Kinder mehr.
V: Hast du sie alle vergessen.
M: Ach nein, doch nicht: der ..., die ... Aber jetzt ist die Netti meine beste Freundin.
V: Warum?
M: Weil, als ich das erste Mal hier in den Kindergarten gekommen bin, ist sie als erstes zu mir gekommen und hat mit mir gespielt. Deshalb ist sie ja meine beste Freundin. Ist doch klar!

Kinder sind also keine passiven Erziehungsobjekte, sondern nehmen aktiv an ihrer Entwicklung teil. Im Kindergarten werden sie als Partner ernstgenommen und ihre Bedürfnisse werden akzeptiert

Für Julia[16] beispielsweise, sieht ein Vormittag im Kindergarten so aus:

Gegen 9.30 Uhr kommt Julia mit ihrer Mama in den Kindergarten. Noch etwas verschlafen reibt sie sich die Augen, ihre Mama zieht ihr die Jacke aus. Sie geht zu Lisa, die ihr Brautkleid anhat und setzt sich zu Bastian und mir an den Tisch. Nachdem ich Bastian aufgefordert habe, Julia zu fragen, ob sie mit ihm spielen will, überlegt sie kurz und sagt: „Na gut." Zusammen spielen die beiden eines der Anfänger-Brettspiele. Etwas unlustig würfelt sie, man merkt beiden an, daß sie keine rechte Lust zum Spielen haben. „Ich habe gewonnen, gewonnen ..." höre ich Julia plötzlich rufen.

Es ist 9.45 Uhr, sie geht mit Lisa in die Puppenküche. „Ich bin die Mutter – Nein, ich bin die Mutter", höre ich beide hinter dem Vorhang die Ausgangssituation zum Spiel „Frühstücken" arrangieren. „Also, das ist mein Baby, gell". Ich stehe auf und schaue über den Vorhang: „Volker, hast du die Haare geschnitten, es sieht so witzig aus", tönen Julia und Lisa. Lisa sitzt in ihrem Brautkleid mit Julia am Tisch. Henrik kramt in den Schränken herum. Anna tönt: „Ich mag auch sitzen, Ich mag auch frühstücken." „Mußt du dir'n Stuhl holen."

Anna kommt aus der Puppenküche um sich den Stuhl zu holen. Zu mir: „Mir frühstücken jetzt, gell." Kaba machen, Kaffee kochen, „Omi kriegt Milch". Neben den Wortfetzen schnappe ich noch auf, daß Lisa und Julia Oma und Opa, Henrik und Anna die Kinder spielen. Michelle kommt jetzt noch dazu.

9.50 Uhr: Annette wird von ihrer Mama aus dem Musikunterricht gebracht. Geht sofort in die Puppenecke: „Hallo Miri." Julia kommt heraus zu Annette, ihrer besten Freundin. „Ich war gestern bei meinem Papa. Und dem Papa seine Mama, das ist meine Oma, die hat mir die Puppe geschenkt", erklärt Julia mit der Puppe im Arm stolz ihrer Freundin. Beide gehen zurück in die Puppenküche. Anna: „Oma und Opa sind gekommen." Julia und Annette kommen wieder raus, gehen in die Kuschelecke und gucken sich an, was die Kids dort machen, gehen wieder zurück in die Puppenküche.

10.00 Uhr: Julia hat sich als einzige nicht verkleidet, scheint nicht mehr so am Spiel beteiligt zu sein, hält sich zu Annette.

10.15 Uhr: Beide holen sich ihr Frühstück und setzen sich an den Frühstückstisch, Julia weiter mit der Puppe im Arm.

10.20 Uhr: Beide wieder in der Puppenküche, 5 Minuten später spielen sie mit dem Kugelspiel. Julia schreibt die jeweils erreichten Zahlen auf. Annette hat im Regal alte

---

[16] Namen geändert.

Vorlagen zum Ausschneiden von Sternen gefunden, Reste von Weihnachten. Sie bringen das „Kugelspiel" zurück. Sie schneiden gemeinsam die Sterne aus und kleben sie zusammen.

(Anna zu Lisa, die mit ihrem Braukleid vor der Puppenküche steht und mit einer Erzieherin erzählt: „Oma!" Lisa: „Ja, ich komm gleich, Kind.")

10.50 Uhr: Julia und Annette wollen am Fenster malen: Das Meer für die Abenteuerinsel. Mit ihren Malkitteln stehen sie auf zwei Stühlen vor dem Fenster und warten darauf, daß eine Erzieherin ihnen die Farben bringt.

11.00 Uhr: Das Malen beginnt endlich. Nachdem sie die Wellenspitze gezeichnet hat, sagt Julia: „Angela, ich bin fertig."

11.15 Uhr: Julia malt immer noch, sitzt mit Dennis im linken Eck, beide sind angestrengt ins Gespräch über ihre Malkünste vertieft.

11.20 Uhr: Beide gehen sich die Hände waschen. Julia kommt nicht gleich zurück, ist irgendwo hängen geblieben.

11.35 Uhr: Stuhlkreis. Julia sitzt zwischen Annette und Bastian. Die Erzieherin macht ein Ratespiel mit den Kindern. Sechs Gegenstände liegen auf dem Boden. Ein Kind geht raus und muß beim Zurückkommen raten, welches weggenommen worden ist. Julia kommt als eine der Letzten dran.

12.00 Uhr ist der Stuhlkreis zu Ende. Julia muß zuerst noch mit Lisa und Annette in die Puppenküche zum Aufräumen, bevor sie raus kann zum Anziehen. 12.15 Uhr, Julia spielt gerade draußen an der Schaukel, da kommt ihre Mama zum Abholen. Sie läuft zu ihr, fällt ihr in die Arme und hängt sich an sie. Ihre Mutter erzählt noch kurz mit einer anderen Mutter, bevor es nach Hause geht. Nachmittags wird Julia nicht in den Kindergarten kommen, weil Lisa bei ihr zu Besuch ist.

3.2 Wie Kinder Gott malen – religiöse Weltsichten von Kindern

Was glauben und hoffen Kinder? Ausgehend von der Wahrnehmung der Welt aus Sicht der Kinder und ihrer Art, sie zu deuten, wollte ich mit Kindern über Gott reden und ihnen biblische Geschichten erzählen. Dabei wurde mir sehr schnell das Problem der Anknüpfung deutlich: Was sind die Probleme von Kindern, auf die ihnen biblische Geschichten eine Antwort geben können? Welches Vorverständnis von Gott haben sie, wie denken sie sich das, was ihnen Mütter, Väter, Erzieherinnen und andere Kinder über Gott erzählen oder nicht erzählen?

Nach meiner Beobachtung drückten viele Kinder ihre Vorstellungen und Gedanken, ihre „Weltsicht" durch Bilder aus, die sie spontan oder angeleitet malten. Diese „Sprache" wollte ich mir zunutze machen, um etwas über ihre „Theologie" zu erfahren.

So führte ich jeweils mit den 3-4- und 5-6jährigen Kindern folgende „Befragung" durch. Dazu hatte ich ein Bild zur Schöpfungsgeschichte mit Papierstreifen zugedeckt. Auf der unteren Hälfte war Meer und Sandstrand, auf der oberen Bildhälfte der Himmel mit Wolken zu erkennen. Das Ganze kündigte ich als Quiz an: Die Kinder sollten raten, was auf den Bildern zu sehen ist. Das Bild des Himmels sollte als Impuls zur Artikulation ihrer Vorstellungen dienen. Nach und nach deckte ich die Papierstreifen auf. Hier die Reaktionen der Kinder:

1. Gruppe: 5-6jährige:
„Was gibt es alles im Himmel?"
Marcel: „Engel, Sterne."
Miriam: „Planeten, der liebe Gott."
Kerstin: „Galaxis."
Marco: „Christkind."
Sascha: „Pluto und Planeten, die Sonne, Wolken."

„Wo wohnt denn der liebe Gott?"
Marco: „Im Himmel."
Sascha: „Der ist überall."

2. Gruppe: 3-4jährige:
a) Ich decke das untere Bild eines Sandstrandes auf:
Alex:: „Wasser."
Anna: „Himmel, Sand."
Bastian: „Schnee."
Lisa: „Weißer Sand."

b) Danach das obere Bild des Himmels:
Bastian: „Wolke."
Alle: „Wolke."
Lisa: „Und Himmel."
Alle bestätigen bis auf Jenny, Michelle und Alex: „Wasser."

„Was gibt es alles im Himmel?"
Anna: „Gestorbene Menschen."
Michelle: „Engel und der liebe Gott."
Lisa und Anna: „Christkind, Knecht Ruprecht."
Anna: „Der liebe Gott hat etwas weißes an und einen Glasraum."
Michelle: „Marcel (Bruder) hat Glas kaputt gemacht". Sie erzählt die Geschichte, wie es auf den Boden gefallen ist.
„Wer jetzt Lust hat, kann einmal malen, wie Gott aussieht (und wo er wohnt: 1. Gruppe)".

Zu erwarten war, daß sie die Eindrücke und Erfahrungen zu einem je eigenen Bild zusammensetzten und aufmalten. So war es auch. Ein Kind malte Gott, der mit seinem Sohn Fußball spielt, eines malte eine Krippe mit Josef und Maria, ein Junge malte Gott, der im Himmel herumfliegt, ein Mädchen die vielen Engel, die im Bauch Gottes wohnen, ihre Nachbarin das kleine Glashaus im blauen Himmel, in dem Gott wohnt. Und doch scheint es mir mehr als die Verarbeitung aktueller Eindrücke. Die Kinder verbanden sie mit ihren bisherigen Vorstellungen von Gott.

Es war nicht meine Absicht, die gemalten Bilder zu interpretieren. Dazu fehlten mir nötige Vorkenntnisse und die genaue Kenntnis der jeweiligen familiären und sozialen Situation der Kinder. Die Bilder gaben mir aber einen Einblick in die Vorstellungswelt der Kinder, ihre Art, Zusammenhänge herzustellen und Erfahrenes und Erlebtes zu deuten.

Drei Tage später versuchte ich, anknüpfend an die gemachten Erfahrungen, mit den Kindern der Gruppe die Sturmstillung Jesu als Bibliodrama zu spielen. Den Kindern wollte ich nicht eine Geschichte präsentieren, sondern sie als Subjekte am Geschehen beteiligen.

Wir breiteten eine mitgebrachte Plastikfolie in der Mitte des Stuhlkreises aus und stellten zwei umgedrehte Tische als Boot in die Mitte. Nach einem kurzen erzählenden Abschnitt sollten die Kinder das Gehörte gleich nachspielen. Ich gebe den Ablauf leicht gekürzt wieder:

Ihr habt die Geschichte von der Zauberinsel gehört. Wie Alexander mit seiner Mutter auf dem Traumboot gefahren ist. Wir wollen heute eine Geschichte von einer Bootsfahrt zusammen spielen. Jesus fährt mit seinen Freunden auf dem See Genezareth. (Erklärungen, Fragen: Wer ist Jesus? Was sind die Freunde, Jünger Jesu?)(Wir suchen die mitspielenden Kinder aus: Jünger, Jüngerinnenn und Jesus, die sich in das Boot setzen. Die anderen Kinder fassen den Rand der Plastikfolie und machen die Wellen. *Abmachung/Spielregel:* Wenn ich den Holzkegel in die Hand nehme, sind die Kinder ruhig).

Erzähler: Eines Tages hatte Jesus vielen Leuten am See Genezareth von Gott erzählt. Er stand im Boot mit seinen Jüngern und redete zu den Menschen am Ufer. Er erzählte ihnen viel über Gott. Als er damit zu Ende war, war er müde und konnte die vielen Menschen um sich herum nicht mehr haben. Er sagte zu seinen Jüngern: „Laßt uns auf die andere Seite vom See Genezareth fahren." Die Jünger fangen an zu rudern, und das Boot fährt langsam vom Ufer weg auf den See hinaus.

(Die Jüngerinnen und Jesus steigen ins Boot, ruhiger Wellengang wird gespielt.)
Erzähler: Vom vielen Reden ist Jesus so müde, daß er sich hinlegt und einschläft.
Jesus (legt sich hin und schläft ein).
Erzähler: Auf einmal wird es windig auf dem See und das Boot bewegt sich mit den Wellen. (*Kinder* bewegen die Folie, Boot schaukelt.)

Die Jünger sind besorgt und sagen untereinander: Es sieht so aus, als ob ein großer Sturm kommt. Wir haben Angst um unser kleines Boot. Wenn wir nicht bald ans andere Ufer kommen, gehen wir noch unter. Jesus schläft aber immer noch hinten im Boot.

(Erzählpause, heftiger Wellengang, Jesus schläft, die Jüngerinnen schauen zu ihm.)
Erzähler: Der Wind wird immer stärker und bald ist es ein richtiger Sturm. Riesige Wellen rollen auf das kleine Boot zu, in dem Jesus und seine Jünger sind. Die Lage wird immer gefährlicher. Schon schlagen die ersten Wellen ins Boot, und das Schiff droht zu versinken.

(*Kinder* bewegen Folie stärker.)
Jesus schläft immer noch fest und die Jünger sagen: „Wie kann man bei einem solchen Sturm nur schlafen. Wir haben Angst um unser Leben, und dieser Jesus schläft."

Erzähler: Schließlich bekommen die Jünger solche Angst, daß sie zu Jesus gehen und ihn wecken: „Wie kannst du schlafen, Jesus? Wir gehen unter, wir haben Angst," sagen sie zu ihm.

Jesus wacht auf und reibt sich die verschlafenen Augen. Er sieht die hohen Wellen und weil er ja der Sohn Gottes ist, sagt er zu den Wellen und dem Sturm: „Hört auf damit!" Zu den Jüngern sagt er: „Warum habt ihr Angst. Ihr wißt doch, daß Gott bei Euch ist. Habt doch Vertrauen zu ihm, verliert nicht den Mut."

Als Jesus das gesagt hat, werden auf einmal die Wellen kleiner und der Sturm läßt nach. Es ist nur noch ein kleiner Wind. Die Jünger sind total erstaunt und beeindruckt von Jesus und begreifen gar nicht, daß auf einmal kein Sturm mehr da ist.

Die Jünger haben riesige Angst davor gehabt, daß ihr Boot im Sturm untergehen könnte und sie ertrinken würden. Nachdem Jesus zu ihnen gesagt hat, daß sie auf Gott vertrauen sollen, ist der Sturm nicht mehr so schlimm für sie. Die Jünger haben auf einmal keine Angst mehr und der Sturm läßt nach ...
Sascha: In echt hat der das aber nicht gekonnt.
Nach dem Spiel singen wir das Lied „Halte zu mir guter Gott". Die Kinder aus dem Stuhlkreis wollen nach dem Spiel alle ins Boot und das Lied nochmals singen.

Für mich war faszinierend, wie die Kinder an der Geschichte beteiligt waren und sie zu verarbeiten versuchten (siehe die Reaktion von Sascha). Sie waren aktiv und emotional beteiligt. Die Erzählung blieb nicht abstrakt, sondern konnte miterlebt, selbst gestaltet werden. Die Kinder waren Subjekte, die die Geschichte spielten und erlebten.

Beeindruckend war die Aufmerksamkeit, die Ruhe und die „Beschaulichkeit" der Kinder am Ende des Spiels. Die Sturmstillung war greifbar und erfahrbar. Als Erwachsene und Kinder hatten wir uns eine biblische Geschichte erarbeitet und sie zusammen erlebt. Wir versuchten noch ein Gespräch über eigene Angstsituationen, Verlorengehen im Kaufhaus oder dergleichen, wobei ich merkte, daß die Erzieherinnen mir einiges an Erfahrung voraus hatten.

Wer als Erwachsener oder Erwachsene versucht, mit Kinderaugen zu sehen und die Perspektive zu wechseln, macht beeindruckende Entdeckungen auch auf dem Gebiet der religiösen Elementarerziehung, die zu einem besseren Verständnis der religiösen Weltsicht und „Theologie" von Kindern führen. Sie regen dazu an, mit Kindern über Gott zu reden, anstatt sie religiös unterweisen zu wollen. Vor aller religiösen Erziehung besitzen Kinder Vorstellungen des Transzendenten:

- Kinder besitzen Vorstellungen aus dem religiösen Bereich, die sich aus den unterschiedlichsten Quellen (Eltern, Erzieherinnen, Spielkameraden) speisen und tauschen sich auch untereinander darüber aus. Gott, Engel, himmlische Wesen sind nichts Abgehobenes und Besonderes sondern Teil ihrer Welt. Sie gehen unbefangen damit um und sind darum bemüht, auch diesen Bereich der Lebenswelt zu erkunden.
- Kinder konstruieren eigene Bilder und Vorstellungen von Gott. Sie verarbeiten Gehörtes in ihrer Phantasie und versuchen so, auch schwierige Sachverhalte logisch nachvollziehbar zu machen. So denken sie sich Gott in einem Glashaus im Himmel wohnend oder mit Flügeln über die Erde fliegend. Kinder sind deshalb auch nicht auf ein Gottesbild festlegbar, weil jede neue Information, jedes neue Gespräch sie zu neuen Konstrukten anregt.
- Kinder haben hundert Sprachen, sich auszudrücken. Viele davon verstehen Erwachsene nicht. Nonverbale Ausdrucksmittel wie Malen, Basteln, Spielen, Rollenspiel etc. bieten Kindern Ausdrucksmöglichkeiten für ihre Bedürfnisse. Ängste und Bedürfnisse äußern sie meistens nicht verbal, sie können ihre Erfahrungen nicht abstrahieren.
- Religiöse Elementarerziehung sollte an der Lebenswelt der Kinder, ihren Fragen und Vorstellungen anknüpfen. So können z.B. in einem Bibliodrama über die Sturmstillung Jesu im Stuhlkreis Kinder selbst die Hauptrollen spielen und so die Überwindung der Angst der Jünger miterleben.

- Perspektivenwechsel praktisch heißt, nicht mehr Kindern biblische Geschichten „beibringen" zu wollen, sondern mit ihnen über Gott zu reden, ihre Fragen nach Gott ernst zu nehmen. Ob sporadisch von außen kommende Pfarrer/innen, die nur wenig Einblick in die Lebenswelten der Kinder haben, dazu in der Lage sind, ist zumindest fraglich. Zusammen mit den Erzieherinnen sollte er/sie sich um die jeweiligen „Weltsicht" der Kinder bemühen und sie als Subjekte wahrnehmen. Erzieherinnen und Pfarrer/innen werden genötigt, ihren eigenen Glauben zu reflektieren und auf den Punkt zu bringen.

Mit den religiösen Vorstellungen von Kindern können Erzieherinnen und Erzieher auf vielerlei Art ins Gespräch kommen. Dabei werden neue Gottesbilder ins Gespräch gebracht, die der religiösen Entwicklung dienlich und nicht hinderlich sind. Warum sollten Kinder und Erwachsene nicht gemeinsam versuchen, Antworten auf die Frage nach Gott zu finden? Spannend wird es alle Male für beide.

Friedrich Schmidt u.a.

4. „Horizonte öffnen" – Weiterqualifikation im Modellversuch

Die Begleitung und Fortbildung von Mitarbeitern und Mitarbeiterinnen im Praxisfeld ist bei einem Modellprojekt von entscheidender Bedeutung. Entsprechend dieser besonderen Relevanz von Begleitung und Weiterqualifikation der am innovativen Prozeß beteiligten Personen wurde in der Projektbeschreibung des Diakonischen Werkes als Anforderungen formuliert:

> „Gewährleistung der Freistellung der Mitarbeiterinnen in der Gemeinde für Fortbildungen, Fachtagungen und Dokumentationsarbeiten (...)
> Alle beteiligten Mitarbeiter/innen einer Gemeinde treffen sich einmal im Monat für einen ganzen Tag mit der wissenschaftlichen Begleitung und stimmen die nächsten Schritte ab. Zweimal im Jahr treffen sich die Mitarbeiter/innen der drei Projektstandorte im Bereich der Evangelischen Kirche der Pfalz zu einem Studientag. Auf Bundesebene ist von zwei dreitägigen Fachtagungen pro Jahr (...) auszugehen."[17]

Aufgrund des systemischen Handlungsforschungsansatzes und der Ziele des Projektes sollten nicht nur Erzieherinnen, sondern auch Trägervertreter/innen und Eltern in die Fortbildung und Begleitung einbezogen werden. Allerdings ging man damals noch davon aus, daß für fortzubildende Mitarbeiterinnen Vertretungskräfte zu finden sein würden, die über Modellmittel des Landes finanziert werden könnten. In einem Modellversuch ohne Modellbedingungen war es jedoch schwierig, diesen Anspruch in die Praxis umzusetzen. Entgegen des ursprünglichen Konzeptes gab es für die beteiligten Kindertagesstätten kein zusätzliches Personal oder Vertretungskräfte. Mit den beteiligten Erzieherinnen mußte von Fall zu Fall überlegt werden, wie im Alltag von Kindertagesstätten Zeiträume gefunden werden können, um Fortbildungsveranstaltungen zu organisieren. Ein zweites Problem war die Berücksichtigung anderer Beteiligter wie Eltern oder ehrenamtliche Mitarbeiter und Mitarbeiterinnen der Kirchengemeinde. Aufgrund ihrer Berufstätigkeit oder der Notwendigkeit, ihre Kinder zu betreuen, mußten Projektfortbildungen am Wochenende stattfinden.

4.1 Formen der Fortbildung und Begleitung

Unterschiedliche Formen der Begleitung als Fortbildung und Beratung wurden auf verschiedenen Ebenen für bestimmte Zielgruppen angeboten. Sowohl die Formen der Fortbildungsveranstaltungen und der Beratungsangebote als auch die Inhalte orientierten sich an den Bedingungen im Praxisfeld und dem Bedarf der Beteiligten. Das erforderte von den Beteiligten wie auch von dem wissenschaftlichen Begleiter, der im Auftrag des Diakonischen Werkes der Evangelischen Kirche der Pfalz die Angebote organisierte, eine große Experimentierfreudigkeit und Spontaneität. Während die lokalen Angebote sich ganz an den Wünschen der Beteiligten ausrichteten, mußte bei überregionalen mehrtägigen Fortbildungen eine Balance zwischen vorbereiteten Themen

---

[17] Projekbeschreibung, 3f.

und aktuellen von den Teilnehmer/innen mitgebrachten Fragen und Problemen gefunden werden. Im Einzelnen fanden folgende Veranstaltungen statt:
- *Fünf zwei- bis dreitägige regionale Fortbildungstage für Erzieherinnenteams aus den drei Standorten:* Diese mehrtägigen Veranstaltungen fanden zu den Themen „Zusammenarbeit mit Vätern/Müttern", „Chancen und Grenzen von Öffnungsprozessen im Kindergarten", „Perspektivenwechsel und die Lebenssituationen von Kindern und Familien", „Einführung in die Reggiopädagogik" sowie „Auf eigenen Füßen stehen – Auswertung des Modellversuches" statt. Neben diesen thematischen Schwerpunkten waren die Reflexion der bisherigen lokalen Projektentwicklung und -probleme sowie eine kollegiale Beratung fester Bestandteil der jeweiligen Seminare.
- *Vier regionale ein- bis zweitägige Projekttage für Erzieherinnen, Trägervertreter, Eltern und andere Beteiligte:* Die Projekttage hatten die thematischen Schwerpunkte: Analyse der Situation vor Ort, Vernetzung im Gemeinwesen, kinder- und familienfreundliche Gemeinde und die Zeit nach dem Modellversuch. Auch bei diesen Treffen zwischen Beteiligten des Modellversuches aus den drei Orten spielte der Austausch und die wechselseitige Beratung eine zentrale Rolle.
- *Zwei regionale Kurzfortbildungen für zwei Erzieherinnen aus jedem Ort:* Diese Kurzfortbildungen fanden zu den Themen Öffentlichkeitsarbeit und Projektpräsentation statt, die kurzfristig von den Beteiligten gewünscht worden waren.
- *Lokale Studientage für Erzieherinnenteams einer Kindertagesstätte:* Die Themen dieser Fortbildungen orientierten sich an den Wünschen der beteiligten Erzieherinnen vor Ort und den aktuellen Fragen des Projektverlaufes. Fachkräfte wählten thematische Schwerpunkte wie Erzieherinnenrolle, Zusammenarbeit mit Eltern/Ehrenamtlichen, Projektplanung, Situationsanalyse, Ergebnisse der Elternbefragung, Zeitmanagement, offene Arbeit, Konzeptionsentwicklung usw. aus.
- *Beratungsgespräche mit Erzieherinnen:* Diese Gespräche zur aktuellen Entwicklung des Projektes fanden meist während einer zweistündigen Teamsitzung statt. Neben der Reflexion des Verlaufes und der persönlichen Einschätzung waren immer wieder bestimmte Probleme oder aktuelle Konflikte Gegenstand des Gespräches. Die Häufigkeit dieser Beratungsgespräche war abhängig von dem Bedarf der Erzieherinnen, ihrer Zeit und den akuten Problemen.
- *Beratungsgespräche mit Trägern:* Diese Gespräche über den Stand der Dinge im Modellversuch vor Ort fanden in unregelmäßigem Abstand zwischen dem wissenschaftlichen Begleiter und Gemeindepfarrern oder anderen Trägervertretern statt.
- *Beratungsgespräche und Konfliktmanagement mit unterschiedlichen Personen vor Ort:* In seltenen Fällen kam es zu Beratung und Konfliktmanagement bei akuten Problemen vor Ort unter Beteiligung der betroffenen Personen wie z.B. Eltern, Erzieherinnen oder Trägervertreter/innen.
- *Vier bis sechs jährliche Projektausschußsitzungen:* An den drei Modellorten fanden jährlich mehrere Projektausschußsitzungen statt. Dieser Projektausschuß war ein Gremium aus Eltern, Erzieherinnen, Gemeindeverantwortlichen und anderen Personen aus dem Gemeinwesen. Bei diesen Treffen wurde über die aktuelle Entwicklung der neu entstandenen Angebote und die Planung der nächsten Schritte beraten. Teilweise kam es auch zur kollegialen Beratung.

Die regionalen Fortbildungstage und die lokalen Studientage wurden vom wissenschaftlichen Begleiter in Kooperation mit der Fachberatung und den Projektbeteiligten geplant und organisiert. Zu den regionalen Fortbildungsveranstaltungen wurden Referenten/innen eingeladen. Wichtige Impulse für den Projektverlauf ergaben drei bundesweite Fortbildungen. Für die beteiligten Erzieherinnen und Gemeindevertreter war dabei nicht nur der Austausch mit anderen Pädagoginnen und Trägervertretern aus Ost- oder Norddeutschland interessant, sondern auch die Themen: „Das Kind in weiterführenden Konzepten", „Uns trennen Welten – Die Vielfalt der Lebenswelten" und die Auswertung des Modellversuches.[18]

4.2 Weiterqualifikation von Mitarbeitern und Mitarbeiterinnen

Was bedeutet Weiterqualifikation im Modellversuch? Drei Erzieherinnen und ein Pfarrer beschreiben ihre Erfahrungen:

4.2.1 „In die Kinderwelten hineinzudenken"
Gabriele Balbach

Als ich nach dreieinhalb Jahren Berufspause am 1. April 1994 wieder in die Kindergartenarbeit einstieg, lief gerade das Projekt an. Da ich lange keine Fortbildungen im Erzieherbereich hatte, interessierte ich mich gerade für die Fortbildungen im Projekt. Zu Beginn war ich etwas enttäuscht von diesen Fortbildungen, denn meine Schwerpunkte liegen mehr im kreativ-künstlerischen Bereich. Doch bald merkte ich, daß mich diese Projektfortbildung persönlich sehr anregte und weiterbrachte.

Gerade die „Lebenswelten" haben mich nachdenklich gemacht. Die Rolle der Väter/Männer wurde mir klarer. Dadurch ist mein Blick auf die familiären Lebenswelten genauer geworden. Nach der zweiten bundesweiten Fortbildung in Essen habe ich mir die Lebenswelten meiner Kindergartenkinder genauer angesehen. Ich habe mit Kindern Interviews gemacht zu ihren Familien und mir fiel es leichter, mich in die differenzierten Kinderwelten hineinzudenken.[19]

In meiner Ausbildung, die nun schon 20 Jahre zurückliegt, sind Defizite beim Thema: Öffentlichkeitsarbeit sowie Kooperation von Kindergarten und Kirchengemeinde zu verzeichnen. Gerade durch das Projekt wurde mir deutlich, wie wichtig die Öffentlichkeitsarbeit für den Kindergarten ist. Nur dadurch wird unsere Arbeit publik und uns wird mehr Anerkennung zuteil.

4.2.2 „Lebenswelten aus einer anderen Perspektive zu sehen"
Stephanie Roscher/Elke Schweizer-Fornoff

Im Rahmen der zweijährigen Projektarbeit hat sich unser Arbeitsfeld verändert und erweitert. Ein Projektziel war, stärker auf die Bedürfnisse junger Familien zu reagieren. Dazu war es nötig, sich in die Situation der Betroffenen hineinzuversetzen und die Lebenswelten aus einer anderen Perspektive zu sehen. Für uns war es eine (neue) Erfahrung, Aktivitäten nicht für, sondern mit Eltern zu planen. Eltern und Erziehe-

---

[18] Vgl. Projektinformation II/1995 bis IV/1996 hg. v. Bundesvereinigung Evangelischer Tageseinrichtungen für Kinder e.V. Näheres findet sich bei Arnd Götzelmann im ersten Teil dieses Bandes.
[19] Vgl. G. Balbach, Lebenswelten von Kindern, Pfälzische Projektblätter Nr. 4/ 1995, 19ff.

rinnen kamen stärker ins Gespräch. Neben der Arbeit mit den Kindern wurden andere Inhalte und eigene Bedürfnisse wichtig. So ging es z. B. bei der Planung des Frauenfrühstücks neben der Organisation und Durchführung auch um die Verwirklichung eigener Vorstellungen und Vertretung eigener Interessen.

Durch die Vielzahl der neu entstandenen Gruppen ergaben sich Veränderungen im Ablauf des Kindergartenalltags. Dieser mußte von den Erzieherinnen getragen und nach außen vertreten werden. Dazu gehörten Absprachen im Presbyterium und mit Vertretern der Gemeindeverwaltung. Um das Projekt zu veranschaulichen, war die Auseinandersetzung mit theoretischen Inhalten notwendig und führte zu einer Kompetenzerweiterung und beruflicher Weiterentwicklung.

Das Projekt empfanden wir als Anregung, die eigene Arbeit kritisch zu hinterfragen. Die Auseinandersetzung mit der Reggiopädagogik gab uns neue Impulse und führte schließlich zum Überdenken der Konzeption und der konkreten Arbeit im Kindergarten. Über die Veränderung im Kindergarten hinaus ist die Beziehung der Erzieherinnen zur Kirchengemeinde gewachsen. Kindergarten und Kirchengemeinde sind sich näher gekommen.

4.2.3 „Meine Art zu predigen hat sich verändert"
Uwe Weinerth

Sicher hat das Projekt auch meine Arbeit als Gemeindepfarrer und meine Wahrnehmung als Seelsorger und als Vorgesetzter verändert. Im Umgang mit Kindern kann ich mich heute stärker in die Vorstellungswelt der Kinder einfühlen. Das merke ich zum Beispiel, wenn ich meine Konzepte zu den Familiengottesdiensten vergleiche. Meine Art zu predigen hat sich verändert. Aus der Predigt ist ein Gespräch mit den Kindern geworden.

Der Umgang mit den Kindergarteneltern war zu Beginn des Projekts nicht immer einfach gewesen. Ich erlebte die Eltern als sehr kritisch, stets fordernd. Berührungsängste gab es sicher auf beiden Seiten. Dies hat sich jedoch inzwischen geändert: Beim Café-Treff oder beim Gespräch vor der Haustür ist die frühere Distanz nicht mehr spürbar. Und beim Gespräch über die Frage, in welchem Alter das Kind am besten getauft werden soll, erhalte ich die neuesten Kinotips fürs Wochenende. Im Laufe des Projekts habe ich als Pfarrer die Arbeit der Erzieherinnen schätzen gelernt. Die Zusammenarbeit mit dem Team der Erzieherinnen habe ich stets als ein gegenseitiges Geben und Nehmen erfahren. Bei Gesprächen über theologische Fragen, wie zum Beispiel die Frage, was Inhalt eines kindgerechten Gebetes sein kann, sind die pädagogischen Erfahrungen der Erzieherinnen sehr wichtig gewesen. Die Vorbereitungen der Familiengottesdienste fanden meist im Team statt und die Gottesdienste haben durch die vielfältigen Anregungen an Lebendigkeit gewonnen. In den letzten Monaten hat das Team die Konzeption des Kindergartens neu überarbeitet und den neuen Gegebenheiten angepaßt. Ich konnte bei der Konzeptionserarbeitung teilweise dabei sein. Für mich war das eine weitere, neue Erfahrung. Aus dieser Erfahrung erwächst bei mir das Bewußtsein, daß nun als nächster Schritt die Erarbeitung einer Gemeindekonzeption folgen müßte. Zusammen mit dem Teilpresbyterium, den Erzieherinnen und den weiteren Mitgliedern müßte die Arbeit in der Gemeinde überdacht und eine Konzeption erstellt werden.

4.3 Perspektiven

Die unterschiedlichen Erfahrungen von Erzieherinnen und Pfarrern machen auf wesentliche Aspekte von weiterqualifizierenden Prozessen aufmerksam. Auf sechs wichtige Punkte möchte ich abschließend hinweisen:

1. „Für mich haben sich durch die Erfahrungen mit dem Projekt neue Horizonte geöffnet," so charakterisierte eine Erzieherin ihre „Qualifikationserfahrungen". Es ging weniger um den Erwerb bestimmter Fertigkeiten als um neue Einsichten und veränderte Perspektiven. Für Erzieherinnen oder Pfarrer bedeutet dies eine andere Wahrnehmung der Lebenswelten von Kindern und Familien. Dieser andere Blickwinkel wurde mit dem Begriff des „Perspektivenwechsels" gekennzeichnet, den die Projektbeteiligten bei mehreren Fortbildungen kennengelernt hatten.[20] Die Perspektive von Kindern und Familien wurde eingenommen. Dies erforderte eine andere Haltung, eine größere Bereitschaft, Kindern und Eltern zuzuhören und sich auf die Ideen der anderen einzulassen.

2. Weiterqualifikation geschah als ein praxisnaher, interdisziplinärer Prozeß, in dem verschiedene Menschen ihre Kompetenzen einbringen konnten. Qualifikationserfahrungen entwickelten sich häufig infolge von Problemen und ihrer Reflexion. Von daher bekamen Konflikte und Probleme den Begriff „Stolpersteine". Sie versperrten den bisherigen Weg, waren hinderlich, konnten ins strauchkeln bringen. Aber ihre Überwindung bedeutete einen wichtigen Fortschritt. Lernerfahrungen wurden durch die Wahrnehmung verschiedener Perspektiven auf bestimmte Fragen ausgelöst. Dies war notwendig, da der Modellversuch von vornherein das Gesamtsystem von Kindergarten und Gemeinde und damit unterschiedliche Interessen und Sichtweisen von Eltern, Kindern, Erzieherinnen oder Gemeindemitgliedern betraf. Die multiperspektivische Wahrnehmung von Problemen kann als eine wichtige Lernerfahrung bezeichnet werden.

3. Die qualifizierenden Erfahrungen gelangen in der Wechselbeziehung von Theorieimpulsen und Praxiserfahrungen. Sie vollzogen sich als komplexer wechselseitiger Prozeß von neuen theoretischen Impulsen, Analyse und Reflexion der bisherigen oder neuen Praxis, Erfahrungen mit der praktischen Erprobung neuer Handlungen oder Initiativen, Rückbindung an die Theorie usw. Dieser Qualifizierungsansatz in einem Handlungsforschungsprojekt versucht, theoretische und praktische Lernerfahrungen miteinander zu verkoppeln.

4. Zur Weiterqualifikation gehört wesentlich die persönliche Kompetenzerweiterung. In Abschlußgesprächen haben mehrere Beteiligte erzählt, wie sie durch die Erfahrungen mit dem Projekt an „Selbstbewußtsein" hinzugewonnen haben. Das größere Vertrauen in sich selbst und in die eigenen Fähigkeiten kann offener gegenüber Ideen und Kritik von anderen machen.

5. Auf die Frage ihrer Weiterqualifikation meinte eine Leiterin, „Ja, ich habe nun mehr Distanz gewonnen." Sie erlebt als Qualifizierung, daß sie nicht mehr unmittelbar auf alle Anforderungen aktivistisch reagiert, sondern sich zurücknimmt, nachfragt und reflektiert. Insofern ist diese Distanz als zeitweiliges Zurücktreten von der Praxis ein Zugewinn an reflexiver, planerischer Kompetenz. Das Sich-Selbst-Zurücknehmen

---

[20] Zu dem Begriff vgl. Aufwachsen in schwieriger Zeit, 49ff.

bedeutet keine Abgrenzung gegenüber den Eltern, sondern gibt ihnen Raum für ihre Ideen.

6. Die Darstellung der veränderten Praxis in der Öffentlichkeit hatte bei den Beteiligten weiterqualifizierenden Charakter. Die Präsentation vor dem Publikum und auch die Dokumentation von Projekterfahrungen führte zu einer vertieften Auseinandersetzung mit Inhalten und Zielen des Projektes.

Innovatorische Prozesse in sozialen Einrichtungen erfordern einen erhöhten Beratungsbedarf. Die Beteiligten brauchen mehr Zeit zur Reflexion der Praxis und Planung des innovatorischen Handelns. Dieser erhöhte Zeitbedarf ist allerdings für verschiedene Zielgruppen unterschiedlich zu organisieren. Es war schwierig, Erzieherinnen diese größeren Freiräume zur Reflexion im Rahmen des normalen Personalschlüssels zu ermöglichen. Um Eltern und Presbyter/innen einzubeziehen, müssen Veranstaltungen am Wochenende durchgeführt werden und an eine Kinderbetreuung muß gedacht werden. Für innovatorische Prozesse in sozialen Einrichtungen ist die Einbeziehung des ganzen Systems, also die Sichtweise vieler Beteiligter ein wichtiger Faktor. Positiv haben sich im pfälzischen Projekt die regionalen Fortbildungen und lokalen Studientage mit dem gesamten Erzieherinnenteam auf die Veränderungsdynamik in der Kindertagesstätte ausgewirkt. Auch die gemeinsamen Projekttage von Eltern, Gemeindegliedern, Pfarrern und Erzieherinnen haben nicht nur das Verständnis für die jeweilige Lebenssituation und den Bedarf wachsen lassen, sondern die Zusammenarbeit zwischen Menschen unterschiedlicher beruflicher Qualifikation und persönlicher Interessen gestärkt.

Für Eltern gab es neben den regionalen Projekttagen und der kollegialen Beratung im Projektausschuß keine eigenen Fortbildungen. Bei der Konzeption des Modellversuches ging man davon aus, daß Eltern keine Fortbildung brauchen, sondern ihre beruflichen oder persönlichen Qualifikationen in ihre Selbsthilfeinitiativen einbringen können. Darüber hinaus konnten die pädagogischen Fachkräfte die Eltern auf diesem Weg beraten. Es hat sich allerdings gezeigt, daß Erzieherinnen die Begleitung und Beratung der Eltern auch aus zeitlichen Gründen nur begrenzt leisten können. An zwei Orten haben Eltern eine stärkere Fortbildung eingefordert. Ein Vater formulierte es so: „Die Profis werden im Projekt durch Fortbildungen qualifiziert, die Laien nicht." Diese Kritik macht zweierlei deutlich: Ein Teil der Eltern wünschte eine stärkere Begleitung und Fortbildung, um Angebote qualifizierter veranstalten zu können. Diese Begleitung und Beratung konnte nicht allein durch die Erzieherinnen geleistet werden. Für die Zukunft sollte überlegt werden, eigene Fortbildungen für Eltern zur Unterstützung von Selbsthilfeinitiativen anzubieten.

Häufig ist zu beobachten, daß mit den Veränderungen die Schwierigkeiten und Konflikte in Kirchengemeinde und Kindertagesstätte wachsen. Sei es, daß lange schwelende Probleme zu Tage treten oder Veränderungsprozesse eine Dynamik entwickeln, die alte Strukturen aufbrechen. Die Verantwortlichen in der Kindertagesstätte, besonders aber in der Kirchengemeinde, sind selten im konstruktiven Umgang mit Konflikten erfahren. Diese konflikthaften Erfahrungen von innovativen Projekten bedürfen der Beratung und des Krisenmanagements. „Neutrale" Berater oder Beraterinnen, die von außen kommen, können bei Konflikten zwischen den Beteiligten und ihren unterschiedlichen Sichtweisen vermitteln, die Betroffenen an einen Tisch bringen und ein Gespräch moderieren. In der Begleitung des Projektprozesses gab es allerdings auch die Erfahrung, daß für bestimmte Schwierigkeiten keine Lösungen zu finden waren. Dennoch ist die Thematisierung dieser Probleme oder Belastungen für die Beteiligten im Beratungsprozeß ein wichtiger Schritt, um damit leben zu können.

Zur Weiterentwicklung des Kindergartens zu einem Nachbarschaftszentrum in der Kirchengemeinde sind Fortbildungs- und Begleitkonzeptionen, die im Sinne von Organisationsentwicklung das gesamte System berücksichtigen, unverzichtbar. Auf diese Weise kann es zu wechselseitigen Lernprozessen zwischen Eltern, Erzieherinnen, Kindern und Gemeindeverantwortlichen kommen, die dauerhaft sind.

Alida Zaanen/Friedrich Schmidt

5. An den Bedürfnissen stärker orientieren – Eine kritische Bilanz des Handlungsforschungsprojektes

Wie sind der Verlauf des Handlungsforschungsprojektes und seine Ergebnisse zu bewerten? Welche Auswirkungen hatte dieser Modellversuch für Kinder und Eltern, für die drei Einrichtungen und Kirchengemeinden, für das Diakonische Werk und die Arbeit der Fachberatung? Die folgenden Überlegungen sind ein kritisches Resümee über die Chancen und Grenzen, über die wichtigen Entwicklungen und Defizite dieses Modellversuches. Sie entstanden in einem Abschlußgespräch zwischen dem Fachberater und den Fachberaterinnen des Diakonischen Werkes Pfalz im Kindergartenbereich Barbara Hofäcker, Jürgen Link, Gloria Marinello und Alida Zaanen, der Referatsleiterin Brigitte Schaupp, dem für theologische Fortbildung und Religionspädagogik zuständigen Referenten Gerald Kuwatsch und dem wissenschaftlichen Begleiter des Modellversuches Friedrich Schmidt.

Diese Überlegungen sind ein Versuch, aus unterschiedlichen Perspektiven die verschiedenen Entwicklungen des Modellversuches an den drei Orten zu bündeln und für die weitere Arbeit des Diakonischen Werkes fruchtbar zu machen. Die getroffenen Beobachtungen sind bedingt verallgemeinerbar, da die Projektverläufe lokal sehr unterschiedlich waren und bestimmte Aussagen nicht für den gesamten Zeitraum des Modellversuches gelten.

5.1 Kindertagesstätte als erweiterter Lebensraum für Eltern und Kinder – Auswirkungen des Modellversuches auf Familien

1. Eltern und Kinder wurden von Erzieherinnen anders, dies bedeutet differenzierter und mit mehr Verständnis für ihre familiale Lebenssituation wahrgenommen. Eine wichtige Rolle bei dieser differenzierteren Wahrnehmung spielten die Ergebnisse der schriftlichen Elternbefragung und das Einüben in die Lebenslagen von einzelnen Personen.
2. Bestehende Ängste oder Unsicherheiten im Verhältnis zwischen Eltern und Erzieherinnen wurden während des Projektprozesses abgebaut. Dies geschah durch eine verstärkte Zusammenarbeit, durch neue Formen der Kooperation und Reflexion der auftretenden Probleme.
3. An allen Orten kam es zu einer verstärkten Kooperation zwischen den pädagogischen „Profis" und „Laien". Dies geschah unter dem Vorzeichen der stärkeren Beteiligung von Eltern und dem Ernstnehmen ihrer Kompetenzen und Ideen.
4. Die evangelischen Kindertagesstätten entwickelten sich als Nachbarschaftszentren zu erweiterten Lebensräumen für Eltern und Kinder. Sie wurden für viele Eltern zu einem zweiten Zuhause oder zu einer zweiten Heimat. Dieser Prozeß wird sichtbar in der Einrichtung von Cafeterias oder in der eigenständigen und selbstorganisierten Nutzung von Räumen des Kindergartens. Für diese Beheimatung von Familien war die Frage nach der „Schlüsselgewalt" ein zentraler Punkt. Durch diese Öffnungsprozesse wird der Kindergarten auch ein offener Lebensraum für Kinder. Jungen und Mädchen erleben größere und kleinere Kinder, behinderte Kinder, Eltern und andere

Erwachsene. Damit verliert die Einrichtung ihren Inselstatus. Der Gefahr wird entgegengewirkt, daß sich der Kindergarten zu einem Kinderreservat entwickelt.

5. Im Modellprozeß kam es zu einer Stärkung der Mitsprache und Rechte von Kindern und Eltern. Sichtbar wurde dies beispielsweise in der eigenständigen Nutzung von Kindergartenräumen durch Eltern oder der „Erfindung" des Kinderkomitees. Die Eltern und Kinder wurden als Experten in eigener Sache, als handelnde Subjekte ernster genommen als bisher. Nicht nur die Personen, sondern auch ihre Ideen und Wünsche fanden in den Einrichtungen mehr Berücksichtigung. Dies war ein langer Prozeß, der an den drei Orten in unterschiedlichem Ausmaß voran kam. Er führte nicht nur zu einer Stärkung des familialen Engagements, sondern auch zu mehr offener und konstruktiver Kritik vonseiten der Eltern.

6. Im Modellversuch gelang eine Aktivierung der Eltern für bestimmte Projekte und in einem klar definierten Zeitraum. Es zeigte sich, daß viele Familien bereit waren, sich zu engagieren, wenn die Initiativen für sie selbst oder ihre Kinder etwas „bringen", sie eigene Kompetenzen oder Interessen einbringen können, in die Planung einbezogen sind und das Ganze zeitlich und inhaltlich begrenzt ist. Daß diese Aktivierung in vielen Fällen kein bloßer Aktionismus war, zeigte sich in der Bereitschaft von Eltern, die Verantwortung für Initiativen und neue Angebote auch über das Projektende hinaus zu tragen. So kam es im Modellversuch zu einer Förderung von Selbsthilfe und Selbstorganisation und damit zu einer Unterstützung von ehrenamtlichem Engagement im Umkreis von Kindergarten und Kirchengemeinde.

7. Die Entwicklung des Modellversuches und die Berichte der Beteiligten zeigen, daß die Kontakte zwischen Eltern mehr geworden sind oder sich Beziehungen intensiviert haben. Diese kommunikativen Begegnungen zwischen Familien betrafen aufgrund ihrer spezifischen Lebenssituation überwiegend Frauen. Durch diese kommunikativen interfamilialen Netzwerke wurde auch die Nachbarschaftshilfe gefördert. An einigen Orten kam es unter den beteiligten Frauen zu diakonischen Lernprozessen.

8. Während die selbstorganisierten Elterninitiativen besonders in Zweibrücken für Familienentlastung sorgten, wurde sie in Bobenheim-Roxheim durch den Ausbau der Kinderbetreuungsangebote erreicht. Hier kam es durch das „Ausfransen" der institutionellen Kinderbetreuung, wie beispielsweise die verlängerten Öffnungszeiten für Kinder von Einelternfamilien oder der Einrichtung des Familienbüros, zum Aufbau flexibler (halb-)institutioneller Unterstützungssysteme.

9. Im Modellversuch kamen die Eltern und Kinder in Kontakt mit der Kirchengemeinde. Dies geschah durch Begegnungen mit den Gemeindevertreter/innen oder durch Familiengottesdienste, die von Kindern und Eltern mitgestaltet wurden. Es entwickelten sich immer wieder religiöse oder theologische Gespräche. In diesem Prozeß veränderte sich die Wahrnehmung von Kirche bei vielen Familien. Aus einer Institution, die wenig mit dem eigenen Leben zu tun hatte, entstand das Bewußtsein, selbst zu dieser Gemeinde dazuzugehören, hier einen Ort gefunden zu haben, um Ideen und Vorstellungen einzubringen. Einige Eltern lernten auf diesem Weg, eigene Wünsche einzubringen und mit „Kircheninsidern" darüber zu diskutieren. Diesen Prozeß kann man als religiöse Alphabetisierung bezeichnen.

Defizite und kritische Anfragen
Neben diesen zahlreichen positiven Auswirkungen und wichtigen Impulsen, die im Verlauf des Handlungsforschungsprojektes sichtbar geworden sind, möchten wir allerdings auch auf einige kritische Punkte hinweisen, die bei der Anlage zu wenig im Blick waren, Ziele, die nicht erreicht wurden oder einfach defizitär blieben.

1. Die verstärkte Beteiligung und Aktivierung von Familien bezog sich überwiegend auf Frauen, die nicht oder teilzeiterwerbstätig waren. Familien mit zwei berufstätigen Eltern und Väter kamen zu wenig in den Blick.
2. Die Beteiligung von Kindern war in der Anlage des Modellversuches nicht vorgesehen und trat erst über Impulse durch die EKD-Synode „Aufwachsen in schwieriger Zeit" in den Projekthorizont. Für die Zukunft sind neben der veränderten Elternrolle stärker die veränderten Lebenslagen und Bedürfnisse von Kindern in den Blick zu nehmen. Offen blieb auch, wie Kinder über die Auswirkungen des Modellversuches befragt werden können. Ihre Aussagen wurden nur vermittelt über Eltern oder Erzieherinnen gewonnen.
3. Ein strukturelles Problem bestand in der Ansprechbarkeit von Eltern. Es gab keine direkten Informationswege zwischen Eltern und Diakonischem Werk, sondern immer über die Erzieherinnen vermittelte. Sie hatten keinen Sitz im Beirat und wurden zu wenig bei Fortbildungen berücksichtigt. Andererseits waren Fortbildungsveranstaltungen für Eltern aufgrund ihrer familialen Situation oder ihres beruflichen Engagements sehr schwer zu organisieren. Ein Problem der Elternbeteiligung bestand auch in der natürlichen Fluktuation der Elternschaft in einer Kindertagesstätte. Für die Zukunft gilt es, Eltern neben der Gruppe der Erzieherinnen und Trägervertreter als eigene Gruppe stärker anzusprechen, direkt zu informieren und weiterzuqualifizieren.

5.2 Qualifikation durch Konzentration und Projektplanung – Auswirkungen auf Erzieherinnen und Kindergarten

1. Die Kindergärten haben eine größere Öffentlichkeit für ihre Arbeit hergestellt. Allerdings gab es zwischen den drei Projekteinrichtungen hinsichtlich der Öffentlichkeitsarbeit ein großes Gefälle, was mit den persönlichen Vorlieben und Fähigkeiten der Leiterinnen, aber auch der lokalen Struktur der Presselandschaft zusammenhing.
2. Durch die Konzentration auf bestimmte Ziele und einen reflexiven Planungsprozeß wurden nicht nur viele Vorhaben realisiert, sondern kam es auch zur Weiterqualifikation von Erzieherinnen. Dabei waren die Diskussion und Bearbeitung der dabei auftretenden Schwierigkeiten und Probleme ein wichtiges qualifizierendes Moment. Die Impulse von außen durch Fachberatung und Projektmoderation waren wichtig zur internen Bearbeitung von Problemen. Erzieherinnen wurden konfliktfähiger und lernten Strategien, um mit Problemen umzugehen. In dieser Entwicklung zeichnet sich ein anderes Bewußtsein von Professionalität ab, das seine Fachlichkeit nicht durch Abgrenzung von den Eltern erweisen muß, sondern in reflexiver Distanz zum Arbeitsfeld, in einem selbstkritischen Umgang mit Kritik und in einer gewissen Gelassenheit.
3. Die Qualifikation der Erzieherinnen wurde durch die sich häufenden Gelegenheiten, den Modellversuch vor Kolleginnen, der Presse oder der Fachöffentlichkeit zu

präsentieren, gefördert. Durch diese Präsentation und die kritischen Feedbacks durch den wissenschaftlichen Begleiter erreichte man eine Auseinandersetzung mit den Zielen und dem Verlauf des Projektes.

4. Im Projektverlauf hat der Kindergarten seine enge Zweckbestimmung erweitert. Die Einrichtung wurde zu einem Nachbarschaftszentrum, dies bedeutet zu einem Ort nicht nur für Kinder, sondern für Familien. Mit dieser Öffnung des Kindergartens verwandelte sich auch die Wahrnehmung der Erzieherinnen von Familien. Kindheit und Elternschaft wurde nicht nur in dem Ausschnitt von drei bis sechs Jahren gesehen, sondern auf die Lebenslagen von Kindern und Familien im Wohnviertel erweitert. Durch die in der Projektentwicklung angestoßene Horizonterweiterung verortete sich der Kindergarten stärker im Kontext von Gemeinwesen und Gemeinde.

5. Im Verlauf des Modellversuches kam es zu einer größeren inneren Nähe zum Arbeitsort und zur lokalen Lebenswelt von Kindern und Familien bei den beteiligten Erzieherinnen. Diese Entwicklung ist ablesbar an der freiwilligen Partizipation von Pädagoginnen in Singkreisen, der Beteiligung an Familiengottesdiensten, dem politischen Engagement für Kinder im Stadtviertel oder in den freundschaftlichen Beziehungen zu Eltern.

6. Trotz oder gerade wegen der Konflikte und schwierigen Phasen erlebten viele Erzieherinnen durch das Projekt eine größere Anerkennung und Wertschätzung ihrer Arbeit. Dies gelang auch dadurch, daß sie die Veränderungen der Arbeit gegenüber Eltern, Trägervertretern oder Öffentlichkeit häufiger vertreten mußten.

7. Das Handlungsforschungsprojekt war für Erzieherinnen ein Motivationsschub mit Richtungsweisung. Sie erhielten Freiräume, die sie zum Experimentieren nutzen konnten. Gerade auch gegenüber konservativen Trägern oder zögerlichen Kolleginnen gab die Zielsetzung des Modellversuches einen Rahmen, um über bestehende innere und äußere Mauern zu springen. Da es ein Modellversuch ohne Modellbedingungen war, mußten die Fachkräfte auch lernen, eigene Grenzen zu erkennen. Dies bedeutete, Schwerpunkte festzulegen, veränderte Arbeitsstrukturen im Team zu finden, Eltern mehr Mitwirkungsmöglichkeiten einzuräumen usw. Im Rahmen des Modellversuches kam es zu einer Entwicklung des Gesamtteams und der Einrichtung als solcher. Dieser Veränderungsprozeß zeigte sich darin, daß alle Erzieherinnenteams an einer erweiterten Konzeption arbeiteten oder noch arbeiten.

8. Wichtig für die Weiterentwicklung an den drei Orten war der Austausch und die Gemeinschaft mit den Erzieherinnen der anderen Projektorte. Neue Ideen und Initiativen, die bei den gemeinsamen Treffen vorgestellt wurden, beflügelten die Phantasie und Kreativität der Kolleginnen. Probleme und Stolpersteine wurden kollegial beraten. Mit dem Hinweis, was andernorts möglich ist und praktiziert wird, konnten Eltern oder auch der Träger für neue Ideen gewonnen werden, denen sie zunächst ablehnend gegenüberstanden.

Defizite und kritische Anfragen

1. Die offene Zielsetzung des Modellversuches bereitete den Erzieherinnen – wie übrigens auch den Eltern – anfangs Probleme. Einige konnten sich nicht vorstellen, was damit eigentlich konkret gemeint ist. Für die Zukunft ist eine etwas größere Konkretion der Ziele des Projektes „Kindergarten als Nachbarschaftszentrum" notwendig. Andererseits ist die offene Zielsetzung gerade ein strukturell unverzichtbares

Merkmal von Handlungsforschung, das sich in der konkreten Umsetzung an dem Bedarf und den Ideen der Beteiligten sowie der vorfindlichen Situation orientiert.

2. Dadurch, daß der Modellversuch im Rahmen des üblichen Personalschlüssels stattfand, kam es immer wieder zu Problemen der Vereinbarkeit von Projekt- und pädagogischer Alltagsarbeit. Dieses Spannungsverhältnis führte zu Überlastungen oder zu dem Gefühl, für die eigentliche Arbeit zu wenig Zeit zu haben. Zwar konnte das Problem der Überlastung im Laufe des Modellversuches reduziert werden und muß sozusagen als typisches Anfangsproblem identifiziert werden, doch blieben zwei Schwierigkeiten permanent bestehen: Den Erzieherinnen, insbesondere den Leiterinnen fehlte Zeit zur Koordination und Begleitung der neu entstandenen (Eltern-) Aktivitäten. Es gab zu wenig Zeitressourcen, um die Veränderungsprozesse von Erzieherinnenseite zu dokumentieren und zu reflektieren.

5.3 Kindergarten wird stärker als kirchliche Arbeit identifiziert – Auswirkungen auf Trägervertreter/innen und Kirchengemeinde

1. Im Rahmen des Modellversuches wurde die Kommunikation und die Beziehung von Presbyter/innen und Pfarrern zu Kindern, Eltern und Erzieherinnen verbessert. Auch aufgrund auftretender Probleme konnten die Kommunikationsstrukturen zwischen den Verantwortlichen beider Institutionen neu organisiert werden.

2. Bei den Gemeindepfarrern und den Presbytern und Presbyterinnen kam es zu einer (stärkeren) Auseinandersetzung mit Inhalten der Kindergartenarbeit und mit den veränderten Lebenswelten von Kindern und Familien. Besonders wichtig waren dabei in Ludwigshafen und Zweibrücken die Diskussionen in den Projektausschüssen, in Bobenheim-Roxheim und Zweibrücken auch Presbytersitzungen unter Anwesenheit von Eltern und Erzieherinnen. Besonders die Pfarrer orientierten sich in ihrer pastoralen Arbeit mehr an den Lebenswelten von Kindern und Familien und entwickelten ein Bewußtsein für die Notwendigkeit, eine Gemeindekonzeption zu erstellen.

3. Trotz sehr unterschiedlicher Projektverläufe wurden in allen drei Gemeinden mehr Angebote für Kinder und Familien geschaffen. Überall wurden Familiengottesdienste intensiviert und in zwei Gemeinden entstanden Singkreise. Auch die Kinder- und Jugendarbeit bekam neue Impulse. Die Gemeinden bemühten sich um eine größere Öffnung gegenüber Familien, ohne daß das Modellprojekt allerdings zu einem Schwerpunkt der Arbeit wurde. Im Modellversuch gelang eine Aktivierung der Gemeinde für Kinder und Familien.

4. Im Projektprozeß kam es auch zu wichtigen Begegnungen zwischen Gemeindeverantwortlichen und Erzieherinnen, die zu einem persönlichen Kennenlernen von Mitarbeiterinnen führte. Es entwickelte sich ein größeres Verständnis für die Arbeit der anderen, und die Fachkompetenzen von Erzieherinnen wurden stärker anerkannt als früher.

Defizite und kritische Anfragen

1. Gemeindeverantwortliche wünschten sich gemeindeaufbauende Impulse durch den Modellversuch. Sie stellten sich dies häufig als Hineinnehmen von Eltern in die bisherigen Bezüge vor. Einige Trägervertreter/innen waren überrascht, daß auch Gemeinde sich ändern soll und taten sich mit manchen Veränderungen schwer.

2. In Kirchengemeinden fehlt eine Analyse der bestehenden Strukturen in Form einer selbstkritischen Außenwahrnehmung. Es zeigte sich, daß viele Presbyter und Presbyterinnen nicht in einem Veränderungsprozeß geübt sind, der konflikthaft verläuft.

3. In keiner Gemeinde gelang es, den Modellversuch zu einem Schwerpunkt der Arbeit zu machen. Vonseiten der Erzieherinnen und Eltern wurde immer wieder die zu geringe Beteiligung der Kirchengemeinde am Projektprozeß beklagt.

4. Das Gemeindeverständnis in der Projektausschreibung des Diakonischen Werkes war nur ungenau entwickelt. Von daher wurde den ekklesiologischen und kybernetischen Fragen des Modellversuches auch bei der Ausschreibung zu wenig Beachtung geschenkt. Dies sollte bei ähnlichen Projekten in der Zukunft durch stärkere Einbeziehung der Gemeinde und genauere Reflexion der Verortung der Gemeinde vermieden werden.

5. Rückblickend war es ein Problem, daß in einer Gemeinde nicht beide Kindereinrichtungen am Modellversuch teilnehmen konnten und in einer Kirchengemeinde nur ein Pfarrbezirk beteiligt war. Im Sinne eines systemischen Ansatzes wäre es sicher sinnvoller gewesen, den Gesamtkomplex in die Entwicklung einzubeziehen, auch wenn dadurch unter Umständen Menschen beteiligt werden, die an den Fragen kein großes Interesse haben.

6. Die Kirchengemeinde wurde hinsichtlich der Arbeit mit Kindern und Familien aktiviert, eine konzeptionelle Debatte wurde angestoßen, doch kam es nirgends zu einer Weiterentwicklung der Gemeindekonzeption. Dies lag an der kurzen Zeit des Modellversuches, dem mangelnden Bewußtsein der Gemeindeverantwortlichen für diese Fragen und einem Pfarrerwechsel.

5.4 Auswirkungen auf die Fachberatung

1. Wissenschaftliche Begleitung des Modellversuches und die Diskussionen über die Entwicklung des Projektes oder veränderte Lebenslagen von Familien waren Bereicherungen für die Arbeit der Fachberatung.

2. Durch den Projektverlauf kam bei Beratungsgesprächen von Fachberater/innen die Gemeinde als Ganzes mehr in den Blick. In der alltäglichen Beratungspraxis wird der Kindergarten deutlich weniger als Insel, sondern als Teil von Gemeinde und Gemeinwesen verstanden.

3. Die Prioritätensetzung der Beratungsarbeit veränderte sich durch die Erfahrungen des Modellversuches: Der Kindergarten steht nicht mehr automatisch an erster Stelle. Der Bedarf von Eltern und die Interessen von verschiedenen Beteiligten wie Kindern, Erzieherinnen oder Gemeindeverantwortlichen ist stärker im Blick. Daraus ergibt sich eine andere Parteilichkeit in der Beratungsarbeit.

4. Im Laufe des Modellversuches wurde im Team der Fachberaterinnen auch der Umgang mit Planungsprozessen erweitert und intensiviert. Der Modellversuch, an dem neben dem wissenschaftlichen Begleiter drei Fachberaterinnen direkt und alle indirekt beteiligt waren, führte durch die Vorbereitung von Fortbildungen zu einer verstärkten Kooperation im Bereich Kindertagesstätten.

5. Das „Training" von Erzieher/innen zu mehr partnerschaftlicher Zusammenarbeit mit Eltern und die Begleitung von Vätern und Müttern erhielten durch die Erfahrungen des Modellversuches in der Fortbildung einen größeren Stellenwert. Für die Zukunft müssen auch gemischte Fortbildungen für Eltern und Erzieherinnen sowie Seminare für Eltern konzipiert werden.

6. Die Rolle der Öffentlichkeitsarbeit in Kindertagesstätten bekam eine größere Bedeutung.

7. Durch die Impulse des Modellversuches kam es zu einer größeren Aufmerksamkeit für die Rolle der Kinder. Die Auseinandersetzung mit Fragen des Perspektivenwechsels führte beispielsweise zu neuen inhaltlichen Schwerpunkten in der Fachtagung.

8. Durch den Modellversuch gewannen Fachberater/innen ein besseres Verständnis für die Arbeit und die Rolle von Presbyter/innen. Insgesamt traten neben den Fachkräften die ehrenamtlichen Mitarbeiter/innen mehr ins Blickfeld.

9. Der Stellenwert einer umfassenden multiperspektivischen Situationsanalyse, z. B. bei Konzeptionsentwicklungen in Kindertagesstätten, gewann an Bedeutung. Hierzu wurden im Modellversuch Methoden und Analyseinstrumente entwickelt und erprobt.

Defizite und kritische Anfragen

1. In der Konzeption des Modellversuches fanden religions- und gemeindepädagogische Fragestellungen zu wenig Berücksichtigung. Diese Themen müssen bei der künftigen Arbeit ein anderes Gewicht erfahren, zumal das Thema des Gemeindeaufbaues eine wichtige Rolle spielt.

2. In der Arbeit der Fachberater/innen gab es große Probleme, den zeitlichen Aufwand dieses Modellversuches in die übrige Arbeit zu integrieren. Während der Projektlaufzeit mußten Wege gefunden werden, diesen Freiraum zu schaffen, um die Entwicklungen an den einzelnen Orten und die Konsequenzen für die Arbeit zu diskutieren und zu begleiten.

3. Bei dem Beginn des Modellversuches fand im Kindergartenreferat des Diakonischen Werkes keine adäquate Problemeinschätzung statt. Viel Zeit ging mit dem Bemühen verloren, für den Modellversuch zusätzliche Finanzmittel auf Landesebene zu bekommen. So fehlten die zeitlichen Ressourcen, um mögliche Konflikte und Schwierigkeiten im Vorfeld zu antizipieren und zu reflektieren. Bei ihrem Auftreten im Praxisfeld hätten diese Probleme dadurch möglicherweise intensiver bearbeitet werden können.

VIERTER TEIL
PERSPEKTIVEN FÜR DIE ZUKUNFT

Ekkehard Börsch

1. Der Evangelische Kindergarten als Nachbarschaftszentrum und die Vernetzung im Gemeinwesen

1.1 Nicht nur die Funktion, sondern auch den Horizont des Kindergartens sehen!

Das Projekt war dazu geeignet, eine falsche Funktionalisierung des Kindergartens zu korrigieren. Es war notwendig, weil im Zeitalter der ökonomischen Rationalisierung der Sinn von Institutionen allzu eng auf deren Funktion beschränkt und zurückgeführt wird. Der Kindergarten darf aber nicht als Einrichtung der Elementarerziehung an sich begriffen werden; denn es wird immer deutlicher, daß diese Erziehung in einem sozialen Feld stattfindet, in dem Kinder zugleich erwünscht und unerwünscht sind, als Person beachtet und als Kostenfaktor verrechnet werden, Familie vorausgesetzt und zugleich vom Staat aufs höchste belastet wird, Kinder zunehmend in unvollständigen Familien aufwachsen und Mobilitätszwängen rigoros unterworfen werden. Je mehr diese widersprüchliche Situation vom Kindergarten aus wahrgenommen wird, desto mehr wird der Horizont, in dem Elementarerziehung stattfindet, sichtbar: Der Kindergarten ist nicht länger als Veranstaltung für Kinder zu verstehen, vielmehr ist er auch eine Koordinationsstelle geworden, mit der die Organisation familiärer Hilfen, Beratungen, Vermittlungen und Orientierungen notwendig verbunden ist. Es war in der Projektphase zu beobachten, wie schnell ein solcher Bedarf unterschiedlicher Form erkannt wurde, dessen Einlösung die gesamte Arbeit des Kindergartens zielgerichteter und problemadäquater zu machen geeignet ist, ohne daß der Kindergarten Reklame für sich machen muß oder in seiner Bedeutung künstlich aufgebläht wird.

1.2 Erweiterte Leistung des Kindergartens

Die Leistung des Kindergartens erweitert sich dann vom pädagogischen Angebot für Kinder zur pädagogischen Beratung und Hilfestellung „rund ums Kind". Der Kindergarten bekommt dadurch seine pädagogische Bedeutung auch für die Familie von heute neu zurück. Statt der Verselbständigung einer pädagogischen Einrichtung zu erliegen, die sich bisher mit der Aufnahme von Kindern ausreichend legitimiert hat, wird der Kindergarten zu einer Sozialisationshilfe für alle, die an der Sozialisation von Kindern heute beteiligt sind, in erster Linie für die Sozialisationsinstanz „Familie", dann aber auch – im Vorfeld – für die Sozialisationsagentur „Schule". Dies ist ein Bedeutungswandel, zumal die Familie als primäre Sozialisationsinstanz aus subjektiven und objektiven Gründen immer mehr zerfällt – die Familie selbst, nicht nur der familiäre Zusammenhalt. Die Familie wird durch eine wachsende Zahl von Miterziehern in diesen Prozeß hineingezogen, in dem „Sozialisation" den Wert von Erziehung ausmacht, die dann als purer Assimilationszwang verstanden werden kann, auch als Angleichung an das, was man nicht ändern kann, so daß die Heranwachsenden ihre Anpassungserfahrung aus der Sozialisation gerne auf alle Erziehung übertragen. Auch wenn man demgegenüber mit dem Gelingen von Sozialisation als Übernahme notwendiger Rollen schon zufrieden sein muß – in jedem Falle erfährt der Kindergarten dadurch eine neue Legitimation und eine neue Intensivierung seiner Leistung.

1.3 Kinder bringen die familiäre Soziallage mit in den Kindergarten

Das Projekt wurde aufgelegt in dem Moment, in dem die Sterilität einer isolierten pädagogischen Provinz, genannt Kindergarten, immer deutlicher hervortrat (vgl. die mangelnde Bearbeitung des kritischen Übergangs in die Schule). Die Kinder kommen in steigendem Maße aus familiären Umbruchsituationen: aus ortsfremden Neuansiedlerfamilien, aus Familien, die der wirtschaftlichen Konjunktur hinterherreisen müssen, aus städteplanerisch erzwungener sog. Bevölkerungs- und Wohnungsverdichtung, aus Schlafstätten (Trabantensiedlungen auf der grünen Wiese am Rande der Städte, die hauptsächlich zum Regenerieren aufgesucht werden) und aus Migranten-Familien, deren Erinnerung an das Herkunftsland hier verblaßt oder aber idealisiert wird. Deshalb kann der Kindergarten seine Wirksamkeit und seine Bedeutung heute erst entfalten, wenn er sich auch dieser Umbruchsituation stellt. In einer solchen Situation wandeln sich die Erwartungen an einen Kindergarten, selbst wenn er als Aufnahmeeinrichtung zunächst einmal die Familien, insbesondere die Mütter, lediglich zu entlasten hat. Der Kindergarten ist aber eine der ersten sozialen Einrichtungen, die Familien in Anspruch nehmen. Darum wird die in ihm geleistete Arbeit um so mehr Früchte tragen, je mehr diese Einrichtung auch Anregungen und Hilfen vermittelt, die in jene Umbruchsituation Orientierung hineinbringen. Das Projekt hat gezeigt, daß damit einem menschlichen Grundbedürfnis entsprochen werden kann, ohne in einen falschen, nach außen gerichteten Aktionismus zu verfallen. Die Spaltung in einen Innen- und einen Außenaspekt der Kindergartenarbeit hat in eine Sackgasse geführt; der Außenaspekt wurde mit schlechtem Gewissen als sekundär bewertet. Das Projekt hat bewiesen, wie lähmend diese Spaltung gewirkt hat, und daß sie Folge eines Institutionalismus gewesen ist, der die Sache der Kinder nicht förderte – trotz größter Anstrengung „im Hause".

1.4 Der Kindergarten ist ein erster Hinweis auf das Gemeinwesen

In einem Neubaugebiet stellt der Kindergarten einen ersten Hinweis auf das Gemeinwesen dar. In dieser Zeichen setzenden Funktion ist er heute besonders zu unterstützen. Denn er leistet über alle erzieherische Arbeit im einzelnen hinaus ein Stück notwendiger Verortung der Familien und ihrer Kinder; er fordert geradezu die soziale Wahrnehmung des Gemeinwesens in einem Siedlungsgebiet heraus, in dem jede Familie auch daran leidet, die kostbaren eigenen vier Wände mit einer Nische oder Fluchtburg zu verwechseln, so daß Nachbarschaft nur statistisch, d.h. eigentlich überhaupt nicht erlebt wird oder einer einseitigen Verwertung unterliegt. Hier muß der Kindergarten einen menschenfeindlichen Familismus aufbrechen und die Augen für die soziale Wahrnehmung des Gemeinwesens öffnen. Er leistet Erziehung zum Gemeinwesen durch Vermittlung in das Gemeinwesen. Er steht für das objektive soziale Interesse des Gemeinwesens, das Gemeinsame auch gemeinsam zu bewältigen. Diese spezielle Situation des Neubaugebietes hätte vielleicht einer eingehenderen Analyse bedurft, um die

Bedeutung des Kindergartens für die Wahrnehmung und Realisierung des Gemeinwesens zu unterstreichen.

Anders in einem gewachsenen Dorf. Auch der Kindergarten im Dorf, ob nun in kommunaler oder kirchlicher Trägerschaft, hat eine Gemeinwesenfunktion und wirkt nicht nur als pädagogische Sammelstelle. Zwar finden Kinder auch auf der Straße zueinander, aber sie wachsen dort nicht in die soziale Struktur eines dörflichen Siedlungsverbundes hinein. Diese unterliegt außerdem einer starken Wandlung; denn sie wird von außen gezwungen, sich immer mehr zu öffnen. Ein Dorf ist heute ähnlich wie die Stadt von Fluktuation und Migration seiner Bewohner betroffen. Wenn auch das kleinere Gemeinwesen wie das Dorf überschaubarer zu sein scheint, so ist doch seine historische Struktur längst brüchig geworden. Wichtige soziale Funktionen sind durch die rationalisierende Zentralisierung von Verwaltung und Handel an die Städte verloren gegangen, obwohl die junge Bevölkerung die volle Leistung eines Gemeinwesens verlangt. Der Widerspruch zwischen Anspruch und Leistungsgrenze macht vor dem Kindergarten nicht halt. Der wirtschaftliche Druck, der auf dem Gemeinwesen lastet, wird mehr denn je an die Bevölkerung weitergegeben und zwingt dazu, sich als das kleinere Gemeinwesen politisch selbst zu artikulieren – nur: Sind die Repräsentanten in Parteien, Vereinen und Kirchen sachlich genug informiert, um das zu können? Ist die Gemeindeverwaltung auch bei größtem Verständnis mit den nötigen Ressourcen ausgestattet, um die Leistung des Gemeinwesens zu erneuern oder zu steigern? Selbst die soziale Kontrolle, die für die dörfliche Lebenswelt sprichwörtlich war, muß dem wirtschaftlichen, politischen und sozialen Wandel weichen, und Nachbarschaft ist auch hier nicht mehr ein Wert, dessen bloße Tradierung schon Sinn macht, geschweige denn, daß das Nebeneinander-Wohnen oder eine entsprechende dichte Besiedlung schon automatisch zu nachbarschaftlichem Verhalten anleiten würden. Auch hier ist dem Kindergarten als sozialer (und nicht nur pädagogischer!) Einrichtung eine neue Verantwortung zuteil geworden, nämlich mitzuarbeiten an der Restitution des Gemeinwesens, so daß er den notwendigen Wandel mitvollzieht und für die Eltern wie eine Clearingstelle wirkt.

Wieder anders in der Großstadt! Dort scheint der Kindergarten ein selbstverständlicher Bestandteil von Urbanität zu sein, um derentwillen man überhaupt in der Stadt lebt. Diese Selbstverständlichkeit hat er aber nicht, wie die unterschiedliche Ausstattung mit Kindergartenplätzen in Altbau-Sanierungsgebieten und Trabantenstädten zeigt. In einem Altbaugebiet befindet sich der Kindergarten nicht auf einer Insel, so daß sich seine Funktion im Aufnehmen von Kindern erschöpfte; vielmehr hat er auch teil an dem Problem der Altstadtsanierung. Er fokussiert geradezu den Willen zum Wiedergewinn an urbaner Entwicklung und zu sozialem Handlungsspielraum. Die Institution als solche ist nicht dieser Wille; sie ist jedoch eine Voraussetzung, diesen Willen zu bilden, zu äußern und in die Tat umzusetzen. Die Kinder dieses Gebietes bedürfen in der Regel einer anderen pädagogischen Förderung als diejenigen in gutsituierten bürgerlichen Vierteln. Aber sie bedürfen dieser Förderung, weil deren Eltern einer Stützung bedürfen (man denke allein an den relativ hohen Anteil von Kindern ausländischer Eltern in diesen Stadtvierteln). Der kirchliche Kindergarten wird sich in dieser Situation seines Ursprungs bewußt werden und Eltern befähigen müssen, um ihrer Kinder willen an der Gesundung des Stadtteils mitzuarbeiten. Gesundung kann aber nur heißen, daß es sich wieder lohnt, in diesem Stadtteil zu wohnen (daß man ihn also nicht nur wirtschaftlich erzwungenermaßen besiedelt), weil die sozialen Kontakte dort wieder wachsen, die Stadt in einem humanen Sinne also wieder erfahrbar wird, nämlich als sozialer Verbund, als reger Austausch, als Handlungsfreiheitsraum, als vernünftige Relation zwischen Zeitaufwand und Versorgung und wenigstens im Ansatz auch als Stadtkultur – lauter die Person entfaltende Komponenten! Kindergarten kann wie ein Schlüssel zu dem allem wirken, wenn er nicht nur Kinder betreut, sondern seinen Stellenwert im Prozeß einer „Sanierung", nämlich Wieder-Wohnbarmachung, wahrnimmt.

1.5 Der Kindergarten hat als Sozialisationsinstanz im sozialen Feld neue Themen

Wenn die pädagogische Arbeit des Kindergartens so in das soziale Feld eingebettet wird, dann ergeben sich daraus neue Themen für die Sozialerziehung, aber auch für das Gespräch mit den Eltern und Trägervertretern. Die pädagogischen Themen sind dann nicht mehr abstrakt und u. U. schematisch allein aus der Entwicklungspsychologie oder formal aus der Zufälligkeit eines Festkalenders zu gewinnen, sondern sie beziehen sich auf die konkrete Aufgabe, Familie und Familismus zu unterscheiden, erste Schritte in den sozialen und politischen Raum des Gemeinwesens zu unternehmen, sich nicht der Einrichtung einfach zu bedienen, sondern durch sie ein soziales Netz zu knüpfen, um die Konflikte (zwischen Alteingesessenen und neu Hinzugezogenen, junger und alter Generation, Ortszentrum und Randsiedlung, inländischer und ausländischer Bevölkerung, Etablierten und solchen, die kaum das Existenzminimum haben) besser zu bewältigen. Auf diese Weise kann das Gemeinwesen als konstitutionsbedürftig begriffen werden, welches die Verantwortung der Familien füreinander herausfordert.

Denn auch dies versteht sich nicht von selbst und muß in einer Zeit zunehmenden individualistischen Anspruchsdenkens ausdrücklich in der Öffentlichkeit vertreten werden. Die in diesem Zusammenhang auftretende und emotional überladene Konzentration auf das Kind, die immer die Konzentration auf das eigene Kind ist, muß aufgebrochen werden zugunsten von mehr Verständnis für Kinder überhaupt – etwas, was angesichts differenzierter Versorgungseinrichtungen für Eltern und Kinder (Gesundheitswesen, Beratungsstellen) keinesfalls eine Selbstverständlichkeit ist, so merkwürdig das klingen mag. Das Gemeinwesen ist dennoch nicht die Summe seiner Institutionen. Es wird erst zum Gemeinwesen, wenn seine Mitglieder sich als solche begreifen. Die Mitträgerschaft ist die eigentliche Konstitution, nämlich die Quelle aller Konstitution. Denn sie bestimmt über Sachgemäßheit und Funktionsgrad der Institutionen. Auch hier bestünde der Beitrag des kirchlichen Kindergartens darin, an der Existenz des heranwachsenden Kindes die Notwendigkeit solcher Konstitution aufzuzeigen und ihre Defizite zu bearbeiten. Kinderfreundlich wird ein Gemeinwesen noch nicht dadurch, daß es seine Kinder pädagogisiert. Wir sind über die Begründung für die Notwendigkeit einer Einrichtung wie der des Kindergartens längst hinaus. Es stellt sich vielmehr angesichts der zunehmenden Unschärfe von Verantwortung, deren das Gemeinwesen bedarf, die Frage nach dem Ganzen, wie der Überlebenskampf der Städte zeigt. Doch ist der Appell an die Verantwortung noch zu wenig. Die moralische Forderung kann niemals am Anfang stehen – es muß die Einsicht von Menschen sein, die die Notwendigkeit erkennt, das Gemeinwesen zu konstituieren, indem man in kleinstem Umfang anfängt, Menschen gleicher Betroffenheit die Kommunikation über Sachfragen und Lebensansprüche im Gemeinwesen zu ermöglichen. Die Konstitution muß Sinn haben, bevor sie moralisch eingefordert werden darf. Das Projekt hat gezeigt, daß am Dasein des Kindes und seinem Integrationsrecht solche Einsicht vermittelt werden kann, wenn man den Sinn der Kindergartenarbeit nicht allein aus der Pädagogik bezieht, sondern aus der Existenz von Kindern, die zusammen mit allen anderen das Gemeinwesen bilden.

1.6 Ein Nachbarschaftszentrum erweitert die Kompetenz der Erzieherinnen

Erste Äußerungen von Beteiligten haben gezeigt, daß sich auch die Kompetenz der im Kindergarten Tätigen verändert, und zwar im Sinne einer Zunahme von sozialer Kompetenz: Die Erzieherinnen haben mehr Einsicht in die Zusammenhänge kindlicher Sozialisation gewonnen. Der Rahmen des Kindergartens ist nicht mehr länger die Grenze ihrer pädagogischen Arbeit, sondern er ist relativ, d.h. er verlangt geradezu, die eigene Leistung als Beitrag in einem ganzen pädagogischen Feld zu verstehen, in dem die Kinder aufwachsen. Dieses Feld hat in der Regel heute wenig Struktur; denn die dort sich auswirkenden pädagogischen Strategien können sehr widersprüchlich sein. Je mehr mit Eltern darüber gesprochen werden kann, mehr noch, je mehr Eltern und Erzieherinnen auch ihre Erziehungsängste austauschen und sich über einen Weg zur Gleichachtung und Selbständigkeit des Kindes verständigen können – vorbei an Overprotektion, Familienegoismen oder Erziehungsverweigerung (die man gern mit Liberalität verwechselt) –, desto eher wird die Erziehungsverantwortung die formale Erziehungsautorität ablösen. Dies ist eine Zunahme an pädagogischer Kompetenz. Es geht nicht darum, zusätzlich zum pädagogischen Alltag im Kindergarten allerlei sonstige Veranstaltungen zu organisieren. Vielmehr wächst die pädagogische Kompetenz mit der Möglichkeit kritischer Integration in das heutige pädagogische Gesamtfeld, nicht mit der Zunahme von Aktivitäten als solchen. Also: Nicht noch mehr Dienstleistung, sondern ein anderes Sich-Bewegen im lebensweltlichen Kontext der Kinder und der Familien!

1.7 Der kirchliche Kindergarten ist Diakonie, nicht Instrument!

Gilt dies alles vom Kindergarten allgemein, so betrifft es auch den Kindergarten einer Kirchengemeinde. Ihr Kindergarten ist heute in das unaufhaltsame Ende der volkskirchlichen Selbstverständlichkeiten mithineingezogen. Die traditionelle naturständische Legitimation („Kinder"-Garten) reicht nicht mehr aus. In dieser Phase eines tiefgreifenden Wandels besteht die Gefahr, den kirchlichen Kindergarten für die Institution Kirche unter einseitig konservativem Aspekt zu instrumentalisieren – Folge einer falsch verstandenen christlichen „Mission", als hätte der Kindergarten die Bestimmung, möglichst früh Kinder und Familien zu verkirchlichen. Eine solche Instrumentalisierung beruht letztlich auf dem Macht- und Selbsterhaltungsstreben, das jeder Institution (und so leider auch der Kirche) eigen ist. Die Leistung des Kindergartens muß davon regelrecht befreit werden, um diakonisch wirken zu können. In der Konkurrenz mit anderen Trägern ist der kirchliche Kindergarten am schlechtesten dran, wenn er für Kirchturmspolitik in Anspruch genommen wird. Er darf kein Mittel zum Zweck werden, so wenig wie Diakonie Mittel zum Zweck ist. Der kirchliche Kindergarten verliert durch seinen diakonischen Charakter nicht sein Profil – im Gegenteil, er gewinnt es so erst. Denn zur Diakonie gehört auch der kritische Akzent, den public relation oder eine Maßnahme, mit der man auf sich selbst aufmerksam machen will, gerade nicht haben. Der kirchliche Kindergarten nimmt teil am prophetischen Zeugnis der christlichen Gemeinde – wenn es denn ein solches gibt –, und das war immer humanisierend und nicht konfessionalisierend, Gemeinschaft stiftend und nicht sektenhaft ausschließend, personale Verantwortung stärkend und nicht autoritär Unterwerfung fordernd, versachlichend und nicht ideologisierend, die Heilsbotschaften „unterscheidend" und nicht verwaschen harmonisierend (1.Kor. 11,29). Die gelegentlich benannten Konflikte zwischen Kindergarten und Presbyterien oder Pfarrern müßten noch sorgfältiger analysiert werden; denn sie könnten ein positiv zu bewertender Anlaß sein, die Grundlagen einer sich wandelnden diakonischen Arbeit zu klären. Der kirchliche Kindergarten steht nämlich an einer Nahtstelle von Kirche und Gesellschaft. Er ist mehr als eine kirchliche Dienstleistung, auch wenn das die allgemeine Wahrnehmung ist. Er geht nicht auf in der Ökonomie. Solange es finanziell überhaupt möglich ist, hilft er, die Kirche vor der Emigration zu bewahren, jedoch nur, wenn er die Spannung von Kirche und Gesellschaft aushält, die mit Diakonie nicht überspielt werden darf; denn Kirche ist kein beliebig auswechselbarer Träger sozialer Dienste. Der kirchliche Kindergarten als eines der gesellschaftlich relevantesten Angebote darf sich nicht nur der kirchlichen („Was haben wir davon?"), er muß sich auch der gesellschaftlichen Belange derer, die ihn in Anspruch nehmen, stellen – nicht weil dies eine allgemeine Wohltat wäre, sondern um den gesellschaftlichen Raum menschlich zu öffnen, in dem Kinder heute heranwachsen, keineswegs immer gewollt, des öfteren als Sorgenkinder, aber auch vereinsamt und überwältigt vom Wohlstand der Erwachsenen. Es wäre ein fataler Irrtum, wollte man sich Kirche und Gesellschaft als ein beliebig formbares Nebeneinander vorstellen. Das Evangelium reicht bis tief in die Gesellschaft hinein – es überläßt die Menschen nicht den gesellschaftlichen Prozessen, es holt sie aber auch nicht einfach aus ihnen heraus.

Ernst Fuchs
2. Der sozialpolitische Rahmen von innovativen Modellversuchen

Der Alltag sozialer Arbeit orientiert sich, wie auch jegliche Innovationen in diesem Bereich, an sozialpolitischen Vorgaben. Für die sozialpädagogische Arbeit in Kindertagesstätten wird der Rahmen einerseits von Gesetzen, Verordnungen, Richtlinien und Organisationsstrukturen der Träger bestimmt, andererseits aber entscheidend von der Professionalität, Kreativität und Leistungsbereitschaft der Fachkräfte und dem Engagement vieler Eltern und Bürger geprägt.

Das Kinder- und Jugendhilfegesetz und das Kindertagesstättengesetz bieten den freien Trägern der Jugendhilfe und dem Jugendamt als öffentlichem Träger einen rechtlichen Handlungsrahmen für die Gestaltung guter Rahmenbedingungen für die Arbeit mit Kindern und Eltern in den Kindertagesstätten.

Die Nutzung dieses Rahmens setzt aus meiner Sicht voraus,
1. daß der freie Träger und das Jugendamt partnerschaftlich zusammenarbeiten,
2. daß für einen Jugendamtsbereich – Stadt- oder Landkreis – die Personalstandards und die Sach- und Baukostenförderung vom Jugendhilfeausschuß als Rahmenrichtlinien erarbeitet und beschlossen werden,
3. daß Förderinstrumentarien flexibel gehandhabt werden,
4. daß Kindertagesstätten und ihre Träger lernen, die Qualität der Arbeit zu dokumentieren und zu präsentieren.

Im folgenden will ich die genannten vier Voraussetzungen kurz erläutern und positive Beispiele aufführen.
1. Partnerschaftliche Zusammenarbeit der freien und öffentlichen Jugendhilfe ist immer Zielsetzung und Lernprozeß zugleich. Sie kann sich als lokale Arbeitsgemeinschaft der Kindertagesstättenträger und des Jugendamtes konstituieren und auch als lokaler Arbeitskreis der Leiterinnen und Leiter aller Kindertagesstätten organisiert werden.

Darüber hinaus sind Information, Erfahrungsaustausch und Einblick in Strukturen wichtige Voraussetzungen für das Erkennen des personellen und strukturellen Bedarfes einer Kindertagesstätte.
2. Der Jugendhilfeausschuß als Kooperationsgremium für die Erstellung von Standards der Kindertagesstättenarbeit bietet vielfältige Gestaltungschancen. Der Jugendhilfeausschuß und die Verwaltung (hauptamtliche Mitarbeiterinnen und Mitarbeiter des Jugendamtes) bilden gemeinsam das Jugendamt. Das bedeutet, daß freie Träger wie z.B. Caritas, Diakonie, der Deutsche Paritätische Wohlfahrtsverband, Vertreter der Kirchen und Jugendverbände Beratungs- und Stimmrecht haben, auch bezüglich der Frage von Standards der Kindertagesstättenarbeit. Es wird vielfach beklagt, daß dies ja nur auf dem Papier stehe. In der Praxis aber sind die Vertreterinnen und Vertreter der freien Träger leibhaftig im Jugendhilfeausschuß vertreten und können ihr Recht auf Mitbestimmung als Gestaltungschance wahrnehmen.

Ein Beispiel: Im Jugendhilfeausschuß der Stadt Speyer ist eine Vertreterin des Arbeitskreises der Leiterinnen der Speyerer Kindertagesstätten als beratendes Mitglied vertreten.

3. *Die flexible Handhabung von Förderinstrumenten und rechtlichen Rahmenbedingungen* ist Teil der lokalen Jugendhilfepolitik des Jugendhilfeausschusses. Sie setzt aber voraus, daß im Vorfeld der Beratungen bei freien Trägern und beim öffentlichen Träger die Bereitschaft für offene Gespräche besteht. So kann z.B. die Übernahme des Trägeranteils an den Personalkosten durch die Kommune rechtlich nicht erzwungen werden, aber für Elterinitiativen, die Kindertagesstätten betreiben wollen, politisch ausgehandelt und vom Jugendhilfeausschuß dem Stadtrat oder Kreistag empfohlen werden.

Beispiele dafür sind im Bereich der Stadt Speyer die Flohkiste Speyer e.V., eine Elterninitiative als Träger einer Krippen- und Kleinkindergruppe mit Tagesbetreuungscharakter, und das Fliegende Klassenzimmer Speyer e.V., eine Eltern- und Bürgerinitiative als Träger eines Kinderhortes an einer Grundschule.

Zu diesen Beispielen kann man jedoch leider auch den „Gegenkatalog" aufblättern und belegen, daß Personalschlüssel auf den „Regelsatz" heruntergefahren werden und die Freistellung von Leiterinnen bzw. Leitern zurückgenommen wird.

4. *Die Qualität der Kindertagesstättenarbeit zu dokumentieren und zu präsentieren* will von den Trägervertretern/innen und Leiter/innen gelernt sein. Da solche Dokumentationen und Präsentationen für den Kindertagesstättenbereich bislang nur rudimentär bestanden, handelt es sich hier um ein neues Aufgabengebiet für die Verantwortlichen, das als solches zunächst in seiner Bedeutung wahrgenommen und dann auch in Handlungsformen umgesetzt werden muß.

So können beispielsweise die Jahresberichte für die Bezirksregierung als Gesprächs- und Aushandlungsgrundlage mit der Heimaufsicht und dem Jugendamt dienen.

Trotz der Verpflichtung zur Umsetzung des bundesweiten Rechtsanspruchs auf einen Kindergartenplatz für Kinder ab dem vollendeten dritten Lebensjahr und der schwierigen Finanzlage der öffentlichen Hand, können im Dialog zwischen freier und öffentlicher Jugendhilfe nach wie vor Räume für Innovationen und qualifizierte Rahmenbedingungen geschaffen werden. Das Kindertagesstättenprojekt des Diakonischen Werkes Pfalz bietet dafür ein gutes Beispiel.

Brigitte Schaupp

3. Ein Projekt zieht Kreise

Das pfälzische Modellprojekt verbreitet sich. Es zieht Kreise horizontal, diagonal in unterschiedlichen Formen und Strukturen; Kreise im Beziehungsgeflecht Kindergarten, Kirchengemeinde, Kommune, Familie und Schule. Sie stellen Verbindungen her zu anderen altersübergreifenden Gruppierungen.

Ein P r o j e k t zieht,
in i h m ziehen Menschen und Aktionen,
e s wird gezogen
oder verzogen!
Von wem? – Wie? – Wann? – Wozu? –
Wer und wobei beeinflußt es?

Die Dynamik ist erkennbar, setzt sich frei, gibt Impulse; Impulse, die es gilt zu erfassen, zuzulassen, zu lenken, zu tragen und mit zu erfahren.

Dieses Projekt zieht Kreise in den Kirchengemeinden und über sie hinaus in Dekanate, in Pfarrkonvente und über landeskirchliche Grenzen hinweg. Ebenso spricht es Kommunen an und macht auf mich den Eindruck eines „Flächenbrandes". Gemeinden sind/ werden aufmerksam; sie sind brennend interessiert und zugleich hoch motiviert.

Es ist ein Fixstern für viele beruflich engagierte Erzieher/innen in ihren „Einbahnstraßen-Situationen". Ein Perspektivenwechsel, der neue Arbeitsfelder aufzeigt und der eine Neuorientierung nach allen Seiten ermöglicht.

Es ist ein Kommunikationsmodell, generationsübergreifend und somit in der derzeitigen Situation top-aktuell.

Das Projekt gewinnt an Interesse, ist zunächst unscheinbar und ermöglicht individuellen Ideen den Raum zur Entfaltung. Es schafft Nähe, ohne Verpflichtung oder Bindung, und läßt Freiheit zur Distanz zu. Es wächst von innen, wird stabilisiert durch fachliche Kompetenz und zieht, bedingt durch Vertrautheit, seine Kreise nach außen. Kreise, die sich selbst bilden. Es entwickelt in den Kreisen eine unterschiedliche Eigendynamik, die durch zu schaffende optimale Rahmenbedingungen noch multipliziert werden kann. Es bedarf Zeit und viel Geduld, Behutsamkeit, Einfühlungsvermögen, Zurückhaltung, Offenheit, Sachverstand, Menschenführung und viel Engagement.

Die Multiplikation wird auf verschiedenen Ebenen und in verschiedenen Gremien stattfinden. Sie muß in die allgemeine Fort- und Weiterbildung wie auch in die Konzeption der Kirchengemeinden und ihrer Kindertagesstätten integriert werden. Die Entscheidungsträger der Kommunen, Verbände und Kirchen sind zu involvieren, damit die Rahmenbedingungen für dieses Handlungsforschungsprojekt gesichert werden und die Weiterführung gewährleistet ist. Gesetzliche Bestimmungen im kommunalen wie auch im kirchlichen Bereich sind durch die verantwortlichen Gremien so zu verändern, daß bedarfsgerechte Angebotsformen initiiert werden können.

Es gilt nun eine fachlich qualifizierte mediengerechte Öffentlichkeitsarbeit zu leisten, die einerseits die Laien, die ehrenamtlichen Mitarbeiter, die hauptamtlich in der Jugendhilfe Tätigen, aber auch die Rechtsträger, Landeskirchen und Kommunen zur Neugier treibt und sie in einen gewissen Handlungszwang versetzt.

Gerade in der Jugendhilfe ist ein Wandel unumgänglich; dazu sind dringende Veränderungen erforderlich, damit solche Projekte auch weiterhin ihre Kreise ziehen können.

In der Projektphase hat das Diakonische Werk einen Prozeß begleitet, der Menschen mit unterschiedlichsten Erfahrungen, Interessen, Vor- und Ausbildungen zu gemeinsamen Diskussionen führte. Bürger und Bürgerinnen, die Solidarität in bestimmten Problemen zeigten, Personen als potentielle Nutzer sowie ehren- und hauptamtliche Mitarbeiter bildeten ein Forum, das reflektierte, koordinierte und plante.

Interne wie externe Veränderungen und Öffnungen entwickelten sich und führten zu öffentlichem Interesse. Die daraus entstandenen Initiativen erfahren viele bereichernde Kontakte, die einen breiten Fundus an Informationen auf örtlicher und regionaler Ebene für die Multiplikation des Projektes bilden.

Diese erfaßten Erfahrungen mit so viel positiver Resonanz und öffentlichem Interesse veranlaßten das Diakonische Werk Pfalz, mit acht Kirchengemeinden und ihren Kindertagesstätten einen erweiterten „äußeren" Projektkreis mit dem Titel „Ein Projekt zieht Kreise" zu bilden.

Projektstandorte „äußerer Kreis":

Prot. Kindertagesstätte Sondernheim
Jungholzstraße
76726 Germersheim

Prot. Kirchengemeinde Sondernheim
Friedrich-Ebert-Straße 10
76726 Germersheim

Prot. Kindertagesstätte Dansenberg
Dansenberger Straße 34
67661 Kaiserslautern

Prot. Pfarramt
Dansenberger Straße 54
67661 Kaiserslautern

Prot. Kindertagesstätte
Weinstraße 20
76889 Klingenmünster

Prot. Pfarramt
Friedhofstraße 1
76889 Klingenmünster

Evangelischer Kindergarten
Dammstraße 3
76776 Neuburg

Prot. Pfarramt
Hauptstraße 49
76776 Neuburg

Luise Scheppler-Kindergarten
Stettiner Straße 1
67433 Neustadt

Prot. Pfarramt
Berliner Straße 21
67433 Neustadt

Prot. Kindergarten
Winzinger Straße 68
67433 Neustadt

Prot. Pfarramt
Berliner Straße 21
67433 Neustadt

Prot. Kindertagesstätte
Friedhofstraße 9
67823 Obermoschel

Prot. Dekanat
Kirchenstraße 13
67823 Obermoschel

Prot. Kindertagesstätte
Am Sommerwald 96
66953 Pirmasens

Prot. Pfarramt Markuskirche
Am Sommerwald 96
66953 Pirmasens

Diese Kirchengemeinden haben unterschiedliche Strukturen, Lebensbedingungen und Voraussetzungen. Die Gemeindeverantwortlichen sind hoch motiviert und wollen sich engagieren. Diese Dynamik ist in vielen Kirchengemeinden zu mobilisieren und bedarf einer besonderen Sorgfalt, fachlicher Begleitung und Strategie. Es gilt, vor Ort zu koordinieren und vorhandene Ressourcen zu erschließen.

Die Gemeinde kann in einem Diskurs, der die Wahrnehmung der Lebenswelten ihrer Gemeindemitglieder differenziert, analysiert und sich somit an regionalen Bedürfnissen orientiert, durch Angebote agieren und experimentieren.

- Sie hat eine eigenständige örtliche Verantwortung und kann Problemlösungen für Familien in deren Lebenswelten entwickeln, Initiativen begleiten und fördern.
- Sie kann bewährte Entwicklungen, die durch Veränderungen der Öffnung entstanden sind, sowohl intern als auch extern stabilisieren.
- Sie kann Presbyter/innen, Erzieher/innen, Eltern, Politiker und kirchliche Gremien öffentlich und intern sensibilisieren.
- Sie kann fachliche Begleitung, Fort- und Weiterbildung einfordern und damit eine Vernetzung unterstützen.
- Sie kann Gemeindeerneuerung initiieren, damit Kirche zu einem lebendigen kooperativen, zentralen Lebensraum wird.

Die Kindertagesstätte als zentraler Ort der Kinder, ihrer Familien und Großfamilien ist ein wesentliches Angebot, das Vernetzung in der Gemeinde ermöglicht. Von und mit der Kindertagesstätte können Kreise gezogen werden, die generationsübergreifend die Bedürfnisse der Menschen berücksichtigt, mit in ihren Bann einbeziehen und zur Teilnahme motiviert.

Unser Projekt zieht Kreise; Kreise, die sich ständig bewegen, die Menschen mit einbeziehen, die Hürden behutsam nehmen.

Es bezieht Menschen unterschiedlichster Sozialisation, gleich welchen Alters, Nationalität, Religionszugehörigkeit, hauptamtlich und ehrenamtlich Tätige mit ein. Hier kann sich jeder mit seinen Neigungen einbringen, mitwirken, ja sich wiederfinden, Kontakte bilden, pflegen, engagieren, aber sich auch distanzieren. Es ist wichtig, keine Bewertung abzugeben und eine Akzeptanz gleich welcher Aktivität zu zeigen.

Das Projekt „Der Evangelische Kindergarten als Nachbarschaftszentrum in der Gemeinde" ist eine Chance für die Kirche zur Profilierung der kirchlichen Arbeit. Es zeigt Offenheit und bezieht ein in seine diakonische Arbeit. Es vermittelt Mitverantwortung und Engagement. So wird Kirche mit ihrer Kindertagesstättenarbeit erfahrbar und gestaltbar. Dieses Projekt vermittelte ein Wir-Gefühl, das viele Kräfte freisetzte, welche die Kirche, gerade in dieser schwierigen Zeit, meines Erachtens dringend benötigt.

Der Modellversuch „Der Evangelische Kindergarten als Nachbarschaftszentrum in der Gemeinde" endet, doch die von ihm ausgehenden Impulse wirken in unserem erweiterten Projektkreis der acht Kindertagesstätten/Gemeinden weiter.

Jürgen Link

4. „Learning by Doing" oder Fortbildung in „Reality"-Qualität – Konsequenzen für die Fortbildung von Erzieherinnen

Zum Abschluß des Modellprojektes wurden den beteiligten Erzieherinnen Zertifikate ausgehändigt. Damit wurde eine Anerkennung ausgesprochen und deutlich gemacht, daß mit der Durchführung des Projektes eine Qualifikation erworben wurde. Doch welche Kompetenzen haben sich die Erzieherinnen angeeignet? Welchen Stellenwert haben die für diese Qualifikation durchgeführten Fortbildungen? Welche Konsequenzen ergeben sich daraus für die Fortbildung insgesamt? An diesen Fragen orientiert sich der folgende Beitrag.

4.1 Das Projekt als Fort- bzw. Weiterbildung

Eine drei Jahre lange Lernphase ist beendet. Am Anfang standen Motivationen, Erwartungen, Vorbehalte und viele Fragezeichen. Das Thema: Veränderung der Einrichtung hin zu einem „Nachbarschaftszentrum". Im Gegensatz zu den meisten „Fortbildungen" war hier vielen Beteiligten nicht so recht klar, wohin die Reise gehen soll. So war der Schwerpunkt einer ersten Phase auch die Orientierung: Was stellen wir uns überhaupt vor, was wünschen wir uns, ... und: mit wem können wir wie darüber sprechen? Um dieser Kommunikation einen strukturierten Ort zu geben, wurden überregionale Treffen organisiert und vor Ort eine Projektgruppe eingerichtet. Die Zusammensetzung der Projektgruppe: Erzieherinnen, Eltern, Presbyter/innen und andere. Auch dies war keine selbstverständliche Teilnehmer/innenrunde.

Der gewählte Ansatz der Handlungsforschung, die absichtlich offen gehaltene, an den Bedürfnissen und Bedingungen der Orte orientierte Entwicklung und die Rückkoppelung der Aktionsschritte in die Projektausschüsse setzten eine Struktur, die den Handelnden vor Ort die „Expertenrolle" zuschrieb. Der Projektbegleitung blieb die – nicht unwichtige und oft sehr arbeitsintensive – Aufgabe des „Anschiebens", des Vermittelns und Begleitens und des Setzens von Akzenten.

Die Veränderungen an den drei Orten sind damit wirklich als Bildungsprozesse, als Fortbildungen in einem weiteren Sinne zu verstehen. Allerdings fanden die Lern- und Veränderungsprozesse „in Realität" statt, nicht in einem Schutzraum, der die Übernahme von Lernerfahrungen offenläßt. Mit der Entscheidung zum Projekt, dem Beginn von Gesprächen vor Ort wurde quasi ein nicht mehr umkehrbarer Prozeß in Gang gesetzt. Dies wirkte um so effektiver, weil nicht nur einzelne Personen „fortgebildet" wurden, sondern durch das Installieren einer kommunikativen Struktur vor Ort das Gesamtsystem einbezogen und qualifiziert wurde.

Das Projekt als Fortbildung? Ich möchte diesen Satz umkehren: Fortbildungen in Projektform? Angesichts der oftmals aus Erzieherinnenkreisen vorgebrachten Klage, daß Fortbildungsinhalte nur mühsam in die Praxis übertragen werden können, sollten die Ergebnisse des Projektes dazu ermutigen, über eine Ausweitung der Projektform als Fortbildungsstruktur nachzudenken.[1]

Fortbildungen im engeren Sinne – zusätzlich und außerhalb des Alltags und der Projektbesprechungen vor Ort – waren durchaus ein wichtiges Element in der Prozeßbegleitung. In verschiedener Zusammensetzung und mit jeweils den Aktualitäten angepaßten Schwerpunkten, als Teamfortbildung und als überregionale Treffen aller Projektteilnehmer/innen

- dienten sie dem gedanklichen Austausch unter den Projektteilnehmer/innen,
- ermöglichten sie den Gemeinden eine Standortbestimmung (Wo stehen wir? Wo möchten wir hin?),
- waren sie Gelegenheiten zur Thematisierung von „Stolpersteinen" und
- regten sie durch thematische Inputs zu neuen Sichtweisen und weiteren Planungen an.

Mit diesen Elementen war ein intensiver Wechsel von Praxis und Reflexion gewährleistet.

4.2 Perspektiven- und Rollenwechsel für Erzieherinnen

„Mein Blick auf die familiären Lebenswelten ist durch den Modellversuch genauer geworden" äußert sich eine Erzieherin. Eine andere: „Für mich war es eine neue Erfahrung, Aktivitäten nicht nur für, sondern mit Eltern zu planen". Zwei Aussagen, die kennzeichnend für die Lernerfahrungen der meisten Beteiligten sind.

Erst durch eine lange und immer wieder forcierte Auseinandersetzung mit den Wünschen und Bedürfnissen der betreuten Kinder und ihrer Familien kam es zu einem Verständnis heutiger Lebenswirklichkeiten und dem Gespür dafür, wie die Angebote der Einrichtung Teil eines Unterstützungssystems sein können.

Maßgeblich für dieses Verständnis waren zum einen vertiefende Fortbildungen für die Erzieherinnen, z.B. die Auseinandersetzung mit „Mütter-/Frauensozialisation" und „Väter/Männer als Zielgruppe". Zum anderen geschah dies in den direkten Gesprächen vor Ort, in der Projektgruppe und zwischen Eltern und Erzieherinnen in den überregionalen Treffen. Diese analysierende Kommunikation, das gemeinsame Planen und Experimentieren, die dabei zu treffenden Absprachen, Abgrenzungen und Kompetenzklärungen schufen erst den sehr nahrhaften Boden eines langsam wachsenden, aber umfassenden „Perspektivwechsels". Auswirkungen davon waren u.a. ein verändertes Rollenverständnis der Erzieherinnen, das sich nicht mehr alleine von der Ebene der Erziehungskompetenz her definierte und damit eine strukturelle Konkurrenz zwischen „Erziehungsprofis" und „Erziehungslaien" abbaute. Diese Rollenbeziehung überwindend wuchs eine Haltung des Miteinander und gegenseitigen Verständnisses heran. Die Rollen der Erzieherinnen wurden um Aspekte von Kooperations- und Koordinationshandeln, der Anleitung und Unterstützung von Eltern im Sinne einer Ver-

---

[1] Inzwischen wurde ein Projektkreis eingerichtet an dem 8 Kindertageseinrichtungen und die entsprechenden Kirchengemeinden teilnehmen. Über Projektgruppen vor Ort und überregionale Treffen, sowie thematische Schwerpunkte im Fortbildungsprogramm des Diakonischen Werkes konnte die bewährte Begleitungs- und Kommunikationsstruktur in reduzierter Form angeboten werden.

selbständigung dieser Prozesse und um ein Sich-Anregen-Lassen durch Elternideen erweitert.

Fortbildung – hier in erster Linie die Teamtage – unterstützten das Bewußtwerden dieser Rollenveränderungen/-erweiterungen. Die mehr oder weniger regelmäßige Reflexion des Projektverlaufes, die bewußte Wahrnehmung der eigenen Wünsche und motivierenden Erfahrungen stellten einen notwendigen Freiraum im Alltag zur Verfügung und verdeutlichten auch die Ausdifferenzierung der Aufgabengebiete innerhalb eines Teams. Gerade hierbei wurde die berufliche Fachlichkeit mit der Persönlichkeit der Erzieherinnen in Beziehung gesetzt.

Ohne die persönliche Motivation bestimmte Themen anzugehen (z.B. die Betreuung einer Gruppe von Alleinerziehenden) wäre vieles gar nicht entstanden, wäre nicht in diesem Umfang und in dieser Qualität eine Öffnung der Erzieherinnen nach und für außen möglich geworden.

4.3 Qualitätssicherung und Weiterentwicklung durch Fortbildung

Zusammenfassend möchte ich die Funktionen der Fortbildungen für die Qualifizierung der Erzieherinnen und für die Weiterentwicklung der Einrichtungskonzeptionen folgendermaßen beschreiben:[2]

- Im Rahmen des Projektes wurden auf vielen Ebenen neue Kompetenzen erworben. Hinsichtlich des Feldes der Lebensphase Kindheit und der familiären Lebenswirklichkeiten in unserer Zeit erarbeiteten sich die Erzieherinnen einen aktuellen Stand, der unverzichtbar zum Erhalt der Professionalität ist.
- Dies geschah in erster Linie durch das Handlungsforschungsprojekt vor Ort: Elternbefragungen und Auswertungen, Situationsanalysen. Ergänzt durch die exemplarische Erhebung von Tagesabläufen von Eltern und Inputs von außen (z.B. „Kindheit heute") wurden beruflich relevante Informationen teils „im Feld" selbst erarbeitet, teils auf Fortbildungen ergänzt.
- Die Organisation von Elternabenden neuer Qualität, die Beratung und Begleitung von Elternangeboten, die Erarbeitung und Umsetzung neuer Beteiligungsformen bis hin zur Dokumentation und Veröffentlichung der Projekterfahrungen setzten Impulse, um die eigenen methodischen Kompetenzen in vielerlei Hinsicht zu erweitern.
- Wichtiger jedoch als die Perfektionierung der Moderatorinnenrolle war die prozeßhafte Entwicklung und Integration der beruflichen Fachlichkeit und Persönlichkeit. Unübersehbar standen am Ende des Projektes selbstbewußtere Frauen.
- Vorraussetzung für diese Wachstumsprozesse und die inhaltliche Weiterentwicklung war und ist der kollegiale Austausch sowohl vor Ort als auch überregional mit Erzieherinnen, die vergleichbare Prozesse durchlaufen.
- Vernetzung, Einmischungsstrategien, systemisches Denken – Schlagworte, die den beteiligten Menschen nichts Fremdes mehr sind. Öffnung heißt auch, neue Grenzen setzen, Verantwortlichkeiten klären. Dies geschah mit und gegenüber Eltern

---

[2] Vgl. Fachberatung und Fortbildung, hg. v. der Bundesvereinigung Evangelischer Tageseinrichtungen für Kinder e.V., Stuttgart 1995, 15.

und TrägervertreterInnen, aber auch im Bestreben mit anderen Institutionen Kontakte aufzubauen.

4.4 Wirkungen und Aufforderungen für den Ausbildungsbereich

1. Der Erfolg des Projektes bestärkt darin, eine Multiplikation der Erfahrungen anzuregen. Das zunehmende Interesse vonseiten der Erzieherinnen und Kirchengemeinden zeigt eine Sensibilisierung für die Themen „Öffnung nach außen", gemeinwesenorientiertes Arbeiten, neues Bewußtsein des Zusammenhanges von Kindertageseinrichtung, Elternschaft und Kirchengemeinde. Ein „Projektkreis" von Einrichtungen und Kirchengemeinden ist schon dabei, Schritte hin auf ein „Nachbarschaftszentrum" zu gehen. Dies geschieht in der bewährten Struktur einer Kombination von Projektgruppe vor Ort sowie überregionalen Treffen und Fortbildungen.

2. Die Fortbildungen sind dabei als „thematische Bausteine" in ein allgemeines Fortbildungsprogramm integriert und somit auch für andere Interessierte offen.
In diesen Bausteinen geht es schwerpunktmäßig um
- Vernetzung/Grundgedanken der Gemeinwesenarbeit,
- Kommunikation/Methoden der Erwachsenenbildung,
- Öffentlichkeitsarbeit.

Diese in die Projektarbeit und in Vernetzungsgedanken einführende Fortbildung versteht sich als Vermittlung der Grundgedanken einer „Öffnung nach außen". Der Akzent liegt deutlich auf Kompetenzen, die den Umgang mit Erwachsenen/Eltern und mit Institutionen außerhalb des gewohnten Rahmens betreffen.

3. Viele Fortbildungen für Erzieherinnen setzen auf eine teilnehmerinnen- und subjektorientierte Fortbildungsmethodik. Sind jedoch schon bei pädagogischen Themen die Transferleistungen schwierig, so bedarf die Weiterentwicklung eines Konzeptes oder die Initiierung innovativer Prozesse einer Fortbildungsstruktur, die sehr stark die Bedingungen vor Ort aufgreift und konkrete, überschaubare Schritte entwickelt.

4. Soll es zu nachhaltigen Veränderungen kommen, so wird eine Einbeziehung der Fachberatung nicht ausbleiben können. Mit ihrer Hilfe können situationsbedingte Fragen vor Ort reflektiert werden, Konflikte mit den Beteiligten moderiert und evtl. teambezogene Fortbildungen organisiert werden. Fortbildung und Fachberatung ergänzen sich somit und können neben der Qualifizierung einzelner Erzieherinnen oder eines Teams auch Träger, Eltern u.a. vor Ort beteiligen.

5. Veränderungen, Qualitätssicherung durch Angebotsanpassungen, Beteiligung von Eltern und Kirchengemeinde und die vielen anderen hier angesprochenen Weiterentwicklungen bedürfen einer Fortbildungsplanung, die auf überregionaler Ebene Impulse setzt. Als Ergänzung wird jedoch auch eine Flexibilität der Themen und eine situationsangepaßte Organisation von Fortbildungen benötigt. Hierzu kann eine regionale, die Erzieherinnen und Träger einbeziehende Fortbildungsstruktur (teambezogene Fortbildungen, regionaler Austausch, kollegiale Beratung, Studientage usw.) sehr hilfreich sein.[3]

---

[3] Vgl. Regionale Fortbildung in der Kinder- und Jugendhilfe, Materialien für die sozialpädagogische Praxis (MSP) 21, hg. v. Deutschen Verein, Frankfurt 1991.

6. Wurde in den vorangegangenen Ausführungen die Selbsttätigkeit der Erzieherinnen sowie die Zusammenarbeit mit den Eltern und dem Träger in den Mittelpunkt gestellt und somit die Zusammenführung interdisziplinärer Kompetenzen, so darf doch zum Abschluß nicht unerwähnt bleiben, daß für den kontinuierlichen Verlauf des Projektes die Mitarbeit des wissenschaftlichen Begleiters wesentlich und unentbehrlich war. Sei es als Organisator und Koordinator für die Treffen und Fortbildungen, sei es als Reflexionspartner für die FachberaterInnen und in den vielen Gesprächen vor Ort. Der wissenschaftliche Begleiter zeigte, daß Handlungsforschung eine sehr aktive und arbeitsintensive Vorgehensweise bedeutet. Ohne die inhaltliche Entwicklung vorzugeben, mußten doch vielerlei Verunsicherungen, Fragen und Bezugsklärungen durchgearbeitet werden. Hierbei war nicht nur eine rein wissenschaftliche Begleitung gefragt, sondern in diesem Projekt durch die Person von Friedrich Schmidt auch eine Vertrauensperson vorhanden.

Der Aspekt einer analysierenden und hinterfragenden Arbeitsweise war auch für die FachberaterInnen eine notwendige Ergänzung ihrer oft auf schnelle Problemlösungen ausgerichteten Arbeitsweise. Damit möchte ich die gute Kooperation betonen, aber auch hervorheben, daß für eventuelle weitere Projekte über eine ergänzende Begleitung von außen nachgedacht werden muß bzw. ich diese für unverzichtbar halte.

Günter Geisthardt
5. Konsequenzen für die Ausbildung von Pfarrerinnen und Pfarrern

Bis vor wenigen Jahren führte der evangelische Kindergarten als Aufgabenfeld für Pfarrerinnen und Pfarrer in der theologischen Ausbildung eine Randexistenz. Dies gilt insbesondere für die erste Ausbildungsphase, das Theologiestudium an der Universität. Wenn überhaupt, dann kamen Fragen der Kindergartenarbeit peripher in Gemeinde- und Religionspädagogik sowie in der Diakoniewissenschaft zur Sprache. Im Vikariat wiederum wurde der Kindergarten hauptsächlich unter Gesichtspunkten der Gemeindeorganisation, der Pfarramtsverwaltung und insbesondere der Haushaltsplanung zum Thema. Kindergärten waren überwiegend als zu verwaltende Einrichtungen im Blick. Dies entsprach auch der Wahrnehmung und Behandlung der Kindergärten in vielen Kirchengemeinden.

Neue Aufmerksamkeit fand der Kindergarten dann im Zusammenhang der Diskussion über den *Gemeindeaufbau*. An zahlreichen Orten wurden die Chancen von Gemeinden mit Kindergärten wiederentdeckt, in der Zuwendung zu ihren jüngsten Gemeindegliedern dem Traditionsabbruch entgegenzuwirken und zugleich einen neuen Zugang zu ihren Eltern zu gewinnen. Diese Zielsetzungen schließen eine Profilierung evangelischer Kindergärten und damit auch gesteigerte Erwartungen an die Bereitschaft von Erzieherinnen zur Identifikation mit Kirche und Gemeinde ein.

Erfahrungen aus jüngerer Zeit haben freilich erkennen lassen, welche Konflikte entstehen können, wenn Zielsetzungen und Erwartungen – in der Regel von Pfarrer/innen und Presbyterien – lediglich von außen an Einrichtungen und Erzieherinnen herangetragen werden, ohne daß Erzieherinnen und Eltern in angemessener Weise an der Weiterentwicklung einer Kindertagesstätte beteiligt werden. Entsprechende Problemanzeigen in der Aus- und Fortbildung haben mit dazu beigetragen, in der Vikarsausbildung den Kindergarten und die in diesem Handlungsfeld gebotene Kooperation zwischen verschiedenen Berufsgruppen stärker zu berücksichtigen. Wenn die Arbeit in den Kindergärten ein wichtiger Teil von Gemeindearbeit ist, dann ist es notwendig, daß sich zukünftige Pfarrerinnen und Pfarrer bereits in der Ausbildung damit beschäftigen. Das gilt um so mehr angesichts der notwendigen Weiterentwicklung der Kindertagesstätten.

Diese Einsicht wurde in relativ kurzer Zeit in die Ausbildungspraxis umgesetzt. Hieran hat das Projekt *„Der Evangelische Kindergarten als Nachbarschaftszentrum in der Gemeinde"* wesentlichen Anteil. Von Anfang an war ein Mitglied des Predigerseminarkollegiums im Projektbeirat vertreten. So konnte die mit dem Projekt verknüpfte konzeptionelle Diskussion verfolgt und begleitet werden. Persönliche Kontakte eröffneten die Möglichkeit, Mitarbeiterinnen und Mitarbeiter aus Projektstandorten, der Fachberatung des Diakonischen Werks sowie den wissenschaftlichen Begleiter des Projekts in Vikarskurse einzuladen, und das Modellprojekt mit Kursgruppen zu diskutieren. Da das Projekt – abgesehen von Fortbildung und wissenschaftlicher Begleitung – als „Modellversuch ohne Modellbedingungen", also unter vergleichsweise „normalen" Bedingungen, durchgeführt wurde, konnten etliche für evangelische Kindertagesstättenarbeit insgesamt wichtige Fragen mit der Vorstellung und Diskussion des Projekts verbunden werden. In der Diskussion über die veränderte Situation von Kindern und

Familien in der Gesellschaft und die Handlungsmöglichkeiten von Kirchengemeinden angesichts dieser Veränderungen geht es um *„Perspektivenwechsel"* und die *„Vernetzung von Angeboten"*. *„Gemeinwesenorientierung"*, *„Lebensweltorientierung"* und *„Diakonischer Gemeindeaufbau"* stehen zur Debatte, also Themen, die für den Gemeindeaufbau zentral sind.

Im Zusammenhang des Projekts ist – auch in der Diskussion mit Vikarsgruppen – deutlich geworden, daß die angestrebte Profilierung evangelischer Kindergärten nur gelingen kann, wenn sich eine *doppelte Öffnung* vollzieht: eine Öffnung des Kindergartens zur Gemeinde wie auch eine Öffnung der Gemeinde zum Kindergarten hin und damit zur Lebenswelt von Kindern und jungen Familien. Nimmt eine Kirchengemeinde ihre Trägerschaft für einen Kindergarten ernst, dann wird der Kindergarten als ein wichtiger *Lebensraum* in der Gemeinde wahrgenommen: Im evangelischen Kindergarten vollzieht sich ein wesentlicher Teil der religiösen Sozialisation der Kinder der Gemeinde. Ein Großteil der jüngsten Gemeindeglieder macht dort prägende soziale Erfahrungen für das eigene Leben. Kinder können hier im Miteinander elementare Formen christlicher Lebenspraxis einüben. Auf vielfältige Weise gewinnen Kinder im Kindergarten einen Zugang zu den großen christlichen Festen. Im Miteinander mit Kindern aus nichtchristlichen (z.T. moslemischen) Familien vollzieht sich dabei auch interkulturelle und interreligiöse Begegnung. Darüber hinaus ist der Kindergarten Treffpunkt von Eltern, ein Ort, an dem in der Mannigfaltigkeit von Alltagssituationen Erziehungs- und andere Lebensfragen zur Sprache kommen.

Dies alles macht die Bedeutung des Lebensraums Kindergarten für die Kirchengemeinde deutlich. Pfarrerinnen und Pfarrer tragen gemeinsam mit Erzieherinnen, Presbyterien und Eltern Verantwortung für die Gestaltung dieses Lebensraums: eine anspruchsvolle, komplexe Aufgabe. Um dieser Einsicht in der Gestaltung der zweiten Phase der theologischen Ausbildung angemessen Rechnung zu tragen, macht das Predigerseminar seit etwa zwei Jahren das Handlungsfeld Kindergarten an mehreren Stellen der Kursarbeit zum Thema.

Im Kurs *„Einführung"* oder *„Gemeindepädagogik"* lernen Vikarinnen und Vikare das Arbeitsfeld „Kindergarten" kennen. Dies geschieht im Rahmen einer Begegnung mit einer Gruppe von Erzieherinnen unter Leitung einer Fachberaterin des Diakonischen Werks. Auf diese Weise wird das Kennenlernen des Arbeitsfeldes verbunden mit dem Kontakt zu einer anderen Berufsgruppe. Im Freiraum des Gruppengesprächs außerhalb des institutionellen Gefüges vor Ort können gegenseitige Erwartungen offen geäußert und ausgetauscht werden. Vikare und Vikarinnen werden so ermutigt, in ihrem Gemeindepraktikum aufmerksam den Kindergarten wahrzunehmen und das Gespräch mit Erzieherinnen zu suchen.

Im Kurs *„Gottesdienstgestaltung II"* findet eine zweite Begegnung mit Erzieherinnen statt. Nach dem Kennenlernen bei der ersten Begegnung steht nunmehr eine konkrete Aufgabe im Vordergrund: der Entwurf für einen Gottesdienst mit Kindergartenkindern, sei es im Rahmen eines Gemeindefestes, eines Kindergartensommerfestes oder eines anderen Anlasses. Die eigene homiletische und liturgische Kompetenz im Blick auf spezifische Situationen und Zielgruppen (Kleinkinder und Eltern) weiterzuentwickeln, ist hierbei das eine, die Planung und Gestaltung von Gottesdiensten als gemeinsame Aufgabe zu begreifen, das andere Ziel. Da Theologen und Erzieherinnen von ihrer Ausbildung her in der Regel unterschiedliche Elemente in die Gottesdienstplanung und -vorbereitung einbringen, war diese Zusammenarbeit bislang stets mit der Erfahrung gegenseitiger Bereicherung verbunden.

Zur Leitungskompetenz, die von Pfarrerinnen und Pfarrern erwartet wird, gehört der angemessene Umgang mit Angehörigen anderer Berufsgruppen in Gemeinde und Kirche. Den Erzieherinnen der gemeindlichen Kindertagesstätte gegenüber sind Pfarrer und Pfarrerinnen in der Vorgesetztenfunktion. Diese sach- und menschengerecht wahrzunehmen, setzt hinreichende Kenntnisse des Arbeitsrechts voraus. Die Kurse im Predigerseminar zum *Kirchenrecht* geben hier Hilfestellung. Sie bedürfen der Ergänzung durch entsprechende Angebote der Fortbildung, insbesondere für Pfarrerinnen und Pfarrer in den ersten Amtsjahren.

Die Wahrnehmung der Trägerverantwortung im Zusammenspiel mit Kindergartenleitung und Eltern ist Thema im Kurs *„Gemeindeleitung"*. Hier geht es auch um Zukunftsperspektiven für die Kooperation von Gemeinden und Kindertagesstätten, die man exemplarisch auslotet. Wo der Kindergarten als integrierendes Element in der Gemeinde verstanden wird, wie es der Projektkonzeption entspricht, bedarf es einer intensiven Zusammenarbeit zwischen dem Pfarrer bzw. der Pfarrerin, dem Presbyterium, der Kindergartenleitung, Erzieherinnen und Eltern. Leitungskompetenz angemessen wahrzunehmen, fordert Geschick und Sensibilität, insbesondere in Konfliktsituationen. Der Kurs *„Gemeindeleitung"* hat zum Ziel, Vikarinnen und Vikaren in der Vielfalt von Leitungsanforderungen in der Gemeinde Hilfestellungen und Rüstzeug zu vermitteln. Dies geschieht z.T. in spielerischer Form. Erfahrungen aus der Kindergartenarbeit, insbesondere aus Projektstandorten, haben in der Vergangenheit geholfen, Probleme differenziert wahrzunehmen und Strategien für ihre Lösung zu erarbeiten.

Die dargestellten Beispiele aus der Kursarbeit des Predigerseminars machen den veränderten Stellenwert des Kindergartens in der zweiten Phase der theologischen Ausbildung deutlich. Der Modellversuch *„Kindergarten als Nachbarschaftszentrum"* hat wesentlich zu dieser Veränderung beigetragen, da hier der Kindergarten nicht als abgeschlossene pädagogische Einrichtung, sondern als Erfahrungs- und Begegnungsraum in der Gemeinde betrachtet wird. Die Berücksichtigung veränderter Lebenswelten, der kreative Umgang mit diesen Veränderungen und die verschiedene Berufsgruppen, Haupt- und Ehrenamtliche übergreifende Kooperation sind wesentliche Elemente des Modellversuchs, deren Wahrnehmung für die Ausbildung von Vikarinnen und Vikaren insgesamt von Bedeutung ist.

Gerald Kuwatsch

6. Biblische Impulse für eine kinder- und familienfreundliche Gemeinde

6.1 Einleitung

Ein Ziel des Modellprojektes war die „Vernetzung" der Kindertagesstätte mit der Kirchengemeinde. Hier, in diesem Teil, wird es nun darum gehen: Wo und wie sind Familien und deren Kinder in der Kirchengemeinde angesiedelt? Bietet die Kirchengemeinde sich Eltern mit ihren Kindern als „Ort" des Vertrauens, der Begegnung, in hilfreicher, offener und freundlicher Atmosphäre an? Oder ist Kirchengemeinde – für außenstehende Eltern und Kinder – nur ein Abbild der Gesellschaft?

Die folgenden, kürzlich gemachten Aussagen des Bundespräsidenten Herzog zur Lage von Kindern und deren Familien in unserer Gesellschaft sprechen für sich.

„**Herzog beklagt fehlende Rücksicht gegenüber Kindern**
BONN (ap). Bundespräsident Herzog hat das oft rücksichtslose Verhalten Erwachsener gegenüber Kindern scharf kritisiert. Bei einem Gespräch mit der Kinderkommission des Bundestages sagte der Bundespräsident, es seien in vielen Lebensbereichen Verhaltensweisen eingerissen, die nur als 'einfach erbärmlich' bezeichnet werden könnten. Als Beispiel führte Herzog Wohnungsanzeigen in Zeitungen an, in denen gezielt nach Ehepaaren ohne Kinder gesucht werde. Der Bundespräsident kündigte an, bald könne der Punkt kommen, wo es nötig sei, 'die Daumenschrauben anzuziehen' und deutliche Korrekturen zu verlangen." (aus: Die Rheinpfalz vom 4.7.1996)

Die Fragen nach einer kinder- und familienfreundlichen Gemeinde sollen in der Auseinandersetzung mit dem „biblischen Kinder- und Familienbild" reflektiert werden. Daraus könnten sich Maßstäbe des Verhältnisses einer Kirchengemeinde zu jungen Familien neu entwickeln. Dabei wird festzustellen sein, daß es nicht nur um die finanziellen Investitionen und den Unterhalt eines Kindergartens geht. Vielmehr wird angefragt: Von welch einem „Bild" von Kindern und Familien läßt sich eine Gemeinde leiten? Ist dieses „Bild" unter den sich verändernden Lebensverhältnissen zu korrigieren?

Die immer wiederkehrende Klage, die junge Elterngeneration nehme die kirchengemeindlichen Angebote nicht wahr (oft am Gottesdienstbesuch festgemacht) ist einerseits verständlich, jedoch der verkehrte Ansatz. Eher ist doch zu fragen: Was hält diese Eltern und deren Kinder von diesen Angeboten ab? Stimmen unsere Ansprüche und Angebote mit den Bedürfnissen junger Familien überein? Wird unsere Sichtweise von „Kind und Familie" der heutigen Situation noch gerecht?

Wenn sich auch die Lebenswelten von Kindern und Familien gravierend verändert haben, so darf sich doch in der Kirchengemeinde eines nicht verändern: Eltern und Kinder in ihren jeweiligen Situationen im Blick zu behalten, für sie da zu sein und im guten Sinne „Wegbegleitung" im „Angebot" zu haben. Das Thema „Kinder und Familie" und die damit verbundenen Probleme und Fragen sind eine permanente Herausforderung in der Gestaltung kirchengemeindlicher Arbeit vor Ort.

6.2 Bibel – Kind – Familie

6.2.1 Allgemeines

Um zu einer Beurteilung einer „kinder- und familienfreundlichen Gemeinde" zu kommen, soll hier auszugsweise die Bibel befragt werden. Welche Aussagen trifft die biblische Überlieferung zu „Kind und Familie"? Welche „Übertragbarkeiten" lassen sich für heute daraus ableiten?

Festzuhalten wäre: Wir suchen vergeblich in der Bibel nach einer „Musterfamilie", an der wir ablesen könnten, wie eine Familie auszusehen hätte. Familienleben ist hier bunt geschildert, alles kommt vor, wie „mitten im Leben" – Krisen, Freude, Trauer, Haß, Glück – also lebendig, menschlich, nicht idealisiert! Deshalb ist auch wichtig: Wenn wir biblische Aussagen für die Bewältigung heutiger Familienfragen in Anspruch nehmen wollen, dann können sie uns nur helfen, wenn wir sie aus ihrem zeitgeschichtlichen Zusammenhang heraus verstehen.

Altes und Neues Testament sind keine „chemisch-reinen" jüdischen oder christlichen Schriftstücke. Schon immer wurden sie beeinflußt durch antike Kulturen der Völker im Mittelmeerraum (z.B. Ägypter, Griechen, Römer usw.). Dem muß z.T. Rechnung getragen werden in der Betrachtung jüdisch-christlicher Sitten, Normen- und Wertevorstellungen, gerade auch im Blick auf Kinder und Familie.

6.2.2 Kind und Familie in der Antike

Kinder, die in der Antike in einer Familie aufwuchsen, hatten eine beträchtliche Bedeutung für Familie und Staat. Kinder galten aus der „Sicht der Erwachsenen"(!) für die Familie als Namensträger der Väter und Sippe (Söhne!), als wichtige, billige Arbeitskräfte, als Altersversicherung und als Statussymbol. Für den Staat sicherten sie den Fortbestand des Volkes und dienten den Streitkräften als Soldaten (Söhne).

Bei keinem der Gesichtspunkte ging es um das Kind *als Kind*! Die antike Welt sah das Kindsein nicht als eine eigene Weise des Menschseins. Es war nur das „Vorspiel" zum Erwachsensein, zum „Ernst des Lebens". Kinder waren Besitz! Sie waren dazu da, die Wünsche der Erwachsenen, die Bedürfnisse von Sippe und Volk zu erfüllen. Diese Einstellung zum Kind – die zwar schwach, aber im Ansatz zum Teil auch noch bei uns besteht – zog zwangsläufig (bewußt oder unbewußt) eine Verachtung der Kinder nach sich. Das ging von mißbrauchter Kindheit über den Verkauf von Kindern bis hin zum Töten. Das Töten als Instrument von Geburtenregelung, Reduzierung des „Mädchen-Überschusses", als Auslöschung „illegitimen" (kranken, mißgebildeten, unerwünschten) Lebens! Das Töten von Kindern war in fast allen antiken Kulturen üblich (auch im „antiken" Israel) und galt nicht als Verbrechen.

6.2.3 Kind und Familie im Alten Testament

Das alttestamentliche Judentum hatte in seiner Lebensform viele Ähnlichkeiten mit und Parallelen zu seiner antiken Umwelt. Dennoch gab es in der „Achtung von Kindern" bedeutsame Akzentverschiebungen:
- Kinderreichtum galt als Segen Gottes: Kinder „sind eine Gabe Gottes" (Ps. 127,3).
- Das Töten von Kindern wurde verboten. Im alten Israel wurde schon früh das Menschenopfer (oft auch Kinderopfer) abgeschafft. Dafür steht die Geschichte von

der „Opferung Isaaks" (Gen. 22,1 ff). D.h., Israel hat auch aus dem „religiösen Ritus" das Töten verbannt.
- Das Judentum versteht sich als „Religion der Verheißungen Gottes". Das meint: Gottes Handeln in dieser Welt ist nicht abgeschlossen, ist zukunftsorientiert. Das bedeutet auch: „Kinder sind Träger der Verheißungen Gottes" und haben an ihnen Anteil.
- Ohne Kinder gibt es kein Heilsgeschehen.

Aber auch diese Argumente sind nicht „vom Kind her gedacht", sondern allein von der Religion. So war auch das primäre Erziehungsziel „Gehorsam aus Gottesfurcht" und das in aller Strenge. Drei- bis zwölfjährige Kinder wurden vornehmlich von den Vätern erzogen, das galt gerade auch für die „religiöse" Erziehung. Wie in anderen antiken Völkern wurden im ebenfalls patriarchalischen Judentum die Söhne bevorzugt. Nur (!) Töchter zu gebären war für Mütter ein harter Schicksalsschlag. Das verdeutlicht auch noch einmal die Stellung der Frau zu dieser Zeit.

6.2.4 Kind und Familie im Neuen Testament

Aussagen über Kinder in der neutestamentlichen Überlieferung stehen mehr „am Rand". Das belegen z.B. Mt. 14,21 und 15,38, wo die Kinder mit den „Armen und Frauen" in einem Atemzug genannt werden.

Das öffentliche Eintreten Jesu für Kinder (Mütter, Eltern; Mk. 10,13ff.) war für das von Männern beherrschte und vom Obrigkeitsdenken her geleitete „Familien- und Gesellschaftssystem" eine große Provokation. Jesus vermittelte ein völlig „neues Bild von Kindern" (und auch von Müttern und Eltern). Das stößt nicht nur in den neuen Gemeinden auf Widerstand, sondern sogar bei Jesu besten Freunden!

Wenn im Neuen Testament nur wenige Texte auf Kinder hinweisen, selbst die Kindheit Jesu sich letztlich auf nur drei Stellen begrenzt, wird deutlich, daß die Bibel global gesehen kein „Buch für Kinder", sondern ein Glaubensbuch von Erwachsenen für Erwachsene ist. Andererseits sind aber die „sparsamen" Ausführungen über Kinder exemplarisch von hoher Bedeutung. Das, was mit Jesus hier in Gang gesetzt wurde, findet auch bei Paulus (z.B. Haustafeln) und anderen neutestamentlichen Schriftstücken seinen Niederschlag. Folgende Beispiele mögen das verdeutlichen:
- 1. Kor. 7,14 spricht – im Zusammenhang von „gläubigen und ungläubigen Elternteilen" – eine Ungeheuerlichkeit für die damalige Zeit aus: „... eure Kinder sind heilig ...". Dabei geht es Paulus weder um die Tauffrage noch um die Zugehörigkeit der Kinder zur Gemeinde. Es geht ihm darum: Als *Gabe Gottes* sind Kinder *heilig* und haben als solche einen unstrittigen *Platz in der Gemeinde*.
- Tit. 2,1ff. beschreibt: Kinder gehören zum ganzen Haus. Und so wie das ganze Haus (Familie, Sippschaft) zur Gemeinde gehört, gehören auch die Kinder zur Gemeinde!
- Mt. 18,2 verweist darauf, daß Kinder vollwertig sind, sie müssen nicht erst „groß werden", um Mensch zu sein, sie sind es schon. Sie sind es schon so, daß Erwachsene (die doch schon alles wissen) von ihnen zu „lernen" haben.
- Mk. 10,14 wird den Kindern ohne Vorbedingungen, ja den Erwachsenen gegenüber sogar „bevorzugt" (!), „das Reich Gottes" zugesagt!

6.2.5 Zusammenfassung

Wenn die bis hierher fragmentarischen Beschreibungen der alt- und neutestamentlichen Lebenswelten von Kindern und Familien richtig sind, ergeben sich zwei wesentliche „biblische Impulse für eine kinder- und familienfreundliche Gemeinde":

1. Biblische Autoren beschreiben in sehr realistischer Art und Weise ihre Lebenswelt und das, was die Menschen wirklich existentiell bewegt.
2. Außerdem ist da eine „Utopie des Glaubens", die dem Menschen Zukunftsperspektive gibt. Damit werden lebensnotwendige Hoffnungen und Visionen angeboten, die Veränderungsmöglichkeiten erkennen lassen und zulassen!

6.3 Biblische Impulse und Prüffragen für eine kinder- und familienfreundliche Gemeinde

Wenn auch für den Verfasser dieses Artikels die biblischen Aussagen über „Kinder und Familien" und deren Stellenwert eindeutig sind, so wird die praktische Umsetzung von Kirchengemeinde zu Kirchengemeinde sehr unterschiedlich sein.

In dem letzten Teil des biblischen Exkurses sollen nun in tabellarischer Form durch die Voranstellung eines biblischen Textes, einer kurzen Deutung des Textes und impulsartige Prüffragen mündend, theologische Denkanstöße zu Voraussetzungen und Konsequenzen für eine „kinder- und familienfreundliche Gemeinde" gegeben werden.

Bibelstelle/Zitat	Kurzdeutung	Prüffragen für Kirchengemeinden
Mk. 10,14b Jesus sagt: „Laßt die Kinder zu mir kommen und hindert sie nicht daran ..."	Das ist die bekannteste und zentralste Aussage Jesu über Kinder und indirekt über Mütter (Eltern). Jesus wurde seinen eng mit ihm verbundenen Freunden gegenüber „unwillig" (!), weil sie die Kinder von ihm weghielten. Kinder sind für Jesus vollwertig. Jede/r kann an ihm partizipieren, ohne Unterschied von „groß und klein, stark und schwach". Eine neue Zeit, ein neues Denken ist angebrochen – das erfordert ein Umdenken!	• Lassen wir die Kinder wirklich „kommen", so wie sie sind? • Erkennen wir in ihrem „So-Sein" ihre Voll-wertigkeit? • Sehen wir auch die „Mütter" (Familien) mit ihren Bedürfnissen? • Vermitteln wir Kindern und Familien liebevolle, herzliche Geborgenheit und Vertrauen? • Werden wir dem Zuspruch Jesu, daß Kindern das „Reich Gottes gehört", vor Ort gerecht?

Mk. 10,16 „... und er (Jesus) herzte sie, legte die Hände auf sie und segnete sie."	Haben wir es bemerkt und übersehen es nicht (!), wie liebevoll, herzlich, geradezu zärtlich Jesus mit den Kindern umgeht? Seine emotionale Hinwendung genügt ihm auch noch nicht. Er „segnete" sie. Das ist die eingelöste Zusage Jesu an Kinder und Familien: So, wie ich ganz nah bei euch bin, für euch eintrete, euch liebe, so könnt ihr darauf vertrauen, daß auch Gott bei euch ist, euch herzlich liebt und auf eurem Lebensweg bei euch ist.	s.o.
Mk. 10,14c Jesus spricht: „Denn Menschen wie ihnen (Kinder) gehört das Reich Gottes."	„Reich Gottes" in seiner doppelten Bedeutung ist Kindern ohne Wenn und Aber, ohne Vorbedingungen zugesagt. Am „Reich Gottes" im Hier und Jetzt sind Kinder Teilhaber und Mitgestalter. Ein Leben mit und bei Gott, über den Tod hinaus („Reich Gottes im Jenseits") „gehört" den Kindern ohne Vorbehalt!	s.o.
1. Kor. 7,14 Paulus schreibt: „... nun aber sind sie (eure Kinder) heilig ..."	„Heilig-Sein" = ein von Gott angenommenes und ein vor Gott verantwortetes Leben führen. Im Textzusammenhang geht es um die Lebenspartnerschaft von Mann und Frau (Ehe), in der ein Teil „gläubig", der andere „ungläubig" ist. Unter diesem Verhältnis wird auch das Kind betrachtet. Während der Vers 16 offen läßt, wie sich die Beziehung zwischen den beiden Elternteilen regelt, bleibt klar: „Eure Kinder sind heilig!"	• Machen wir Unterschiede bei getauften und ungetauften (andersgläubigen) Kindern? • Haben sie wirklich alle Platz in der Gemeinde? • Wie ist das mit den „Trennungsfamilien", den Eltern ohne Trauschein mit Kindern, gibt es Angebote für sie zu Zeiten, an denen sie auch können? • Wie stehen wir konfessionsverschiedenen oder -losen Paaren mit Kindern unterstützend bei? • Wenn Kinder „heilig" gesprochen werden, wie ist das mit ihrer Teilnahme am „Heiligen" Abendmahl? • Wann, wo und wie können Kinder und deren Familien etwas von der Erwachsenen-Gemeinde so miterleben, daß sie spüren: „Wir gehören dazu ..., zu den „Heiligen" ...?!

Mt. 18, 2+3 „Jesus rief ein Kind zu sich und stellte es mitten unter sie (Jünger) ... und sprach: „... wenn ihr nicht umkehrt und werdet wie die Kinder, so werdet ihr nicht in das Himmelreich kommen."	Jesus gibt dem Kind vor seinen Freunden einen zentralen Standort (die Mitte!). Auf deren Frage: „... wer ist der Größte im Himmelreich?" reagiert Jesus mit einer „Nachhilfestunde für Erwachsene": Kinder haben gegenüber Erwachsenen etwas, was sie für das „Himmelreich" privilegiert. Und ihr Erwachsenen schaut genau hin und nehmt wahr, was das Besondere an Kindern ist, und lernt ihr von ihnen – und nicht immer nur umgekehrt!	• Stehen bei uns in der Gemeinde Kinder tatsächlich „in der Mitte"? • Verstehen wir – ihrem Alter entsprechend – ihre Sicht von der Welt, und lassen wir uns wirklich auf ihre Bedürfnisse ein? • Gehören wir zu den Erwachsenen, die immer schon wissen „was für Kinder gut ist"? • Sind wir Erwachsenen wirklich bereit, von Kindern zu lernen?
1. Kor. 12,20-27 „Nun gibt es aber viele Glieder, aber der Leib ist einer. Das Auge kann zur Hand nicht sagen: Ich brauche dich nicht ... Vielmehr sind die Glieder des Leibes, die uns am schwächsten erscheinen, die nötigsten ..."	„Ein Leib und viele Glieder" bedeutet: Gott/Jesus und die Gemeinde. Kinder sind zweifellos die Schwachen (oft die Verlierer). Wie kämen aber „die Glieder am Leib Christi" (die Gemeinde) dazu, Kinder nicht als „Glieder" wahrzunehmen. Wie heißt es doch: „... die Schwachen ... sind am nötigsten ..."!	• Nehmen wir Kinder als „Glieder am Leib Jesu Christi" wahr? • Sind Kinder für uns immer nur „niedlich", „klein"? • Sind sie nur Vorzeigeobjekte bei Veranstaltungen? • Müssen Kinder für uns *nur* „größer" werden, damit sie ernst und in der „Gemeinde" aufgenommen werden (mit der Konfirmation)?
Ps. 127,3 „Siehe, Kinder sind eine Gabe Gottes ..."	Kinder haben auch im universellen Schöpfungsakt Gottes einen besonderen Stellenwert! Sie sind Gabe und Gnadengabe Gottes an die Welt und den Menschen in ihr! Sie sind Geschenk und Schatz, kein Besitz! Ein Schatz wird gepflegt, gehütet und man(n)/frau freut sich an ihm.	• Sehen wir in den Kindern die „Gabe Gottes"? • Gehen wir mit dieser „Gabe Gottes", gemessen am Anspruch, würdig um? • Freuen wir uns an der „Gabe Gottes" (den Kindern) oder haben wir nur ein wohlwollendes, freundliches Lächeln übrig?

6.4. Schlußteil

Kirche braucht Kinder – Kinder brauchen Kirche! Nur: welche Kirche braucht das Kind mit seiner Familie? Es wäre eine Kirche(ngemeinde), die von und mit Kindern und den jungen Familien bereit ist zu lernen. Und was könnte sie von Kindern lernen? Über das Kindsein als einer unverwechselbaren, unvergleichlichen eigenen Form des Menschseins, über selbständige Entdeckungen und Frageweisen, in denen ihr Weg zum christlichen Glauben auf dem Spiel steht, könnte sie lernen!

Das Vertrauen der Kinder, ihre Phantasie, Spontaneität, Offenheit, Neugier und ihre Unbekümmertheit, ihr Mit-Leiden-Können, ihr Umgang mit Zeit und Gefühlen, diese ganzen „Kinder-Eigenschaften" könnten zu neuen Erfahrungen in der Kirchengemeinde werden und positive Veränderungsprozesse – für Familien und Kinder – auslösen!

Deshalb verstehen Sie diesen Aufsatz mehr als Aufforderung zur ständig notwendigen Reflexion über Kinder und Familien in Ihrer Gemeinde! Lassen Sie sich ruhig etwas provozieren! Aber lassen Sie sich nicht als Kirchengemeinde entmutigen zu sagen: Bei uns sind Kinder und Familien herzlich willkommen – wir sind ein Ort der „Lobby für Kinder und Familien"!

Zum Schluß möchte ich an eine Studie des britischen Kirchenrates erinnern, in der es über die Kinder heißt:

„Der Herr der Kirche setzt sie in die Mitte der Kirche. Heute und hier ebenso wie einst in Galiläa, nicht als Objekte unserer Wohltätigkeit oder gar als Empfänger unserer Anweisungen, sondern in letzter Konsequenz als Vorbilder für die Jüngerschaft. Eine Kirche, die nicht vorbehaltlos Kinder in ihre Gemeinschaft aufnimmt, beraubt die Kinder dessen, was ihnen rechtmäßig zusteht. Aber der Verlust, den eine solche Kirche selbst erleidet, ist noch schwerwiegender."

Dieses Zitat erinnert noch einmal an den Auftrag der Kirche(ngemeinde), den sie den Kindern und Familien gegenüber hat. Natürlich, Kinder- und Familien-„Arbeit" ist in einer Kirchengemeinde nicht alles (!), aber alles ist nichts, wenn es mangelnde oder gar keine „Arbeit" in dieser Richtung gibt.

Literatur in Auswahl

- Arbeitshilfe der Evang. Kirche im Rheinland, Gemeinde ... Oase für Kinder, Düsseldorf 1993
- Johannes Blohm (Hg.), Kinder herzlich willkommen. Kirche und Gemeinde kinder- und familienfreundlicher gestalten, 1996
- Aufwachsen in schwieriger Zeit. Kinder in Gemeinde und Gesellschaft, Synode der Evangelischen Kirche in Deutschland, im Auftrag des Rates der EKD hg. v. Kirchenamt der EKD, Gütersloh 1995
- Peter Müller, In der Mitte der Gemeinde. Kinder im Neuen Testament, Neukirchen-Vluyn 1992

Eckart Emrich

7. Chancen von Kirchengemeinden als Träger von Kindertagesstätten[4]

Zwei unter den zahlreichen Problemen, die vielen Kirchengemeinden und PfarrerInnen heute auf der Seele liegen, sind diese:
 1. Der in Gottesdienst- und Kindergottesdienstbesuch, in Konfirmandenarbeit und vielerorts sonst spürbare *Traditionsabbruch*.
 2. Die *Belastung durch einen Kindergarten*, der von Eltern als Service der Kirche selbstverständlich in Anspruch genommen wird, während dieselben Eltern im übrigen spüren lassen, die Kirche solle sie in Ruhe lassen.

Im Verlauf des Kindergartenprojektes hat sich für mich als Gemeindepfarrer eine neue Betrachtungsweise ergeben, unter der diese Probleme zu Chancen werden können.

Was steckt hinter dem als „Traditionsabbruch" bezeichneten, zunehmenden Desinteresse am kirchlichen Leben? Es ist wohl weniger ein allgemeines religiöses Desinteresse (dagegen spricht der Boom auf dem Esoterikmarkt), sondern eher ein *Überdruß gegenüber einer einseitigen Kommunikationsstruktur*, die man von der Kirche mehr als genug kennt. Vor allem jüngere Menschen haben es satt, immer nur angepredigt zu werden und so wenden sie sich anderen Angeboten zu, bei denen ihre eigenen Beiträge gefragt sind und gewürdigt werden.

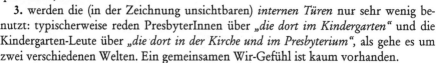

Ergebnis ist, was in *Zeichnung 1 „Kleines Haus im großen Haus"* dargestellt ist und vermutlich in vielen Gemeinden beobachtet werden kann: Der Kindergarten ist zwar *in* der Kirchengemeinde angesiedelt, aber
 1. wird das „kleine Haus" umgekehrt proportional zu den Größenverhältnissen, viel stärker frequentiert als das „große Haus" der Kirche,
 2. sind die Menschen, die im „kleinen Haus" ein- und ausgehen, mit wenigen Ausnahmen eine ganz andere Gruppe als die, die das „große" frequentieren, und
 3. werden die (in der Zeichnung unsichtbaren) *internen Türen* nur sehr wenig benutzt: typischerweise reden PresbyterInnen über *„die dort im Kindergarten"* und die Kindergarten-Leute über *„die dort in der Kirche und im Presbyterium"*, als gehe es um zwei verschiedenen Welten. Ein gemeinsames Wir-Gefühl ist kaum vorhanden.

Im Rahmen des Kindergartenprojekts wurden nun Eltern eingeladen, ihre eigenen Interessen und Bedürfnisse zu thematisieren. ErzieherInnen und Fachberatung, Projektmoderator und Diakonisches Werk, VertreterInnen der Kirchengemeinden sowie

---

[4] Der Beitrag entstand 1996.

auch Fachkräfte aus außerkirchlichen Bereichen gaben Anregungen und hörten zu, stellten Räume und Ressourcen zur Verfügung und gingen auf Vorschläge ein. *Kirche wurde als Ort erfahrbar, wo ganz „normale" Menschen etwas gestalten können!*
Und siehe da, es kam zu kleinen, aber wichtigen Schritten. In Zweibrücken-Ixheim zum Beispiel, indem

- die aus dem Kindergarten entstandene Krabbelgruppe („Spielkreis") den Jugendraum im Gemeindehaus benutzt;
- der Kindergarten-Elterntreff sich eine thematische Veranstaltung überlegt, die auch die älteren Frauen des Frauenclubs interessiert;
- eine aus dem Projekt entstandene Kindergruppe ein schönes Stehgreifspiel zum Gemeindefest beiträgt;
- zum Gemeindefest die Kindergarten-Eltern ein Salatbüfett sowie Spiele für Kinder organisieren und auch an der Findung eines Mottos für das Fest entscheidend beteiligt sind;
- Familiengottesdienste öfter stattfinden, vorbereitet von ErzieherInnen und Eltern mit dem Pfarrer gemeinsam, und „Produkte" dieser Gottesdienste länger im Kirchenraum präsent bleiben;
- der Projektausschuß sich umwandelt in einen Gemeinde-Mitarbeiterkreis, also ein Gremium, das erstmals alle Leute zusammenführt, die in Gemeinde und Kindergarten aktiv sind;
- und schließlich indem zur Presbyterwahl zwei Erzieherinnen und drei Kindergarten-Mütter kandidieren.

Deshalb ist in *Zeichnung 2 das „kleine Haus" halb aus dem „großen Haus" hervorgetreten*, es hat sich somit profiliert und das Profil des Ganzen bereichert. Deutlich mehr Menschen als früher gehen sowohl im kleinen wie im großen Haus ein und aus, die internen Türen werden mehr genutzt. Ansätze zu einem umfassenden Wir-Gefühl sind deutlich vorhanden.

Es hat sich also eine eher *dialogische Kommunikationsstruktur* entwickelt. Dabei wurde durchaus akzeptiert, daß Kirche natürlich auch bei „ihrer Sache" bleiben muß: Familiengottesdienste oder religionspädagogische Themen im Rahmen des Projekts wurden von Eltern nicht nur toleriert, sondern auch aktiv mitgestaltet. Eine sehr wichtige *Verbindungsfunktion* kam dabei den *ErzieherInnen* zu, indem sie einerseits nahe bei den Kindern und damit auch bei den Eltern sind, und indem andererseits aufgrund ihrer kirchlichen Anstellung eine Mindestloyalität gegenüber ihrem Anstellungsträger selbstverständlich vorausgesetzt und zugebilligt wird.

Vergleicht man diese Erfahrung mit der *landläufigen Klage mancher kirchentreuer Gemeindemitglieder über das fehlende kirchlich-religiöse Engagement von ErzieherInnen*, so wird die entscheidende Wichtigkeit der vorherrschenden Kommunikationsstruktur nochmals verdeutlicht: Die erwähnte Klage gehört eindeutig auf die Seite des einseitigen Kommunikationsmodells, das analog der Evangeliumsverkündigung durch die

Predigt eine entsprechende Verkündigung an die Vorschulkinder durch die ErzieherInnen erwartet. Wo diese Erwartung nicht (genügend) erfüllt wird, wo ErzieherInnen gar, um sich zu rechtfertigen, persönliche Glaubenszweifel andeuten, stehen sie alsbald in dem Ruf, glaubensmäßig defizitär zu sein.

Anders in einer dialogischen Kommunikationsstruktur: Sie weist – wie oben schon angedeutet – *ErzieherInnen die Funktion des Dolmetschens, des Brückenschlagens* zwischen dem „Kirchenvolk" (in Gestalt von Eltern und Kinder) und der „Theologie und Kirchenleitung" (in Gestalt von PfarrerIn und Presbyterium) zu. Hierbei schlagen „*Glaubenszweifel*" nicht mehr notwendig als *Defizit* zu Buche, sondern können im Gegenteil gerade den Dialog fordern und befruchten, indem glaubensmäßig distanzierte Eltern entsprechende Anfragen von ErzieherInnen als Artikulation ihrer eigenen Zweifel erleben und andererseits es begrüßen werden, wenn solche Anfragen womöglich zur Neuformulierung von Einsichten führen, die dem heutigen Leben näher kommen als eine bloße Wiederholung herkömmlicher Glaubenssätze. Zum Stichwort „Brückenschlagen" sei hier daran erinnert, daß das lateinische Wort für „Priester", nämlich *pontifex*, wörtlich „Brückenbauer" bedeutet. Aus dem reformatorischen Verständnis vom „*Priestertum aller Gläubigen*" heraus kann es wohl nur begrüßt werden, wenn ErzieherInnen sich in einer solchen Rolle nicht überfordert, sondern wohl fühlen können, ja wenn sie Eltern womöglich Mut machen, auch ihrerseits gegenüber ihren Kindern „Brückenbauer" zu werden.

Nüchternerweise ist freilich auch darauf hinzuweisen, daß die skizzierte *Veränderung der Kommunikationsstruktur nicht einfach von selbst* erfolgt, zumal sie zu Beginn des Projekts noch gar nicht im Blick war. Ausschlaggebend für die Zustimmung seitens unseres Presbyteriums war vielmehr die Aussicht, im Rahmen des Projekts werde in der Gemeinde (befristet) eine zusätzliche Diakonenstelle besetzt werden, die einem Zusammenwachsen des Kindergartens mit der Kirchengemeinde sowie einer „Belebung des Gemeindelebens" zugute kommen werde. Die in diesem Zusammenhang geäußerte Hoffnung auf eine „allgemeine Erweckung" weist wohl deutlich auf das zugrundeliegende traditionell-verkündigende Kommunikationsverständnis hin. Die zusätzliche Stelle aber kam (aus Geldmangel) nicht, gekommen sind hingegen Eltern, die auch über die Projektphase hinaus Wünsche und Erwartungen an ihre Kirchengemeinde richten. Der gewachsene Bastelkreis etwa möchte einen Raum mitbenutzen, der bisher nur dem Kirchenchor vorbehalten war, und der Bauausschuß aus Kindergarten-Eltern vertritt für die Umgestaltung des Außengeländes eigene Vorschläge – solches galt bisher als alleiniger Kompetenzbereich des Presbyteriums.

Eine Nagelprobe auf den bleibenden Wert der Projektarbeit besteht somit auch in ganz praktischen Fragen: Wird etwa der Bastelkreis auf Dauer als „Gruppe der Gemeinde" anerkannt werden? Und werden die Verantwortlichen der Gemeinde in Zukunft die neue, dialogische Kommunikationsstruktur als eine Frucht des Projekts erkennen und begrüßen, so daß Menschen auch vom Rande der Gemeinde erfahren: Hier finden wir offene Ohren für Anliegen, die wir einbringen!?

Arnd Götzelmann

8. Diakonische Gemeindeerneuerung als Kirchenreform „von unten". Der evangelische Kindergarten als Nachbarschafts- und Gemeindezentrum

Im Prozeß der Auswertung des pfälzischen Modellprojektes „Der Evangelische Kindergarten als Nachbarschaftszentrum in der Gemeinde" soll an dieser Stelle die Frage nach der Bedeutung des Projektes für eine diakonische Gemeindeentwicklung gestellt werden.

Der Begriff Gemeindeaufbau hat sich in der theologischen Debatte um die kirchliche Aktivierung als eine Art Oberbegriff durchgesetzt. Er erscheint jedoch aus zwei Gründen problematisch. Zum einen ist er deutlich vom evangelikalen Bereich besetzt, zum anderen legt er die Assoziation eines völligen Neuaufbaus nahe, was die Wirklichkeit und Chancen unserer evangelischen Gemeinden ins Negative verzeichnet und eher an Gemeindeneugründungen denken läßt. Die Begriffe Gemeindeerneuerung, Gemeindeentwicklung und Gemeindeaktivierung erscheinen mit ihren je eigenen Konnotationen deshalb geeigneter, implizieren sie doch die Möglichkeit einer Anknüpfung an bestehende gemeindliche Strukturen sowie einer Qualitätssteigerung vorhandener Gemeindeelemente. Auch auf den Begriff der christlichen bzw. evangelischen Gemeinde und Kirche unter Berücksichtigung der Diakonie muß im folgenden eingegangen werden.

Die urspünglichen Ziele des pfälzischen Projektes, wie sie der damalige Projektentwickler und Mitarbeiter des Diakonischen Werkes Pfalz Roland Hauptmann in der Projektskizze vom September 1992 beschrieb, richteten sich auf die Frage, „was Kirche heute und in Zukunft für Kinder und Familien leisten kann und muß" (2). Der undeutliche Komplexbegriff „Kirche" wird im weiteren Argumentationsgang konkretisiert auf die Kirchengemeinde hin. Aber auch hier bleibt unklar, wer das handelnde Subjekt im Prozeß des Projektverlaufs sein würde. „Kirche" soll mittels der Kirchengemeinden pädagogische und diakonisch-soziale Verantwortung im Kontext der regionalen Jugendhilfeplanung und ihrer eigenen Rahmenbedingungen übernehmen. Die Formbarkeit des Begriffes Kirchengemeinde zeigte auch im Verlauf des Projektes grundlegende Wirkung, wurde doch durch die Entwicklung der Kindergärten zu Nachbarschaftszentren auch das Erscheinungsbild der Kirchengemeinden und mit ihm das Verständnis dessen, was eigentlich eine christliche Gemeinde sei, verändert. Schon in diesem Vorgang begegnet uns ein Impuls zur Gemeindeerneuerung, der zugleich Kirchenreform und Gesellschaftsveränderung impliziert.

8.1 Die soziale Strukturschwäche des Luthertums und die historische Auseinanderentwicklung von Diakonie und Kirche/Gemeinde

Mit der Entwicklung der Kindergärten zu Nachbarschaftszentren wurden diese zugleich zu neuen Gemeindezentren. Dadurch haben die Projektgemeinden zwei Brennpunkte ihrer Arbeit erhalten, die durchaus auch zueinander in Konkurrenz treten können. Die Kirchengemeinde findet traditionell und idealtypisch ihren Brennpunkt in Wortverkündigung und liturgisch-sakramentalen Akten.

Die Definition von Kirche nach dem wirkungsreichen Augsburger Bekenntnis (Confessio Augustana von 1530) als Gemeinschaft, in der „das Evangelium rein gelehrt" und „die Sakramente recht verwaltet" werden (CA VII, ähnlich CA V), hat im deutschen Luthertum zu einer Konzentration auf bestimmte Bereiche kirchlichen Lebens geführt:
- auf den Gottesdienst als Gemeinschaftsform dieser beiden Kirchenmerkmale,
- auf das Kirchengebäude als Ort, an dem diese Gemeinschaftsform gelebt wird,
- auf das Pfarramt als dem (weithin einzigen) kirchlichen Amt, durch das die beiden Kirchenmerkmale in geordneter Weise vermittelt werden,
- auf das Presbyterium, welches die Aufsicht über die bekenntnisgemäße Vermittlung der beiden Kirchenmerkmale übernimmt.

Schon der Historiker und Abt von Loccum, Gerhard Uhlhorn, hat am Ende des letzten Jahrhunderts darauf hingewiesen, daß in eben dieser fast ausschließlichen Konzentration auf Wort und Sakrament eine „Strukturschwäche des Luthertums"[1] begründet liege.

„Der Gedanke, daß die Gemeinde eine tragende Initiative zu übernehmen und in die soziale Welt hinauszutragen habe, war <in der Reformationszeit; A. Gö.> zunächst eine Überforderung. Der gemeine Kasten als ein wichtiges Medium wurde ein ganz von ihr verschiedenes Rechtssubjekt, eine Spezialstiftung, der andere Spezialstiftungen, Spitäler, Waisenhäuser, Almosenstiftungen, völlig gesondert zur Seite stehen. Ebenso ging das Diakonenamt an vielen Orten verloren, das Diakonissenamt kam nicht zur Entfaltung. Uhlhorn sah in diesen Entwicklungen eine Strukturschwäche des Luthertums. Dem Lutheraner gelte zwar die Armenpflege als eine notwendige Betätigung des christlichen Lebens. Wer sie aber ausübe, ob kirchliche Organe oder die Obrigkeit, sei ihm lediglich eine Zweckmäßigkeitsfrage, ja er neige von vorneherein dahin, sie der Obrigkeit zu überlassen oder ihr die Leitung zuzugestehen. Gegenüber der 'eigentlichen Aufgabe' der Kirche: Wortverkündigung, Sakramentsdienst, sei jene Aufgabe allenfalls ein Hilfsdienst"[2]

Diese soziale Strukturschwäche hat im Verlauf der Jahrhunderte zu einer Auswanderung der Diakonie aus den Kirchen und lutherischen bzw. später evangelischen Gemeinden geführt, in dem die soziale Verantwortung an Kommunen und Staat delegiert wurde. Mit dem sozialen Aufbruch der Inneren Mission im Gefolge der Erweckungsbewegung hat sich im 19. Jahrhundert eine zweite kirchliche Struktur herausgebildet, die nun auf Vereinsbasis, dezentral neben den Amtskirchen organisiert die diakonische Verantwortung evangelischer Christen übernahm und institutionalisierte. Auch hier war eine Trennung von Kirchengemeinde und Diakonie angelegt, die sich heute manifestiert hat. Soziale Verantwortung wird an diakonische Spezialorganisationen delegiert, die in aller Regel gemeindefern und zentralisiert in freien diakonischen Institutionen organisiert sind.

---

[1] Gerhard Uhlhorn, Die christliche Liebesthätigkeit, (Bd. III, Stuttgart 1890) 3.Aufl. Darmstadt 1959, 599.
[2] Theodor Strohm, „Theologie der Diakonie" in der Perspektive der Reformation. Zur Wirkungsgeschichte des Diakonieverständnisses Martin Luthers, in: ders. Diakonie und Sozialethik. Beiträge zur sozialen Verantwortung der Kirche, hg.v. G. K. Schäfer und K. Müller (Veröffentlichungen des Diakoniewissenschaftlichen Instituts 6), Heidelberg 1993, 3-38. 16f.

Trotz des Booms der Inneren Mission im 19. Jahrhundert und des immensen Ausbaus der Diakonie nach dem Zweiten Weltkrieg sowie der Kirchenreform der 1970er Jahre ist die Kirchengemeinde eine traditionelle liturgisch-sakrale und verbal-verkündigende Institution mit durchschnittlich eher geringem sozialem Engagement geblieben. Da, wo Kirche neue, offene Formen der Arbeit und diakonisch-soziale Aufträge übernommen und entwickelt hat, hat sie das oft in „übergemeindlichen", funktionalen Pfarrämtern, freien Institutionen – wie etwa dem Deutschen Evangelischen Kirchentag – und diakonischen Organisationen getan. Den Kirchengemeinden blieb in aller Regel nur ihr traditioneller Bestand mit dem beschriebenen Zentrum bei Gottesdienst, Kirche, Pfarramt und Gemeindehaus. Als Säulen der Gemeindediakonie blieben immerhin die Gemeindekrankenpflege der (Ökumenischen) Sozialstationen bzw. Diakoniestationen und die Kindertagesstättenarbeit sowie Rudimente von Nachbarschaftshilfe wirksam. Allerdings befinden sich die christlichen Sozialstationen derzeit insbesondere durch das neue Pflegeversicherungsgesetz, das den bedingten Vorrang der Freien Träger der Wohlfahrtspflege zugunsten einer rein kommerziellen marktwirtschaftlichen Orientierung abgeschafft hat, in einer Krise. Zudem hatten diese ambulanten Dienste ja bereits vorher übergemeindliche und zentralisierte Formen angenommen. So bleibt in aller Regel der Gemeindediakonie im Grunde nur noch die Kindertagesstätte als soziale Institution übrig. Diese führte bislang jedoch ihrerseits ein Schattendasein am Rande der „eigentlichen" Gemeindearbeit. Vielen PfarrerInnen, die sich als TrägervertreterInnen der Kindergärten mit Verwaltung, Personal- und Baufragen und anderen bürokratischen Dingen auseinanderzusetzen hatten, verstanden und verstehen diese diakonisch-pädagogischen Einrichtungen als Klotz am Bein, der sie von ihren vertrauten klassischen geistlichen Aufgaben in Gottesdienst, Unterricht, Seelsorge und Gemeindeleitung abhält. Die im Kindergarten angelegten Chancen des missionarischen Gemeindeaufbaus und einer diakonischen Gemeindeerneuerung werden darüber leicht vergessen und ausgelassen. Der Kindergarten führte bis vor kurzem eine Existenz am Rande der evangelischen Gemeinden und damit ließ man das Naheliegende und Vorhandene brachliegen, während man meinte, die sog. Kirchenfernen oder Distanzierten über Maßnahmen wie die Telefonaktion „neu anfangen" erreichen zu können. Man ging in die Urlaubszentren und betrieb „Zeltmission", vergaß aber den Kindergarten zu Hause. Man betrieb einen riesigen Organisationsaufwand, um einen Fernsehprediger live über Satellit in die Wohnzimmer oder Hallen zu projizieren, bediente sich jedoch nicht der kurzen und persönlichen Wege. Übrig blieb trotz aller Anstrengungen letztlich das traditionelle Gemeindezentrum, das die Kirchengemeinde prägte und ein am Rande der Gemeinde existierender evangelischer Kindergarten.

8.2 Die Bedeutung der Kindertagesstätte für die evangelische Gemeinde heute

8.2.1 Gemeindeaufbau „von unten"

Mit den geschilderten Entwicklungen hat man viele Chancen vertan, ermöglicht der Kindergarten doch eine basisorientierte Gemeindeentwicklung von Kindesbeinen an: nach der Taufe ist die christliche Erziehung im Kindergarten die erste religionspädagogische und missionarische Gelegenheit. Sind die Eltern der heutigen Drei- bis Sechsjährigen meist schon voll vom christlichen Traditionsabbruch betroffen, so erfolgt christliche Erziehung heute nur noch in Ausnahmefällen im familiären Kontext. Damit stellt sich die doppelte Aufgabe einer religiösen Sozialisation von Kindern und von deren Eltern. Die erste bezüglich der Kleinkinder würde ich eher religions- und gemeindepädagogisch fassen, die zweite bezüglich der Eltern und Familienangehörigen würde ich mehr missionarisch verstehen.

Zugleich stellt sich angesichts des beschriebenen sozialen gesellschaftlichen Wandels dem Kindergarten immer stärker auch eine diakonisch-soziale Aufgabe. Er muß ein Teil eines neuartigen diakonischen Netzwerkes christlicher Gemeinde werden, das geeignet ist, die sich ausdünnenden familialen und nachbarschaftlichen sozialen Netze zu erhalten, zu verstärken und – wo es nötig ist – auch zu ersetzen.

Alle drei Aspekte, der religions- bzw. gemeindepädagogische, der missionarische und der diakonisch-soziale lassen sich m.E. gerade beim Kindergarten in vorbildlicher Weise verbinden. Allerdings meine ich, muß man sich davor hüten, einen Aspekt durch den anderen zu instrumentalisieren. Alle drei haben ein eigenes Recht, einen eigenständigen Anspruch und eine spezifische Zielrichtung.

8.2.2 Der Kindergarten als wiederzuentdeckende Institution der evangelischen Gemeinde/Kirche und Diakonie

Der Kindergarten ist vonseiten der kirchengemeindlich Verantwortlichen lange Zeit sträflich vernachlässigt worden. Zu oft haben kirchliche Träger den Kindergarten lediglich formell betrieben, ohne ihn als eine Institution der Kirchengemeinde in die Konzeption gemeindlicher Entwicklung einzubeziehen. Allerdings darf man auch die immer wieder löblichen Ausnahmen nicht vergessen.

Ein Grund für die Vernachlässigung des Kindergartens ist die beschriebene organisatorische Zuordnung der Kindertagesstätte zum Bereich der Diakonie auf dem Hintergrund der Auseinanderentwicklung von verfaßter Kirche und vereinsmäßig organisierter Diakonie.

Ein anderer Grund liegt m.E. bei den Pfarrerinnen und Pfarrern als TrägervertreterInnen oder doch als jedenfalls parochial für die Kindertagesstätten Zuständigen. Zum einen fehlt es aufs Ganze gesehen in der theologischen Ausbildung an religionspädagogischer Schulung besonders bezüglich des Vorschulalters. Zum anderen setzen die verbreiteten Konzeptionen von Gemeindeaufbau nicht beim Kindergarten an, weshalb Theologen den Kindergarten selten als gute Chance für die Gemeindeentwicklung erkennen. Und zum dritten leiden viele Kolleginnen und Kollegen in den Gemeinden unter Überlastung und haben mit den Kindertagesstätten ihre besonderen administrativen Mühen. Sie bräuchten da dringend wirksamere Entlastung.

Wenn wir uns folgende Realitäten vor Augen führen, dann wird klar: der Kindergarten muß von den in der Kirchengemeinde Verantwortung Tragenden wieder neu entdeckt werden. Denn die Kindertagesstätte ist in vielen Gemeinden neben dem Komplex Kirche-Pfarrhaus-Gemeindehaus meist das einzige andere wichtige zentrale Gebäude. Denn hier wirken im Durchschnitt die meisten kirchlichen Mitarbeiterinnen auf Gemeindeebene. Denn die Kindertagesstätte stellt eine der Hauptfinanzlasten der Gemeinde dar, die ja sinnvoll eingesetzt werden soll. Denn hier kommen die Kinder nach ihrer Säuglingstaufe zum erstenmal und ihre Eltern nach ihrer Konfirmation und vielleicht noch kirchlichen Trauung zum erstenmal nach längerer Zeit mit einer kirchlichen Einrichtung in Berührung und zwar für mehrere Jahre. Und die meisten

Familien dürften für kaum eine andere kirchliche Institution so dankbar sein wie für den Kindergarten. Kurz: es gilt, die Kindertagesstätte kirchlich und diakonisch neu zu entdecken und aus einer Randexistenz ins Zentrum der Kirchengemeinde zu rücken.

8.2.3 Der Kindergarten in einem hessischen Modell diakonischer Gemeindeentwicklung

Die Kindertagesstätte kommt nun wie gesagt in den seit Ende der 70er Jahre regelrecht boomenden Modellen des Gemeindeaufbaus im Grunde nicht vor. Man wendet sich anderen organisatorischen Formen, anderen Zielgruppen, anderen Methoden zu als denen, die sich auf den Kindergarten als Zentrum der Gemeindeerneuerung beziehen. Immerhin gibt es ein paar vereinzelte Ansätze, den Kindergarten in den Gemeindeaufbau einzubeziehen. An dieser Stelle soll nur kurz ein Ansatz vorgestellt werden, der den Kindergarten als eine Säule des diakonischen Gemeindeaufbaus versteht und ihn dementsprechend weiterentwickeln will.

Der Bensheimer Pfarrer Karl Michael Engelbrecht hat auf der Grundlage seiner Gemeindeerfahrung und seines nebenberuflichen Studiums der Diakoniewissenschaft einige weiterführende konzeptionelle Gedanken zum diakonischen Gemeindeaufbau entwickelt, die ich für praktikabel halte. Sein Modell eines „sozialisationsbegleitenden und lebensweltorientierten Gemeindeaufbaus" ist mittlerweile in der Reihe „Themen der Diakonie" als Band 26 unter dem Titel „Leben formen – Formen leben. Kindertagesstätte und Diakoniestation im Gemeindeaufbau" vom Diakonischen Werk in Hessen und Nassau[3] publiziert worden. Im folgenden stelle ich Engelbrechts Modell dar und flechte die von ihm entwickelten Graphiken ein.

In seiner Studie geht er aus von den beiden professionellen Grundsäulen der Gemeindediakonie: dem Kindergarten und der Diakonie- oder Sozialstation, die er als wichtige Strukturelemente des Gemeindeaufbaus versteht. Kindertagesstätten sind heute nicht mehr isolierte Einrichtungen für Kinder, sondern Schnittpunkte unserer ganzen komplexen Lebenswirklichkeit vor Ort. Da finden Jugend- und Familienhilfe, Nachbarschaftshilfe und Sozialisation ihren Platz. Deshalb ist es fragwürdig, Kindergärten aus der Verantwortung der christlichen Gemeinde abzugeben.

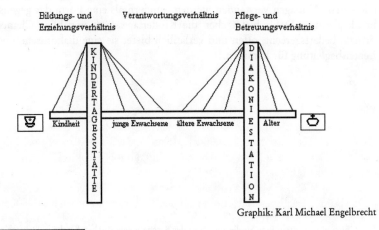

Graphik: Karl Michael Engelbrecht

---

[3] Frankfurt 1996.

In diesem Zweisäulenmodell diakonischer Gemeinde kommt der Kindertagesstätte die Funktion der Sozialisationsbegleitung zu, da insbesondere die religiöse Sozialisation heute kaum mehr von anderen Instanzen übernommen wird. Nun sind Menschen nicht nur in ihren ersten Lebensjahren sondern an unterschiedlichen Stellen ihres Lebens von der Wiege bis zur Bahre zu begleiten: sozialisierend, seelsorglich und diakonisch.

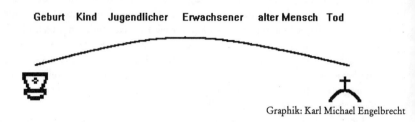

Graphik: Karl Michael Engelbrecht

Die Studie „Christsein gestalten" hat darauf hingewiesen, daß „der christliche Glaube nur dann lebendig angeeignet und verinnerlicht werden kann, wenn seine Lebensbedeutung im Kontext der individuellen Biographien und der subjektiven Alltagswelt mit ihren Herausforderungen und Problemlagen erfahren wird". Die Studie hat folglich „ein Netzwerk im Nahbereich", eine Infrastruktur der Gemeinde „mit Kindergarten, Kinder- und Familiengottesdienst, Gemeindefest, Kirchenjahreszyklus" gefordert.[4] Das entspricht ganz der hohen Bewertung kirchlicher Arbeit im diakonisch-sozialen Bereich durch die Kirchenmitglieder. In ihrer diakonischen Kompetenz gewinnt die Gemeinde Glaubwürdigkeit und der christliche Glaube Alltagsrelevanz. Nun ist aber die diakonische Arbeit in vielen Bereichen aus den Gemeinden ausgewandert in zentrale und hochspezialisierte Organisationen der Diakonie. Das bedeutet zugleich einen diakonischen Kompetenz- und Verantwortungsverlust der Gemeinde. Deshalb hat man in den letzten Jahren immer wieder die „Diakonisierung der Gemeinde" bzw. die „Gemeindewerdung der Diakonie" (Jürgen Moltmann) postuliert und zu realisieren versucht. Diakonie darf dabei jedoch nicht als eine punktuelle Reaktion auf individuelle soziale Notlagen verstanden werden, sondern als eine Form der gegenseitigen Lebensbegleitung. Dafür bietet eben die Kindertagesstätte unzählige Chancen. Wohnortnah, bedarfsgerecht, offen und verläßlich bietet sie eine diakonische und geistliche Lebensbegleitung für Familien.

---

[4] Christsein gestalten, Eine Studie zum Weg der Kirche, Evangelischen Kirche in Deutschland (Hg.), Gütersloh 2.Aufl. 1986, 49+106.

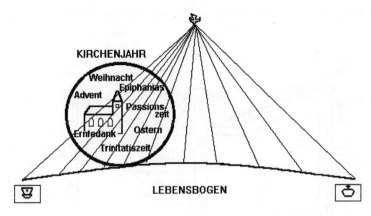

Graphik: Karl Michael Engelbrecht

Durch das Feiern von kirchlichen Festen im Kindergarten oder im Familiengottesdienst, durch die thematische Aufarbeitung christlicher Feste im Kirchenjahreszyklus werden Verkündigung und Liturgie fruchtbar, religiöse Sozialisation wirksam und gemeinschaftliche Rituale erlebbar.

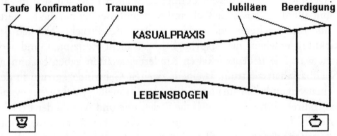

Graphik: Karl Michael Engelbrecht

Hinzu kommen die phasenweise Begleitung an einschneidenden Lebensübergängen („rites de passage") durch die Kasualien: Taufe, Konfirmation, Trauung, Jubiläen und Beerdigung.

Betrachtet man das fertige „Drei-Säulen-Modell" eines diakonischen Gemeindeaufbaus, so zeigt sich die christliche Gemeinde als ein verläßlicher, auf wichtige Bedürfnisse ansprechbarer Partner.

Die beiden klassischen diakonischen Säulen Kindergarten und Diakoniestation werden ergänzt durch eine dritte, die allgemeine und ehrenamtliche Diakonie in Besuchsdienstkreisen, Nachbarschaftshilfe, Kontaktgruppen etc. Wer über die Brücke geht, soll sich auf die Konstruktion verlassen können. Dazu bedarf es eines soliden materiellen und sozialen Fundaments, wie es die Kindertagesstätte für die erste Lebensphase bieten kann. Hinzu kommt der spirituelle Halt, Vertrauen, Lebensgewißheit, Kontingenzbewältigung, wie es der christliche Glaube wirksam, umgesetzt in Kasualpraxis und Gottesdienste im Kirchenjahr, bietet.

Der Kindergarten wird somit zur tragenden und vernetzenden Säule des Gemeindeaufbaus.

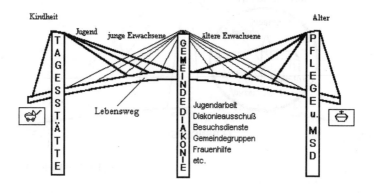

Graphik: Karl Michael Engelbrecht

8.3 Traditionelles Gemeindezentrum und neues Nachbarschaftszentrum

Das Kindertagesstättenprojekt des Diakonischen Werkes Pfalz hat sich in ganz ähnlicher Weise nun allerdings ausschließlich und weit umfassender auf die Kindertagesstätte bezogen und diese weiterentwickelt. Im Vollzug des Projekts hat sich dabei eine neue Entwicklung ergeben, die ursprünglich gar nicht konzipiert und wohl auch kaum bedacht war. Die neuentwickelten Kindertagesstätten haben begonnen, sich je zu einem Nachbarschaftszentrum, ja einem zweiten Gemeindezentrum in der betreffenden Kirchengemeinde zu mausern, das traditionelle Strukturen evangelischer Kirchlichkeit indirekt infrage stellt. Als die Bedeutung und Anzahl der Erzieherinnen, der engagierten Eltern, Verwandten etc. und Kinder erkennbar wurde, kamen Konkurrenzängste seitens des traditionellen Gemeindekerns auf. Im Rahmen der Veränderungen, die das Projekt initiiert hatte, kam es auch hier und da zu Konflikten zwischen Verantwortungsträgern in Kirchengemeinden und Projektkindergärten.

Neben dem gewachsenen Zentrum der Gemeinde, das m.E. jedenfalls, wenn es in traditionellen Bahnen befangen bleibt, vom Aussterben bedroht ist, hat sich ein neues Gemeindezentrum entwickelt, in dem das Leben pulsiert. Was alle Formen von Gemeindeaufbau – seien sie charismatisch-enthusiastisch, missionarisch, volkskirchlich oder gemeinwesenorientiert angelegt – anstreben, hat sich in den Projektkindertagesstätten verwirklicht: da finden sich gleich zwei Generationen, die man ansprechen will, Kleinkinder und junge Eltern; und darüber hinaus trifft man engagierte Großeltern, Onkels und Tanten, Paten, Geschwister und Nachbarn, Initiativgruppen u.a.

Das räumlich-baulich und personell bereits vielerorts bestehende und nun neuentwickelte Zentrum hat sich emanzipiert von der Beschränkung auf die Teilzeitbetreuung von drei- bis sechsjährigen Kindern. Es hat sich emanzipiert von der Übernahme lediglich einer Nebenrolle im Systemgefüge der Kirchengemeinde. Die Kindertagesstätte und ihre Verantwortlichen sind zu neuem Selbstbewußtsein herangereift. Und schon fühlt sich die „Mutter Gemeinde" von ihrer vernachlässigten „Tochter" überflügelt und infragegestellt. Und die „Tochter" hat ja in der Tat auch ihre Pfunde einzubringen. Da findet man oft recht gute räumliche Möglichkeiten, da arbeiten die meisten kirchlichen Hauptamtlichen vor Ort.

So gab es in ganz Deutschland 7.867 evangelische Kindertagesstätten, in denen 43.274 ErzieherInnen arbeiteten (Stand: 1991).[5] Von den 16.237 PfarrerInnen im Bereich der Evangelischen Kirche in Deutschland, die auf 15.882 Planstellen arbeiteten, waren etwa 80 %, also rund 12.500, in den Gemeinden tätig (Stand: 1991).[6] Die Relation GemeindepfarrerInnen zu KindertagesstättenmitarbeiterInnen im Bereich der EKD lag 1991 also bei 1 : 3,5. Diese Relationen dürften sich bis heute kaum verschoben haben.
Im Bereich und in Trägerschaft der Evangelischen Kirche der Pfalz (Prot. Landeskirche) bzw. ihres Diakonischen Werkes gibt es in den 245 Kindertagesstätten mit ihren 695 Gruppen und rund 16.000 Plätzen 2.038 MitarbeiterInnen, davon 778 in Teilzeit (Stand: 1994). Dem gegenüber stehen 351 Gemeindepfarrämter mit 356 PfarrerInnen 'im gemeindlichen Dienst' plus etwa 50 den Dekanaten und Gemeinden 'zur Dienstleistung' zugeordneten TheologInnen in den 428 protestantischen Gemeinden der Evangelischen Kirche der Pfalz (Stand: Ende 1995).[7] Wenn wir also von gut 400 (davon gut 70 in Teilzeitaufträgen) für Gemeindeaufgaben zuständigen PfarrerInnen ausgehen, steht ihr Verhältnis zu den evangelischen ErzieherInnen durchschnittlich bei rund 1 : 5. In den 428 evangelischen Gemeinden gibt es 245 Kindertagesstätten. Das heißt, durchschnittlich hat mehr als jede zweite Gemeinde einen Kindergarten. Hier findet sich zweifellos die größte Gruppe kirchlicher MitarbeiterInnen, die direkt in den Gemeinden an der Basis wirkt.

Schon quantitativ wird man für etwa jede zweite evangelische Kirchengemeinde neben dem Institutionenkomplex Kirche-Gemeindehaus-Pfarramt den Kindergarten als zweite wichtige Gemeindeinstitution verstehen. Durch seine konzeptionelle Weiterentwicklung in dem Kindertagesstättenprojekt ist auch die Frage nach der Definitionsmacht relevant geworden. Wer ist ermächtigt, befugt und kompetent zu bestimmen, was evangelische Kirche bzw. Gemeinde ist? Wer trifft die Richtungsentscheidungen in der Kirchengemeinde und welches Gemeinde- und Kirchenbild wird entfaltet bzw. umgesetzt?
Die traditionelle sog. „Kerngemeinde" lebt weithin aus historischen Dokumenten vergangener Jahrhunderte, aus Bibel, Bekenntnissen, Katechismen und Gesangbüchern, deren Entwicklung vor langen Zeiten abgeschlossen wurde. Immerhin ist mit dem neuen Gesangbuch ein wenig neuer Wind in den Gesang der Gottesdienstgemeinden gekommen bzw. ermöglicht worden und es gibt mittlerweile viele gute Ansätze, biblische Texte lebendig und aktuell werden zu lassen.
Die „neue Kerngemeinde" im und um das Nachbarschaftszentrum Kindergarten geht aus von der Lebenswelt und den Alltagssorgen bzw. -freuden der Menschen, der

---

[5] Vgl. Wolfgang Schmitt, Statistik des Diakonischen Werkes der EKD, Stand: 31.12.1991, in: Diakonie-Jahrbuch '93, Diakonisches Werk der EKD, hg.v. K.H. Neukamm, Reutlingen <o.J.>, 265-309. 272. 288.

[6] Vgl. Evangelische Kirche in Deutschland, Statistischer Bericht III, 88/90, Hannover 1993, in: Amtsblatt der EKD, Heft 2, 1993, Statistische Beilage 87.

[7] Vgl. Handbuch der Evangelischen Kirche der Pfalz (Protestantische Landeskirche), hg.v. Landeskirchenrat, Speyer, 1995, sowie mündliche Auskünfte von Herrn Paul Dötschel im Landeskirchenrat der Evang. Kirche der Pfalz, Speyer, vom Juni 1996 an den Autor.

Kinder und Familien. In diese Situation wird das Evangelium verwoben, es wird den Kindern erlebbar gemacht in Geschichten und Liedern, die sie verstehen können. Es wird gemeinsam besprochen. Und es erhält soziale Bedeutung. Die Gemeinschaftsform des Kindergartens und die neuen Formen gemeindlicher Solidarität im Kindergartenzentrum bringen das zur Geltung, was die liturgisch-dogmatische Kirche vernachlässigte oder vereinzelten Aktiven überließ: das Bewußtsein, in der Nachfolge dessen zu stehen, der sich selbst als Diakon – als Diener aller Menschen (Lk. 22,27) – bezeichnete, sich jedoch nicht als Priester, König oder Prophet titulierte, wie es die später entwickelte kirchlich-dogmatische Lehre vom dreifachen Amt Christi tat.[8]

8.4 Das diakonische Kirchenbild der Ökumene (Weltkirchenrat)

Die alte Ekklesiologie (d.i. die theologische Lehre von der Kirche), etwa im oben beschriebenen Sinne der Confessio Augustana (Augsburger Bekenntnis) kann schon aus diesem christologischen Grund nicht genügen und sie reicht auch aus anderen Gründen nicht mehr aus. Die Kirchen und ihre Gemeinden müssen die soziale Verantwortung und d.h. die evangelische Diakonie zurückgewinnen. Das ist nötig nicht nur, weil das bei den Leuten „ankommt", wie es die seit 1974 zahlreichen EKD-Mitgliedschaftsstudien belegen, sondern weil Diakonie eben kein bloßer Hilfsdienst für die sog. „eigentlichen Aufgaben" von Kirche ist. Vielmehr muß sie verstanden werden als „Lebens- und Wesensäußerung der Kirche" (EKD-Grundordnung), als Dimension aller Theologie und allen christlichen Glaubenslebens.

In der theologischen Diskussion des Weltkirchenrates ist diese grundlegende Integration von Diakonie in die Ekklesiologie in den letzten Jahren deutlich entwickelt worden. So drängte schon im Jahre 1957 der große ökumenische Theologe W. A. Visser't Hooft die Mitgliedskirchen des Ökumenischen Rates der Kirchen, soziale Verantwortung für die Weltgesellschaft zu übernehmen und Diakonie nicht als Mittel für andere, etwa missionarische oder kirchenerhaltende Zwecke zu mißbrauchen. Denn nach 2. Kor. 8f. hat Diakonie ihren Sinn in sich selbst als eine der Grundfunktionen von Kirche. Visser't Hooft benannte als die drei grundlegenden aufeinander bezogenen Dimensionen von Kirche kerygma (später: martyria; d.h. Zeugnis), koinonia (Gemeinschaft) und diakonia (Dienst).[9] Unter dem Einfluß befreiungstheologischer Ansätze Lateinamerikas, aber auch Afrikas und Asiens, haben die Kommissionen und Organisationen des Weltkirchenrats die christliche Verantwortung für soziale Gerechtigkeit herausgearbeitet, was in der Erklärung von Larnaca (1986) kulminierte. Diakonie als unverzichtbare Dimension von Kirche wurde nun nicht mehr allein als individuelle barmherzige Hilfe verstanden, sondern als „prophetische Diakonie" qualifiziert, die solidarisch mit dem Volk kämpft für Gerechtigkeit, Menschenrechte und Frieden.[10] Die ökumenisch-theologische Diskussion hat mittlerweile vier Dimensionen von Kirche charakterisiert, die aufeinander bezogen sind und gleichursprünglich

---

[8] Vgl. Paolo Ricca, Die Waldenserkirche und die Diakonie in Europa – eine Perspektive des Südens, in: Theodor Strohm/Johannes Degen (Hg.), Diakonie und europäischer Binnenmarkt, Heidelberg 1992, 138-149.

[9] Vgl. Martin Robra, KOINONIA-DIAKONIA. Schlüsselbegriffe ökumenischer Diakonie, in: Zeitschrift für Evangelische Ethik 38 (1994), 280-299. 282.

[10] Vgl. Konrad Raiser (Hg.), Ökumenische Diakonie – eine Option für das Leben, Frankfurt a.M. 1988, 57.

christliche Gemeinschaft konstituieren: leiturgia (Anbetung, Gottesdienst, Frömmigkeit), martyria (Zeugnis und Bekenntnis, ähnlich des kerygma) und diakonia (Seelsorge, Beratung, Hilfe, Heilung und politische Verantwortung); die koinonia (Gemeinschaft, Zusammenhalt, Kommunikation) umschließt als vierte Dimension die drei anderen.[11]

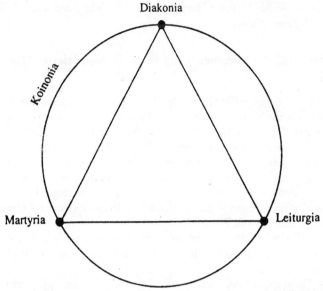

Graphik: Isidor Baumgartner

Die guten Angebote des christlichen Glaubens im Bereich der Sinn- und Gemeinschaftsstiftung sowie der Lebens- und Glaubenshilfe sind im Verlauf des Projektes weiterentwickelt worden. So kommen nun an den drei Projektstandorten auch im Kindergarten als parochialem Arbeitsbereich die vier Grundfunktionen kirchlichen Wesens deutlicher zur Entfaltung.

- In der Dimension der koinonia, die die drei anderen immer mitumfaßt, schafft der Kindergarten Gemeinschaft und Kommunikation zwischen allen, die in ihm und durch ihn zusammenkommen.
- In der Dimension der diakonia kann der Kindergarten soziale Hilfen zur Lebensbewältigung bieten wie etwa Kinderbetreuung, Integration von sozial Ausgegrenzten, Erziehung zur sozialen Verantwortung sowie Beratung und Seelsorge.
- In der Dimension der leiturgia bietet der Kindergarten viele Möglichkeiten der gottesdienstlichen Feier, des Betens und Singens, der Gestaltung christlicher Feste, der Einbindung in das Gottesdienstleben.
- In der Dimension der martyria wird der Kindergarten zum Lern- und Erfahrungsort des Glaubens, zur pädagogisch verantworteten Begegnung mit der biblischen

---

[11] Vgl. Isidor Baumgartner, Pastoralpsychologie. Einführung in die Praxis heilender Seelsorge, Düsseldorf 1990, 124.

und kirchlichen Tradition und mit anderen Religionen und Kulturen, zum Kontaktpunkt mit dem Evangelium und mit Menschen, die sich von ihm leiten lassen.

Kirche wird sich, auch vor Ort in der Kirchengemeinde, nicht mehr allein auf das Liturgisch-Zeugnishafte beschränken können. Sie wird bei zunehmenden sozialen Problemen (Abbau des Sozialstaates, Arbeitslosigkeit, soziale Ausgrenzung, Migration und Fremdenhaß, Armut, Entsolidarisierung etc.) ihre diakonische Dimension entwickeln müssen. Gerade in dieser Hinsicht hat das Projekt einen wesentlichen Beitrag zur Gemeindeerneuerung geleistet.

8.5 Diakonische Gemeindeerneuerung als projektorientierter Gemeindeaufbau

Die verschiedenen Ansätze des Gemeindeaufbaus oder der Gemeindeentwicklung lassen sich bezüglich ihrer inhaltlichen Prämissen bzw. Ziele grundlegend in die bekehrungsorientierten Modelle und in die gemeinschaftsorientierten Ansätze aufgliedern. Die Form der Gemeindeerneuerung im pfälzischen Kindertagesstättenprojekt erhebt keine missionarischen Ansprüche, sie gehört klar zu den gemeinschaftsorientierten Konzepten, erweitert diese jedoch um diakonisch-gemeinwesenorientierte Aspekte. Bezüglich der Verfahrensweise wird man bei dem Kindertagesstättenprojekt von „projektorientiertem Gemeindeaufbau"[12] sprechen. Projektorientierte Gemeindearbeit erfolgt unter mindestens vier Prämissen:[13]

1. „wenn sich ein sozialer Wandel vollzieht, also bei Gesellschaften im Übergang oder in Gesellschaften, in denen ein Übergang zu neuen sozialen Verkehrsformen notwendig ist".

Für diese These spricht der Sachverhalt, daß es sich bei dem pfälzischen Kindertagesstättenprojekt keineswegs um etwas Singuläres handelt. Vielmehr gibt es an vielen Orten in unterschiedlicher Trägerschaft vergleichbare Projekte mit jeweils spezifischen Schwerpunkten.[14]

2. wenn man „als Organisationsform das soziale Bündnis von unten her wählt und nicht die zentrale und politische Steuerung von oben".

So gab es zwar eine Konzeption für das Kindertagesstättenprojekt, einen eigentlichen Leiter des Projektes, eine zentrale Steuerung gab es jedoch nicht. Der Prozeß lief, einmal angestoßen in den drei Projektstandorten selbständig ab. Die wichtigste zentrale Person des Projektes, Friedrich Schmidt, verstand sich als wissenschaftlicher Begleiter und Moderator.

3. wenn man „als Methode die wechselseitige Hilfe und Selbstorganisation der Betroffenen anwendet und nicht Formen der Betreuung".

In der Ursprungskonzeption des pfälzischen Projektes wollte man durch Schaffung zusätzlicher Projektstellen vor Ort für Gemeindepädagogen oder -diakone Hauptamtliche einsetzen, die Prozesse initiieren und begleiten sollten. Daß diese Stellen aus fi-

---

[12] Vgl. Alfred Seiferlein, Projektorientierter Gemeindeaufbau, Gütersloh 1996.
[13] Die folgenden Zitate in 1 bis 4 entstammen Bernhard Suin de Boutemard, Projektarbeit in Gemeinden (Beiträge zur Gemeindepädagogik), Gelnhausen et al. 1979, 9f.
[14] Vgl. meinen Beitrag im Einführungsteil dieses Bandes.

nanziellen Gründen nicht besetzt wurden, verhalf dem Projekt klar zu Formen von Selbstorganisation und Emanzipation.

4. wenn man „dem später in den reformatorischen Bewegungen wiederentdeckten Prinzip des allgemeinen Priestertums folgt und in hierarchischen Strukturen das Gegenmodell sieht".

Das pfälzische Kindertagesstättenprojekt hatte gewiß seine Wurzeln und seine Kräfte in diesem demokratischen protestantischen Grundprinzip. Auch hier liegt ein sich andeutendes Konkurrenzverhältnis zur pfarrerzentriert organisierten Gemeinde begründet.

8.6 Tendenzen diakonischer Gemeindeerneuerung im Projekt

Nun sollen zusammenfassend die Veränderungen, die das pfälzische Projekt an den drei Standorten gebracht hat, unter dem Aspekt diakonischer Gemeindernerneuerung betrachtet werden. Folgende Entwicklungstrends haben sich ergeben oder sind noch im Gange.

8.6.1 Förderung der Selbst- und Mitbestimmung von Kindern

In der Kirchengemeinde Zweibrücken-Ixheim formierte sich eine Art Kindermitbestimmungsinitiative: das sog. „Kinderkomitee", über das berichtet wurde. Diese oder ähnliche Formen von echter Beteiligung und Verantwortung von Kindern in der Gemeinde findet man erst in Ansätzen, aber sie tragen Keime der Hoffnung in sich. In eine ganz ähnliche Richtung geht das Votum der EKD-Synode von 1994, die unter der problemorientierten Überschrift „Aufwachsen in schwieriger Zeit" stand. Die Synode wies auf die Notwendigkeit hin, die Welt und dann auch die Kirche aus den Augen der Kinder zu sehen. Genau dieser „Perspektivenwechsel" wurde im pfälzischen Kindertagesstättenprojekt dort umgesetzt, wo Kinder zu Subjekten gesellschaftlicher Gestaltungs- und Willensbildungsprozessen erhoben und zu aktiven Gliedern am Leib Christi emanzipiert wurden.

8.6.2 Erhebung der Bedürfnislagen von Kindern und Familien

Mit dem Begriff „Perspektivenwechsel" wird eine Wendung hin zu den Sichtweisen und Bedürfnissen der Kinder und der Familien verdeutlicht, die ja letztendlich auch so eine Art Kundschaft der Kindertagesstätten darstellen. Untypisch für kirchliche Vorgehensweisen, aber gewiß wegweisend für die Zukunft, wurden in dem Projekt die sozialen Lagen und Bedürfnisse von Familien und Kindern empirisch erhoben. Das scheint mir ein wesentlicher Schritt zu sein. Hier wird nicht von einem lebensfernen theologischen Konzept ausgegangen, das sozusagen senkrecht aus dem Himmel auf die Gemeinden appliziert wird. Sondern hier wird erst einmal danach gefragt, welche Lebensumstände, Bedürfnisse und Wünsche Kinder und Eltern haben und wie sie sich ihre Bewältigung und Verwirklichung auch in der Kirchengemeinde vorstellen.

8.6.3 Pluralisierung des Kindertagesstättenangebots

Eine Ausweitung der Arbeitsformen und Zielgruppen sowie die Integration von Initiativen und Angeboten in die Kindertagesstätten hat sich in vielerlei Hinsicht ergeben. Ausgeweitet wurde auf Eltern und andere Familiengenerationen, auf Kinder unter drei und über sechs Jahren. Ausgeweitet wurde auch die Nutzung der Gebäude sowohl auf die Abend- als auch auf die Wochenendzeiten. Es vollzog sich eine Öffnung der Kindertagesstätten für Gruppen, Initiativen und Kreise der Kirchengemeinde und des Gemeinwesens, die ursprünglich nichts direkt mit der Kindertagesstätte zu tun hatten. Auch in der Art der Beteiligung der Kinder wie der Eltern hat sich qualitativ eine Pluralisierung ergeben. Unter den neuen Angeboten fanden sich zudem viele geistliche Neuerungen von verschiedenen Familiengottesdienstformen bis zu den Singgemeinschaften für neue geistliche Lieder.

8.6.4 Reintegration von Diakonie und Kirchengemeinde
Durch einen langwierigen Prozeß haben sich Kirche und Diakonie in Deutschland auseinanderentwickelt. Der Gemeindediakonie bleibt für den Bereich von Kindern und jungen Familien allein die Kindertagesstätte als soziale Institution übrig. Diese führte bislang jedoch ihrerseits ein Schattendasein am Rande der „eigentlichen" Gemeindearbeit. Das Kindertagesstättenprojekt hat der Diakonie wieder dazu verholfen, Gemeinde zu werden, es hat eine neue „Diakonisierung" evangelischer Gemeinde angebahnt.[15] Indem die christliche Gemeinde mittels ihrer Kindertagesstätte soziale Verantwortung übernimmt, ergreift sie die Chance des Zusammenwachsens von Diakonie und Gemeinde.[16] Die Gemeinde holt sich ihre diakonische Kompetenz wieder zurück aus den Spezialisierungsformen sozialstaatlich organisierter Diakonie, die außerhalb der Ortsgemeinde liegen. Zugleich eröffnen sich hier neue Kooperationsmöglichkeiten und -notwendigkeiten mit zentralisierten und spezialisierten diakonisch-sozialen Diensten.

8.6.5 Diakonische Gemeinde- und Kirchenreform „von unten"
Die Form der Gemeindeerneuerung im pfälzischen Kindertagesstättenprojekt ist den gemeinschaftsorientierten Ansätzen zuzuordnen, erweitert diese jedoch um diakonische und gemeinwesenorientierte Aspekte zugunsten von Kindern und Familien. Das Projekt konzipiert eine diakonische Gemeindeerneuerung und zugleich eine Kirchenreform „von unten". Unten nämlich in dem dreifachen Sinne verstanden einmal als an der Basis von Kirche und Gesellschaft in Gemeinde und Gemeinwesen ansetzend, zum anderen als die Bedürfnisse der sozial ausgegrenzten Bevölkerungsgruppen berücksichtigend und zum dritten als bei den unteren Altersgruppen beginnend, sozusagen von Kindesbeinen an.[17] Der sich auf das Prinzip der „ecclesia semper reformanda" (d.h. die sich stets erneuernde Kirche) berufenden Kirche und Diakonie steht eine Gemeinde- und Kirchenreform „von unten" gut an.

8.6.6 Entstehung eines neuen Gemeindezentrums
Mit dem Kindertagesstättenprojekt hat sich nun eine weitere neue Entwicklung ergeben, die anfangs kaum bedacht war. Die Projekteinrichtungen haben begonnen, sich

---

[15] Vgl. Jürgen Moltmann, Diakonie im Horizont des Reiches Gottes, Neukirchen, 2. Aufl. 1989, 22-41.
[16] Vgl. Gerhard K. Schäfer, Gottes Bund entsprechen. Studien zur diakonischen Dimension christlicher Gemeindepraxis (Veröffentlichungen des Diakoniewissenschaftlichen Instituts 5), Heidelberg, 1994.
[17] Vgl. Arnd Götzelmann, „Kinder an die Macht!" Chancen und Aufgaben der Arbeit mit Kindern in der Kirchengemeinde, in: Praktische Theologie 31 (1996), 116-139.

nicht allein zu kommunikativen Nachbarschaftszentren zu entwickeln. Sie haben sich darüber hinaus ansatzweise zu zweiten Gemeindezentren in den Projektgemeinden qualifiziert und damit unbeabsichtigt die Konkurrenz zum traditionellen Gemeindekern eröffnet. Ohne Konflikte vollzogen sich diese Prozesse folglich nicht. Die evangelischen Kindergartenzentren haben in neuerwachtem Selbstbewußtsein angefangen, sich selbst in einer bedeutenden Rolle für das System der Kirchengemeinde und des Gemeinwesens zu verstehen.

8.6.7 Gemeinwesenverantwortung der Kirchengemeinde

Mit der zum Nachbarschaftszentrum weiterentwickelten Kindertagesstätte übernimmt die Kirchengemeinde als deren Trägerin stärkere Verantwortung für das Gemeinwesen. Mit der sozialen Verantwortung, der Vernetzung im Gemeinwesen, der Kooperation mit anderen Trägern und sozialen Institutionen leistet die christliche Gemeinde vor Ort einen Beitrag zur sozialen Gestaltung der Gesellschaft. Zu diesem Zwecke wird sie „Kirche für andere" (D. Bonhoeffer). Sie entäußert sich selbst, sie stellt die Selbstvergewisserung ihrer Glaubenstradition zunächst einmal hinter den sozialen Dienst an den Menschen zurück. Daß sie dabei durchaus nicht ihren Glaubensbezug verliert, sondern zugleich wesentlich geistliche Elemente entwickelt, geht klar aus den neuentstandenen Kreisen und Gruppen der Projektstandorte hervor.

8.7 Schluß

Aus diesen sieben Aspekten wird deutlich, daß das pfälzische Kindertagesstättenprojekt wesentliche Beiträge zur diakonischen Gemeindeerneuerung geleistet hat, die nun über das Land in andere evangelische Gemeinden und Kindertagesstätten zu verbreiten sind. Bei dieser Aufgabe sollten theologisch und diakonisch Verantwortliche ebenso einbezogen werden wie Erzieherinnen, Eltern und Kinder.

Zugleich scheint mir das Projekt geeignet, diakonisch-soziale, missionarische und religions- bzw. gemeindepädagogische Ansätze zu verbinden und somit die Zusammengehörigkeit von sozialem Engagement und nach außen dringender „Kommunikation des Evangeliums" auf neue Weise zu bestärken.

THESEN
ZUM MODELLPROJEKT

Arnd Götzelmann/Friedrich Schmidt

Thesen zum Modellprojekt „Der Evangelische Kindergarten als Nachbarschaftszentrum in der Gemeinde"

1. Zum sozialen und gesellschaftlichen Wandel

1. Angesichts eines schnellen sozialen Wandels ist die Kindertagesstätte aufgefordert, gesellschaftlichen Trends entgegenzutreten bzw. auf deren (negative) Folgen zu reagieren. Dabei sind die sehr unterschiedlichen Lebenssituationen von Familien und Kindern zu beachten. Es lassen sich stichpunktartig folgende Entwicklungen benennen, von denen Kinder und Familien auf je spezifische Weise betroffen sind:
- „Ausdünnung" sozialer Netzwerke (U. Beck)
- Individualisierung, Pluralisierung und Polarisierung der Lebensformen
- Verinselung, Verhäuslichung und Verarmung kindlicher Lebenswelten
- „strukturelle Rücksichtslosigkeit" (F. X. Kaufmann) gegenüber Familien mit Kindern
- Informations- und Medienüberlastung
- Pädagogisierung, Institutionalisierung und Kommerzialisierung von Kindheit
- Isolation und Überlastung der Familien, insbesondere der Frauen mit Kindern
- Segmentierung der Gesellschaft
- Ausländer- und Behindertenfeindlichkeit
- Unvereinbarkeit von Beruf und Familie für Eltern, insbesondere für Frauen
- Abbruch der christlichen Tradition

2. Die Aufgaben von Elternschaft sind immer weniger vorgegeben, sondern werden im Prozeß der „Geburt der Eltern" (J. A. Schülein) zunehmend zwischen Männern und Frauen ausgehandelt. Wenn Paare Eltern werden, bedürfen sie außerfamilialer Kontakte und Entlastung zur gelingenden Konstruktion der eigenen Elternrolle.

3. Kindererziehung wird zu einer komplizierten Aufgabe, da die Anforderungen an eine verantwortliche Elternschaft sowie eine ganzheitliche „Förderung der Persönlichkeit des Kindes" (E. Beck-Gernsheim) gestiegen sind. Die Lebensbedingungen in hochindustriellen Gesellschaften erschweren und erhöhen die elterliche Erziehungsarbeit. Eltern brauchen in ihrer pädagogischen Arbeit Entlastung durch einen „kundenorientierten" Kindergarten.

4. Die „vaterlose Gesellschaft" (A. Mitscherlich) kann sich keinen allein frauenzentrierten Kindergarten mehr leisten, sondern muß auf die Erziehung und Heranziehung des „neuen Manns" hinwirken: Neue emanzipative Geschlechterrollenverständnisse und -verhältnisse müssen Kindern schon früh vorgelebt werden, damit sie rechtzeitig in die Sozialisation eingehen.

5. Ein Kindergarten, der ohne Gemeinwesen-, Gemeinde- und Familienorientierung arbeitet und Kinder nur zwischen dem dritten und sechsten Lebensjahr im Blick hat, droht zu einem „Kinderreservat" zu werden.

6. Verantwortliche und MitarbeiterInnen in Kirche und Diakonie müssen versuchen, einen „Perspektivenwechsel" zu vollziehen, um die Welt aus den Augen der Kinder zu sehen bzw. die Kinder als Experten in eigener Sache ernst zu nehmen.

7. Kindertagesstätte, christliche Gemeinde und Kirche müssen sich angesichts der für Kinder ungünstigen Auswirkungen des sozialen Wandels als „Anwälte für Kinder" (EKD-Synode in Halle/Saale am 11.11.1994) verstehen und nach Bündnispartnern für den Aufbau einer Lobby für Kinder in der Gesellschaft suchen.

2. Zum Projektverlauf, den Modellbedingungen, den Beteiligten

1. Der Kindergarten als eine genuin protestantische Erfindung (J. F. Oberlin) wird auf protestantischem Boden weiterentwickelt. Das pfälzische Projekt hat gemeinsam mit dem bundesweiten Modellversuch der Bundesvereinigung Evangelischer Tageseinrichtungen für Kinder e.V. einen wichtigen Beitrag dazu geleistet.

2. Es hat sich gezeigt, daß es möglich ist, innovative und qualitative Entwicklungen weitgehend im Rahmen vorhandener Ressourcen zu erreichen. So erbrachte das Projekt zahlreiche positive Ergebnisse, ohne eigentlich – von der wissenschaftlichen Begleitung abgesehen – eigene finanzielle oder personelle Modellsonderbedingungen zur Verfügung gehabt zu haben.

3. Besondere Bedeutung kommt ihm auch deshalb zu, weil es in Kooperation mit anderen Landeskirchen bzw. Landesverbänden für Kindertagesstättenarbeit unter dem Namen „Weiterführende Konzepte für evangelische Kindertagesstätten (und Gemeinden)" der erste gesamtdeutsche Modellversuch im Bereich Elementarpädagogik ist.

4. Die Erfahrungen haben gezeigt, daß es für eine Kirchengemeinde lebenswichtig ist, sich um die Belange von Familien und Kindern zu kümmern. Um dieser Aufgabe gewachsen zu sein und den Horizont der Gemeindeleitung zu erweitern, ist es für jede Kirchengemeinde unabdingbar, eine Projekt- oder Arbeitsgruppe zusammenzurufen, in der sich Betroffene, Experten, Haupt- und Ehrenamtliche sowie andere, die Sicht bereichernde Personen versammeln, um eine Analyse der Lebenssituation von Kindern und Familien vorzunehmen sowie geeignete Schritte zur Verbesserung familialer Lebenslagen einzuschlagen.

5. In jedem Presbyterium (Kirchen- bzw. Pfarrgemeinderat, Ältestenkreis) sollte mindestens ein/e VertreterIn der Kinderinteressen kontinuierlich und mit Rede- und Stimmrecht integriert sein. Auch sollte die Kindertagesstätte dort doppelt vertreten sein durch je eine/n hauptamtliche/n Mitarbeiter/in und eine/n Elterndelegierte/n.

6. Fort- und Weiterbildung von Erzieherinnen, Eltern, Gemeindeverantwortlichen und anderen waren wesentlicher Bestandteil der Projektarbeit. Hier erreichte Einsichten und Erfahrungen sollten weitere Kreise ziehen.

7. Die Multiplikation der Prozesse und Ergebnisse durch den Projektbeirat und die Öffentlichkeitsarbeit hat sich als besonders wertvoll erwiesen. Bei jeglicher projekthafter Entwicklung wird man auf die Beratung der Projektarbeit durch ein multidisziplinäres Team und auf eine zielgerichtete Öffentlichkeitsarbeit achten.

8. Der Transfer der Erkenntnisse, Innovationen und Verbesserungen in andere Bereiche, etwa der erzieherischen oder theologischen Aus-, Fort- und Weiterbildung, sowie die Trägerkooperation bzw. der Austausch mit kommunalen und Landesstellen wurden im Projekt angestrebt und sind auf weitere Projekte übertragbar.

9. Auf ökumenisch-interkonfessionelle Kooperation wäre in Zukunft mehr wert zu legen. Dies gelang in den lokalen Projektausschüssen durch Beteiligung katholischer Partner zeitweise, doch war im Projektbeirat die katholische Seite nicht vertreten.

10. Die wissenschaftliche Begleitung im Sinne der Handlungsforschung führte die Vorteile der Alltags- und Situationsbezogenheit des Projekts, der Subjekt- und Beteiligungsorientierung sowie der Prozeßorientierung bei lokaler Kontextgebundenheit der Innovationsansätze zusammen. So konnte das Projekt sich in einem praxisnahen, interdisziplinären Prozeß zwischen Theorieimpulsen und Praxiserfahrung vollziehen. Auf ein zielgerichtetes, methodisches gegenseitiges Befruchten von Praxis und Theorie ist bei vergleichbaren Vorhaben zukünftig zu achten.

11. Aus den vielfältigen Entwicklungen des Projekts haben sich zunehmende Aufgaben für Erzieherinnen ergeben. Ihnen drohte die Gefahr der Überforderung und Überlastung. Für Entlastungen durch Fortbildung und Praxisreflexion ist ein Ausbau der Freistellungsmöglichkeiten zu prüfen.

12. Eine erstaunlich hohe Motivation zur Beteiligung ließ sich bei den Eltern (bei allerdings gleichzeitiger Entlastung durch z.B. Kinderbetreuung) nachweisen. Die Einbeziehung ehrenamtlichen und selbsthilfeorientierten Engagements Betroffener kann nicht länger mit dem Argument unterlassen werden, daß die Betroffenen mangelnde Bereitschaft zur Mitarbeit hätten.

13. Die Projekterfahrungen zeigen, daß Elternengagement wächst, wo Familien ihre Interessen einbringen können, ihre Mitsprachemöglichkeiten erhöht werden und sie in Kindergarten und Gemeinde Ansprechpartner/innen finden, die ihre Anliegen ernst nehmen.

14. Die Grundsätze des Projekts einer größtmöglichen Beteiligung und Selbstorganisation der Betroffenen, sowie einer Zusammenarbeit mit Fachleuten auch von außerhalb der Kirchengemeinde haben sich bewährt und den Prozeß befruchtet.

15. Jegliche Innovationen und Weiterentwicklungen implizieren Veränderungen und Abschiednehmen von alten Gewohnheiten. Entwicklungsprozesse des Projektes führten vor Ort immer wieder zu Konflikten und Widerständen, die vor allem an den Grenzen der einzelnen Teilsysteme aufbrachen. Zur Bearbeitung dieser Krisen waren Personen außerhalb des Systems hilfreich. Eine stärkere Einbeziehung von Supervision und Beratung von neutralen Externen wäre hilfreich gewesen. Für künftige innovative Modellvorhaben ist die Funktion von Konflikten bei Veränderungsprozessen in der Konzeption stärker zu reflektieren.

16. Die Erkenntnisse, Erfahrungen und Ergebnisse des Modellprojekts sind in die Erzieher/innenausbildung und in die Fachberatung zu transferieren, damit sie von dort aus weiter multipliziert und transportiert werden können. Die Fortbildung der Ausbilder/innen und Fachberater/innen selbst wird damit zu einer ebenso zentralen Aufgabe wie die Reform und Aufwertung der Erzieher/innenausbildung.

3. Zur Qualifizierung evangelischer Kindertagesstättenarbeit

1. Es gab in den letzten Jahren eine wichtige Debatte um die quantitative Umsetzung des Rechtsanspruchs auf einen Kindergartenplatz ab dem vollendeten dritten Lebensjahr, die zur Vernachlässigung einer qualitativen Entwicklung der Kindertagesstättenarbeit führte. Das Modellprojekt hat die qualitativen Aspekte wieder in den Vordergrund gerückt.

2. Eine Pluralisierung des Angebots von Kindertagesstätten hinsichtlich der Öffnungs- und Ferienzeiten, der Altersmischung und Ausdehnung auf unter drei und

über sechsjährige, der Einbeziehung von Eltern, Verwandten und Nachbarschaften hat sich im Projekt als fruchtbar erwiesen und ist weiterhin nötig. Die Ermöglichung der Raumnutzung der Kindertagesstätte für andere Gruppen, Kreise und Initiativen der Gemeinde und des Gemeinwesens im Sinne der Gastfreiheit ist anzustreben.

3. Die Beteiligung der Erzieherinnen, der Eltern und Kinder an Meinungs- und Willensbildungen bezüglich der Kindertagesstätte gewährleistet im Sinne eines „allgemeinen Priestertums aller Gläubigen" eine bedürfnis- und lebensweltorientierte Weiterentwicklung der Kindertagesstätte.

4. Die Bedürfnisse der Familien einerseits und die begrenzten finanziellen und personellen Möglichkeiten der Kindertagesstätte andererseits machen eine Vernetzung des Kindergartens mit Institutionen und Initiativen im Gemeinwesen unabdingbar. Der Aufbau des Familienbüros in Bobenheim-Roxheim in Kooperation mit dem Diakonischen Werk Pfalz und im Gespräch mit der Kommunalgemeinde, die Begegnung der Kindertagesstätte Ixheim mit der Tageseinrichtung für behinderte Kinder im Stadtteil, die Zusammenarbeit zwischen der Kindertagesstätte in Ludwigshafen mit der Evangelischen Erwachsenenbildung sind einige Beispiele dafür aus dem Projekt.

5. Es gehörte nicht zu den zentralen Anliegen der Konzeption des pfälzischen Projektes, behinderte Kinder und ihre Familien zu integrieren. Dennoch war eine solche Entwicklung zugunsten gesellschaftlich ausgegrenzter Menschen implizit im Projektdesign mit angelegt. Die Kooperation der Kindertagesstätte Ixheim mit der benachbarten Einrichtung für behinderte Kinder und die Fortbildung der Erzieherinnen bezüglich eines integrativen Arbeitens sind erste Ansätze. Eine generelle Öffnung der evangelischen Kindertagesstätten für behinderte Kinder und die Schaffung der dazu nötigen Voraussetzungen wäre aus pädagogischen und sozialen Gründen wünschenswert.

6. Daß auch die elementarpädagogische Arbeit nicht ohne Unterstützung familialer und sozialer Selbsthilfe auskommt, zumal wenn die Aufgaben der Kindertagesstättenarbeit pluraler und anspruchsvoller werden, hat das Projekt deutlich werden lassen. Die Motivation, Förderung und Begleitung der Eigeninitiative Betroffener ermöglicht, daß neue Formen der Elternarbeit gedeihen können und die Kindertagesstätte auf dieser ehrenamtlichen Basis neue Dienste anbinden kann. Eine Kooperation zwischen professionellem pädagogischen Personal und Laien hat sich im Projekt als fruchtbar erwiesen, jedoch auch gezeigt, daß die hauptamtlichen Kräfte der Kindertagesstätte für diese ihnen neu zugewachsenen Aufgaben im Umgang mit Eltern und Selbsthilfeinitiativen Fortbildung und Förderung brauchen.

7. Die konzeptionelle Weiterentwicklung der Kindertagesstättenarbeit konnte im Projekt vorangetrieben werden. Insbesondere die Horizonterweiterung vom Kinder-Garten zum Nachbarschafts-Zentrum hat den Blick für die Einbettung kindlicher Entwicklung in die soziale Lebenssituation von Familie und Nachbarschaft freigemacht und von einer individualistischen Betrachtung des Kindeswohls weggeführt. Die Kindertagesstätte ist tendenziell aus der Isolation eines „Kinderreservats" ausgebrochen und hat Kindern wie Angehörigen neue kommunikative Erfahrungsräume eröffnet. Dazu gehört auch die Binnenöffnung etwa der Kindertagesstätte Zweibrükken-Ixheim durch gruppenübergreifendes Arbeiten. Der Situationsansatz konnte im Projekt ebenso weiterentwickelt werden. Die Alltagserfahrung und aktuelle Lebenssituation der Kinder mit ihren Familien hat existentielleren Eingang in die pädagogische Arbeit gefunden.

8. Tendenzen der Kinderselbst- und mitbestimmung, die sich im Projekt entwickelten, kulminierten exemplarisch im Kinderkomitee der Kindertagesstätte Ixheim. Die Förderung demokratischer Verhaltensweisen, die Beteiligung der Kinder als ernstgenommener Gemeindeglieder und die Erfahrung von Mitbestimmung gehören zu den pädagogischen Erfolgen des Projekts.

9. Die Kindertagesstätte wurde zu einem Kommunikationszentrum für Familien. Hatte schon die Elternbefragung die Bedürfnisse nach interfamilialer Begegnung erwiesen, so wurden die Angebote der Einrichtungen als nachbarschaftliche Kontaktagenturen deutlich ausgeweitet. Durch diese Förderung kommunikativer Strukturen hat sich auch die Lebenssituation der Kinder verbessert.

10. Generell haben Kindertagesstätten ihre Fähigkeit gezeigt, nicht allein auf gesellschaftliche Fehlentwicklungen in bestimmten Bereichen zu reagieren, sondern auch die pädagogische Basis sozialer Solidargemeinschaft in der Gesellschaft zu formieren.

4. Zur diakonischen Gemeindeentwicklung

1. Eine der wesentlichen Voraussetzungen diakonischen Gemeindeaufbaus ist es, die vielfältigen Bedürfnisse von Kindern und Familien insbesondere bezüglich der Kindertagesstätten zu erheben. Eine soziale Gemeindeanalyse und -befragung wird auch religiöse Sinn- und Lebensfragen mit einbeziehen.

2. Diakonie und Kirche müssen zusammenwachsen. Kirche wird in Zukunft diakonisch sein müssen, will sie Kirche bleiben. Die Diakonisierung der Gemeinde kann durch die Weiterentwicklung der Kindertagesstätte zum diakonischen Gemeinde- und Nachbarschaftszentrum vorangetrieben werden. Dazu ist eine enge Verzahnung und konzeptionelle Abstimmung von Kindertagesstätte und übriger Kirchengemeinde vonnöten.

3. Diakonische Gemeindeentwicklung kann auf einfache und ideale Weise unten beginnen, indem bei den kleinen Kindern und bei den Alltagsfragen und -nöten der Familien angesetzt wird.

4. Die Kindertagesstätte muß in ein Gesamtkonzept von Gemeindeaufbau an entscheidender Stelle miteinbezogen werden. Sie nimmt eine Schlüsselstellung für eine basisorientierte Gemeindeentwicklung und -aktivierung ein.

5. Die Weiterentwicklung der Kindertagesstätte und Gemeinde führt folgerichtig zu einer erweiterten Konzeption der Aufgaben und Ziele der Kirchengemeinde. Diese Konzeption wird auf der Grundlage der Projekterfahrungen eine Kritik an traditionellen Formen evangelischer Kirchlichkeit mit einbeziehen und Momente von Kirchenerneuerung und Gemeindereform anstreben. Ein wesentliches Prinzip dieses Prozesses wird die Einbeziehung der Fragen und Gaben (Charismen) von Eltern, Kindern und Erzieherinnen der Kindertagesstätte sowie die Förderung ehrenamtlicher Mitarbeit sein.

6. Durch konzeptionelle Weiterentwicklungen wird die Kindertagesstätte zu einem diakonischen Gemeindezentrum und zum kommunikativen Nachbarschaftszentrum. In diesem Prozeß ist dafür Sorge zu tragen, daß das neue Gemeindezentrum Kindertagesstätte sich nicht vom traditionellen Gemeindekern trennt, sondern beide sich als integrale Teile eines pluralen Ganzen der Kirche Christi vor Ort verstehen. Eine Ver-

netzung von Angeboten und Kommunikation innerhalb der Gemeinde trägt zu diesem Integrationsprozeß wesentlich bei.

7. Die Kirchengemeinde hat von ihrem evangelischen Auftrag her nach ihren Kräften Verantwortung für das Gemeinwesen zu übernehmen. Mit einer diakonischen Kindertagesstättenarbeit gewährleistet sie diesen Auftrag in einem entscheidenden Bereich. Für diesen sozialen Auftrag kooperieren die Kirchengemeinden, soweit es möglich und für den angestrebten Zweck relevant ist, mit anderen Trägern, Institutionen und Initiativen sozialer Arbeit.

8. Das Projekt hat auf genuine Anliegen geistlicher Gemeinschaft in der Gemeinde fördernden Einfluß genommen. So gab es Impulse zur Entwicklung neuer familiengemäßer Gottesdienst- und Liturgieformen. Es wurden bis dahin nicht vorhandene Gesangs- und Gemeinschaftsformen initiiert und Seminare zu religiösen oder religionspädagogischen Fragen angeboten.

9. In den vor allem von Frauen organisierten Selbsthilfeinitiativen kam es zu wichtigen diakonischen Lernprozessen. Die Teilnehmer/innen konnten in den interfamilialen Begegnungen wechselseitig ihre Hilfsbedürftigkeit artikulieren und ihre Fähigkeit, anderen zu helfen, erproben. Durch diese Elterninitiativen wurde die Nachbarschaftshilfe verstärkt und neue zeitgemäße Formen diakonischen Handelns in der Praxis realisiert.

10. Bei einigen Eltern wandelte sich ihre distanzierte Haltung gegenüber der Institution Kirche durch neue Erfahrungen zu dem Bewußtsein, selbst ein Mitglied der Gemeinde zu sein. Eltern konnten sich anders mit Kirche identifizieren und trauten sich, sich bei religiösen und theologischen Fragen einzumischen. Durch diese „religiöse Alphabetisierung" gewannen sie Sprachfähigkeit in theologischen Fragen.

11. Veränderungen von evangelischer Gemeinde und Kirche, wie sie in den Diskussionen um die Volkskirche und den Gemeindeaufbau seit Jahren angestrebt werden, wurden im Projekt angestoßen. So gab es deutliche Anzeichen für Entwicklungen von der Betreuungs- zur Beteiligungskirche, von der Pastoren- zur Gemeinschaftskirche, von der Amtskirche zur diakonischen Kirche, von der Seniorengottesdienstgemeinde zur kinder- und familienfreundlichen Multigenerationengemeinde.

12. Trotz aller tatsächlich in der Praxis angestoßener und vollzogener diakonischer Gemeindeentwicklung hatte die Projektkonzeption des Diakonischen Werkes die Aspekte des Gemeindeaufbaus und der Ekklesiologie (Lehre von der Kirche) zu wenig im Blick.

5. Zukunftsaufgaben an der Schwelle des Übergangs vom Modellprojekt zur Regelkonzeption

Aus den Entwicklungen des Projektes ergeben sich unseres Erachtens folgende Aufgaben:

1. Verzahnung von Kindertagesstätte und anderen Bereichen der Kirchengemeinde.
2. Ökumenische Kooperation mit anderen Konfessionen.
3. Weitere Vernetzung im Gemeinwesen und Trägerkooperation.
4. An den sozialen Lebenslagen heutiger Familien orientierte Ausweitung von Öffnungszeiten und Zielgruppen.

5. Aufarbeitung der geschlechtsrollenspezifischen Gesellschaftsspaltung: Elternarbeit auch gezielt als Väterarbeit, Anwerbung von männlichen Erziehern.

6. Motivation, Förderung, Begleitung, Einbeziehung und Begrenzung sowie Entschädigung (Sachkosten) ehrenamtlicher Mitarbeit.

7. Verbesserung der Arbeitsbedingungen und Aufwertung des Berufsstandes der ErzieherInnen, da ihnen besagte neue Aufgaben zufallen und sich das Berufsbild ändert.

8. Integration der Themen „evangelische Kindertagesstättenarbeit" und „diakonische Gemeindeentwicklung" in die theologische Aus-, Fort- und Weiterbildung.

9. Entlastung der PfarrerInnen von Verwaltungsaufgaben der Kindertagesstätten zugunsten ihrer Befreiung für seelsorgliche, diakonische und gemeindeentwickelnde Aufgaben an der Kindertagesstätte.

10. Öffnung der Kindertagesstättenarbeit für die Probleme von sozial Ausgegrenzten: Aufnahme von Ausländer- und Asylbewerberkindern, von behinderten Kindern, von sozial schwachen Kindern aus Arbeitslosenhaushalten, von Kindern Alleinerziehender sowie gezielte Angebote für die Eltern dieser Kinder.

11. Schaffung eines regionalen Innovationspools von Kindergärten und Kirchengemeinden, die an einer bedarfsorientierten Weiterentwicklung arbeiten, um die unterschiedlichen Erfahrungen und Ideen miteinander zu vernetzen.

12. Kindertagesstätten, die als Nachbarschaftszentren für Familien im Sinne des Kinder- und Jugendhilfegesetzes lebenswelt- und bedarfsorientierte Arbeit in Kooperation mit Elterninitiativen machen, brauchen auch durch die öffentliche Jugendhilfe eine stärkere Förderung. Denn die an der Basis von Gemeinde und Gesellschaft stattfindenden Lernprozesse von Kindern und Erwachsenen sind wirksame „Gegengifte" gegen eine um sich greifende Entsolidarisierung.

Verzeichnis der Autorinnen und Autoren

Autorinnen und Autoren

Balbach, Gabriele, Erzieherin im Förderkindergarten der Lebenshilfe e.V. in Ludwigshafen, war bis 1996 Erzieherin in der Evangelischen Kindertagesstätte Dietrich-Bonhoeffer-Zentrum, Ludwigshafen

Börsch, Ekkehard, Professor Dr. theol., Evangelische Fachhochschule für Sozialwesen, Ludwigshafen, Mitglied des Projektbeirates

Bouquet, Ulrike, Diplom-Pädagogin, Abteilungsleiterin Kinder, Jugend und Familie im Diakonischen Werk Pfalz, Speyer, Mitglied im Projektbeirat

Brennemann, Barbara, Erzieherin, Leiterin des Evangelischen Kindergartens Ixheim, Zweibrücken, Moderatorin des örtlichen Projektausschusses und Mitglied des Projektbeirates

Burkart, Traudel, Erzieherin, Leiterin des Familienbüros Kunterbunt, Bobenheim-Roxheim, zunächst als Erzieherin im Kindergarten, ab 1995 durch Aufbau des Familienbüros Kunterbunt am Modellversuch beteiligt

Dahl, Regina, Hausfrau und Pflegemutter, Mutter im Evang. Kindergarten Ixheim, Zweibrücken, Mitarbeiterin im Modellversuch, Leiterin eines Eltern-Kind-Kreises

Demary, Angela, Erzieherin, Gruppenleiterin im Protestantischen Kindergarten Bobenheim, Bobenheim-Roxheim, Teilnehmerin des Projektausschusses

Diringer, Markus, Pfarrer, Protestantische Kirchengemeinde Roxheim-Bobenheim, Bobenheim-Roxheim, seit 1995 Pfarrer in der Kirchengemeinde und Mitglied des Projektausschusses

Emde, Karin, Diplom-Psychologin, Vorsitzende des Elternausschusses in der Evangelischen Kindertagesstätte Dietrich-Bonhoeffer-Zentrum, Ludwigshafen, gründete mit anderen zusammen das „Kirchencafé" und war Teilnehmerin des Projektausschusses

Emrich, Eckart, Pfarrer in der Evangelischen Kirchengemeinde Zweibrücken-Ixheim, Zweibrücken, Mitglied des Projektbeirates

Fottner, Dagmar, Diplom-Sozialpädagogin, Mutter im Evangelischen Kindergarten Ixheim, Zweibrücken, Leiterin einer Kindergruppe und eines Eltern-Kind-Kreises

Fuchs, Ernst, Diplom-Sozialarbeiter, Leiter des Amtes für Jugend, Familien, Senioren und Soziales der Stadt Speyer, Mitglied des Projektbeirates

Geisthardt, Günter, Dr. theol., Pfarrer, Protestantisches Predigerseminar der Evangelischen Kirche der Pfalz (Prot. Landeskirche), Landau, Mitglied des Projektbeirates

Götte, Rose, Dr., Ministerin, Ministerium für Kultur, Jugend, Familie und Frauen des Landes Rheinland-Pfalz, Mainz

Götzelmann, Arnd, Dr. theol., Pfarrer, Wissenschaftlicher Assistent, Diakoniewissenschaftliches Institut der Universität Heidelberg, Mitglied im Projektbeirat

Groh, Roza, Kinderpflegerin im Protestantischen Kindergarten Bobenheim, Bobenheim-Roxheim, Mitarbeit im Modellversuch v. a. bei Aktionen mit Kindern

Janke, Volker, Pfarrer, Protestantische Kirchengemeinde Minfeld, machte sein Vikariat in Bobenheim-Roxheim und sein Spezialvikariat 1996 während der Auswertung des Modellversuches bei dem wissenschaftlichen Begleiter im Diakonischen Werk Pfalz

Krück, Gabriele, Postangestellte (im Erziehungsurlaub), Mutter im Protestantischen Kindergarten Bobenheim, Bobenheim-Roxheim, Teilnehmerin bei Projektveranstaltungen

Kuwatsch, Gerald, Pfarrer, Theologischer und religionspädagogischer Referent im Diakonischen Werk Pfalz, Speyer, Mitglied des Projektbeirates

Link, Jürgen, Diplom-Pädagoge, Fachberater im Kindertagesstättenreferat des Diakonischen Werkes Pfalz, Pirmasens, begleitete als Fachberater den Projektkindergarten in Zweibrücken

Paesler, Ingrid, Erzieherin in der Evangelischen Kindertagesstätte Dietrich-Bonhoeffer-Zentrum, Ludwigshafen, arbeitete an der Konzeption und Umsetzung des „TreffPunkt" Dietrich-Bonhoeffer-Zentrum mit

Regin, Monika, Beamtin, Mutter im Evangelischen Kindergarten Ixheim, Zweibrükken, Mitarbeiterin beim „Elterntreff" und im Projektausschuß

Roscher, Stephanie, Erzieherin, Leiterin des Protestantischen Kindergartens Bobenheim, Bobenheim-Roxheim, Moderatorin des örtlichen Projektausschusses und Mitglied des Projektbeirates

Schaupp, Brigitte, Diplom-Sozialpädagogin, Referatsleiterin im Kindertagesstättenreferat des Diakonischen Werkes Pfalz, Leitung des Modellversuches und Mitglied des Projektbeirates

Schmidt, Friedrich, Pfarrer, Diplom-Diakoniewissenschaftler, Protestantische Kirchengemeinde Essingen, 1993-1996 Wissenschaftlicher Begleiter des Modellversuches im Diakonischen Werk Pfalz

Schmitt, Wolfgang, Dr. phil., Diplom-Soziologe, Referat Statistik bei der Hauptgeschäftsstelle des Diakonischen Werkes der EKD, Stuttgart, Kooperation bei der Auswertung der Befragungen im Modellversuch

Schweizer-Fornoff, Elke, Sozialpädagogin, Mitarbeiterin im Protestantischen Kindergarten Bobenheim, Bobenheim-Roxheim, gründete zusammen mit Müttern das „Frauenfrühstück"

Theysohn, Frieder, Landespfarrer für Diakonie der Evangelischen Kirche der Pfalz (Protestantische Landeskirche), Speyer, Mitglied im Projektbeirat

Weinerth, Uwe, Pfarrer, Protestantische Kirchengemeinde Altdorf, war während des Modellversuches Pfarrer am Dietrich-Bonhoeffer-Zentrum in Ludwigshafen und Mitglied des Projektbeirates

Zaanen, Alida, Erzieherin und Kunsttherapeutin, Fachberaterin im Kindertagesstättenreferat des Diakonischen Werkes Pfalz, Speyer, begleitete als Fachberaterin den Projektkindergarten in Ludwigshafen

Veröffentlichungen des Diakoniewissenschaftlichen Instituts
Herausgeber der gesamten Reihe: Prof. Dr. Dr. Theodor Strohm

Band 1: PAUL PHILIPPI/THEODOR STROHM (Hg.),
Theologie der Diakonie. Lernprozesse im Spannungsfeld von lutherischer Überlieferung und gesellschaftlich-politischen Umbrüchen. Ein europäischer Forschungsaustausch,
Heidelberg 1989. 247 S. Kart. (z.Zt. vergriffen, Restexemplare im DWI erhältlich)

Band 2: GERHARD K. SCHÄFER/THEODOR STROHM (Hg.),
Diakonie - biblische Grundlagen und Orientierungen. Ein Arbeitsbuch zur theologischen Verständigung über den diakonischen Auftrag,
Heidelberg, 3. Auflage 1997. 425 S. Kart. ISBN 3-8253-7067-4 ca. DM 36.-

Band 3: THEODOR STROHM/JÖRG THIERFELDER (Hg.),
Diakonie im »Dritten Reich«. Neuere Ergebnisse zeitgeschichtlicher Forschung,
Heidelberg 1990. 352 S. Kart. (z.Zt. vergriffen, Restexemplare im DWI erhältlich)

Band 4: GERHARD K. SCHÄFER (Hg.),
Die Menschenfreundlichkeit Gottes bezeugen. 'Diakonische' Predigten von der Alten Kirche bis zum 20. Jahrhundert,
Heidelberg 1991. 487 S. Kart. ISBN 3-8253-7030-5 DM 38.-

Band 5: GERHARD K. SCHÄFER,
Gottes Bund entsprechen. Studien zur diakonischen Dimension christlicher Gemeindepraxis,
Heidelberg 1994. 453 S. Kart. ISBN 3-8253-7037-2 DM 48.-

Band 6: THEODOR STROHM,
Diakonie und Sozialethik. Beiträge zur sozialen Verantwortung der Kirche, hg.v. KLAUS MÜLLER und GERHARD K. SCHÄFER. Mit einem Geleitwort von KLAUS ENGELHARDT,
Heidelberg 1993. XV, 473 S. Kart. ISBN 3-8253-7051-8 DM 38.-

Band 7: THEODOR STROHM/JÖRG THIERFELDER (Hg.),
Diakonie im Deutschen Kaiserreich (1871-1918). Neuere Beiträge aus der diakoniegeschichtlichen Forschung,
Heidelberg 1995. 476 S. Kart. ISBN 3-8253-7075-5 DM 40.-

Band 8: THEODOR STROHM (Hg.),
Diakonie im europäischen Einigungsprozeß - ein internationaler und ökumenischer Forschungsaustausch,
Heidelberg 1997. ca. 450 S. Kart. ISBN 3-8253-7076-3

Band 9: JÜRGEN ALBERT,
Christentum und Handlungsform bei Johann Hinrich Wichern (1808-1881). Studien zum sozialen Protestantismus,
Heidelberg 1997. XIV, 223 S. Kart. ISBN 3-8253-7057-7 ca. DM 28,-

Band 10: RENATE ZITT,
„Zwischen Innerer Mission und staatlicher Sozialpolitik." Der protestantische Sozialreformer Theodor Lohmann (1831-1905). Eine Studie zum sozialen Protestantismus im 19. Jahrhundert,
Heidelberg 1997. 543 S. Kart. ISBN 3-8253-7057-8 ca. DM 48,-

Die Bände sind über den Buchhandel zu beziehen oder direkt beim Verlag: **Universitätsverlag C. Winter. Programm „Heidelberger Verlagsanstalt",** Postfach 10 61 40, 69051 Heidelberg, Tel: 06221/ 77 02 60, Fax: 06221/ 77 02 69.

Diakoniewissenschaftliche Studien
Herausgeber der gesamten Reihe: Prof. Dr. Dr. Theodor Strohm

Band 1: MATTI JÄRVELÄINEN,
Gemeinschaft in der Liebe. Diakonie als Lebens- und Wesensäußerung der Kirche im Verständnis Paul Philippis,
Heidelberg 1993. 167 S. Kart.
ISBN 3-929919-01-X DM 18,-

Band 2: ARND GÖTZELMANN,
Die Speyerer Diakonissenanstalt. Ihre Entstehungsgeschichte im Zusammenhang mit Kaiserswerth und Straßburg,
Heidelberg 1994. 379 S. Kart.
(z.Zt. vergriffen)

Band 3: JÜRGEN STEIN,
Rahmenbedingungen der Freien Wohlfahrtspflege in der Bundesrepublik Deutschland. Ein Beitrag zur Bestimmung der Diakonie im europäischen Erfahrungsaustausch,
Heidelberg 1994. 119 S. Kart.
ISBN 3-929919-03-6 DM 16,-

Band 4: BRITTA VON SCHUBERT,
Behinderung und selbstbestimmtes Leben. Das HELIOS-Programm der Europäischen Gemeinschaft – neue Aufgaben diakonisch-sozialer Arbeit in Europa,
Heidelberg 1995. 318 S. Kart.
ISBN 3-929919-04-4 DM 26,-

Band 5: MARTIN BACH/KARL FRIEDRICH BRETZ/FRIEDRICH SCHMIDT,
Neuansätze der Diakonie in Europa. Ökumenische Studien zur Caritas Italiana, Diakonie in der russisch-orthodoxen Kirche und Social Service in der Church of England, mit einer Einführung von THEODOR STROHM,
Heidelberg 1997. Ca. 300 S. Kart.
ISBN 3-929919-05-2 ca. DM 30,- (i. Vorb.)

Band 6: JÜRGEN STEIN (Hg.),
Diakoniegesetze im Bereich der Evangelischen Kirche in Deutschland. Eine Dokumentation,
Heidelberg 1995. 164 S. Kart.
ISBN 3-929919-06-0 DM 23,-

Band 7: **Erneuerung des Diakonats als ökumenische Aufgabe.**
ELSIE MCKEE, Diakonie in der klassischen reformierten Tradition und heute.
RISTO AHONEN, Die Entwicklung des diakonischen Amts in den lutherischen Kirchen insbesondere Finnlands, hg. und eingeführt von THEODOR STROHM,
Heidelberg 1996. 262 S. Kart.
ISBN 3-929919-07-9 DM 28,-

Band 8: MONIKA ZEILFELDER-LÖFFLER,
Die Geschichte der 'Evangelischen Brüder- und Kinderanstalt Karlshöhe' in Ludwigsburg. Von den Anfängen bis nach dem Ende des Zweiten Weltkriegs (1876-1950),
Heidelberg 1996. 246 S. Kart.
ISBN 3-929919-08-7 DM 28,-

Band 9: FRIEDRICH SCHMIDT/ARND GÖTZELMANN (Hg.),
Der evangelische Kindergarten als Nachbarschaftszentrum in der Gemeinde. Dokumentation zum Modellprojekt des Diakonischen Werkes Pfalz,
Heidelberg 1997. XI, 226 S. Kart.
ISBN 3-929919-09-5 DM 20,-

Band 10: MARTIN KALUSCHE,
"Das Schloß an der Grenze". Kooperation und Konfrontation mit dem Nationalsozialismus in der Heil- und Pflegeanstalt für Schwachsinnige und Epileptische Stetten i. R.,
Heidelberg 1997. 412 S. Kart.
ISBN 3-929919-10-9 DM 32,-

Die Bände sind über den Buchhandel zu beziehen oder direkt beim Verlag: **Diakoniewissenschaftliches Institut an der Universität Heidelberg,** Karlstraße 16, 69117 Heidelberg, Tel: 06221/ 54 33 36, Fax: 06221/ 54 33 80. – Als besonderen Service bietet das Diakoniewissenschaftliche Institut auch die Möglichkeit an, die **gesamte Reihe** zu **abonnieren.**